Gewalt im Namen der Ehre

Grundlagen Gesamte Strafrechtswissenschaft

Herausgegeben von Regina Harzer

Band 7

PETER LANG
Frankfurt am Main · Berlin · Bern · Bruxelles · New York · Oxford · Wien

Esma Çakir-Ceylan

Gewalt im Namen der Ehre

Eine Untersuchung über Gewalttaten in Deutschland und in der Türkei unter besonderer Betrachtung der Rechtsentwicklung in der Türkei

PETER LANG
Internationaler Verlag der Wissenschaften

Bibliografische Information der Deutschen Nationalbibliothek
Die Deutsche Nationalbibliothek verzeichnet diese Publikation in der Deutschen Nationalbibliografie; detaillierte bibliografische Daten sind im Internet über http://dnb.d-nb.de abrufbar.

Zugl.: Bielefeld, Univ., Diss., 2010

Umschlaggestaltung:
Olaf Glöckler, Atelier Platen, Friedberg

Gedruckt mit Unterstützung
der Hans-Böckler-Stiftung, Düsseldorf.

Gedruckt auf alterungsbeständigem,
säurefreiem Papier.

D 361
ISSN 1862-667X
ISBN 978-3-631-61356-6

www.peterlang.de

Vorwort der Reihenherausgeberin

Der gegenwärtige Zustand des Strafrechts in Deutschland ist bedauerlich. Er ist insbesondere geprägt durch gesetzliche Orientierungslosigkeit trotz sicherheitspolitisch geführter Debatten, ängstliche und unsichere Strafpraxis und durch eine teils zerstrittene, teils an aktuellen gesellschaftlichen Veränderungen desinteressierte und sich auf dogmatische Arbeitsfelder zurückziehende Strafrechtswissenschaft. Strafgesetzgebung und Strafpraxis orientieren sich deshalb an einer irrationalen Kriminalpolitik, die sie zu ihrem eigentlichen Terrain erklären. Die Lage der Strafrechtswissenschaft ist demgegenüber unklar geworden: Sie hat an Selbstbewusstsein verloren; sie hat keinen oder bloß marginalen Einfluss auf Inhalt und Verfahren der Strafgesetzgebung; Bemühungen um wissenschaftliche Erkenntnisse bleiben in Gesetzgebung und Praxis unberücksichtigt; innovative Standortbestimmungen werden nicht vorgenommen. Gesetzgeberische und praktische Kriminalpolitik können mit diesem Zustand der deutschen Strafrechtswissenschaft gut leben und Auseinandersetzungen mit einer kritisch-rechtsstaatlich orientierten Strafrechtswissenschaft werden nicht geführt. Auseinandersetzungen sind allerdings dringend erforderlich. Ein neuer Strafrechtsdiskurs muss geführt werden. Ausgangspunkt für einen solchen Diskurs könnte sein, Veränderungen strafrechtlicher Aufgabenfelder ausfindig zu machen, sie zu analysieren und unter Einbeziehung der „gesamten Strafrechtswissenschaft" zu diskutieren. Das alte Konzept, das 1881 maßgeblich zur Begründung der „Zeitschrift für die gesamte Strafrechtswissenschaft (ZStW)" geführt hat, bedarf der Reformulierung, Rekonstruktion und Modifikation. Die Herausgeber und Begründer der Zeitschrift *Adolf Dochow* und *Franz von Liszt* hatten ein ganz unkritisches Anliegen: Das alte Konzept entwarf ein Strafrecht der flexiblen Handhabung, ein auf Prävention ausgerichtetes kontingentes Strafrecht, das als staatliches Machtinstrument Verbrechensbekämpfung mit gelegentlicher Anwendung der Strafgesetzlichkeit betreibt. *Karl Binding* schreibt den ersten Beitrag in der Erstausgabe der ZStW und trägt dieses Konzept mit.

„*Gesamte* Strafrechtswissenschaft", d.h. ein Konzept rechtsstaatlichen Strafrechts zu verfolgen unter Einbeziehung aller strafrechtlichen Disziplinen sowie den Grundlagen des Rechts. Strafrecht und die Umsetzung von Strafrecht müssen heute als ein Rechtsgebiet begriffen werden, das mit konzentrierten Spezialisierungen allein nicht mehr vermittelt werden kann. Gleichbedeutend stehen neben rechtsdogmatischer Arbeit im materiellen Strafrecht und im Strafprozessrecht die Grundlagenfächer: Philosophie, Geschichte, Soziologie des Strafrechts sowie Theorien des Strafens und Theorien des Strafrechts. Praxis- und Folgenorientierung werden von der theoretischen Strafrechtswissenschaft ebenso eingebunden wie von empirisch-kriminologischen Disziplinen. Diese Konzeption beruht auf der gedanklichen „Einheit des Strafrechts“. Erscheinungsformen von Kriminalität und abweichendem Verhalten sowie Fragen nach den Ursachen von Kriminalität sind Teile einer Realität des Unrechts, in der sich diese Einheit wieder findet. Aus ihr heraus muss Strafe in einem Rechtsstaat legitimiert werden können. Kontinuierliche Legitimationsverpflichtung zeichnet rechtsstaatliches Strafrecht aus. Das gilt sowohl für strafrechtsdogmatische Aspekte als auch für den Umgang mit Straftätern und Opfern von Straftaten innerhalb des Strafverfahrens. Bezugsdisziplinen sind ebenfalls integriert: Strafrechtliche Sanktionen, Jugendstrafrecht, Strafvollzug. Es geht nicht nur um nationales Strafrecht, sondern um supra- und transnationale, insbesondere um europäische Diskurse rechtsstaatlichen Strafrechts.

„*Grundlagen* Gesamte Strafrechtswissenschaft“ vermittelt rechtsstaatliches Strafrecht über kritische Standortbestimmungen. Kritische Strafrechtswissenschaft will aufklären, will aus der Unmündigkeit kriminalpolitischer Prägung und Dominanz herausführen. Kritische Strafrechtswissenschaft will Alternativen anbieten gegenüber Legitimationsmüdigkeit, gegenüber Systemeinbrüchen in der Dogmatik aufgrund übereilter und konturenloser Präventivmaßnahmen, gegenüber strafgesetzlich verfehlten Reformbemühungen, gegenüber ineffektiven und kontraproduktiven Strafgesetzen, gegenüber „feindstrafrechtlichem“ Denken und Handeln. Kritische Strafrechtswissenschaft sieht modernes Strafrecht in der Übernahme von Verantwortung. Kriminalpolitik als rational geführter Diskurs ist durchaus möglich. Kritische Strafrechtswissenschaft integriert aber nicht populistische Aufgeregtheiten. Es muss endlich begriffen werden, dass „Verbrechensbekämpfung“ eine gedanklich zu einfache Konstruktion ist, simplifiziert und banalisiert sie doch Hintergründe veränderter Gesellschaftssituationen. Das führt zu Fragen der Relativierung staatlicher Souveränität; das führt dazu, kriminalpolitische Strafgesetzgebungen zu kontrollieren; diese Kontrolle beinhaltet Strafgerechtigkeit im weitesten Sinne. Das Konzept „Grundlagen Gesamte Strafrechtswissenschaft“ ist an politik- und zweckfreiem Strafrecht orientiert.

Schwerpunktmäßig wird die vorliegende Reihe Grundlagen des Rechts als innovativen und gleichbedeutsamen Bestandteil kritischer Strafrechtswissenschaft ausweisen und deshalb vor allem aus grundlagenorientierten strafrechtlichen Arbeiten bestehen: Dissertationen; Tagungs- und Sammelbände; Monographien. Der Marginalisierung strafrechtlicher Grundlagenprobleme soll so entgegen gewirkt werden. Ein wachsendes Interesse an wissenschaftlich fundierten, d.h. kritischen Arbeiten besteht auch deshalb, weil sich aufgrund von Umstrukturierungen in der Juristinnen-Ausbildung ein „Strafrechts-Boom“ im Studium der strafrechtlichen Schwerpunktbereiche abzeichnet. Dies führt zu steigenden Zahlen beim strafrechtlich interessierten wissenschaftlichen Nachwuchs, der einen Anspruch hat auf die Vermittlung kritischer Strafrechtslehren. In einer Zeit, in der die Grundlagenfächer aus Prüfungsinhalten der Ersten und

Zweiten Juristischen Staatsprüfung nahezu verschwunden sind, kann das Konzept „Grundlagen Gesamte Strafrechtswissenschaft“ darüber hinaus die Vermittlung der Grundlagen des Rechts aufrechterhalten und fortentwickeln.

Bielefeld im Mai 2007 R.H.

Meinen Eltern Fadime und Veli Ceylan

Vorwort

Die Herausforderung der vorliegenden Arbeit lag in der juristisch noch nicht sehr erforschten Thematik und gleichzeitig der gesellschaftspolitischen Relevanz. Medienträchtige Tötungen im Namen der Ehre rückten die Problematik immer mehr in die Öffentlichkeit. Eine Erklärung für ein Phänomen zu finden, das einerseits einen positiven Wert für Menschen beinhalten soll, andererseits mit der höchsten Rechtsgutsverletzung zusammenfließt, rief schnell die Schwierigkeit hervor, allgemeingültige Ergebnisse zu erzielen. Die Ergebnisse der Arbeit resultieren nicht minder aus der Auswertung türkischsprachiger Untersuchungen, die ohne die gewährte Unterstützung nicht möglich gewesen wäre.

Mein besonderer Dank gilt Frau Professorin Dr. Britta Bannenberg, meiner Doktormutter, die mir von Beginn der Arbeit an durch ihr Vertrauen enorm viel Kraft gegeben hat und durch fachspezifische Betreuung die Erstellung der Arbeit ermöglicht hat.

Ich danke Frau Professorin Dr. Regina Harzer für die Erstellung des Zweitgutachtens und die Aufnahme der Arbeit in die Schriftenreihe Grundlagen Gesamte Strafrechtswissenschaft.

Ebenso danke ich Herrn Dr. Mustafa Ruhan Erdem aus Izmir, der von Anfang an richtungsweisend und intensiv bei der Anschafftung der türkischen Literatur behilflich war und für Diskussionen zur Verfügung stand. Mein Dank gilt auch Frau Dr. Hülya Taş Korkmaz und Herrn Dr. Ömer Korkmaz, die mir im Südosten der Türkei in Diyarbakır den Forschungsaufenthalt unglaublich erleichtert haben und den Zugang zum Lehrstuhl, zur Strafkammer und zur Anwaltspraxis ermöglicht haben. Ebenso möchte ich Rechtsanwalt Mehmet Egemen aus Izmir danken, der mir unnachgiebig alle materiellrechtlichen und prozessrechtlichen Fragen beantwortet hat und die Diskrepanzen in der Anwendung erläutert hat.

Meiner Freundin und Kollegin Rechtsanwältin Hayriye Yerlikaya gilt mein Dank für die Durchsicht der Arbeit und die langen konstruktiven Gespräche während des Schreibens. Für den emotionalen Beistand und die Untersützung danke ich meinem Ehemann Rechtsanwalt Ufuk Çakır, der mich nicht nur auf meiner Forschungsreise nach Diyarbakır begleitet hat, sondern vor allem in schwierigen Zeiten des Arbeitens immer tatkräftig motivieren konnte.

Nicht zuletzt danke ich der Hans-Böckler Stiftung für das Promotionsstipendium, die materielle und ideelle Förderung.

(Stand der Bearbeitung November 2009)

Düsseldorf, im Juli 2010 Esma Çakır-Ceylan

Inhaltsverzeichnis

A. Ehre

I. Einleitung

Spätestens seit mediale Berichterstattungen immer öfter über sogenannte Ehrenmorde informieren, stellen wir uns die Frage, wie der Wert der Ehre in der heutigen Zeit über Leib, Leben und Freiheit gestellt werden kann.

Ein genauerer Blick auf die „Ehrenmorde" und die Gewalt im Namen der Ehre zeigt die differenzierte Auffassung und das unterschiedliche Verständnis von Ehre in Deutschland und in der Türkei. Wie kann es sein, dass eine Tötung, die die Ehre wieder herstellen soll, in einer anderen Wertewelt als eine Tötung nach allgemein sittlicher Wertung auf tiefster Stufe stehend und als besonders verachtenswert bezeichnet wird?

Der „Ehrenmord" meint nicht die Ehre im Sinne von Würde nach Art. 1 GG und stellt auch kein persönliches Gut dar. Sie ist vielmehr kollektiv im Rahmen einer Familienordnung zu sehen. Ehre hat im türkischen mehrere Bedeutungen. Die Gewalt, die im Namen der Ehre begangen wird und in diesem Buch behandelt wird, meint die Ehre, die vermeintlich verletzt wird, wenn sich ein weibliches Familienmitglied nach der Vorstellung seiner Familie und seines sozialen Umfeldes nicht keusch genug verhält.

Die Relevanz der Dissertation ist gekennzeichnet durch das praktische, soziale und politische Problem der Arbeit. Man könnte meinen, dass sich die Kulturen durch die Globalisierung und vor allem die über 50 Jahre alte Migrationsgeschichte näher gekommen sind, die Menschen sich kennengelernt haben und viel voneinander wissen. Gerade solche Themen wie das der vorliegenden Arbeit zeigen jedoch, wie fremd sich die Kulturen gegenüberstehen und mit einer ganz spezifischen „Fremdenangst" nebeneinander her leben oder im krassen Gegensatz dazu unkritisch eine falsche Toleranz entgegenbringen, um Vorurteile zu vermeiden und nicht diffamierend zu wirken. Gerade in Anbetracht einer unzureichend funktionierenden Integration und dem Aufklärungsinteresse und ihrer Bedeutung zeigt dies die besondere Sensibilität dieser Thematik. Polemisierende Medienberichterstattungen beanspruchen verallgemeinernde Pauschalisierungen und führen zu Irrvorstellungen.

Das Wissen um die kulturellen Normen und Werte ist unumgänglich, um Gewalt im Namen der Ehre während der Ermittlungstätigkeiten aus der richtigen Perspektive zu sehen, in der Rechtsprechung dogmatisch richtig vorzugehen und schließlich kriminalpräventive Maßnahmen zu ergreifen.

Aus wissenschaftlicher Sicht besteht daher erheblicher Forschungsbedarf. Es besteht das Bedürfnis, die Gewalt im Namen der Ehre aus allen nur möglichen Blickwinkeln zu erläutern, um erkennen zu können, wer Täter und wer Opfer sein kann, aus welchen Motiven genau die Tat begangen wird und welche Hintergründe ausschlaggebend sind. Wichtig ist dabei die Klärung der Frage, wie „Ehrenmorde" und andere Gewalt im Namen der Ehre in der Türkei begriffen wird, da es sich nicht um ein Phänomen handelt, das in der Migration entstanden ist, sondern aus dem Ursprungsland mitgebracht bzw. als Wert in den weiteren Generationen weitergegeben wurde. In diesem Zusammenhang stellt sich die Frage, wie der „Ehrenmord" in der Türkei rechtlich bewertet wird. Wird dieselbe Tat in der türkischen Rechtsordnung als Mord eingestuft, kann sich der Täter in Deutschland nicht auf abweichende Wertvorstellungen berufen, damit nur noch eine Strafbarkeit wegen Totschlags in Frage kommt.[1]

Diese Arbeit soll die Gewalt im Namen der Ehre aus verschiedenen Blickwinkeln erklären, Ursachen, Erscheinungsformen und Hintergründe sowohl für die Türkei als auch für Deutschland darstellen und neue Erkenntnisse für die Ermittlungsbehörden liefern. Eine Untersuchung türkischer und deutscher Rechtsprechung soll eine dogmatisch richtige Einordnung des Phänomens ermöglichen.

In dem ersten Teil der Arbeit geht es neben den Erscheinungsformen der Ehre um soziologische, sozialwissenschaftliche, historische, geographische und theologische Hintergründe. Zunächst wird der Begriff der Geschlechtsehre, der Gegenstand dieser Arbeit ist, wissenschaftlich und strafrechtlich dargelegt. Eine unveröffentlichte Studie aus der Türkei[2] wird dann untersucht, um festzustellen, dass keine Diskrepanzen zwischen dem wissenschaftlichen Verständnis und der Vorstellung in der Bevölkerung bestehen. Berichterstattungen in Deutschland vermischen oftmals Begrifflichkeiten und stufen viele fremdkulturelle Tötungsmotive als „Ehrenmord" ein. Die Bedeutung einer einwandfreien Definition des „Ehrenmordes" mit Bezugnahme zur Erscheinungsform im Ursprungsland ist unumgänglich und besonders für die deutsche Rechtsprechung von großer Bedeutung. Nach Auswertung türkischsprachiger Literatur, in der das Phänomen analysiert wurde,[3] konnte eine Definition erfolgen, die der inhomogenen Bevölkerungsstruktur der Türkei und den abgestuften Ehrvorstellungen gerecht

1 So auch LK-Jähnke, 2005, § 211, Rn. 37.

2 Sır, 2005, Studie mit 423 Personen zu dem Verständnis zu Ehre und Tradition.

3 Z.B. Yirmibeşoğlu, Vildan: Töre ve Namus Gerekçesiyle İşlenen Cinayetler, Toprağa Düşen Sevdalar (Morde, die mit dem Motiv der Tradition und der Ehre begangen werden; Auf die Erde abstürzende Lieben), Istanbul 2007; T.C. Başbakanlık Kadının Statüsü Genel Müdürlüğü: Töre Ve Namus Cinayetleri ile Kadınlara ve Çocuklara Yönelik Şiddetin Sebeplerinin Araştırılarak Alınması Gereken Önlemlerin Belirlenmesi Amacıyla Kurulan TBMM Araştırma Komisyonu Raporu (Türkische Republik, Generaldirektion für den Status der Frau im Ministerpräsidium (Hrsg.), Bericht der Kommission der Großen Nationalversammlung der Türkei, die zur Erforschung der Ursachen der Gewalt an Frauen und Kindern durch „Traditions- und Ehrenmorde" und der Präventionsmaßnahmen gegründet wurde), Ankara 2006.

wird.[4] So sind Unterschiede bei der Erziehung der türkeistämmigen Mädchen und Jungen in Deutschland zu verzeichnen, die von dem Einfluss der Ehre und von Rollenerwartungen im erwachsenen Alter geprägt sind. Umso schwieriger war es, im Hinblick auf eine Gesellschaft zwischen Traditionalismus und Moderne und ethnischer und sozialer Diversität allgemeingültige Aussagen zu treffen, um im Gegensatz zu den polemisierenden Aussagen wissenschaftliche Fakten liefern zu können. Ethnische oder geographische Eingrenzungen der Täter in Deutschland oder in der Türkei wurden anhand von Kriminalstatistiken und weiteren Materialien widerlegt. Merkmale zu Tätern und Opfern in der Türkei konnten mit 59 Urteilen ausgewertet werden, die mit Hilfe der Rechtsanwaltskammer Diyarbakır und der Dicle Universität während eines dreimonatigen Forschungsaufenthaltes im Südosten der Türkei möglich war. Türkischsprachige Studien von Frauenvereinen im Südosten der Türkei, Gespräche mit dem Vorsitzenden Richter der Schwurgerichtskammer, der kurz zuvor einen „Ehrenmord" verurteilt hatte, Gespräche mit der Verteidigerin der Nebenklage und die Einsicht in die gesamte Ermittlungsakte haben wertvolle Erkenntnisse geboten, die in die Arbeit geflossen sind. Vergleichbare Studien fehlen in Deutschland gänzlich. Hier konnten zur Täter- und Opferfrage die Bund-Länderabfrage des BKA[5] und eine Untersuchung der anonymen Krisen- und Übergangseinrichtung PAPATYA[6] einfließen.

Zur Vergegenständlichung der Hintergründe wird ein historischer Rückblick gewährt, bei dem der Schwerpunkt auf der Bedeutung der Ehre und ihr Einfluss auf das Strafrecht bis zur Reform im April 2005 liegt. Die Darlegung der entsprechenden Normen aus dem damaligen Strafrecht ist in Anbetracht der jungen Reform wichtig, weil es die gesellschaftlichen Werte und Normen kennzeichnete und den Körper der Frau als Symbol der Ehre verfestigte. Die Gesetze haben das Verständnis von Ehre legitimiert und erhärtet.[7] Erst durch die Reform im Jahr 2005 wurden diese Normen aus dem Gesetz gestrichen.

Die wissenschaftliche Beantwortung der immer wieder in den Medien und in der Politik aufkommenden Frage des Zusammenhangs zwischen dem Islam und der Gewalt im Namen der Ehre folgt anschließend mit der Darstellung des islamischen Strafrechts und des islamischen Ehe- und Familienrechts. Vergleichend zur Türkei als einziger islamischer Staat der Säkularisierung wird ein in-

---

4 So auch Sirmen Ali in der Tageszeitung Cumhuriyet vom 10.03.2000: „Die Türkei ist ein eigenartiges Land: nicht ein, nicht zwei, einige Türkei`s leben nebeneinander, ineinander, miteinander und in einem dieser Türkei`s ist die Frau mit dem Mann gleichberechtigt, in dem anderen fällt sie den Ehrenmorden zum Opfer."

5 Bundeskriminalamt: Presseinformation zu den Ergebnissen einer Bund-Länderabfrage zum Phänomenbereich „Ehrenmorde in Deutschland", Wiesbaden 2005.

6 Papatya, Materialsammlung, Verbrechen im Namen der Ehre in Deutschland, Berlin 2005 und 2007.

7 So auch T .C. Başbakanlık Kadının Statüsü Genel Müdürlüğü (Türkische Republik, Generaldirektion für den Status der Frau im Ministerpräsidium), 2006, S. 111.

ternationaler Vergleich zu anderen islamischen und nichtislamischen Ländern durchgeführt, in denen „Ehrenmorde“ begangen werden. Der Unterschied der demokratischen Türkei zu den anderen islamischen Staaten, in denen teilweise noch islamische Gesetze praktiziert werden, wird durch das im Jahr 2002 reformierte Zivilrecht verdeutlicht, das die Gleichberechtigung von Frauen und die Anpassung an europäische Standards verwirklichte. Die Kluft zwischen Theorie und Praxis und die z.T. starke Differenz zwischen Tradition und Moderne zeigt eine im Osten durchgeführte Studie.[8]

Der zweite Teil der Dissertation erläutert das neue türkische Strafrecht vom 1. Juni 2005 und seine materiell-rechtlichen Grundlagen bezüglich der Rolle der Ehre. Die Tötung aus traditionellen Motiven im Namen der Ehre wird dabei anhand einer Fallaktenanalyse vorgenommen. Die Untersuchung der Kommentierungen und Gesetzesbegründungen sowie Expertengespräche mit Professoren in der Türkei haben überraschenderweise ergeben, dass nicht alle „Ehrenmorde“ von der Strafmilderungsnorm des Art. 29 tStGB ausgeschlossen sind und eine Milderung entgegen den Reformbestrebungen in Frage kommt. Fälle aus der Praxis sind bislang allerdings nicht bekannt.

Im dritten Teil der Arbeit wird nach einer kurzen Darstellung des Ehrbegriffs in Deutschland anhand von 30-BGH Urteilen eine Analyse der Rechtsprechung vorgenommen, bei der die Frage beantwortet wird, wie fremdkulturelle Wertvorstellungen bislang rechtlich eingeordnet wurden. Man mag meinen, dass kollektive Strukturen, die der Frau das Selbstbestimmungsrecht absprechen, die Moralvorstellungen geschlechterspezifisch aufteilen und bei Zuwiderhandlungen den Tod als Sanktion vorsehen, der Niedrigkeit dieser Beweggründe jegliche Zweifel absprechen. Das war nicht immer der Fall.

II. Ehre in der türkischen Kultur

1. Begriff

Der Begriff der Ehre trägt in der türkischen Sprache mehrere Bedeutungen, die in verschiedenen Lebenssituationen unterschiedliche Tragweiten haben.

Die im alltäglichen Sprachgebrauch gängigen Ehrbegriffe sind *Şeref, Onur, und Namus*.

Die ersten beiden Begriffe werden im Zusammenhang mit der Ehre gebraucht, die die Achtung und gesellschaftliche Stellung des einzelnen in der Gemeinde kennzeichnet. Sie kann gezielt durch Handlungen, wie z.B. durch soziales Engagement oder Hilfsbereitschaft erworben werden. Gleichsam kann bei

8 Ilkkaracan, Pınar: Doğu Anadolu'da Kadın ve Aile (Die Frau und die Familie in Ostanatolien). In: Bilanço 98: 75 Yılda Kadınlar ve Erkekler (Bilanz 98: in 75 Jahren Frauen und Männer), Istanbul 1998, S. 173-192.

diesen Formen der Ehre durch sozialschädliches Verhalten auch ein Verlust eintreten.

Der letztgenannte Begriff der Ehre (*Namus),* wohl in der türkischen Gesellschaft unstreitig der von größter Bedeutung, hat im Vergleich zu den anderen Begriffen absoluten Charakter und wird im Zusammenhang mit der Geschlechtsehre erklärt. Übersetzt wird sie mit gutem Ruf, Unbescholtenheit, Keuschheit, Anstand[9] und wird als Verteidigung der sexuellen Unantastbarkeit der Frau verstanden.[10]

Etymologisch stammt der Begriff der Geschlechtsehre, *Namus,* von Nomos ab und steht für Gesetz oder Regel. In die türkische Sprache ist der Begriff vom arabischen und persischen übernommen worden, der arabisch persische Raum hat ihn vom alt-griechischen übernommen. Im Wortstamm und der Anwendung des Wortes *Namus* lässt sich die Tatsache erkennen, sich etwas zu eigen zu machen.[11]

Im Alltag wird der Begriff dergestalt verwendet, dass das sexuell zurückhaltende Verhalten der Frau, die (Geschlechts)Ehre des Mannes definiert. Ihr Sexualverhalten macht sich der Mann noch heute zu eigen, identisch mit der Etymologie des Begriffs.

Diese Form der Ehre unterscheidet sich von den anderen darin, dass sie durch gezielte Handlungen nicht erworben, durch sexuell untersagte und verpönte Handlungen jedoch verloren werden kann. Der Verlust führt zu einem schlechten Ruf, in einigen Regionen zum Ausschluss einer ernsthaften Partnerschaft, etwa der Ehe mit der Betroffenen, im Extremfall zum Suizid oder Mord. Sie ist ein absoluter Wert, der keine Abstufungen zulässt.[12]

Allen Begriffen ist gemeinsam, dass sie Werte und Normen vermitteln, die in der gesamten islamischen Welt sowohl für das Rollenverständnis von Mann und Frau, als auch für das Verhalten des Einzelnen in der Gesellschaft richtungsweisend sind.

2. Wissenschaftliche Definitionen

In der türkischen Wissenschaft hat die Ehre[13] ihren Ursprung in den Traditionen und den Bräuchen und steht für sexuelle Reinheit und Zurückhaltung der Frau. Es liegt in der Verantwortung der Frau, Keuschheit zu wahren. Sie zu hüten ist jedoch Aufgabe beider Geschlechter. Dem Mann wird auferlegt, die Ehre der Frauen, die mit ihm in einem engen Verwandtschaftsverhältnis stehen, z.B. der

---

9 Kıygı, 1997, S. 572.

10 Küper-Başgöl, 1992, S.59.

11 Yirmibeşoğlu, 2007, S. 73.

12 Aydın/Goldberg/Öksüz/Özbek, 2000, Fn.15, S. 84.

13 Im weiteren Verlauf der Arbeit beziehen sich alle Ausführungen zur Ehre auf die Geschlechtsehre.

Ehefrau, der Tochter, der Schwester oder der Mutter, zu schützen und sich gegenüber fremden Frauen ebenfalls zurückhaltend zu verhalten. Nach Außen wird das ehrvolle Leben der Frau vor der Ehe deutlich, indem sie als Jungfrau in die Ehe geht. In der Ehe muss sie dem Ehemann absolut treu bleiben. Der außereheliche Geschlechtsverkehr wird strikt als Ehrlosigkeit eingestuft.[14] In der arabischen Welt hängt die Ehre ebenfalls von dem Sexualverhalten der Frau ab. Danach wird Ehrlosigkeit für die ganze Sippe bejaht, wenn sich eine Frau schamlos verhält oder wenn sie ihrer Familie durch ihr unkeusches sexuelles Verhalten Schande bereitet.[15] Die Geschlechtsehre ist also kein persönliches Gut der Frau, sondern vielmehr immer kollektiv im Rahmen einer Familienordnung zu verstehen. Die Ehre des Mannes und der gesamten Familie ist abhängig von dem Verhalten der weiblichen Familienangehörigen, die die Trägerinnen der Familienehre sind. Spricht man von dem *Namus* (der Geschlechtsehre) des Mannes, bemisst sie sich danach, ob man sich auf sein Wort verlassen kann, ob er stiehlt oder lügt und ob er die Angehörigen seines Haushaltes, vor allem aber seine Frau, seine Schwester und seine Töchter schützt. Die Ehre der Frau steht im Gegensatz dazu in direkter Verbindung mit ihrer Keuschheit.[16] Sie muss von allen Familienmitgliedern bewahrt werden, da sie auch die Stellung einer Familie in der Gesellschaft definiert.[17]

Schiffauer definiert den Wert der Ehre im Kontext der Stellung der Familie in der ländlichen Türkei mit einer klaren Grenzziehung zwischen dem Innenbereich, dem Bereich der Familie, und dem Außenbereich. Jede Überschreitung dieser Grenze führt zu einer Verletzung der Ehre des Mannes, der als ehrlos gilt, wenn er nicht entschieden reagiert.[18] Neben dem Verhältnis von Innen und Außen definiert auch Schiffauer die Ehre der Familie über die Keuschheit der Frauen, während die Männer für die Stärke und Wehrhaftigkeit der Familie einstehen. Die Verletzung der Ehre wird als Herausforderung begriffen, die mit einer Gegenherausforderung zu beantworten ist.[19] Andernfalls gilt die Ehre als verletzt.

Für die Bedeutung der Ehre der in Deutschland lebenden Migranten gibt es nach Schiffauer wertetransformierende und wertestabilisierende Prozesse: Danach ist wertetransformierend, dass die Ehre ihren zwingenden Charakter durch die Migration verliert, weil der gesellschaftliche Zwang wegfällt, was einen wachsenden Freiheitsspielraum der einzelnen Familienmitglieder zur Folge hat. Die Familienehre nimmt so an Bedeutung ab und es entwickelt sich eine Individualisierung der Ehre. Der formale und ritualistische Charakter des an Ehre

---

14 Tezcan, 2000, S. 237 f.
15 Al-Khayyat, 1991, S. 22
16 Zentrum für Türkeistudien, 1991, S. 91.
17 Böhmecke, 2005, S. 4.
18 Schiffauer, 1983, S. 65.
19 Schiffauer, 2002, S. 30.

orientierten Handelns verblasst zunehmend. Schließlich wird Ehre infolge der genannten Prozesse nicht mehr homogen definiert.

Wertestabilisierend dagegen ist die Existenz der Rhetorik der Ehre und das damit in Familiengruppen oder Freundesgruppen hergestellte Einverständnis. Stabilisierend kann zudem die Lebensphase wirken, in dem mit Zunahme des Alters auch die konservative Haltung zunimmt. Besondere Bedeutung gewinnt schließlich die Angst, die Kinder könnten gegenüber den Eltern befremdet werden, was zur Folge hat, dass die Kinder wertkonservativer erzogen werden, als die Kinder in den Großstädten des Heimatlandes. Insbesondere die Sexualethik der eigenen und der deutschen Gesellschaft wird zentral gegenübergestellt, um die Differenzen in der Mehrheitsgesellschaft zu zeigen.[20]

Die Darstellungen von Schiffauer können exakt auch auf die Binnenmigration in der Türkei übertragen werden, d.h. auch in der Türkei selbst entstehen wertetransformierende und wertestabilisierende Prozesse. Zwar enthält der Begriff der Ehre in beiden Ländern den Kern, dass sie sich auf das Sexualverhalten der Frau bezieht, in jedem Fall aber neu geklärt werden muss, wie Ehre von dem einzelnen begriffen wird.

3. Definition im türkischen Strafrecht

Im ehemaligen Strafrecht der Türkei vor der Reform im Jahr 2005 war die Ehre im Strafgesetzbuch ein gängiger Begriff. Sie hatte sowohl als allgemeiner und besonderer Strafmilderungsgrund als auch als Tatbestandsmerkmal ihre feste Stellung im Gesetz.[21] Eine allgemeingültige Definition in der Lehre hat sich nicht entwickelt.

Kriminologen definieren die Ehre als einen Wert, der bedingt durch Traditionen und Bräuche, die strengen Regeln des Sexualverhaltens betrifft. Wird von dem Schutz der Ehre gesprochen, so wird darunter die „Reinheit“ und sexuelle Enthaltsamkeit der Frau verstanden, die sowohl durch die Frau als auch durch den Mann geschützt wird.[22] Weitere Erläuterungen sind nahezu identisch mit den wissenschaftlichen Definitionen. Für die Beurteilung, ob eine Verletzung der Ehre vorliegt und insbesondere für die Entscheidung, ob im Falle eines Mordes eine Strafmilderung nach ehemaligem Recht erfolgen sollte, hat die Rechtsprechung eine weite Auslegung des Begriffes vorgenommen, ohne den Begriff definiert zu haben. Um den verschiedenen Völkern und den vielschichtigen Wertvorstellungen in der Türkei gerecht zu werden, ist eine einheitliche strafrechtliche Beurteilung der Anwendung des Begriffes der Ehre nicht möglich. Entscheidend für die Beurteilungen der Frage der Ehrverletzung war in den

20 Schiffauer, 2002, S. 42 ff.

21 Siehe detaillierte Bearbeitung des ehemaligen Strafrechts unter A.IV.1.4.

22 Demirbaş, 1992, S. 93.

vergangenen Jahren die Erziehung und das soziale Umfeld des Angeklagten.[23] Eine Analyse von 30 Urteilen des Strafgerichts in Diyarbakır[24] aus den Jahren 2000 bis 2005 hat ergeben, dass auch die Rechtsprechung keine Definition des Begriffs der Ehre vorgenommen hat. Vielmehr wird in den Urteilen von einem Selbstverständnis des Begriffes als Wert ausgegangen. In den Urteilen werden z.B. Sprachwendungen wie „eine Sache der Ehre“ oder „um die Ehre zu bereinigen“ verwendet, um die Motivation des Täters zu verdeutlichen und so nach ehemaligem Recht zu einer Strafmilderung zu gelangen. Um festzustellen, ob tatsächlich eine Verletzung der Ehre Motiv für die Begehung der Tat war, stellen die Gerichte auf die Vorstellungen, Lebensbedingungen und das soziale Umfeld des Täters ab.[25]

23 vgl. Göztepe, 2005, S. 42, Göztepe hat die Urteile des Kassationsgerichtshofes (entspricht dem Bundesgerichtshof) von 1975-2003 auf die „Ehrenmorde“ und auf den allgemeinen, Art. 51 tStGB und den besonderen Strafmilderungsgrund, Art. 462 tStGB untersucht.

24 1. Strafgericht Diyarbakır, Urt. v. 12.06.2001, E. 2000/170, K. 2001/224; 2. Strafgericht Diyarbakır, Urt. v. 16.05.2001, E. 2000/167, K. 274; 1. Strafgericht Diyarbakır, Urt. v. 24.10.2000, E. 2000/264, K. 2000/242; 1. Strafgericht Diyarbakır, Urt. v. 11.03.2003, E. 2001/89, K. 2003/66; 2. Strafgericht Diyarbakır, Urt. v. 07.03.2002, E. 2001/421, K. 2002/60; 2. Strafgericht Diyarbakır, Urt. v. 07.03.2002, E. 2001/377, K. 2002/61; 2. Strafgericht Diyarbakır, Urt. v. 09.07.2002, E. 2001/375, K. 2002/188; 2. Strafgericht Diyarbakır, Urt. v. 10.09.2002, E. 2001/337, K. 2002/212; 2. Strafgericht Diyarbakır, Urt. v. 08.07.2003, E. 2002/266; K. 2003/232, 2. Strafgericht Diyarbakır, Urt. v. 28.07.2005, E. 2002/266; K. 2003/232; 2. Strafgericht Diyarbakır, Urt. v. 01.10.2002, E. 2002/160, K. 2002/130; 1. Strafgericht Diyarbakır, Urt. v. 16.12.2003, E. 2002/56, K. 2003/330; 1. Strafgericht Diyarbakır, Urt. v. 02.07.2002, E. 2002/178, K. 2002/227; 1. Strafgericht Diyarbakır, Urt. v. 11.07.2005, E. 2002/116, K. 2002/131; 1. Strafgericht Diyarbakır, Urt. v. 29.11.2002, E. 2002/256, K. 2002/347; 1. Strafgericht Diyarbakır, Urt. v. 08.02.2002, E. 2002/33, K. 2002/46; 1. Strafgericht Diyarbakır, Urt. v. 01.02.2002, E. 2002/21, K. 2002/34; 1. Strafgericht Diyarbakır, Urt. v. 19.04.2002, E. 2002/76, K. 2002/142; 1. Strafgericht Diyarbakır, Urt. v. 28.03.2003, E. 2002/214, K. 2003/103; 2. Strafgericht Diyarbakır, Urt. v. 02.11.2004, E. 2003/129, K. 2004/294; 2. Strafgericht Diyarbakır, Urt. v. 06.01.2004, E. 2003/117, K. 2004/2; 2. Strafgericht Diyarbakır, Urt. v. 23.09.2003, E. 2003/269, K. 2003/273; 1. Strafgericht Diyarbakır, Urt. v. 02.12.2003, E. 2003/98, K. 2003/310; 1. Strafgericht Diyarbakır, Urt. v. 30.12.2003, E. 2003/327, K. 2003/358; 1. Strafgericht Diyarbakır, Urt. v. 21.03.2003, E. 2003/37, K. 2003/91; 1. Strafgericht Diyarbakır, Urt. v. 31.12.2003, E. 2003/272, K. 2003/372; 1. Strafgericht Diyarbakır, Urt. v. 31.12.2003, E. 2003/341, K. 2003/374; 1. Strafgericht Diyarbakır, Urt. v. 18.05.2004, E. 2003/397, K. 2004/107; 1. Strafgericht Diyarbakır, Urt. v. 09.11.2004, E. 2004/85, K. 2004/244; 1. Strafgericht Diyarbakır, Urt. v. 02.11.2004, E. 2004/184, K. 2004/241; 2. Strafgericht Diyarbakır, Urt. v. 12.02.2004, E. 2003/95, K. 2004/23.

25 Vgl. 1. Strafgericht Diyarbakır, Urt. v. 11.3.2003, E. 2001/89, K. 2003/66.

4. Diskrepanz zwischen wissenschaftlichem Verständnis von Ehre und dem Verständnis von Ehre in Teilen der Bevölkerung

Aytekin Sır[26] hat 2005 im Südosten der Türkei eine Studie zu dem Verständnis von Ehre und Tradition durchgeführt.[27]

Auf die Frage, was Ehre ist:

- antworteten 32,9 %: Meine Frau, meine Schwester, meine Mutter oder meine Familie,
- bezeichneten 10,2 % die Ehre als die Keuschheit der Frauen,
- antworteten 5,7 % mit der Sexualität und Jungfräulichkeit der Frau,
- bezeichneten 3,5 % sie als die Ergebenheit der Frauen an gesellschaftliche Normen,
- antworteten 1,4 % mit der Ergebenheit der Frau gegenüber dem Mann.

5 von 8 Antwortmöglichkeiten beziehen sich also auf ein Verhalten der Frau innerhalb der Familienzugehörigkeit, das sind insgesamt 53,7 % der Befragten. 18,4 % der Befragten antworteten, die Ehre sei eine religiöse Vorgabe und 13,7 % antworteten mit anderen Ehrbegriffen wie Ansehen oder Würde (14,2 % antworteten mit sonstigen Angaben).

Auf die negativ formulierte Frage, was denn Ehrlosigkeit sei:

- antworteten 48,5 % mit dem Ehebruch der Frau,
- gaben 12,3 % den Verlust der Jungfräulichkeit der Frau bzw. ihren Ehebruch an,
- bestimmten 10,6 % nur den Verlust der Jungfräulichkeit der Frau,
- erklärten 4,3 % mit dem Verhalten der Frau, die Gerüchte auslöst,

Als weitere Gründe der Ehrlosigkeit wurden genannt: wenn die Frau zu viel redet (1,2%), sich zu freizügig kleidet (1,2%), sich verliebt (0,9%), mit Männern redet (0,7%), jemanden heiratet, den die Familie nicht akzeptiert (0,5%), ohne Erlaubnis ausgeht (0,5%), sonstige Angaben (19,4 %).

---

26 Prof. Dr. Aytekin Sır unterrichtet an der medizinischen Fakultät der Universität Dicle in Diyarbakır (Südosten) Psychiatrie.

27 Er hat in einer Studie 423 Personen befragt (21,5 % Frauen und 78,2 % Männer), die zu 46,3 % aus der Stadt, 38,3 % aus kurdischen Dörfern, 7,1 % aus arabischen Dörfern und 8,3 % aus alevitischen Dörfern stammten (Erläuterungen zu den ethnischen Gruppen erfolgen unter A.II.1.5.2), Sır, 2005, S.1. Teilweise veröffentlicht in Kelek, 2007, S. 47.

Beachtenswert ist, dass die negativ formulierte Frage nach der Ehre, Antworten ausgelöst hat, die sich ausnahmslos auf das Verhalten der Frau beziehen.[28]

Eine weitere Studie im Westen, am Mittelmeergebiet und im Südosten der Türkei,[29] durchgeführt durch den Verein für Entwicklungsstudien (NP), unterstützt durch das Entwicklungsprogramm der Vereinten Nationen (UNDP) und den Bevölkerungsfonds der Vereinten Nationen (UNFPA), zeigt ähnliche Ergebnisse: Die Ehre wird begriffen als die Frau, die Beziehung zwischen Mann und Frau, die Jungfräulichkeit der Frau und die Treue in der Ehe.[30]

Insofern lässt sich eine Differenz zwischen der wissenschaftlichen Definition der Geschlechtsehre und dem Verständnis der Ehre in der Bevölkerung nicht erkennen. Vielmehr lassen alle bisher durchgeführten Studien darauf schließen, dass ein auf die sexuelle Zurückhaltung der Frau gerichtetes Ehrverständnis vorherrscht, das Abstufungen bei den Reaktionen im Falle von Zuwiderhandlungen zulässt, von strafrechtlich irrelevanter Reaktion bis hin zur Tötung.

III. Der „Ehrenmord“ in der Türkei und in Deutschland

Irritierend ist zunächst die Verwendung des positiv besetzten Begriffes der Ehre im Zusammenhang mit einem Mord. Deutschland ist eine Form der Ehre, die auf das Sexualverhalten der Frau abstellt, völlig fremd, was dazu führt, dass der „Ehrenmord“ allein schon begrifflich widersprüchlich und unverständlich ist. In der Türkei ist die wörtliche Übersetzung der Morde im Namen einer verletzten Ehre der „Ehrenmord“. Sie setzt also den Begriff der Geschlechtsehre und den Begriff für Mord zusammen und erhält so die Begrifflichkeit des „Ehrenmordes“.

In Deutschland spricht man seit geraumer Zeit, seit dem Mord an Hatun Sürücü vom 07. Februar 2005 in Berlin, von „Ehrenmorden“, der Gewalt an Frauen im Namen der Ehre in ihrer extremsten Form. Hatun Sürücü war von einer streng moslemischen Erziehung geprägt. Mit 15 Jahren schloss sie eine von ihrer Familie arrangierte Ehe mit einem Cousin und zog zu ihm in die Türkei. Nachdem die Beziehung scheiterte, zog die schwangere H.S. zurück zu ihren Eltern nach Berlin. Kurze Zeit später vollzog sie einen Lebenswandel: Sie zog mit dem Neugeborenen in eine eigene Wohnung, legte das Kopftuch ab, kleidete sich westlich, ging abends aus und hatte Beziehungen zu Männern. Zu-

28 Vgl. Sır, 2005, S. 2 f.

29 In 4 Städten (Istanbul, Adana, Urfa, Batman) wurden im Jahr 2004 und 2005 durch Einzel- oder Gruppengespräche 250 sowohl zufällig als auch bewusst ausgewählte Personen unterschiedlichen Alters und unterschiedlicher ethnischer und religiöser Herkunft befragt.

30 Türkiye`deki Namus Cinayetleri Dinamikleri (Die Dynamik der Ehrenmorde in der Türkei), 2005, S. 24.

nächst brach der Kontakt zur Familie ab, weil die Familie die Lebensweise der H.S. ablehnte. Sie wünschte sich allerdings einen engen Kontakt zur Familie, weswegen sie auf sie zuging. Der Bruder A.S. lehnte den Kontakt zu seiner Schwester ab, der Bruder M.S. hatte ein sehr distanziertes Verhältnis zu ihr und der Bruder Ay.S. verachtete sie, weil sie durch ihr Verhalten die Ehre der Familie beschmutzen würde. Er fühlte sich zur Verteidigung der Ehre berufen. Am Tattag besuchte Ay.S. (19 Jahre alt) seine Schwester, bat sie später, ihn zur Bushaltestelle zu begleiten, fragte sie, ob sie ihre Sünden bereue und schoss ihr dreimal in den Kopf. Seiner Freundin erzählte er von der Täterschaft der anderen beiden Brüder. Sein Bruder M.S. (25 Jahre alt) habe ihm die Tatwaffe besorgt und A.S. (24 Jahre alt) habe ihn zur Wohnung begleitet und in der Nähe des Bahnhofs auf ihn gewartet. Nach einer umfangreichen und detaillierten Beweiswürdigung wurde Ay.S. wegen Mordes zu einer Jugendstrafe von neun Jahren und drei Monaten verurteilt. Die Brüder A.S. und M.S. wurden durch das Landgericht freigesprochen, weil ihnen die Tatbeteiligung nicht nachgewiesen werden konnte. Auf die Revision der Staatsanwaltschaft wurde das Urteil des Landgerichts mit den Feststellungen aufgehoben, soweit es die Angeklagten A.S. und M.S. betraf, weil die Beweiswürdigung des Landgerichts rechtlicher Überprüfung nicht standhielt.[31] Die Freisprüche sind zwar aufgehoben, die beiden Brüder befinden sich allerdings längst in der Türkei, daher kann ein neuer Prozess gegen sie nicht stattfinden. A.S. ist türkischer Staatsbürger, insofern kann die Türkei die Auslieferung verweigern, das Verfahren kann an die Türkei abgegeben werden. Anders sieht es bei M.S. aus, der die deutsche Staatsbürgerschaft hat.

1. Der „Ehrenmord“ in der Türkei

Einen Totschlag begeht nach Art. 81 tStGB, wer einen Menschen vorsätzlich tötet, mit der Rechtsfolge der lebenslangen Freiheitsstrafe. Mord wird gemäß Art. 82 im tStGB als eine Qualifikation zum Totschlag festgelegt, der eine erschwerte lebenslange Freiheitsstrafe für bestimmte Tatsituationen vorsieht. Danach wird wegen Mordes bestraft, wer

- planmäßig
- unmenschlich oder quälend vorgeht
- die Tötung durch einen Brand, eine Überschwemmung, eine Zerstörung, Versenkung oder ein Ausbomben oder unter Verwendung einer nuklearen, biologischen oder chemischen Waffe begeht
- einen Verwandten aufsteigender oder absteigender Linie, *den Ehepartner oder Geschwister tötet*

31 BGH 5 StR 31/07.

- ein Kind oder eine Person tötet, die sich physisch oder psychisch nicht wehren kann
- in Kenntnis der Schwangerschaft eine schwangere Frau tötet
- eine Person im öffentlichen Dienst wegen dieser Eigenschaft tötet
- zur Verdeckung einer Straftat oder Vernichtung ihrer Beweise, die Begehung einer Straftat zu erleichtern oder einer Festnahme zu entgehen tötet
- aus Erbitterung tötet, weil eine Straftat nicht begangen werden konnte
- zur *Begehung einer Blutrache oder eines Traditionsmordes* tötet.[32]

Der „Ehrenmord" ist im tStGB nicht explizit geregelt.

1.1 Strafverfahren

Das türkische Strafverfahren ist insbesondere seit der Strafprozessrechtsreform vom Dezember 2004 in vielerlei Hinsicht mit dem deutschen Strafverfahren identisch.[33] Das Ermittlungsverfahren beginnt auch hier mit der Kenntniserlangung eines Mordes und der Überprüfung, ob ein Anfangsverdacht gegeben ist. Es wird von der Polizei durchgeführt, die den Weisungen der Staatsanwaltschaft als Herrin des Vorverfahrens unterliegt, Art. 160, 161 tStPO. Im Ermittlungsverfahren wird dann überprüft, ob ein hinreichender Tatverdacht besteht, um Anklage wegen Mordes erheben zu können. Gelangt die Staatsanwaltschaft zu dem Ergebnis, dass ein hinreichender Tatverdacht besteht, so erhebt sie öffentliche Klage, Art. 170 tStPO.[34] Mit der Reform des Strafprozessrechts ist ein nach altem Recht nicht bestehendes Zwischenverfahren eingeführt worden, in dem durch das Gericht überprüft wird, ob die Anklage in der eingereichten Form erhoben werden kann, Art. 174 tStPO.[35]

Gemäß Art. 100 Abs.1, 3 tStPO ist die Untersuchungshaft bei Vorliegen des dringenden Tatverdachtes auf Mord oder Totschlag anzuordnen, so dass der Täter ohne das Vorliegen weiterer Haftgründe für die Untersuchungshaft festgenommen werden kann.

Erhoben wird die Anklage vor dem Schwurgericht des Tatortes, Art. 12 Abs.1 tStPO,[36] das u.a. für alle Verbrechen mit einer Strafandrohung über 10 Jahre, lebenslanger Freiheitsstrafe und erschwerter lebenslanger Freiheitsstrafe zuständig ist. Das Schwurgericht entscheidet mit einem Vorsitzenden und zwei Beisitzern.[37]

32 Vgl. Toroslu/Feyzioğlu, Art. 82, 2006, S. 78 f.

33 Die neue tStPO, Gesetz Nr. 5271 ist seit dem 04.12.2004 in Kraft. Der Reform lag die deutsche StPO, die deutsche Strafprozessrechtslehre und die deutsche Rechtsprechung zugrunde, vgl. Özbek, 2006, Vorwort.

34 Toroslu/Feyzioğlu, Art. 170, 2006, S. 355 f.

35 Özbek, 2006, S. 47 f.

36 Toroslu/Feyzioğlu, Art. 12 Abs. 1 tStPO, 2006, S. 257.

37 Özbek, 2006, S. 118.

Handelt es sich bei dem Täter um ein Kind zwischen 13 und 15 Jahren, so ist das Jugendgericht für die Bestrafung des Täters verantwortlich, besetzt mit einem Vorsitzenden und zwei Beisitzern.[38] Bei dieser Altersstufe wird zunächst überprüft, ob der minderjährige Täter ausreichend entwickelt ist und das Unrecht seiner Tat einsehen kann. Kann er dies nicht, so wird seine strafrechtliche Verantwortung ausgeschlossen. Im Übrigen wird die Strafe nach Art. 31 Abs. 2 tStGB im Falle der erschwerten lebenslangen Freiheitsstrafe auf 12-15 Jahre, für den Fall der lebenslangen Freiheitsstrafe auf 9-11 Jahre Freiheitsstrafe gemindert. Handelt es sich bei dem Täter um einen Jugendlichen zwischen 16 und 18 Jahren, wird die erschwerte lebenslange Haftstrafe für den Mord auf 18-24 Jahre und beim Totschlag von lebenslanger Freiheitsstrafe auf 12-15 Jahre Freiheitsstrafe gemindert.[39] Die volle strafrechtliche Verantwortlichkeit setzt mit 18 Jahren ein, wobei bis zur Vollendung des 20. Lebensjahres der Täter je nach Reifegrad als Jugendlicher oder Erwachsener bestraft wird.[40]

Bedeutung hat letzteres für die bei „Ehrenmorden" handelnden minderjährigen Täter, die in der Regel von älteren Familienangehörigen angestiftet werden, damit eine geringere Strafe verbüßt wird und die Arbeitskraft nicht ausfällt.[41]

1.2 Definition „Ehrenmord" in Abgrenzung zum „Traditionsmord"

Eine im juristischen Sinne vorherrschende, durch Literatur oder Rechtsprechung festgelegte Definition, die die genauen Voraussetzungen eines „Ehrenmordes" enthält, ist nicht gegeben. Vielmehr wird dem Einzelfall entsprechend entschieden, ob ein Mord im Namen der Ehre begangen wurde.

Yirmibeşoğlu[42] hat in den Jahren 2000 – 2005 in 19 Städten[43] 300 Strafakten analysiert, in denen Morde mit dem Motiv einer verletzten Ehre begangen wurden, schriftliche Umfragen mit Frauen und Männern durchgeführt und nach der Analyse Gespräche mit Betroffenen, Tätern, Familienangehörigen der Täter und Justizangehörigen durchgeführt.[44]

---

38 Art. 6 des Gesetzes über die Einrichtung der Jugendgerichte, Pflichten und Verurteilungsverfahren, Gesetz Nr. 2253, www.hukuki.net/kanun/2253.15.text.asp (08.01.2008).

39 Feyzioğlu/Toroslu, Art. 31, 2006, S. 41 f.

40 Tellenbach, 2005, S. 82.

41 Nach den Statistiken der Kommission des Parlaments waren in den Jahren 2000-2005 9 % der Tatverdächtigen minderjährig (122 Personen), vgl. T.C. Başbakanlık Kadının Statüsü Genel Müdürlüğü (Türkische Republik, Generaldirektion für den Status der Frau im Ministerpräsidium), 2006, S. 117 f.

42 Rechtsanwältin aus Istanbul, die 12 Jahre lang in bestimmten Gebieten gelebt hat, um gesellschaftliche Probleme von Frauen in der Türkei zu erforschen.

43 Diyarbakır, Urfa, Gaziantep, Mardin, Batman, Kahramanmaraş, Kilis, Muş, Van, Adıyaman, Hakkari, Bitlis, Adana, Siirt, Bingöl, Kars, Şırnak, Elazığ, Istanbul.

44 Yirmibeşoğlu, 2007, S. 21.

Nach ihren Forschungen definiert Yirmibeşoğlu „Ehrenmorde“ folgendermaßen: Mädchen oder Frauen verhalten sich den Ehrvorstellungen der vorherrschenden Sitten und Bräuche in ihrer Familie oder ihrem Lebensumfeld zuwider und beeinträchtigen anhand dieses Verhaltens das Ansehen der Familie negativ. Mit der Begründung, dass sich der Mann oder die Familie für sie schämen muss, werden sie sodann durch den Beschluss eines Familienrates oder durch die individuelle Entscheidung des Mannes (eines männlichen Familienangehörigen) getötet.[45] Yirmibeşoğlu hat zutreffend zwischen dem Beschluss eines Familienrates und einer individuellen Entscheidung differenziert. Der „Ehrenmord“ *(namus cinayeti)* ist abzugrenzen von dem Mord aus traditionellen Gründen (*töre cinayeti*). Sowohl in Deutschland, als auch in der Türkei werden die Begriffe bewusst oder unbewusst miteinander verwechselt oder vermischt. In der Türkei werden die „Ehrenmorde“ oftmals als „Traditionsmorde“ bezeichnet. Dies hat seinen Grund darin, dass entweder die Unterschiede nicht bekannt sind oder ein solcher Mord nur bestimmten ethnischen Gruppen zugeordnet werden soll. Die traditionell lebenden Völker und ethnischen Gruppen sind abgrenzbar, d.h. dass der „Ehrenmord“ aus traditionellen Motiven von dem Großteil der Bevölkerung weder gegenwärtig noch in der Vergangenheit zum traditionellen Brauch gehörte. Der Gesetzgeber ordnet die „Ehrenmorde“ mit der allgemeinen Bezeichnung als „Traditionsmorde“ indirekt nur den kurdischen Gebieten zu und weist diese somit als allgemeines Problem zurück. Dies widerspricht allerdings den Tatsachen und ist für die Bekämpfung der Gewalt im Namen der Ehre kontraproduktiv.

Die Problematik und Bedeutung der Abgrenzung kann folgendermaßen veranschaulicht werden: Patriarchalische Traditionen werden vermehrt in feudalen Gesellschaften ausgeübt, hierzu gehören ausnahmslos die Gesellschaftsgruppen im Südosten und teilweise im Osten der Türkei.[46] Sie werden durch einen bestehenden Mechanismus ausgelöst, der durch das Stammes- und Verwandtschaftssystem in Gang gebracht wird. „Ehrenmorde“ aber können vereinzelt oder in feudalen Gesellschaften auftreten, sie sind also individueller als die „Traditionsmorde“. Der Tatentschluss bei den klassischen individuellen „Ehrenmorden“, der nicht auf vorherrschende Traditionen (im Sinne von undurchbrechbaren Gesetzen) zurückzuführen ist, spielt sich alleine im Kopf des Täters ab. Auslöser für die Tat ist dann eine Handlung einer weiblichen Familienangehörigen, die den Moral- und Ethikvorstellungen des Täters widerspricht, während

45 Yirmibeşoğlu, 2007, S. 49 f.

46 Eine Studie hat gezeigt, dass die Stadt Urfa die höchste Quote an „Traditionsmorden“ aufweist, vgl. Prof. Dr. Ünsal Oskay, Kommentierung der „Traditionsmorde“, www.turkhukuksitesi.com/showthread.php?t=3185 (08.01.08). Die Studie wurde im Jahr 2000 durchgeführt von der Generaldirektion für den Status der Frau, eine dem Ministerpräsidenten unterliegende amtliche Abteilung für die Stärkung der Stellung der Frau im sozialen, wirtschaftlichen, kulturellen und politischen Leben, vgl. Gesetz über die Organisation und Pflichten der Generaldirektion für den Status der Frau, Gesetz Nr. 5251.

der Entschluss bei „Traditionsmorden“ durch das bestehende Stammes- und Verwandtschaftssystem gefasst wird.[47]

Traditionen sind althergebrachte gesellschaftliche Gesetze, die eine Gesellschaft innerhalb der Lebenszeit hervorgebracht bzw. erzeugt hat. Diese können die Heirat, das Erbe, aber auch die Bestrafung und die Rechenschaft aller Familienangehörigen im Falle eines Verschuldens betreffen.[48] Sie stammen aus Zeiten, als die Menschen in Volksstämmen lebten. Diese Volksstämme (*Aşiret)* hatten ihre eigenen Traditionen und bewahren sie z.T. im Südosten und Osten der Türkei noch heute. In Deutschland werden sie meist als Familienclans bezeichnet. Die von diesen Stämmen behüteten Traditionen sind ungeschriebene Sittlichkeitsregeln und Gesetze, die im Staatssystem nicht als Gesetze anerkannt sind.[49] Ein unverzichtbares Merkmal der Volksstämme ist ihr patriarchalischer Charakter.[50] Ein Verlust der traditionellen Gesellschaft wird gleichgesetzt mit Orientierungslosigkeit im Leben.[51] Die Zugehörigkeit zu einem Volksstamm und die Befolgung der eigenen Traditionen stärken das Sicherheitsgefühl des Einzelnen in der gesamten Gesellschaft, in der er sich befindet.

Auf die Frage, was „Tradition“ ist, haben in der oben genannten Studie von Sır im Südosten 57,2 % der Befragten mit „Regeln der Vorfahren“ geantwortet. 17,7 % sagten, sie setze sich aus „religiösen Regeln“ zusammen, 9 % antworteten mit der „Lebensweise“, 3,8 % bezeichneten den „Respekt gegenüber Älteren und Männern“ als Tradition, nach 2,1 % sei sie das „Achtgeben auf die Frau“, 1,9 % antworteten, das „Verheiraten innerhalb der Sippe“ und das „Fortführen des Stammes“,1,2 % nannten das „Brautgeld“, 0,5 % bezeichneten den „Brauttausch“ (*Berdel*)[52] oder das „Aneinanderversprechen von Neugeborenen“ zur späteren Heirat innerhalb von Familien als Tradition.[53]

Der „Ehrenmord“ wird in der Regel den Bevölkerungen der östlichen und südöstlichen Türkei zugeschrieben, dem Bevölkerungsgebiet der Kurden, um sie so nicht als allgemeines Problem darzustellen und der Verantwortung des

---

47 Faraç, 2004, S. 183.

48 T.C. Başbakanlık Kadının Statüsü Genel Müdürlüğü (Türkische Republik, Generaldirektion für den Status der Frau im Ministerpräsidium), 2006, S. 108.

49 So z.B die Tötung einer Frau, die gegen den Willen der Eltern mit einem Mann durchbrennt.

50 Die Kenntnis über die Volksstämme ist ein komplizierter, jedoch wichtiger Aspekt zum Verständnis der „Traditionsmorde“. Die Ehe zwischen unterschiedlichen Stämmen wird nicht toleriert, der Stamm ist patrilinear. Erfolgt doch eine Eheschließung mit einer Frau aus einem anderen Stamm, so gilt die Frau als in den Stamm des Mannes eingeheiratet. Weit verbreitet ist in Volksstämmen mit eigenen Traditionen die Verwandtschaftsehe, im Osten ist etwa die Verheiratung von Cousins weit verbreitet. Dies hat insbesondere wirtschaftliche Hintergründe, wie das Verbleiben des Eigentums innerhalb der Familie, vgl. Yıldız, 2003, S. 137 ff.

51 Faraç, 2004, S. 182.

52 Erläuterung folgt im nächsten Abschnitt.

53 Sır, 2005, S. 3.

Staates zu entziehen. Dies zeigt sich insbesondere in der Vermischung der Begriffe und Kennzeichnung aller „Ehrenmorde“ als „Traditionsmorde“. Obwohl von allen Nichtstaatlichen Frauenorganisationen der Türkei vor der Strafrechtsreform gefordert wurde, die Tötung aus verletztem Ehrgefühl als Mordmerkmal zu qualifizieren, legte der Gesetzgeber die Tötung aus Tradition als Mordmerkmal fest und grenzte so den Anwendungsbereich ein.[54] Dabei zeigt auch die Statistik der staatlichen Kommission zur Bekämpfung von „Ehrenmorden und „Traditionsmorden“,[55] dass „Ehrenmorde“ in den Jahren 2000 – 2005 in der gesamten Türkei geschehen sind, und zwar an erster Stelle im Marmara Gebiet (mit der Stadt Istanbul an der Spitze) und an zweiter Stelle an der Ägäis, somit in den fortschrittlichsten Gebieten der Türkei. Die Untersuchung der Geburtsorte der Täter hat gezeigt, dass insgesamt 45 % der Täter aus dem Osten bzw. Südosten kamen,[56] somit greift auch das Argument, die Binnenmigration sei die Ursache für die „Ehrenmorde“ in der westlichen Türkei, nicht durch. Der individuelle „Ehrenmord“ ist also nicht immer gleichzeitig ein „Traditionsmord“, der nur von bestimmten Bevölkerungsteilen der Türkei begangen werden kann, sondern von jedem, der eine stark patriarchalische Denkstruktur und Vorstellung von Ehre hat. Er erklärt die unterschiedlich begreifbare Wertvorstellung Ehre, ihre Verletzung und den darauf begangenen Mord. Die Rahmenbedingungen für die Wertvorstellung des Täters ergeben sich aus seinem demographischen und soziokulturellen Umfeld und seiner Erziehung. Ein wichtiges Unterscheidungsmerkmal ist, dass der „Traditionsmord“ nicht nur an der Frau, sondern auch an dem Mann begangen wird, so z.B. bei der Blutrache,[57] bei der ein Mann aus der Sippe des Täters von einem Auserwählten der Familie des Getöteten ermordet wird. In vielen Fällen ist nicht bekannt, warum die Blutfehde einmal begonnen hat, doch aus traditionellen Motiven werden die Morde fortgesetzt. Die Verbindung zu den unmittelbaren „Ehrenmorden“ besteht darin, dass im Falle der Unterbrechung der Fehde die verantwortliche Familie als unehrenhaft gilt. Die Gemeinsamkeit der traditionellen Tötung in Form einer Blutfehde mit dem „Ehrenmord“ kann auch darin bestehen, dass ein Mann die Geschlechtsehre der Familie verletzt hat, indem er eine außereheliche Beziehung zur Tochter angefangen hat und durch seine Tötung der Anfang einer Fehde gesetzt worden ist. Traditionelle Gründe hat auch der Brauttausch (*Berdel*), der vorwiegend im Osten und Südosten der Türkei praktiziert wird und die darauf beruhenden Morde. Brennt eine Frau mit einem Mann durch oder wird sie entführt, so kann mit der Familie der Entführten Frieden geschlossen werden, wenn aus der Familie des Entführers auch eine ledige Frau als „Gegenleistung“ ange-

---

54 Detaillierte Ausführungen und rechtliche Probleme dieser Begrifflichkeit unter B.II.1.2.4.

55 Erläuterungen zur Kommission folgen im nächsten Punkt unter A.III.1.3.

56 T.C. Başbakanlık Kadının Statüsü Genel Müdürlüğü (Türkische Republik, Generaldirektion für den Status der Frau im Ministerpräsidium), 2006, S. 113 ff.

57 Ausführlich dargestellt unter A.III.8.

boten wird,[58] vorausgesetzt, beide Familien haben eine ledige Tochter und einen ledigen Sohn, die zu verheiraten sind. Paradox ist, dass es sich bei dieser Form der Zwangsheirat um einen Vorgang der Friedensschließung handelt, als Alternative aber der Mord gegenübersteht. Bei dem Brauttausch handelt es sich um traditionelle Praktiken, die nur den östlichen und südöstlichen Gebieten bekannt und dem türkischen Recht völlig fremd sind, zivilrechtlich jedoch als eine Form der Zwangsheirat einen Aufhebungsgrund der Ehe darstellen.

Zusammenfassend ist festzuhalten, dass es sich bei dem individuellen Mord um den aus unmittelbarer Verletzung des Ehrgefühls handelt, bei dem der Täter aus autonomen Motiven handelt. Bei dem Mord aus traditionellen Gründen liegt eine mittelbare Verletzung der Ehre vor, die durch vorangegangene zeitlich und tatsächlich abgrenzbare Handlungen ausgelöst wird. Hierbei muss es sich nicht einmal um die kennzeichnende Geschlechtsehre handeln, deren Verletzung für den „Ehrenmord“ zwingende Voraussetzung ist. Auslösender Faktor sind traditionelle Gesetze im Rahmen einer kollektiven Ordnung, beschlossen und durchgeführt durch mehrere Personen einer Sippe oder Großfamilie.

1.3 Türkische Kriminalstatistik

Auf der Ermittlungsebene wird eine der deutschen polizeilichen Kriminalstatistik vergleichbare Statistik in der Türkei nicht erstellt. Lediglich eine regelmäßig geführte Statistik, die die Verurteilungen der Strafgerichte erfasst, lässt auf die begangenen Mord- und Totschlagsfälle schließen.[59] In dieser Statistik wurde bezüglich des ehemaligen Totschlagsparagraphen, Art. 448 tStGB, die Zahl der Urteile und der aus den Taten hervorgegangenen Opfer genannt, sowie eine Unterscheidung der Täter nach dem Geschlecht vorgenommen. Außerdem erfolgte eine Altersabstufung der Täter von 12-15 Jahren, von 16-18 Jahren und ab 19 Jahren. Neben den Verurteilungen wurden auch die Einstellungen vor Gericht und die Freisprüche statistisch festgehalten.[60]

„Ehrenmorde“ werden in dieser Statistik nicht erfasst. Die Tötung eines Menschen, mit der Motivation, die eigene Ehre oder die der Familie wiederherzustellen, stellt kein ausdrückliches Mordmerkmal im Sinne des türkischen

---

58 T.C. Başbakanlık Kadının Statüsü Genel Müdürlüğü (Türkische Republik, Generaldirektion für den Status der Frau im Ministerpräsidium), 2006, S. 110 ff.

59 Vgl. www.adli-sicil.gov.tr (staatliche Internetseite zu den Verurteilungsstatistiken der Gerichte).

60 Im Jahr 2005 wurden 9.690 Urteile wegen Totschlags ausgesprochen, aus denen insgesamt 10.293 Opfer und Antragsteller hervorgingen. 48 der Täter waren zwischen 12-15 Jahren, 618 waren zwischen 16-18 Jahren, 12.010 der Täter waren 19 Jahre alt und älter. Insgesamt wurden 12.676 Personen wegen Totschlags verurteilt, 12.007 der Täter waren Männer und 669 der Täter waren Frauen, vgl. www.adli-sicil.gov.tr/istatistikler/1996/ac_cik/ckkartur2005.htm (15.06.2006).

Strafrechts dar, es sei denn, es handelt sich um einen „Traditionsmord“.[61] Selbst wenn aber die „Ehrverletzung“ als Beweggrund der Tat, als Tatbestandsmerkmal des Mordes genannt wäre, würde er in diese Statistiken nicht eingehen, weil nur der Paragraph, ohne auf die einzelnen Erschwerungsgründe einzugehen, erfasst wird.

Als Qualifikationsmerkmal zum Totschlag wurde nach damaliger Rechtslage gemäß Art. 449 Nr.1 tStGB erschwert mit lebenslanger Freiheitsstrafe bestraft, wer seine Ehefrau, seinen Ehemann, seine Geschwister, seinen Vater, seine Mutter, seinen Stiefvater, seine Stiefmutter, sein Stiefkind, seinen Schwiegervater, seine Schwiegermutter, seinen Schwiegersohn oder seine Schwiegertochter tötete.[62] Nach aktueller Rechtslage wird der Täter gemäß Art. 82 d) tStGB, der einen Verwandten absteigender oder aufsteigender Linie, den Ehepartner oder Geschwister tötet, ebenfalls mit erschwerter lebenslanger Freiheitsstrafe bestraft. Die Tötung eines weiblichen Familienmitglieds mit der Motivation der Wiederherstellung der Ehre wurde sowohl nach damaligem Recht, als auch nach aktueller Rechtslage, unter diese Strafnorm subsumiert.

Eine Vorstellung, wie viele „Ehrenmorde“ in der Türkei geschehen, ermöglichte erstmals eine gesondert zur Bekämpfung der Ehren-Kriminalität und Gewalt an Frauen gegründete Kommission des türkischen Parlaments. Diese Kommission hat ihre Grundlage in der türkischen Verfassung (Art. 98 türkisches Grundgesetz), die die Gründung von parlamentarischen Kommissionen zur Erforschung von gesellschaftlichen Fragen ermächtigt. Begründet wurde der Gründungsantrag der Abgeordneten im Parlament damit, dass obwohl laut Weltbevölkerungsbericht der UNO jährlich mindestens 5000 Frauen im Namen der Ehre ermordet werden und die Türkei einen oberen Rang einnimmt, bisher keine Lösung für das Problem gefunden wurde.[63] Zudem habe die Türkei das Übereinkommen zur Beseitigung jeder Form von Diskriminierung der Frau vom 18. Dezember 1979[64] unterzeichnet, das in Art. 2 festlegt, mit allen geeigneten Mitteln unverzüglich eine Politik zur Beseitigung der Diskriminierung der Frau zu verfolgen. Als Maßnahmen werden in Art. 2 des Übereinkommens ausdrücklich Gesetzes- und Schutzmechanismen, Tribunale und öffentliche Institutionen genannt.[65] Dem Antrag wurde stattgegeben, so dass am 11.10.2005 die Kommission im Parlament gegründet wurde. Die Kommission bestand aus 12

61 Siehe Darstellungen zu Art. 82 tStGB unter B.II.1.2.4.

62 Im Jahr 2005 wurden 159 Urteile ausgesprochen, die insgesamt 119 Opfer auswiesen. 1 Täter war zwischen 12-15 Jahren, 6 zwischen 16-18 Jahren, 216 waren 19 Jahre und älter. Insgesamt wurden also 223 Täter verurteilt, von denen 219 Männer und 4 Frauen waren, vgl. www.adlisicil.gov.tr/istatistikler/1996/ac_cik/ckkartur2005.htm (15.06.2006).

63 T.C. Başbakanlık Kadının Statüsü Genel Müdürlüğü (Türkische Republik, Generaldirektion für den Status der Frau im Ministerpräsidium), 2006, S. 1.

64 CEDAW: Convention on the Elimination of All Forms of Discrimination against Women.

65 www.amnesty-frauen.de/Seiten/Konventionen/Konv.htm (27.12.2007).

Abgeordneten, und hatte die Zielsetzung, Präventionsmaßnahmen bezüglich der „Ehrenmorde“ und „Traditionsmorde“ und der Gewalt an Frauen und Kindern festzulegen. Zur Ausarbeitung von Maßnahmen fanden nach der Gründung 15 Versammlungen statt, in denen Akademiker, Medienanstalten, Vertreter privater und staatlicher Organisationen von Frauenarbeit, Soziologen, mehrere universitäre Einrichtungen zur Erforschung und Klärung von gesellschaftlichen Problemen der Frauen gehört wurden.[66] Der Mangel an statistischen Angaben zu „Ehrenmorden“ stellte sich schnell heraus, so dass eine Identifikation der Fälle im Nachhinein in allen Städten angeordnet wurde. Allerdings wurde keine separate Analyse von „Ehren- und Traditionsmorden“ vorgenommen, sondern eine Analyse von allen Morden, deren Beweggrund eine Ehrverletzung war, gleichgültig, ob es sich dabei um einen individuellen Mord oder einen kollektiven aus traditionellen Motiven handelte. Alle Polizeipräsidien führten Aktenanalysen hinsichtlich der Mordfälle durch, in denen Beweggrund der Täter die Verletzung der Geschlechtsehre war. Analysiert wurden die Fälle für die Jahre 2000 – 2005 u.a. nach dem Geburtsort, dem Geschlecht und dem Alter der Täter und Opfer.

Die erfassten Zahlen und Angaben aus den Jahren 2000 – 2005 erstrecken sich auf die Quellen des Hauptpolizeipräsidiums und des Haupt-Gendarmerie-Kommandos. Die getrennte Erfassung hat den Grund darin, dass die Polizei für die Stadtzentren und die Stadtteile zuständig ist. Im Pflichten- und Verantwortungsbereich der Gendarmerie befindet sich keine Polizeiorganisation, d.h. in außerhalb liegenden Ortschaften nimmt die Gendarmerie alle Aufgaben der Polizei wahr.[67] Gemessen an 68.327.225 Einwohnern in der Türkei, beträgt die Zuständigkeitsquote der Polizei 70 %, die der Gendarmerie 30 %.[68]

Nach Einholung von Berichten, Belegen und einer viermonatigen Recherche in allen 81 Städten der Türkei erstellte die Kommission mit Hilfe aller Beauftragten Statistiken und einen sehr umfangreichen Bericht.

1.3.1 Verantwortungsgebiete der Polizei

In den Verantwortungsgebieten der Polizei wurden in dem genannten Zeitraum 1091 „Ehrenmorde“ und „Traditionsmorde“ bekannt.[69] Die Kommission hat sich bei der Erfassung der Statistik an die geographische Einteilung der sieben Gebiete, Marmara Gebiet, Ägäis, Mittelmeergebiet, Schwarzmeergebiet, Zen-

66 T.C. Başbakanlık Kadının Statüsü Genel Müdürlüğü (Türkische Republik, Generaldirektion für den Status der Frau im Ministerpräsidium), 2006, S. 10.

67 Gesetz über Organisation, Aufgaben und Befugnisse der Gendarmerie, Gesetz Nr. 2803, Art. 10, vgl. www.jandarma.gov.tr (08.01.2008).

68 www.egm.gov.tr/asayis/istatistik.asp (20.04.2006).

69 T.C. Başbakanlık Kadının Statüsü Genel Müdürlüğü (Türkische Republik, Generaldirektion für den Status der Frau im Ministerpräsidium), 2006, S. 112.

tralanatolien, Osten und Südosten,[70] gehalten. Wichtig erscheint die Eingrenzung und Darlegung der geographischen Hintergründe unter dem Aspekt, dass in öffentlichen Diskussionen pauschal behauptet wird, es handele sich um ein kurdisches Phänomen, das in der türkischen Bevölkerung nicht auftrete.[71] Nach den Erfassungen der Polizeipräsidien sind 19 % (212 Morde) erstaunlicherweise im Marmaragebiet und ebenfalls 19 % (209 Morde) in der Ägäis vorgekommen, also in den Gebieten, die als fortschrittlich gelten. 18 % der Morde sind in Zentralanatolien, 14 % im Südosten, 9 % im Osten und 8 % im Schwarzmeerraum begangen worden. Bei der Eingrenzung der Städte treten eindeutig die Hauptstadt Ankara mit 10 %, Istanbul mit 9 % und Izmir ebenfalls mit 9 % als die Metropolen der Türkei zum Vorschein. Dies wird sicherlich damit zu erklären sein, dass die häufigste Binnenmigration in diese 3 Städte erfolgt.

In 15 von 81 Städten ist die Ermordung im Namen der Ehre gar nicht vorgekommen: Amasya, Artvin, Bilecik, Bolu, Eskişehir, Gümüşhane, Hakkari, Kırklareli, Konya, Nevşehir, Niğde, Tunceli, Bayburt, Ardahan, Karabük.[72] Bei diesen Städten handelt es sich um Städte aus beinahe allen Gebieten der Türkei: 4 liegen im Marmaragebiet, 4 im Schwarzmeergebiet, 3 in Zentralanatolien und 4 im Osten. Zwar ist in jeder Stadt im Südosten ein „Ehrenmord" aufgetreten, jedoch auch in jeder Stadt an der fortschrittlich geltenden Ägäis und ebenfalls in jeder Stadt im Mittelmeerraum, die von der Binnenmigration nicht sehr stark betroffen sind.

1.3.2 Verantwortungsgebiete der Gendarmerie

Die Untersuchung und Erfassung der „Ehrenmorde" und „Traditionsmorde" in den Verantwortungsgebieten der Gendarmerie hat verglichen mit der der Polizeipräsidien inhaltlich unterschiedlich stattgefunden. Die Untersuchung der Polizeipräsidien war speziell an den Morden ausgerichtet, deren Beweggrund ein verletztes Ehrgefühl war. Die Untersuchung der Gendarmerie war umfassender und erfasste allgemein die Gewaltanwendung an Frauen und Kindern, beinhaltete aber auch die „Ehrenmorde" und „Traditionsmorde". Bekannt wurden 5.562 Tötungen bzw. versuchte Tötungen, davon 1.502 an Frauen, 6.543 Misshandlungen von Frauen und Kindern in der Familie, 5.895 vorsätzliche Körperverletzungen, 38.135 Anzeigen gingen bezüglich des Schlagens von Frauen und Kindern ein. Mit 22 % kamen die häufigsten Vorkommnisse im Marmaragebiet vor, 19 % der Gewaltanwendungen an Frauen und Kindern wurden in der Ägäis

70 Erläuterungen zu den Gebieten und der heterogenen Bevölkerungsstruktur ausführlich unter A.III.1.5.

71 So auch Vural Öger, seit 2004 Europaparlaments-Abgeordneter der SPD (6. Wahlperiode), in einer Diskussion mit dem Titel: „Ehrenmord und rechte Gewalt – Ist Leitkultur die Antwort" am 20.04.2006 bei NTV.

72 T.C. Başbakanlık Kadının Statüsü Genel Müdürlüğü (Türkische Republik, Generaldirektion für den Status der Frau im Ministerpräsidium), 2006, S. 114.

angezeigt, 16 % im Schwarzmeergebiet, ebenfalls 16 % in Zentralanatolien, 13 % im Mittelmeergebiet, 10 % im Osten und 5 % im Südosten der Türkei.[73] Die zehn führenden Städte sind Gendarmeriegebiete in Istanbul, Izmir, Antalya, Muğla, Balıkesir, Bursa, Ankara, Konya, Aydın, Kayseri.

Ersichtlich ist, dass wieder die als fortschrittlich geltenden Städte Istanbul und Izmir führen, die Hauptstadt Ankara unter den zehn Städten ist und dass Städte wie Antalya, Muğla und Aydın sich unter den ersten zehn befinden, die zu den meistbesuchten Tourismusstädten gehören. Keine der zehn Städte befindet sich im Osten oder Südosten der Türkei.

Betrachtet man alle Gewaltfälle, stammen die meisten Täter mit 19 % aus dem Schwarzmeergebiet. Bei den Tötungsdelikten liegt der Schwerpunkt der Täter allerdings im Osten und Südosten. Von den 5.562 Tötungen/versuchten Tötungen sind 408 (7 %) im Namen der Ehre begangen worden. Zielperson der Handlungen waren zu 34 % Frauen oder Kinder, zu 66 % andere Personen. Dies hat damit zu tun, dass gerade in den Verantwortungsgebieten der Gendarmerie vermehrt Kapitaldelikte stattfinden, die aus traditionellen Motiven heraus begangen werden, da es sich bei diesen Gebieten um Orte handelt, die ländlich geprägt sind und in denen die Aufrechterhaltung feudaler Strukturen gewahrt wird. Es handelt sich bei diesen Tötungen daher vermutlich vermehrt um „Traditionsmorde", bei denen die Ehrverletzung zwar Motiv der Tötung ist, es aber primär z.B. um Blutrache oder andere Traditionen geht. Die Straftaten an den Frauen wurden zu 20 % an der Ägäis, zu jeweils 17 % im Schwarzmeergebiet und im Marmaragebiet und zu je 12 % in Zentralanatolien, im Mittelmeergebiet und in Ostanatolien sowie zu 11 % in Südostanatolien begangen.[74]

Zusammenfassend fällt somit weder eine regionale Häufung noch eine ethnische Zugehörigkeit bei Morden aus verletzter Ehre auf. Wegen der seit den 1950er Jahren andauernden Binnenmigration kann aufgrund der Herkunft nicht auf eine potenzielle Tatgefahr geschlossen werden. Aus den Geburtsorten der Täter und der tatsächlichen Herkunft der Eltern eines Tatverdächtigen kann jedoch sowohl für Deutschland, als auch für die Türkei, angefangen von Zentralanatolien bis zum Südosten davon ausgegangen werden, dass das Verständnis der Geschlechtsehre umso verinnerlichter und konservativer ist, je östlicher die geographische Lage ist.

1.3.3 Aufklärungsquote und Problemverlagerung

Ehr-Kriminalität besteht nicht nur aus der Tötung im Namen der Ehre, sondern kann sich als Vorstufe der Tötung oder als einzelne Tat auch anderweitig in physischer bzw. psychischer Gewalt zeigen: Unterdrückung, Bedrohung, Miss-

---

73 T.C. Başbakanlık Kadının Statüsü Genel Müdürlüğü (Türkische Republik, Generaldirektion für den Status der Frau im Ministerpräsidium), 2006, S. 114.

74 T.C. Başbakanlık Kadının Statüsü Genel Müdürlüğü (Türkische Republik, Generaldirektion für den Status der Frau im Ministerpräsidium), 2006, S. 121.

handlung, Folter oder Verstoßung sind Handlungen, die an Frauen begangen werden, die sich unehrenhaft verhalten.[75] Diese Taten bleiben oftmals im Dunkeln, da es um Straftaten innerhalb der Familie geht und die Frauen entweder aus Angst oder aus der Vorstellung, ihre Familie nicht „verraten" zu wollen, den Sachverhalt nicht zur Anzeige bringen und sich den Weg vor effektivem Schutz versperren. Der Weltbevölkerungsbericht der UNO aus dem Jahr 2000, der die „Ehrenmorde" weltweit mit mindestens 5.000 beziffert, schätzt die Dunkelziffer jährlich auf 10.000 – 100.000 Fälle.

In der Türkei ist die Aufklärungsrate von Ehrverbrechen niedrig, da die Tat nach Aussagen der Polizei und der Gendarmerie oft als Unfall oder Selbstmord dargestellt wird, dies den Beteiligten jedoch nicht nachgewiesen werden kann.[76] Auch die Kommission geht davon aus, dass sich eine unbekannte Zahl von „Ehrenmorden" unter den Tötungsdelikten verbirgt und viele Ereignisse schlicht als Unfall oder Selbsttötung in den Statistiken erfasst werden.[77]

Selbsttötungen von Frauen sind im Zusammenhang mit Ehrverletzungen kein unbekanntes Phänomen. Kein Einzelfall ist das Beispiel aus dem Jahr 2000 eines jungen Mädchens aus Batman (Südosten), das von seiner Familie zusammengeschlagen wurde und sich einen Tag später mit einer Wäscheleine erhängte, weil es im Wege des *Berdel* (Brauttausch) mit dem Sohn ihrer Tante verheiratet werden sollte. Vermutlich war der Suizid der einzige Ausweg für das Mädchen, das einen anderen Jungen liebte und Geschlechtsverkehr mit ihm hatte,[78] bevor sich nach der Zwangsverheiratung in der Hochzeitsnacht die Defloration herausgestellt hätte und das Mädchen Opfer eines „Ehrenmordes" geworden wäre.[79] Nicht unüblich ist in solchen Fällen auch die Verleitung des Opfers zum Suizid. Ein Fall aus dem Jahr 1992 in Gaziantep (Südosten) dokumentiert, dass das 27 jährige verheiratete Opfer kurz nach dem außerehelichen Geschlechtsverkehr von der eigenen Mutter und der Schwiegermutter ertappt und von beiden zur Selbsttötung überredet wurde, damit „kein anderer Blut vergießen müsse, um die Ehre zu bereinigen" und das Opfer sich schließlich vor

75 Böhmecke, 2004, S. 12.

76 Die niedrige Aufklärungsrate ist auch damit verbunden, dass die Wiederherstellung der Ehre gesellschaftlich legitimiert ist. Die Mehrheit des sozialen Umfeldes sieht die Sache als Familiensache an und mischt sich nicht ein. Dies gilt nur für patriarchalisch orientierte Regionen der Türkei.

77 Das ist unter anderem möglich, weil in den östlichen ländlichen Gebieten Kinder z.T. bei der Geburt nicht angemeldet werden und somit nicht als lebend registriert sind.

78 Halis, 2002, S. 35 ff.

79 Welch einen psychischen Druck die zwingende sexuelle Enthaltsamkeit auf die Opfer ausüben kann, zeigt ein weiteres Beispiel, in dem ein 19 jähriges Mädchen durch einen Unfall im Kindesalter das Hymen verlor und deswegen keine Aussicht auf eine Ehe sah. Obwohl der Umstand des Unfalls auch in der Nachbarschaft bekannt war, äußerte eine Nachbarin, sie würde das Mädchen gerne als Schwiegertochter betrachten, aber habe erfahren, dass sie keine Jungfrau sei. Das Opfer, das ohnehin unter diesem Umstand litt, beging daraufhin Suizid, vgl. Halis, 2002, S. 42 f.

den Augen der Beteiligten erhängte.[80] Häufig wird auch ein junges Mädchen mit einem für sie zu alten Mann gegen ihren Willen verheiratet und begeht Suizid (vor allem im Südosten). Selbst das Weglaufen von der elterlichen Wohnung ist in diesen Fällen kein Ausweg, da im Falle von Klan- und Traditionsstrukturen das Mädchen aufgefunden und wegen Ehrverletzung getötet wird.[81] In vergleichbaren Fällen bleibt oft verborgen, dass die Entscheidung zur Selbsttötung nicht autonom erfolgte.

Strafrechtlich und kriminologisch relevant sind die Suizide insbesondere seit der Strafrechtsreform im Juni 2005. Seitdem die Tötung aus traditionellen Motiven als Mord qualifiziert wurde und mit erschwerter lebenslanger Freiheitsstrafe verfolgt wird, ist die Zahl der Suizide auffällig gestiegen.

Nach dem Amt für Statistiken, der Polizeipräsidien und der Gendarmerie betrug die Zahl der Suizide im Jahr 2004 (damaliges Strafrecht) 2707, im Jahr 2005 (Reform: Juni 2005) 2703 und im Jahr 2006 (neues Strafrecht) 2914.[82] Es kommt unverkennbar zum Vorschein, dass die Zahl der Selbsttötungen bis zur Reform etwa gleichbleibend war und nach der Reform deutlich gestiegen ist. Eine enorme Steigerung zeigt sich in den versuchten Selbsttötungen: Im Jahr 2005 wurden 16.701 versuchte Suizide bekannt, im Jahr 2006 dagegen 23.689.[83]

Die Täter waren in der Regel von der Strafmilderung im ehemaligen Recht informiert. Dies zeigt insbesondere die nicht seltene Begehung der Tat durch minderjährige Familienangehörige.[84] Die Aufhebung der Milderung und Einstufung als Mord nach der Reform wurde in den Medien breit dargestellt. Statt einen „Ehrenmord“ zu begehen, werden die Mädchen und Frauen nun häufiger zum Suizid genötigt.

Die Psychologin Jülide Aral, die in dem Projekt „Verhinderung von „Ehrenmorden“ in dem Frauenverein KA-MER[85] mitwirkt, stellte dar, Frauen würden zum Selbstmord verleitet, indem Gewalt ausgeübt wird, das Opfer im Stall eingesperrt werde, keine Nahrung bekomme, ihm nur Gift vorgesetzt werde und deutlich gesagt werde, es könne das Haus lebend nicht mehr verlassen.[86]

---

80 1. Strafgericht Gaziantep, E. 1992/62, K. 1994/74, in: Yirmibeşoğlu, 2007, S. 169.

81 Yıldız, 2003, S. 148.

82 Türkiye İstatistik Yıllığı 2007 (Statistisches Jahrbuch der Türkei 2007), 2008, S. 73; Angaben des Polizeipräsidiums vgl. www.egm.gov.tr/akkm/akkm_web/asayis.htm (11.01.08); Angaben der Gendarmerie vgl. www.jandarma.gov.tr/asayis/suc_ks/iller.xls (11.01.08).

83 Polizeipräsidium: www.egm.gov.tr/akkm/akkm_web/asayis.htm (11.01.08), Gendarmerie: www.jandarma.gov.tr/asayis/suc_ks/iller.xls (11.01.08).

84 In den Jahren 2000-2005 waren 9 % der Täter unter 18 Jahre alt, vgl. T.C. Başbakanlık Kadının Statüsü Genel Müdürlüğü (Türkische Republik, Generaldirektion für den Status der Frau im Ministerpräsidium), 2006, S. 117.

85 KA-MER ist die Abkürzung für Kadın Merkezi und steht für Frauenzentrum.

86 Aral, Tageszeitung Radikal vom 06.03.2006.

Die Soziologin Yakın Ertürk, in der Menschenrechtskommission der Vereinten Nationen Referentin für Gewalt an Frauen, hat die Frage untersucht, ob die steigende Anzahl der Suizide mit der Kennzeichnung der Ehrverbrechen als „Traditionsmorde“ in der Strafrechtsreform zu verbinden ist. Dazu hat sie in drei Städten im Südosten (Batman, Şanlıurfa, Van), in denen „Ehrenmorde“ aus traditionellen Motiven begangen werden, die Selbsttötungen auf Anhaltspunkte für die Verleitung oder Nötigung zum Suizid untersucht. Als Beispiel nannte sie einen aktuellen Fall, in dem das Opfer von dem eigenen Cousin vergewaltigt wurde, daraufhin von der Mutter den Strick zum Erhängen und von dem Bruder den Stuhl zum Draufstellen erhielt.[87]

Im Vergleich zur globalen Selbstmordrate mit 16 Selbsttötungen pro 100.000 Personen, hat die Türkei eine geringe Rate in Höhe von offiziell registrierten 3,83 Selbsttötungen pro 100.000 Personen. Besorgniserregend ist jedoch gerade auch im Vergleich zur Weltbevölkerung der Frauenanteil der Opfer: Während weltweit das Verhältnis der Geschlechter 3,5 Männer zu 1 Frau beträgt, beträgt das Verhältnis von Mann und Frau in der Türkei 1,5 zu 1.

In den untersuchten Städten, einschließlich mehrerer südöstlicher Städte beträgt die Rate von Mann und Frau 0.97 zu 1, d.h. entgegen der globalen Statistik sind in den Städten, in denen „Traditionsmorde“ geschehen, mehr Frauen von Selbstmord betroffen als Männer.[88] Dies zeigt auch eine Studie des Regierungspräsidenten in Batman (Südosten) für die Jahre 2001 bis 2006: Von insgesamt 427 Personen, die in Batman einen Suizidversuch begangen haben, waren 306 Frauen und 121 Männer.[89] Die Opfer sind oft sehr jung und stammen aus armen Familien mit ländlichem Hintergrund. Die Untersuchungen für die Zeit nach der Reform haben stichhaltige Anhaltspunkte dafür ergeben, dass es sich bei einigen der registrierten Suizide tatsächlich um Nötigungen zum Selbstmord oder gar verdeckte Morde handelt.[90] Die Lösung im neuen tStGB, den „Ehrenmord“ aus traditionellen Motiven mit erschwerter lebenslanger Freiheitsstrafe zu ahnden, löst das Problem der „Ehrenmorde“ zumindest für den traditionellen Bereich nicht, sondern verlagert es nur.

1.4 Tatplanung und Ausführung

Das demokratische und laizistische Staatsgebilde der Türkei[91] steht im Widerspruch zu den Rollen der Familienangehörigen in patriarchalischen Familien, die ein strenges Verständnis von der Geschlechtsehre haben und strikt verteilt sind. Die Männer haben als Familienoberhaupt die Aufgabe, auf das keusche

87 www.kazete.com.tr/arsiv/2007/59/?bolum=haberler&sayfa=politika4 (25.1.2007).

88 Ertürk, 2006, S. 14.

89 Karaçoban, Tageszeitung Evrensel vom 24.10.2006.

90 Ertürk, 2006, S. 3.

91 Ausführlich zum Staatsgebilde der Türkei und der Stellung der Frau in der türkischen Gesellschaft unter A.III.1.3.

Verhalten der Frauen aufzupassen. Daher trifft sie auch die Aufgabe der Wiederherstellung der Ehre im Falle der Zuwiderhandlung, weil sie ihre Funktion nicht erwartungsgemäß erfüllt haben und somit in erster Linie von der Schande betroffen sind.[92] Diese Funktion als Beobachter, „Beschützer der Frauen vor fremden Männern“ und Agierender zugleich, wird weder durch die Verfassung noch durch das Straf- oder Familienrecht legitimiert. Seit der Zivilrechtsreform, die am 01.01.2002 in Kraft trat und als Reformziel die Gleichberechtigung von Frauen im Zivilrecht verwirklichte,[93] sind die Spuren des Patriarchats kaum mehr im Recht erkennbar.

Trotz der allerdings jungen Reformen und den internationalen Bestrebungen nach der Gleichstellung der Frau in der Türkei sind im Alltag patriarchalische Strukturen unverkennbar, und zwar in ihrer extremsten Form durch die Vorstellung einer „Bereinigung“ der Ehre, die Sache eines männlichen Familienangehörigen ist; denn verhält sich die weibliche Familienangehörige nicht den gesellschaftlichen Erwartungen entsprechend, verletzt sie die Ehre der gesamten Familie.

Eine Rechtfertigungsmöglichkeit wird dem Opfer durch die Familienangehörigen nicht eingeräumt. Gerechtfertigt wird die Gewalt mit der Wiederherstellung der Ehre. Die Tat beginnt mit dem Tatentschluss zur Begehung des Mordes. Dabei ist für die Ermittlungstätigkeit von großer Bedeutung, ob es sich um einen individuellen „Ehrenmord“ oder um einen „Ehrenmord“ aus traditionellen Regeln handelt.

Handelt es sich um einen „Traditionsmord“, wird der Tatentschluss von dem Familienrat gefasst, der in der Regel aus Männern besteht, in denen Frauen (Mutter oder Großmutter) aber auch beteiligt sein können.[94] Ist man übereingekommen, dass die Ehre der Familie befleckt ist, wird der Tötungsentschluss gefasst und die Prozedur der Tötung festgelegt. In einigen Fällen wird einem minderjährigen Jungen in der Familie die Aufgabe der Tötung übertragen. Die Tat kann durch eine Person oder auch von mehreren gemeinsam begangen werden.[95]

Handelt es sich um ein unverheiratetes Mädchen, das außerehelichen Geschlechtsverkehr hatte, trifft die Aufgabe der Tötung in der Regel den Vater

---

92 Böhmecke, 2004, S. 10.

93 Ausführlich zur Zivilrechtsreform und dem Stand vor der Reform unter A.IV.3.

94 T.C. Başbakanlık Kadının Statüsü Genel Müdürlüğü (Türkische Republik, Generaldirektion für den Status der Frau im Ministerpräsidium), 2006, S. 111.

95 In einem Fall aus dem Jahr 2004 waren die Familienangehörigen der Ansicht, die Tochter führe ein unsittliches Leben. Nach Tatplan erwürgten der Vater und der 15 jährige Bruder das schlafende Mädchen in der Nacht mit einem Kabel, verbrannten Folie auf seinem Gesicht, um es unkenntlich zu machen und packten es in eine Plastiktüte ein. Der 15 jährige Bruder trug dann die soeben getötete Schwester mit dem 14 jährigen Bruder gemeinsam von der Wohnung weg und stellte sie auf offener Straße ab, vgl. 2. Strafgericht Diyarbakır, Urt. v. 12.02.2004, E. 2003/95, K. 2004/23.

oder den Bruder. Cousins übernehmen die Tötung erst, wenn das Mädchen keinen Vater oder Bruder hat, oder diese die Aufgabe nicht wahrnehmen können.[96] Handelt es sich bei dem auserwählten Mann aus der Familie um jemanden, der nicht minderjährig ist und die traditionellen Regeln nachvollziehen kann, sieht er sich einem enormen Druck ausgesetzt, weil er keinen anderen Ausweg sieht, als die Tat zu begehen. Begeht er sie nicht, wird er gesellschaftlich ausgestoßen und geächtet.[97] Bleibt er nach einer Ehrverletzung tatenlos, wird ihm z.B. kein Brot verkauft oder in Teehäusern kein Tee eingeschenkt, d.h. er wird von seinem sozialen Umfeld ignoriert und isoliert.[98] Es bleibt ihm dann nur die Möglichkeit, sein soziales Umfeld zu verlassen und auszuwandern oder dem Druck der Gesellschaft nachzugeben.[99] Die Freiheitsstrafe im Falle der Tötung sieht er als Minus zur lebenslangen gesellschaftlichen Missachtung und Ehrlosigkeit an und entscheidet sich oft für die staatliche Bestrafung.

Handelt es sich um einen individuellen „Ehrenmord", wird der Tatentschluss autonom, unmittelbar nach der „Ehrverletzung" oder durch die gesellschaftlichen Umstände in der kollektiven Großfamilie gefasst, ohne dass mehrere Personen beteiligt sind. In diesem Fall will ein männlicher Familienangehöriger die Last der Ehrverletzung nicht tragen und beschließt eigenmächtig, die Ehre durch Tötung der Frau, z.T. auch des beteiligten Mannes, wieder herzustellen.[100] Der Tatausführung muss nicht eine Planungsphase vorgeschaltet sein.[101] Der Entschluss wird unterschiedlich gefasst. Dies zeigt sich auch in der

96 Yirmibeşoğlu, 2007, S. 59. In einem Fall, in dem ein lediges Mädchen vergewaltigt und daraufhin schwanger wurde und der Bruder seine Schwester nicht töten konnte, wurde die Tat von anderen männlichen Verwandten begangen, vgl. 1. Strafgericht Diyarbakır, E. 1999/527.

97 Böhmecke, 2004, S. 11.

98 In einem Fall aus dem Jahr 2003 tötete der 21 jährige Täter, der zwei Tage zuvor aus dem Militärdienst entlassen wurde, die Frau seines Bruders, die außerehelichen Geschlechtsverkehr hatte und schwanger wurde, weil seine Freunde nach seiner Rückkehr nicht mit ihm sprachen, obwohl sie ihn lange nicht gesehen hatten, und ihn aufforderten, zunächst seine Ehre zu bereinigen, vgl. 1. Strafgericht Diyarbakır, Urt. v. 18.05.2004, E. 2003/397, K. 2004/107.

99 Yirmibeşoğlu, 2007, S. 285.

100 In einem Fall aus dem Jahr 2001 wurde ein 18 jähriges Mädchen von dem 68 jährigen Vermieter vergewaltigt und war daraufhin schwanger. Der Onkel des Mädchens reiste aus Istanbul nach Diyarbakır, ermittelte eigenständig nach dem Vergewaltiger, nahm die Nichte mit nach Istanbul und tötete sie nach der Entbindung. Dann reiste er zurück nach Diyarbakır und tötete den Vergewaltiger in der Öffentlichkeit und machte durch seine Aussage während der Tat kenntlich, dass es sich um eine Sache der Ehre handelt, vgl. 1. Strafgericht Diyarbakır, Urt. v. 11.03.2003, E. 2001/89, K. 2003/66.

101 Anders Cöster, die bei „Ehrenmorden" eine Spontantat ausschließt und eine sorgfältige Planungsphase voraussetzt, vgl. Cöster, 2009, S. 166. Dies widerspricht der Rechtspraxis im damaligen türkischen Strafrecht vor der Strafrechtsreform. Der „Ehrenmordparagraph", Art. 462 tStGB, sah für den Täter eines „Ehrenmordes" bis 2003 Strafmilderung vor, wenn die Tötung oder Körperverletzung an dem Ehegatten, der Schwester oder ei-

Studie von Sır im Südosten, die auch die Untersuchung der Frage beinhaltet, wer im Falle einer Ehrverletzung um Rat gefragt wird. 41,6 % der Befragten antworteten, sie würden den Familienältesten um Rat fragen, 19,1 % würden aus eigenem Antrieb handeln und niemanden fragen. Insgesamt 14,4 % würden den Stammesvorsteher, den Ağa,[102] den Dorfvorsteher oder den Imam fragen. Dass fast die Hälfte der Befragten den Familienältesten fragen würden, lässt nicht den Schluss zu, die meisten „Ehrenmorde" seien eigentlich „Traditionsmorde". Die Studie wurde im Südosten durchgeführt, d.h. in dem Gebiet der Türkei, in dem z.T. die Traditionen gelten, im Falle der Ehrverletzung zu töten. In traditionell verhafteten Gebieten haben der Familienälteste, der Stammesvorsteher, der Ağa oder der Dorfvorsteher in der Gesellschaft eine respektable Rolle, in westlicheren Gebieten der Türkei haben sie an Autorität verloren. Bei der Frage, welche Form der Bestrafung im Fall von Untreue ausgewählt wird, antworteten 37,4 % mit der Tötung, 7,6 % würden die Frau zu Hause einsperren, 3,3 % würden dafür sorgen, dass die Frau sich selbst tötet, 1,9 % würden sie vergiften, 1,2 % würden sie verhungern lassen, 0,5 % würden sie im Stall einschließen, 0,5 % würden ihr die Nase abschneiden, 0,5 % würden ihr die Haare abrasieren, 0,2 % würden sie zu ihren Eltern schicken, 0,2 % würden sie verstoßen. Lediglich 25,8 % kamen auf die Idee, sich von ihr scheiden zu lassen.[103]

Oftmals ist die Grenzziehung zwischen dem „Traditionsmord", der auch begangen wird, weil die Frau sich sexuell nicht keusch verhalten hat, zu dem individuellen „Ehrenmord" schwierig.

Für das Strafverfahren ergibt sich die Problematik, den „Traditionsmord" und die Beteiligung mehrerer Personen nachzuweisen. Dies zeigt sich in mehre-

---

nem Abkömmling auf frischer Tat beim Ehebruch oder unerlaubten Geschlechtsverkehr begangen wurde. Tatbestandsvoraussetzung war eine zeitliche Nähe zu dem Ehebruch oder dem unerlaubten Geschlechtsverkehr, vgl. ausführlich unter A.IV.1.4.9. Dies bedeutet nicht das zwingende Erfordernis einer zeitlichen Nähe, die allerdings für eine Strafmilderung gegeben sein musste.

102 Der Ağa ist im feudalen System in einigen Dörfern noch der reiche Großgrundbesitzer, der die restlichen Bewohner des Dorfes für sich arbeiten lässt und sie ausbeutet. Weil er auch Bedürfnissen der einzelnen Bewohner nachkommt, deren Verantwortung eigentlich dem Staat obliegt, entwickelt sich ein Verhältnis der Über- und Unterordnung, in dem der Dorfbewohner dem Ağa gehorcht. Tut er dies nicht, leitet der Ağa auch Blutfehden ein, indem er einen ebenfalls armen Bewohner aus dem Dorf beauftragt, den Ungehorsamen zu töten.

103 Die Antworten beziehen sich auf eine Fallfrage, in der sich eine in jungen Jahren zwangsverheiratete Frau mit zwei Kindern in den benachbarten Cousin verliebt, nachdem dessen Frau gestorben ist. Obwohl der Ehemann der Frau sich von der Nähe zum Cousin gestört fühlt und seine Frau ermahnt, findet er sie eines Tages beim Geschlechtsverkehr vor. Die Fallfrage lautete, ob sie bestraft werden soll. 83,7 % waren für, 16,3 % gegen eine Bestrafung. Von den 16,3 % gaben 3,5 % an, man solle nach einer juristischen Lösung suchen, 3,5 % waren gegen eine Bestrafung, weil sie zwangsverheiratet wurde, vgl. Sır, 2005, S. 5.

ren Strafurteilen aus dem Südosten, wo „Traditionsmorde“ häufiger begangen werden, in denen in der Mehrzahl der Fälle mehrere Personen angeklagt sind und lediglich eine Person verurteilt wird, weil die übrigen Beteiligten wegen des Mangels an Beweisen freigesprochen werden müssen.[104]

1.5 Akzeptanz des „Ehrenmordes“ in der Türkei

Der Widerspruch von Recht und Wirklichkeit wird ein Mal mehr in der Struktur der Bevölkerung, dem einheitlichen Recht und den uneinheitlichen Lebensformen von Ost und West, von Süd und Nord und der Lebensform der Menschen in den unterschiedlichen Regionen deutlich. Eine der unhomogenen Bevölkerung gerechte Unterteilung des Staates nach deutschem Staatsgebilde in Länder wird jedoch in der Türkei noch immer als Spaltung des Staates und feindlich empfunden. Unstreitig ist ein einheitliches Recht sinnvoll und erforderlich, um wie im Strafrecht den Mord aus traditionellen Motiven mit der höchsten Rechtsfolge einheitlich zu ahnden. Um den regionalen und traditionellen Besonderheiten gerecht zu werden, sind die allgemeinen Gesetze der Türkei allerdings nicht ausreichend, da keine homogene Bevölkerungsstruktur besteht. So entstehen Kluften zwischen Gesellschaften in demselben Land, indem dem Einen der „Ehrenmord“ in gleichem Maße unvorstellbar ist wie dem Deutschen in Deutschland, und dem Anderen die Akzeptanz der Selbstbestimmung der Frau und die Ignoranz der nach ihrer Vorstellung begangenen Ehrverletzung unvorstellbar ist.

Eine einfache Aufteilung der Türkei in „moderne“ und „traditionelle“ Türkeistämmige ist nicht möglich, da auch fortschrittliche Menschen dazu verleitet werden können, eine Ehrverletzung zu ahnden. Umgekehrt ist es möglich, dass ein traditioneller Vater seine Tochter nach einer Ehrverletzung nicht „bestraft“.

---

104 In 30 untersuchten Fällen des Schwurgerichts Diyarbakır waren in 13 Urteilen mehrere Personen im engen Verwandtschaftsverhältnis angeklagt. In 10 von 13 Fällen wurden die Angeklagten z.T. mangels an Beweisen freigesprochen: 4 Angeklagte: alle freigesprochen, vgl. 1. Strafgericht Diyarbakır, Urt. v. 21.02.2003, E. 2003/37, K. 2003/91; 4 Angeklagte: 1 Freispruch, 1 Einstellung, vgl. 2. Strafgericht Diyarbakır, Urt. v. 12.02.2004, E. 2003/95, K. 2004/23; 3 Angeklagte: 2 freigesprochen, vgl. 1. Strafgericht Diyarbakır, Urt. v. 18.05.2004, E. 2003/397, K. 2004/107; 4 Angeklagte: 3 freigesprochen, vgl. 2. Strafgericht Diyarbakır, Urt. v. 06.01.2004, E. 2003/117, K. 2004/2; 3 Angeklagte: 2 freigesprochen, vgl. 2. Strafgericht Diyarbakır, Urt. v. 08.07.2003, E. 2002/266, K. 2003/232; 2 Angeklagte: 1 Freispruch, vgl. 2. Strafgericht Diyarbakır, Urt. v. 10.09.2002, E. 2001/337, K. 2002/61; 4 Angeklagte: 1Freispruch, vgl. 2. Strafgericht Diyarbakır, Urt. v. 16.05.2001, E. 2000/167, K. 2001/274; 2 Angeklagte: beide freigesprochen, vgl. 1. Strafgericht Diyarbakır, Urt. v. 24.10.2000, E. 2000/264, K. 2000/242; 3 Angeklagte: 1 Freispruch, vgl. 1. Strafgericht Diyarbakır, Urt. v. 02.12.2003, E. 2003/98, K. 2003/310; 3 Angeklagte: 2 freigesprochen, vgl. 2. Strafgericht Diyarbakır, Urt. v. 07.03.2002, E. 2001/377, K. 2002/212.

Aufgrund der Medienpräsenz des Themas ist die Auseinandersetzung mit Fragen der Ehre oder traditionellen Zwangsverheiratungen wie dem *Berdel* (Brauttausch) selbstverständlich geworden, so selbstverständlich wie die Hinnahme dieser Traditionen früher war. Zahlreiche Stellungnahmen in der Literatur,[105] Medienspots,[106] Serien[107] und öffentliche Diskussionen tragen zu einem Nachdenken über das Thema bei, was zwangsläufig im Laufe der Zeit zu Veränderungen führen wird. Selbst wenn der Großteil der Bevölkerung die Ehre über das Sexualverhalten der Frau definiert – wobei der Ehrbegriff aber anhand der Medienpräsenz und der Arbeit der Frauenvereine Wandlungen unterworfen ist – kommt für die meisten die Begehung eines „Ehrenmordes" nicht in Frage. In den westlichen Städten der Türkei ist verglichen mit anderen Ländern mit überwiegender islamischer Bevölkerung, eine außereheliche Partnerschaft seltener unvorstellbar. Vor einigen Jahrzehnten war diese Vorstellung in der gesamten Türkei nicht möglich.

1.5.1 Bedeutung der regionalen Unterschiede

Zu Beginn der Gründungszeit der Türkischen Republik im Jahre 1923 betrug die Einwohnerzahl in Istanbul ca. 1 Million, bei der letzten Volkszählung im Jahr 2000 betrug sie mehr als 10 Millionen.[108] Trotz der anhand dieses extremen Beispiels aufgezeigten Binnenwanderung innerhalb der Türkei, kann die Unterscheidung der Regionen, in denen augenfällig vermehrt „Ehrenmorde" begangen werden, gerade für die Bestimmung des Täterkreises in Deutschland von Bedeutung sein. Die geographische Herkunft der Einwandererfamilie kann aufgrund der extremen Unterschiede von Ost und West auch bei dem Verständnis von Ehre eine große Rolle spielen. In der Türkei besteht ein extremes Stadt-Land-Gefälle, welches sich nicht nur wirtschaftlich, sondern auch im kulturellen Erleben der Menschen stark auswirkt. Die Industrie siedelt sich überwiegend an den Küstengebieten an, was zu einer besseren Entwicklung führt, wohingegen

---

105 Z.B. Livaneli, Zülfü, Mutluluk (Zufriedenheit), 7. Auflage, Istanbul 2007.

106 Diese werden in Werbepausen von berühmten Personen aus dem Schauspiel oder der Musikbranche ausgestrahlt, in denen die Ablehnung der „Ehrenmorde" und Gewalt an Frauen zum Ausdruck gebracht wird, insbesondere im Jahr 2006.

107 Z.B. die Serie „Sıla", die 2006-2008 im türkischen Privatsender atv ausgestrahlt wurde und hohe Einschaltquoten aufweist. Thematisiert wurde das Leben einer Frau aus dem westlichen Istanbul, die mit einem Großgrundbesitzer zwangsweise verheiratet wird, weil ihr Bruder mit der Schwester des Großgrundbesitzers durchgebrannt war, nach der Verheiratung weglief und durch einen Stammesrat ein Todesurteil gefällt wurde. In der Serie wurde insbesondere die Ablehnung bestimmter patriarchalischer Traditionen und der Widerstand gegen diese Traditionen thematisiert.

108 Türkiye İstatistik Yıllığı 2007 (Statistisches Jahrbuch der Türkei 2007), 2008, S. 33. Ende 2007 wurden anhand eines Adressspeichersystems die Einwohnerzahlen von Istanbul auf über 12,5 Millionen festgelegt, vgl. Türkiye İstatistik Yıllığı 2007 (Statistisches Jahrbuch der Türkei 2007), 2008, S. 47.

die ländlichen Gebiete der Türkei bei der Industrialisierung beinahe unberücksichtigt und somit unterentwickelt bleiben. Laut türkischem Entwicklungsbericht von 1998 lebten 47 % der Bevölkerung in Gebieten, die einen hohen Entwicklungsstand aufwiesen. Dies waren die westlichen Städte im Land. 3 % der Bevölkerung lebten in den Städten mit der niedrigsten Entwicklung Bingöl, Bitlis, Hakkari, Ağrı, Muş und Şırnak. Im Osten und Südosten, also in den Gebieten mit geringem Industrialisierungsanteil, betrug der Gesamtarmutsanteil 25 %, jede 4. Person war also enorm von Armut betroffen.[109]

Durch die Entwicklung in den Küstengebieten und den umliegenden Städten, nimmt die Bereitschaft der Bevölkerung zu, Neuerungen zu akzeptieren und für diese offen zu sein. Die Dynamik der sich wandelnden wirtschaftlichen und sozialen Rahmenbedingungen greift auf die Wertsetzung und Orientierung des Einzelnen über, wohingegen in den Dörfern selbst das Erscheinungsbild noch Jahrhunderte alt ist.[110] In den östlichen Gebieten der Türkei wird die Geschlechtertrennung strikter durchgeführt als in den westlichen, in den ländlichen mehr als in den städtischen.[111] Mehr als ein Drittel der Bevölkerung lebte im Jahr 2000 in den ländlichen Gebieten. Von 67.803.927 Einwohnern lag der Anteil an Landbewohnern bei 23.797.653 Menschen, also mehr als einem Drittel. Das bedeutet, dass im Jahr 2000 mindestens ein Drittel der Frauen in der Türkei von einem strengeren Ehrbegriff und einer strikten Geschlechtertrennung betroffen waren. In Istanbul leben bereits unzählige Frauen alleine oder in einer außerehelichen Partnerschaft, im Osten, Südosten oder in den meisten Städten Zentralanatoliens ist dies undenkbar. Außerhalb der Arbeitszeiten auf dem Land wird die Freizeit in nach Geschlechtern getrennten Gruppen verbracht.[112] Die Männer verbringen ihre freie Zeit in der Regel in Teestuben, zu denen Frauen keinen Zutritt haben. Von den Frauen wird erwartet, dass sie auch dann, wenn sie nicht auf den Feldern arbeiten, einer nützlichen Arbeit nachgehen. Sie treffen sich mit anderen Frauen in der Backstube, am Brunnen oder in einem der Haushalte und stricken.[113] Traditionelle Teestuben wie auf dem Land, in denen sich als ungeschriebene Regel ausschließlich Männer treffen, gibt es heute sowohl in den Städten der Türkei, als auch in Deutschland in nahezu jeder Stadt, in der türkische Bürger leben. Diese werden nach dem Prinzip der Ge-

---

109 Türkdoğan, 2006, S. 160.

110 Zentrum für Türkeistudien, 1991, S. 79.

111 Karpf, 1979, S. 41.

112 Auch in den Dörfern von Zentralanatolien und Ostanatolien spielen die unterschiedlichen religiösen Einflüsse eine Rolle. Alevitische Frauen genießen mehr Rechte als sunnitische Frauen desselben Bezirkes: Sie unterhalten sich im Dorf auch mit fremden Männern, trinken auf Festen Alkohol, tanzen und halten sich im selben Raum auf, vgl. auch Wein, 1988, S. 116 f.

113 Zentrum für Türkeistudien, 1991, S. 80.

schlechtertrennung auf dem Land fortgeführt.[114] Im Gegensatz dazu gibt es im öffentlichen Leben in den Städten keine strikte Trennung der Geschlechter, wenn es um Vergnügungsstätten oder Cafès geht.[115]

Die Ehre wird nach soziodemographischen Einflüssen unterschiedlich begriffen. Für diejenigen mit Wurzeln in ländlichen Gebieten, starken Verwandtschaftsverbindungen und einer hohen Bedeutung ihrer Stellung in der familiären Gesellschaft, ist die Ehre ein sehr wichtiger und bedeutsamer Wert, für den man z.T. bereit ist, zu töten.[116] Selbst wenn eine Binnenmigration vom Land in die Stadt erfolgt, wird zunächst an den örtlichen Traditionen festgehalten und versucht, den Lebensstil kaum zu verändern.[117]

Wegen der hohen Binnenmigration kann man „Ehrenmorde" aber nicht mehr nur den ländlichen Gebieten zuschreiben.[118] Die auf Anordnung der Kommission des Parlaments zur Erforschung der „Ehrenmorde" durch die Polizeipräsidien und die Gendarmerie durchgeführte Untersuchung leistet einen großen Beitrag zu den ersten offiziellen Statistiken.[119] Für eine eventuelle regionale Eingrenzung, ist eine Erläuterung der geographischen Aufteilung notwendig, anhand derer sich auch die Bevölkerungsstruktur der Türkei erklären lässt.

---

114 Die Cafès in Deutschland werden in der Regel als Kulturvereine eingetragen, dienen aber ausschließlich als Treffpunkt der Männer, deren Hauptbeschäftigung das gemeinsame Kartenspielen o.ä. Gruppenspiele sind.

115 Hierzu hat der Journalist Bülent Okutan geäußert, es müsse im Osten und Südosten entweder zur Normalität werden, dass Frauen und Männer gemeinsam in Cafeterien und Kinos verweilen können oder als Lösung müsse die Scharia eingeführt werden, damit diese Einrichtungen geschlossen werden, vgl. Okutan, zitiert in Faraç, 2004, S. 153.

116 Siehe Studie von Sır, 2005, S. 5 und oben unter A.III.1.4.

117 T.C. Başbakanlık Kadının Statüsü Genel Müdürlüğü (Türkische Republik, Generaldirektion für den Status der Frau im Ministerpräsidium), 2006, S. 110.

118 Allein in den Jahren 1995-2000 sind 1.168.285 Menschen aus den Dörfern in die Städte ausgewandert, vgl. Türkiye İstatistik Yıllığı 2007 (Statistisches Jahrbuch der Türkei 2007), 2008, S. 50.

119 Siehe bereits unter A.III.1.3.

Die Türkei ist in sieben Gebiete aufgeteilt:

1. Das Marmara Gebiet, bestehend aus den Städten Istanbul, Tekirdağ, Edirne, Kırklareli, Balıkesir, Çanakkale, Bursa, Eskişehir, Bilecik, Kocaeli, Sakarya, Düzce, Bolu, Yalova,
2. Zentralanatolien, bestehend aus Ankara, Kırıkkale, Niğde, Aksaray, Nevşehir, Kırşehir, Kayseri, Sivas, Yozgat,
3. die Ägäis, bestehend aus Izmir, Aydın, Denizli, Muğla, Manisa, Afyon, Kütahya, Uşak,
4. das Mittelmeergebiet, bestehend aus Antalya, Isparta, Burdur, Adana, Mersin, Hatay, Kahramanmaraş, Osmaniye,
5. das Schwarzmeergebiet, bestehend aus Zonguldak, Karabük, Bartın, Kastamonu, Çankırı, Sinop, Samsun, Tokat, Çorum, Amasya, Trabzon, Ordu, Giresun, Rize, Artvin und Gümüşhane,
6. der Südosten, bestehend aus Gaziantep, Adıyaman, Kilis, Şanlıurfa, Diyarbakır, Mardin, Batman, Şırnak, Siirt,
7. der Osten, bestehend aus Malatya, Elazığ, Bingöl, Tunceli, Van, Muş, Bitlis, Hakkari, Erzurum, Erzincan, Bayburt, Ağrı, Kars, Iğdır, Ardahan.[120]

120 Vgl. Türkiye İstatistik Yıllığı 2007 (Statistisches Jahrbuch Türkei 2007), 2008, S. 33 ff.

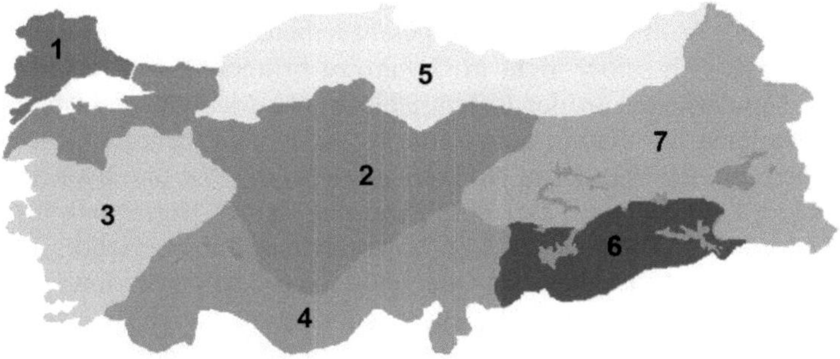

1.5.2 Bevölkerungsstruktur und ethnische Gruppen in der Türkei

Eine genaue ethnische Zusammensetzung der Türkei ist nicht feststellbar, da die ethnische Zugehörigkeit bei den Volkszählungen nicht erfasst wird. Lediglich bis 1965 wurden Zählungen durchgeführt, die zum Teil nach ethnischen Gruppen unterteilt haben. Dabei wurde nicht nach dem Glauben, sondern nach der Sprache differenziert. Aufgrund der Assimilationspolitik der Türkei wurde eine solche Zählung nicht mehr wiederholt. Allgemein kann in Untersuchungen über die ethnische Zusammensetzung der Bevölkerung beobachtet werden, dass versucht wird, die Anzahl und die Bevölkerungsanzahl der Gruppen gering zu halten, weil eine allgemeine Ansicht herrscht, man wolle durch Nennung der ethnischen Gruppen das Volk spalten.[121] Dies hängt mit der jahrzehntelang durchgeführten staatlichen Assimilationspolitik zusammen. Eine Untersuchung aus dem Jahr 1992[122] listet 47 ethnische Gruppen[123] auf, die in verschiedenen

121 Vgl. die Untersuchung von Önder, 2007, der auf andere Untersuchungen verweist und klar ausdrückt, man wolle das Land spalten. Er zweifelt die Existenz vieler ethnischer Gruppen an und legt zum Teil dar, es handele sich bei einigen Gruppen ursprünglich um Türken, vgl. auch Şener, 2006.

122 Andrews, 1992.

123 Şener, der im Jahr 2006 eine Untersuchung über die ethnischen und Glaubensgruppen veröffentlicht hat, kritisiert die Untersuchung Andrews dahingehend, dass Andrews nicht nur nach Sprachen, sondern selbst nach Konfessionen unterteilt und alle gesondert als ethnische Gruppe dargestellt hat. Şener legt dar, dass 22 ethnische Gruppen nach Andrews eigentlich alle insgesamt 1 Gruppe darstellen würden, da sie Türken seien und türkisch als Muttersprache sprechen würden, vgl. Şener, 2006, S. 22 ff. Die Diskussion ist dahingehend nachvollziehbar, dass nicht eindeutig ist, nach welchen Kriterien eine Gemeinschaft als ethnische Gruppe bezeichnet wird. Gefolgt wird hier der Darstellung von Prof. Dr. Andrews, da die einzelnen Gemeinschaften in der Türkei hinsichtlich ihrer Glaubensrichtungen, selbst wenn sie türkisch als Muttersprache sprechen (was eine Folge des Assimilationsprozesses sein kann), sehr unterschiedliche Wertvorstellungen und Lebensformen darstellen (Vergleichbar sind unzählige Migrantenkinder in Deutschland,

Orten der Türkei leben. Dies geht auf das Osmanische Reich von 1299 – 1920 zurück, als viele Völker in Anatolien gelebt haben. Um ihre kulturelle Identität zu wahren und sich selber nicht in Gefahr zu bringen, haben unterschiedliche ethnische Minderheiten in der Öffentlichkeit ihre Identität nicht preisgegeben und im geheimen ihre Kultur ausgelebt. So entstanden mehrere Gesellschaften, die alle ihre eigenen Werte und Normen aufrechterhielten und bis heute noch in der Türkei erkennbar sind. Bei der Sicherung seiner Herrschaft forderte das Osmanische Reich von den türkischen Nomadenstämmen Gehorsam, Steuern und das Stellen von Soldaten. Im Gegenzug dazu durften die jeweiligen Gruppen nach ihren kulturellen Werten leben, jedoch nur solange sie sich als Einheit des Osmanischen Reiches darstellten. In der Praxis ignorierte das Osmanische Reich die Vielfalt der Kulturen.[124] Eine kulturelle Veränderung unter Einbeziehung aller Bevölkerungsteile fand auch mit Gründung der türkischen Republik nicht statt. Diese tendierte vielmehr zu den westlichen europäischen Gesellschaften, obwohl die gerade erst gegründete Türkei für diesen Fortschritt nicht bereit war.[125]

Die Mehrheit bildeten zur Gründungszeit sunnitische (islamische) Türken. Auch heute besteht die Türkei zum größten Teil aus sunnitischen Türken. Sie sind überall in der Türkei angesiedelt, überwiegend jedoch im Westen und in Zentralanatolien.[126] Dem Islam als solchem ist eine einheitliche Vertretung, wie im Christentum oder Judentum fremd.[127] Glaubensgrundlage der Sunniten ist zunächst der Koran, dann die Überlieferung über Taten und Sprachen des Propheten Mohammed (Sunna), zuletzt die Interpretationen der Religionsgelehrten. Typische Eigenschaften des Volksverhaltens in der Türkei zeigen auch die sunnitischen Yörüks, die früher ein Wandervolk waren und sich teilweise in Städten der Ägäis niedergelassen haben. Ihre Sippe haben sie durch Endogamie und patriarchalische Strukturen aufrechterhalten, insbesondere durch nahezu ausschließliche Heiraten innerhalb des Wandervolkes.[128]

Der Wert der Ehre spielt für sunnitische Türken eine große Rolle, lässt allerdings je nach Region Abstufungen zu.

Sunnitische Turkmenen, die vorwiegend in West- und Zentralanatolien leben, zeigen ebenfalls patriarchalische Strukturen und ein eingeschränktes Hei-

---

die kein türkisch mehr sprechen können, aber in ihren Wertvorstellung nicht deutsch sind).

124 Kızılhan, 2006, S. 22.

125 Kızılhan, 2006, S. 22 f.

126 Andrews, 1992, S. 70 f.

127 In Deutschland sind die Muslime daher in einer Vielzahl von Vereinen und Verbänden organisiert. Türkische Sunniten begründen ihre Mitgliedschaft zum größten Teil bei der DITIB, der türkisch-islamischen Union der Anstalt für Religion e.V. Diese wird von dem türkischen Präsidium für Religionsangelegenheiten beaufsichtigt.

128 Eine Untersuchung hat ergeben, dass zwar eine Heirat mit einem anderen Wandervolk, welches aber zur selben Ahnenreihe zählt, vorkommt, aber nur 3 % eine Frau geheiratet haben, die zu keinem Wandervolk gehört, vgl. Andrews, 1992, S. 78.

ratsverhalten. Außerhalb der eigenen Herkunft werden keine Ehepartner akzeptiert, sogar eine Eheschließung unter Abzweigungen innerhalb des Stammes kann ausgeschlossen sein.[129] Eine weitere sunnitische Gruppe, die Uyguren, die hauptsächlich in Großstädten wie Istanbul, Adana, Izmir und Kayseri leben, unterwirft sich streng ihren religiösen Vorgaben.[130] Sunnitische Araber wurden 1965 offiziell mit 365.340 Personen beziffert und leben überwiegend in den Gebieten Mardin, Urfa, Siirt, Hatay, sind aber in der ganzen Türkei angesiedelt. Wie die sunnitischen Kurden entstammen sie der schafiitischen Rechtsschule.[131] Ihre heutige Zahl wird in der Türkei auf ca. 800.000 geschätzt.[132] Ebenfalls sunnitisch sind die Tscherkessen, die auf etwa 1,5 Millionen Personen geschätzt werden und überwiegend in West- und Zentralanatolien leben. Sie sind vor etwa 150 Jahren aus Kaukasien in die Türkei ausgewandert,[133] sprechen ihre eigene Sprache, tscherkessisch, und gelten als gemäßigte und liberale Muslime.[134] Eine weitere sunnitische ethnische Gruppe bilden die Georgier, die zu den alten kaukasischen Völkern gehören, deren Zahl in der Türkei auf etwa 1,5 Millionen Personen geschätzt wird.[135] Ursprünglich waren sie christlich und haben im 18. Jh. den Islam angenommen, sind ebenfalls sunnitisch und leben überwiegend im Schwarzmeergebiet u.a. in Artvin, Ordu, Samsun, Giresun, Sinop, Adapazarı, Bursa und Samsun.[136] Eine offizielle Zahl gibt es auch nicht von den Tschetschenen, die sunnitisch sind und vorherrschend in Mardin, Sivas, Muş, aber auch in anderen Städten Zentralanatoliens niedergelassen sind. Ihre Zahl wird auf etwa 9.000 in der Türkei geschätzt.[137]

Beinahe alle an der Schwarzmeerküste lebenden Menschen werden in der Türkei irrtümlicherweise als Lasen bezeichnet.[138] Die Schätzungen der Lasen variieren von 47.000 und 250.000.[139] Sie sind sunnitisch und leben ursprünglich zwischen Rize und Artvin an der Schwarzmeerküste, durch die Binnenmigration auch in den Städten Bolu, Bartın, Bursa, Istanbul, Ankara, Kocaeli und Sakarya.[140] Obwohl die Sprache aus der südkaukasischen Sprachfamilie abstammt und die Lasen mit den Türken ethnisch nicht verwandt sind, bekennen sie sich

129 Andrews, 1992, S. 83 f.

130 Andrews, 1992, S. 103 ff.

131 Andrews, 1992, 209 f.; die Erläuterung zu der schafiitischen Rechtsschule erfolgt unter A.IV.2.

132 Önder, 2007, S. 316.

133 Şener, 2006, S. 178.

134 www.tscherkessen-koeln.de/religion.htm. (21.01.2008); Önder schätzt die Zahlen der Tscherkessen auf 300.000, vgl. Önder, 2007, S. 302.

135 www.kafkasya.de. (21.02.1008); Şener schätzt die Zahl der Georgier in der Türkei auf 40.000-50.000, vgl. Şener, S. 186.

136 Şener, 2006, S. 186 ff.

137 Andrews, 1992, 243 ff.

138 Bennighaus R. zitiert in Andrews, 1992, S. 311.

139 Feuerstein W. zitiert in Andrews, 1992, S. 250.

140 Şener, 2006, S. 161.

als Türken, sind sehr religiös und bilden daher ein friedliches Ganzes mit dem türkischen Volk.[141] Eine Vermischung des ursprünglich christlichen Volkes mit dem türkischen Volk hat insbesondere nach der Annahme des Islam im Osmanischen Reich stattgefunden, in der unproblematisch Mischehen eingegangen wurden.[142]

Eine weitere ethnische Gruppe bilden die Albaner. Bei der offiziellen Zählung von 1965 hat sich eine Einwohnerzahl von 535.520 ergeben, die heute auf etwa 5 Millionen geschätzt wird. Sie sprechen albanisch, sind sunnitisch und leben vorwiegend im westlichen Teil Anatoliens und Zentralanatoliens. Verteilt wurden sie in die Städte Istanbul, Bursa, Izmir, Tokat, Ankara, Sakarya, Samsun, sind jedoch nahezu in allen Gebieten der Türkei angesiedelt. Der Grund für diese Verteilung waren die großen Familienclans und die Absicht, die zum Teil 700 Jahre zurückgehenden Blutfehden zu beenden. [143]

Erwähnung finden noch weitere türkisch sunnitische ethnische Gruppen,[144] die als weitere Turkvölker nicht einzeln dargestellt werden sollen. Die Gemeinsamkeit besteht in der Regel in der religiösen Verbundenheit, der Endogamie und der Aufrechterhaltung der familialen und verwandtschaftlichen Werte.

Die Wertvorstellung der Ehre kann nicht einheitlich beantwortet werden, sondern erfährt je nach Strenge des Glaubens Abstufungen.

Mit der letzten offiziellen Zählung der ethnischen Gruppen im Jahr 1965 wurden 2.219.502 sunnitische Kurden gezählt. Der verstorbene, renommierte Kurdenexperte der Universität Essen, Dr. Johannes Meyer-Ingwersen (1940-2000), schätzte die Zahl der Kurden allgemein sowohl im Westen der Türkei als auch in Ost-Anatolien auf je sieben Millionen, insgesamt also auf 14 Millionen.[145] Navend, das Zentrum für kurdische Studien, schätzte die Bevölkerungszahl im Jahr 1997 in der Türkei auf 18-20 Millionen, zusätzlich 700.000-800.000 Kurden in Deutschland.[146] 60-75 % der Kurden sind sunnitisch, im Ge-

---

141 Andrews, 1992, S. 250 ff.

142 Önder, 2007, S. 284.

143 www.arnavutum.com/modules.php?name=Content&pa=showpage&pid=18 (23.01.2008), Andrews, 1992, S. 184 ff.; Şener schätzt die Zahl der Albaner in der Türkei auf etwa 50.000 und fügt hinzu, sie seien in der Türkei stark integriert und sähen sich eher als Türken, vgl. Şener, 2006, S. 225 ff.

144 Z.B. (Krim) Tataren, Azerbaidschaner, Usbeken, Kasachen, Kirgisen, Uyguren, die angefangen von Istanbul über das ganze Land bis zur russischen Grenze verteilt sind, vgl. Andrews, 1992, S. 99 ff.

145 Hennerbichler, 2004, S. 40.

146 www.navend.de/html/kurden/daten.htm (22.01.2008). In dieser Zahl enthalten sind mit 3-5 Millionen auch die Zaza sprechenden Kurden, die sprachlich eigenständig, aber Kurden sind, vgl. Hennerbichler, 2004, S. 40; Şener geht in Anbetracht der Volkszählung von 1927 und der darauffolgenden Entwicklung davon aus, dass etwa 12 % Kurden in der Türkei leben, das sind im Jahr 2007 (bei 73 Millionen Einwohnern) ca. 8 Millionen. Dabei zählt er weder die Yeziden noch die alevitischen Kurden zu den Kurden. Die Zahlen von Şener erscheinen abgesehen von dieser Betrachtungsweise unglaubwürdig,

gensatz zu den türkischen Sunniten aber aus der schafiitischen Rechtsschule, die in ihrer Ausführung die strengste sunnitische Rechtsschule darstellt.[147] In den Gebieten der schafiitischen Kurden werden z.T. Feudalsysteme und die Systeme von Großgrundbesitzern (Ağas) in strengen Formen ausgelebt. Mit dem Zusammentreffen dieser Systeme und der strengsten und härtesten Interpretation des Islam entsteht die konservativste Gesellschaftsordnung in der Türkei.[148] Die Herrschaft von Feudalherren und Klanführern ist für die Gleichstellung von Mann und Frau in diesen Gebieten von erheblichem Nachteil, da das staatliche Gewaltmonopol und rechtliche Gleichstellungen in diese Gebiete keinen Eingang finden. Die Analyse der Urteile aus Diyarbakır bis 2005 hat gezeigt, dass „Ehrenmorde" bei den sunnitischen Kurden sowohl als „Traditionsmorde" als auch als individuelle Morde vorgekommen sind. Die meisten Kurden in der Türkei leben mit 1 Million Einwohnern in Diyarbakır, mehr als 500.000 leben in Gaziantep, 250.000-500.000 in Malatya und Urfa, 100.000-250.000 in Adıyaman, Ardahan, Ağrı, Batman, Tunceli, Elazığ, Erzincan, einem Stadtteil in Ankara (Haymana), Mardin, Siirt, Van, einem Stadtteil in Konya (Yunak).[149]

Eine weitere ausschließlich kurdische Religionsgemeinschaft bilden die Yeziden, die isoliert von den Muslimen leben und strenge Heiratsregeln innerhalb der hierarchischen Vorgaben vorschreiben. Weder die Heirat zwischen Yeziden und Nichtyeziden noch ein späterer Übergang in die Religionsgemeinschaft ist möglich, lediglich durch die Geburt ist die Identitätserlangung als Yezide möglich. Die Ansiedlungsgebiete sind in der Nähe von Syrien und Irak: Mardin, Urfa, Siirt, Diyarbakır, Adıyaman. 1984 erfolgte eine Schätzung auf ca. 20.000 Einwohner in der Türkei.[150] Aufgrund der religiösen Verfolgung in der Türkei sind in den 1980 er Jahren schätzungsweise 20.000 Yeziden nach Deutschland geflüchtet.[151] Heute leben in Diyarbakır, Batman und Mardin etwa 524 Yeziden.[152] Die Institution der Familie ist für Yeziden sehr wichtig. Ihren Glauben, ihre Tradition und ihre Bräuche haben sie in der Geschichte bewahrt und pflegen sie bis heute.[153] Einige Strafurteile in den letzten Jahren haben ergeben,

---

da er von einer etwa gleichbleibenden Rate bei dem Bevölkerungswachstum ausgeht. Die Zahlen des Amtes für Statistiken zeigen, dass ein Haushalt in den kurdischen Gebieten aus durchschnittlich mehr als 6 Personen besteht (in einigen Städten wie Şırnak z.B. durchschnittlich aus 8,25 Personen), in der Türkei insgesamt aus ca. 4,5 Personen besteht, vgl. Türkiye İstatistik Yıllığı 2007 (Statistisches Jahrbuch Türkei 2007), 2008, S. 41.

147 Hennerbichler, 2004, S. 42.

148 Şener, 2006, S. 110.

149 Kurdisches Institut Paris, zitiert in Hennerbichler, 2004, S. 45.

150 Andrews, 1992, S. 163 ff.

151 Kızılhan, 1997, S. 44 ff., 183 ff.

152 Yezidisches Forum e.V. Oldenburg, Stellungnahme zur Situation der Yeziden in der Türkei vom 04.07.2006 für das Bundesamt für Migration, S. 11.

153 www.navend.de/html/kurden/religion.htm (22.01.2008).

dass „Ehrenmorde“ bei den Yeziden, wie auch bei den schafiitisch-sunnitischen Kurden, durch die Einberufung eines Familienrates geplant und durchgeführt werden, also in Form von „Traditionsmorden“ begangen werden.

Eine große Trennung bezüglich der Religion bilden die Aleviten, die die zweitgrößte Religionsgemeinschaft in der Türkei darstellen. Eine statistische Erfassung ihrer Zahl ist nicht vorhanden, da sie entweder zu den Türken oder zu den Kurden, also unter sprachlichen Gesichtspunkten, erfasst werden. Die Aleviten machen in der Gesamtbevölkerung etwa17-20 Millionen, also 20-30 % aus.[154]

4,5-5 Millionen, etwa 25 % der Kurden sind Aleviten, die überwiegend im Osten und Südosten in den Städten Maraş, Malatya, Elazığ und Tunceli leben; die Mehrheit der Aleviten ist also türkischer Herkunft.[155] Alevitische Kurden haben mit sunnitischen Kurden kaum eine Gemeinsamkeit, sogar kaum Dialog miteinander, obwohl sie in denselben Regionen leben. Dies hängt damit zusammen, dass das Alevitentum als die humanistische, liberalste und freiheitliche Glaubensrichtung im Islam interpretiert wird und daher zum schafiitischen Islam gegensätzlich ist.[156]

Die türkischen Aleviten leben meist im Norden und Westen von Zentralanatolien[157] in den Städten Sivas, Amasya, Çorum, Tokat und Yozgat.[158] Unter den Aleviten selbst besteht Uneinigkeit, ob sie dem Islam angehören oder eine unabhängige Religionsgemeinschaft bilden.[159] Die alevitische Gemeinde Deutschland (AABF), der Dachverband der alevitischen Vereine, beschwert sich über die Bezeichnung als liberale Muslime und betont die Identität als eigenständige Religionsgemeinschaft, unabhängig vom Islam.[160]

Nach Schätzung des Bundesinnenministeriums leben etwa 500.000 Aleviten in Deutschland.[161] Die Glaubensvorstellungen der Aleviten trennen sich deutlich von denen der Sunniten: sämtliche islamische Pflichten werden nicht befolgt, das religiöse Leben ist nicht durch Riten und Bräuche gekennzeichnet. Nicht der Prophet Mohammed, sondern der Prophet Ali, der in einer Moschee getötet wurde, weswegen die Aleviten eine Moschee unter keinem Umstand

154 www.ethnologue.com, Hennerbichler, 2004, S. 42; Kaplan, 2004, S.14; Şener schätzt die Zahl der Aleviten für das Jahr 2006 auf 20 Millionen, Şener, 2006, S. 74; Önder geht von 12 Millionen Aleviten, darunter 1,5 Millionen kurdischen und 10,5 Millionen türkischen Aleviten aus, vgl. Önder, 2007, S. 119.

155 www.navend.de/html/kurden/daten.htm (22.01.2008).

156 Şener, 2006, S. 110.

157 Andrews, 1992, S. 72 f.

158 Kaplan, 2004, S. 21.

159 Hennerbichler legt dar, Aleviten sähen sich als eigenständige synkretistische Religion, vgl. Hennerbichler, 2004, S. 42, Andrews geht davon aus, bei den Aleviten handele es sich um einen muslimischen Glauben, vgl. Andrews, 1992, S. 72.

160 Vgl. entgegengesetzte Ansicht mit ausführlicher Begründung z. B. Önder, 2007, S. 130 f.

161 www.aleviten.com (15.12.2006).

betreten, steht im Mittelpunkt des Glaubens.[162] Mit dem orthodoxen sunnitischen Islam hat der alevitische Glauben kaum eine Gemeinsamkeit.[163] Aus den vorbenannten Gründen sind Aleviten viele Jahre von der sunnitischen Mehrheit unterdrückt worden, eine Mischehe wird daher von alevitischer Seite selten toleriert. Eine Heirat zwischen kurdischen und türkischen Aleviten wird eher gebilligt als eine zwischen derselben Sprachgruppe, aber mit unterschiedlichen Religionsgemeinschaften. Im Gegensatz zu der sunnitischen Religion nehmen Frauen und Männer gemeinsam an den religiösen Zeremonien teil und Frauen sind auch im sozialen Leben im Vergleich zu den sunnitischen Frauen gleichberechtigter.[164] Allgemein konnte im Rahmen einer ethnologischen Untersuchung festgestellt werden, dass die alevitischen Frauen mehr Rechte besaßen als in einem Sunnitendorf. Eine strikte Geschlechtertrennung gibt es bei den Aleviten nicht, bei Festen feiern sie gemeinsam mit den Männern, tanzen zusammen und nehmen auch am öffentlichen Leben teil.[165] Innerhalb der Aleviten unterscheidet man noch weitere ethnische Gruppen wie die turkmenischen Aleviten, Abdal`s, die Tahtacis[166] und die Yörüks. Diese leben zum größten Teil in West- bzw. Zentralanatolien und weisen nahezu identische kulturelle und religiöse Lebensweisen wie die türkischen oder kurdischen Aleviten auf.[167]

Die Gemeinschaft der arabischen Aleviten (auch Nusayri genannt) lebt vorwiegend in den Mittelmeergebieten Hatay, Mersin, Adana, ihre Zahl wird auf etwa auf 1 Million geschätzt.[168] In ihrer zeremoniellen Ausübung der Religion unterscheiden sie sich von den türkischen/kurdischen Aleviten z.B. insofern, dass die Frauen von den religiösen Ereignissen ausgeschlossen sind.[169] Aufgrund der jahrhundertelangen Unterdrückung sympathisieren sie eher mit den christlichen Mitbürgern als mit den sunnitischen.[170] Strenge Regeln bezüglich

162 Düchting, 1999, S. 405 f.

163 Kaplan, 2004, S. 14.

164 Andrews, 1992, S. 74, 161 f.; Önder, 2007, S. 127.

165 Wolf-Malik, 1983, S. 69.

166 Diese leben hauptsächlich in den ägäischen Gebieten, die Schätzung ihrer Zahl beläuft sich auf 10.000-500.000, vgl. www.tahtacilar.com (15.12.2006). Şener ist der Ansicht, die Unterteilung dieser Gruppen als ethnische sei fehlerhaft, man könne eine Unterteilung nur aus soziologischen oder antropologischen Gesichtspunkten rechtfertigen, vgl. Şener, 2006, S. 75 f.

167 Andrews, 1992, S. 80 ff.

168 www.nusayri.com/BinYemin.html (21.01.2008); Şener schätzt die Zahl der arabischen Aleviten auf ca. 450.000, vgl. Şener, 2006, S. 100; Önder auf etwa 350.000, vgl. Önder, 2007, S. 120.

169 Önder, 2007, S. 303.

170 Vgl. Andrews, 1992, S. 214 f. Andrews nennt noch die sudanesischen Aleviten, die die Enkel der 1833 im Osmanischen Reich aus Ägypten hergeholten Sudanesen sind. Nach Rücktritt des damaligen Sultans wurden sie freigelassen und gründeten 3 Dörfer. Erst ab 1946 zogen sie in die Städte und gingen auch Mischehen ein, die die Assimilation zur Folge hatte, vgl. Andrews, 1992, S. 149 f.

der Heirat bestehen für alevitische Araber hinsichtlich der Partnerwahl außerhalb ihrer ethnischen Gruppierung. Eine Heirat zwischen z.B. einer türkisch sunnitischen Frau und einem arabisch alevitischen Mann wird nicht erlaubt. Strenge Ahndungen und Ehrenmorde im Falle der Zuwiderhandlung sind nicht bekannt.

Alle alevitischen Gruppen haben gemeinsam, dass sie sich durch Endogamie auszeichnen und der Wert der Ehre auch in ihrer Ethnie eine große Rolle spielt.

Aus den Balkanländern sind seit dem Jahr 1923 1.443.639 Menschen ausgewandert,[171] die aus Bulgarien, Bosnien, Kroatien, Rumänien, Serbien und Zypern kamen. Eine politisch durchdachte systematische Verteilung fand zum Einwanderungszeitpunkt zu 57,7 % im Marmaragebiet, 21,4 % in der Ägäis, und 11,7 % in Zentralanatolien statt. Hierunter waren sowohl Christen, als auch Sunniten und Aleviten. Sie leben heute überwiegend in Trakya und Westanatolien.[172]

Bei der offiziellen Zählung 1965 wurden 58.286 Armenier gezählt. Sie leben meist in Istanbul (29.479 Personen), in Kastamonu, Bolu, Hatay, Sinop, Sivas, Amasya, Malatya, Diyarbakır und Yozgat, sprechen armenisch und sind Christen. Sie leben mit Ausnahme des ägäischen Gebietes, in allen Gebieten der Türkei. Beweise dokumentieren, dass Armenier aus Tunceli sich als Aleviten bekennen und Armenier, die in Erzurum, Kars und Siirt leben (Osten und Südosten) sich zu den Sunniten bekennen.[173]

Eine weitere ethnische Gruppe bilden die Aramäer (Assyrer), die überwiegend in Mardin, also im Südosten der Türkei leben. 1980 lebten schätzungsweise 40.000 Aramäer in der Türkei, 1990 etwa 15.000 und in Istanbul leben ca. 20.000 Aramäer.[174] Kleinere Gruppen leben in Ankara, Diyarbakır, Elazığ, Malatya und Adıyaman (Zentralanatolien und Osten). Mittlerweile leben viele auch in Deutschland, Schweden, Österreich und den Vereinigten Staaten. Sie sind Christen und sprechen aramäisch, viele auch nach dem Assimilationsprozess arabisch oder kurdisch, da sie ständige Unterdrückung von den sunnitischen Kurden in dem Gebiet erfahren haben.[175] Auch bei den Aramäern kommt eine Eheschließung außerhalb der ethnischen Identität nicht in Betracht, der gemeinsame Glaube ist ein ausschlaggebender Faktor bei der Eheschließung.[176]

Zwischen 1960 und 1970 wurden etwa 10.600 Zigeuner auf dem ganzen Gebiet der Türkei gezählt. Gleichzeitig wird jedoch darauf hingewiesen, dass die Zahl erheblich größer sein muss, da viele Ortschaften bei der Erstellung der Statistik außer Acht gelassen wurden. Sie sind zwar überall in der Türkei ange-

---

171 Önder, 2007, S. 325.
172 Andrews, 1992, S. 126 ff.
173 Andrews, 1992, S. 177 ff.
174 Şener, 2006, S. 194.
175 Andrews, 1992, S. 228 ff.
176 Şener, 2006, S. 198.

siedelt, ein für sie wichtiger Ansiedlungsort ist jedoch Istanbul, bestimmte Stadtteile in Istanbul werden lediglich von Zigeunern bewohnt. Einige Gruppierungen sind auch im Südosten ansässig.[177] Die ansässigen Zigeuner sind Christen, die Wanderzigeuner bekennen sich zum Islam.[178]

Weiterhin werden die Griechen als ethnische Gruppe dargestellt, die größtenteils in Istanbul, aber auch in Izmir und Ankara leben und ebenfalls Christen sind. 1965 wurden 130.240 Griechen in der Türkei gezählt.[179] Eine aktuelle Schätzung gibt es nicht.[180]

1965 wurden 38.267 Juden gezählt, die vorwiegend in den großen Städten Istanbul, Izmir, Ankara und Bursa leben. Die früher in den östlichen und südöstlichen Städten Urfa, Diyarbakır, Mardin, Van und Hakkari lebenden Juden sind Anfang der 1950er Jahre nach Israel ausgewandert.[181] 1984 wurde seitens der türkischen und jüdischen Behörden offiziell die Zahl jüdischer Bürger in der Türkei mit 25.000 bestätigt.[182]

Diese oberflächliche Zusammenfassung der ethnischen Gruppen zeigt nur einen kleinen Ausschnitt der vorhandenen Volksgruppen in der Türkei. Eine Untersuchung der Wertvorstellungen, insbesondere des Verständnisses der Geschlechtsehre ist mangels durchgeführter Studien nicht vorhanden. Abschließend kann zu den regionalen Unterschieden zusammengefasst werden, dass sich viele Volksgruppen aus politischen Gründen in der Öffentlichkeit nicht zu ihrer Ethnie bekannt haben, viele ihrer Werte aber erhalten blieben, weil sie abgeschottet und nach ihrem Stammesrecht gelebt und die Endogamie strengstens gewahrt haben. Andererseits leben auch Volksgruppen in der Türkei, wie z.B. die Lasen oder teilweise die Armenier, die sich assimiliert haben und sich als Türken sehen. Selbst wenn eine Spezifizierung einzelner ethnischer Gruppen und ihrer Wertvorstellungen anhand der z.T. fließenden Übergänge nicht möglich ist, legt nahezu jede Gemeinschaft in der Türkei, gleichgültig ob christlich, muslimisch oder yezidisch, auf eine Eheschließung in der eigenen ethnischen Gruppe wert.

177 Vgl. Andrews, 1992, S. 194 ff.

178 Paspati, zitiert in Andrews, 1992, S. 196.

179 4.535 Griechen, die in Trabzon (Schwarzmeerküste) aber auch an der Mittelmeerküste und an der Ägäis lebten, gaben den sunnitischen Islam als ihre Religionszugehörigkeit an. Unklarheit besteht jedoch darüber, ob sie ehemals Christen waren und sich aufgrund eines Assimilationsprozesses zum Islam bekannt haben, vgl. Andrews, 1992, S.203 ff.

180 Weitere kleinere christliche Gruppen, z.B. Polonesen, Kasachen, Keldanis, Russen und Arabar sollen nicht weiter erläutert werden.

181 Vgl. Düchting, 1999, S. 414.

182 Andrews, 1992, S. 223.

2. Der „Ehrenmord" in Deutschland

In Deutschland ist der „Ehrenmord" seit der Tötung von Hatun Sürücü im Jahr 2005 in Berlin an die breite Öffentlichkeit gedrungen, weil die Tötung einer Frau, die ein für deutsche Wertvorstellungen selbstverständliches selbstbestimmtes Leben führen wollte, mit einer Ehrverletzung begründet wurde.[183] Nicht erst im Rahmen des Mordes an Hatun Sürücü, sondern erstmals im Jahr 1967 musste der BGH sich mit den für ihn fremden Wertvorstellungen auseinandersetzen.[184] Die Menschenrechtsorganisation Terre des Femmes thematisierte das Problem bereits zu ihrer Gründungszeit im Jahr 1981.

2.1 Strafverfahren

Die Aufgabe des deutschen Strafverfahrens, den staatlichen Strafanspruch festzustellen und gegebenenfalls durchzusetzen, gliedert sich in zwei Verfahrensabschnitte: das Erkenntnisverfahren und das Vollstreckungsverfahren.

Das Erkenntnisverfahren beginnt mit dem Ermittlungsverfahren, in dem die Strafverfolgungsbehörden überprüfen, ob ein hinreichender Tatverdacht des Mordes gegenüber einem Beschuldigten besteht, § 170 StPO.[185] Staatsanwalt und Polizei erforschen gemäß §§ 160 Abs.1, 163 Abs.1 StPO den Sachverhalt, wobei die Staatsanwaltschaft gegenüber der Polizei eine umfassende Leitungsbefugnis hat und die Gesamtverantwortung für eine rechtsstaatliche und faire Durchführung des Verfahrens trägt.[186] Gemäß § 112 Abs. 3 StPO gelten für den Bereich der Schwerkriminalität wie dem Mord geringere Anforderungen für die Anordnung der Untersuchungshaft, d.h., die Untersuchungshaft darf nach dem Gesetzeswortlaut auch angeordnet werden, wenn keine Flucht, Fluchtgefahr oder Verdunkelungsgefahr gegeben ist. Allein der dringende Verdacht der Begehung eines Mordes genügt nach der Rechtsprechung des Bundesverfassungsgerichtes jedoch noch nicht,[187] weil die Norm in dieser Form einen offensichtlichen Verstoß gegen den Verhältnismäßigkeitsgrundsatz enthält. § 112 Abs. 3 StPO ist so auszulegen, dass zusätzlich weitere Umstände vorliegen müssen, die die Aufklärung oder Ahndung der Tat gefährden können. Bei drohender lebenslanger Freiheitsstrafe wird allerdings Fluchtgefahr nahe liegen. Dabei darf ein begründeter Verdacht als ausreichend gelten, der Grad einer Wahrscheinlichkeit ist nicht erforderlich.[188]

Gelangt die Staatsanwaltschaft zu der Erkenntnis der Möglichkeit einer Verurteilung, erhebt sie gemäß § 170 StPO Anklage. Durch Erhebung der An-

---

183 Siehe unter A.III.

184 BGH 5 StR 122/66, GA 1967, 244.

185 Zum hinreichenden Tatverdacht vgl. Meyer-Goßner, 2008, § 170 StPO, Rn. 1.

186 Kindhäuser, 2006, S. 39.

187 BVerfGE 19, 342 ff.

188 Meyer-Goßner, 2008, § 112, Rn. 36 ff.

klage wird das Zwischenverfahren eingeleitet, §§ 199-211 StPO, in dem das Gericht überprüft, ob das Hauptverfahren eröffnet wird und die Anklage zuzulassen ist.[189] Erhoben wird die Anklage gemäß § 74 Abs. 2 Nr. 4 oder Nr. 5 GVG vor dem zuständigen Schwurgericht, der mit drei Richtern und zwei Schöffen entscheidet, § 76 Abs.1 GVG.

In Deutschland existiert ein gesondertes Jugendstrafrecht für Jugendliche oder Heranwachsende. Im Unterschied zur Türkei beginnt die strafrechtliche Verantwortlichkeit in Deutschland mit 14 Jahren, § 19 StGB. Das Jugendstrafrecht ist für jugendliche Täter zum Tatzeitpunkt im Alter von 14-17 Jahren und gegebenenfalls gemäß § 105 JGG für Heranwachsende im Alter von 18-20 Jahren anwendbar. Anders als im türkischen Strafrecht, das abgemilderte Höchststrafen für bestimmte Altersstufen vorsieht, regelt das deutsche Jugendstrafrecht eigenständige Sanktionen. An Stelle der Freiheitsstrafe des allgemeinen Strafrechts tritt die Jugendstrafe, § 17 JGG, die in eigenen Jugendstrafvollzugsanstalten vollzogen wird.[190] Gemäß § 18 JGG beträgt die Höchststrafe für einen Jugendlichen oder Heranwachsenden, der wegen Mordes oder Totschlags verurteilt wird, 10 Jahre Jugendstrafe. Die volle strafrechtliche Verantwortlichkeit setzt mit 21 Jahren ein. Erwachsene werden bei Verurteilung wegen Mordes gemäß § 211 StGB mit lebenslanger Freiheitsstrafe bestraft. Lebenslange Freiheitsstrafe bedeutet nicht zwingend, dass der Täter tatsächlich sein restliches Leben im Gefängnis verbringt. Vielmehr kann der Täter nach 15 Jahren, wenn die besondere Schwere der Schuld festgestellt wurde, zu einem späteren Zeitpunkt bei einer günstigen Sozialprognose auf Bewährung entlassen werden, § 57 a StGB.[191]

2.2 Definition „Ehrenmord"

Eine juristische Definition des Begriffes „Ehrenmord" in Rechtsprechung und Lehre hat sich nicht etabliert, weil die Tötung mit dem Motiv der Ehrbereinigung nicht als Mordmerkmal gilt, sondern nach allgemeinen Kriterien als Mord oder Totschlag eingestuft wird. Die Rechtsprechung hatte immer wieder in Einzelfällen über Mordtaten aus „Ehrmotiven" zu entscheiden. Dabei spielte weniger die Ehrmotivation als solche als vielmehr die Frage, ob die Mordmerkmale „Heimtücke" oder „niedrige Beweggründe" vorliegen, eine Rolle.[192] Eine genauere Analyse der Motivation „Ehrenmord" wurde bislang in der medialen und politischen Diskussion um die Integration der Migranten nicht für notwendig

---

189 Volk, 2008, S. 7 f.

190 Seit der Entscheidung des BVerfG vom 31.05.2006, mit der eine spezielle gesetzliche Regelung für den Jugendstrafvollzug gefordert wurde und der Föderalismusreform mit Wirkung vom 01.09.2006 werden nun von den Bundesländern Jugendstrafvollzugsgesetze verabschiedet, zum Ganzen Ostendorf (Hrsg.), 2009.

191 Siehe auch Meier, 2006, S. 134 ff.

192 Ausführlicher dazu unter C.

erachtet. Erst seit einigen Jahren zeigt sich das überraschende Phänomen der Morde aus „Ehre“, begangen vor allem durch Täter der dritten Generation der Migranten. Das Bundeskriminalamt definiert die „Ehrenmorde“ in Anlehnung an die Phänomenbeschreibung in der Literatur als Tötungsdelikte, die aus vermeintlich kultureller Verpflichtung heraus innerhalb des eigenen Familienverbandes verübt werden, um der Familienehre gerecht zu werden.[193] Dabei wird die Ehre der Familie insbesondere durch die sexuelle Integrität der ihr zugerechneten Frauen symbolisiert.[194] Eine Bund-Länderabfrage des Bundeskriminalamtes hat ergeben, dass die in Deutschland verübten Fälle getreu dem Verständnis der Wiederherstellung der Familienehre innerhalb der Familie stattfanden, Täter und Opfer also in der Regel miteinander verwandt waren.[195] Die Kriseneinrichtung für junge Migrantinnen „Papatya“ in Berlin hat für den Zeitraum von 1996 – 2007 eine Untersuchung von Medienberichten vorgenommen und anhand der gefundenen Fälle Gewalt im Namen der Ehre als Übergriffe definiert, die vom Täter mit dem Schutz oder der Verteidigung der Ehre der Familie begründet werden. Dabei werde die Gewalt im Namen der Kultur oder der Tradition gerechtfertigt und oft von der Mehrheit der Familienmitglieder und der Mehrheit der kulturellen oder traditionellen Gemeinschaft unterstützt, bestärkt und gefördert.[196] Auch andere Phänomenbeschreibungen in der Literatur definieren die „Ehrenmorde“ in Deutschland als Tötungen, die die Familienehre schützen oder verteidigen sollen. Dabei stellt ein in der Gesellschaft vorherrschender traditioneller Ehrenkodex die Grundlage des Verbrechens dar.[197]

Eine Auswertung der höchstrichterlichen Rechtsprechung hat ergeben, dass in keinem der Urteile oder Beschlüsse eine Definition des „Ehrenmordes“ vorgenommen wurde. Vielmehr führt der BGH lediglich aus, der Täter lege dar, in seiner Ehre oder Familienehre verletzt zu sein. Was die Ehre des Täters beinhaltet oder wann sie betroffen ist, erklärt der BGH nicht.[198] In Einzelfällen wurden Ausführungen zu „fremdkulturellen Wertvorstellungen“ und die Verletzungen der „Familien- und Mannesehre“, wodurch ein Ansehensverlust eingetreten sei, gefunden.[199] Die Rechtsprechung hat derartige Wertvorstellungen bislang in einigen Urteilen strafmildernd berücksichtigt. Strafmildernd war, die Vorstellung des Täters, das Opfer sei mit dem Ehebruch der eigenen Ehefrau einver-

193 BKA, 2005, S. 3.

194 Schiffauer fertigte zu einem Ehrdelikt im Jahr 1996 ein Gerichtsgutachten für das Landgericht Moabit an und verfasste darauf basierend einen Artikel über den Wertewandel bei türkischen Einwanderern, vgl. Schiffauer, 2002, S. 29 ff.

195 Das BKA geht dabei von dem Verwandtschaftsverhältnis gemäß § 11 Abs.1 Nr.1 StGB, d.h. von allen Angehörigen aus, BKA, 2005, S. 15.

196 Papatya, 2008, S. 1 f.

197 Böhmecke, 2005, S. 4; ähnlich Cöster, 2009, S. 165 ff.; Erbil, 2008, S. 170.

198 Vgl. u.a. BGH 2 StR 550/99, NStZ-RR 2000, 168; BGH 5 StR 341/05, NStZ 2006, 286; BGH 5 StR 139/02, NStZ 2003, 146; BGH 2 StR 281/04; BGH 5 StR 538/01, StV 2003, 21; BGH 1 StR 30/05.

199 Vgl. BGH 2 StR 452/03, NJW 2004, 1466.

standen gewesen,[200] die Verletzung der Mannesehre durch die Trennung und Beleidigungen der Gruppe nach einer gescheiterten Liebesbeziehung,[201] die Ehrverletzung durch Ablehnung der Eheschließung mit der Tochter bzw. Schwester der Angeklagten, obwohl der Geschädigte sie geschwängert hatte,[202] die Ehrverletzung, weil die Ehefrau des Täters ein intimes Verhältnis zu einem anderen Mann pflegte,[203] die Vergewaltigung der Ehefrau durch das Opfer,[204] die Trennung vom Ehemann und das Eingehen einer neuen Beziehung.[205]

Ausarbeitungen und Erläuterungen in Lehre und Rechtsprechung erwecken z.T. den Eindruck, es würde sich bei fremden Wertvorstellungen immer um „Ehrenmorde" handeln. Baumeister vertritt die Ansicht, der Begriff Blutrache werde in jüngster Zeit mehr und mehr von dem Begriff „Ehrenmord" abgelöst und die Ehre sei für die Blutrache zentraler ethischer Faktor.[206] Die klassischen „Ehrenmorde" typisiert Baumeister als Blutrache verwandte Tat.[207]

Dem ist nicht zuzustimmen,[208] da dies bereits begrifflich einen Widerspruch darstellt: Der „Ehrenmord" (*namus cinayeti)* setzt sich zusammen aus dem Begriff *namus* (Ehre), der sich auf die sexuelle Enthaltsamkeit der weiblichen Familienangehörigen bezieht. Er ist keinesfalls als Anerkennung, Ansehen, Würde, Selbstachtung oder Ehrgefühl zu verstehen.[209] Bei der Blutrache geht es um eine Tradition, in der eine Person aus Pflichtgefühl das Blut eines zuvor getöteten aus der Familie oder Verwandtschaft rächt, also als Ersatz für das Blut des Getöteten tötet.[210]

Das Bundeskriminalamt ist sich der Unterschiede zwischen den einzelnen Wertvorstellungen bewusst, grenzt zwischen der Blutrache und dem „Ehrenmord" ab und berücksichtigte bei der Bund-Länderabfage lediglich die Blutrachefälle, deren Grundlage eine Ehrverletzung im Sinne der Geschlechtsehre war. Es bleibt aber eine mangelnde Kenntnis in Polizei, Justiz und Öffentlichkeit über „Ehrenmorde" in Abgrenzung zum Mord aus traditionellen Motiven festzustellen.

Wenn wir über die Geschlechtsehre sprechen und eine Tat zu ermitteln ist, die begangen wurde, weil der Täter die Selbstbestimmung eines weiblichen Familienmitglieds bestrafen wollte, dann empfiehlt sich die aus der türkischen Literatur übersetzte Definition von Yirmibeşoğlu: Mädchen oder Frauen verhalten

---

200 BGH 5 StR 122/66, GA 1967, 244.
201 BGH 4 StR 665/76, bei Holtz, MDR 1977, 807 ff.
202 BGH 5 StR 711/79, NJW 1980, 537.
203 BGH 3 StR 342/81, NStZ 1982, 115.
204 BGH 4 StR 430/80.
205 BGH 4 StR 180/97, StV 1997, 566; vgl. ausführlicher zu den Fällen unter C.II.
206 Baumeister, 2007, S. 17 ff.
207 Baumeister, 2007, S. 45.
208 Ebenfalls ablehnend Krais, 2009, S. 9.
209 Vgl. ausführlicher unter A.II.
210 Yılmaz, 2001, S. 470; ähnlich Krais, 2009, S. 18; vgl. ausführlicher zur Blutrache unter A.III.8.

sich den Ehrvorstellungen der vorherrschenden Sitten und Bräuche in ihrer Familie oder ihrem Lebensumfeld zuwider und beeinträchtigen anhand dieses Verhaltens das Ansehen der Familie negativ. Mit der Begründung, dass sich der Mann oder die Familie für sie schämen muss, werden sie sodann durch den Beschluss eines Familienrates oder durch die individuelle Entscheidung des Mannes (eines männlichen Familienangehörigen) getötet.[211]

2.3 Polizeiliche Kriminalstatistik / Dunkelfeld

Jährlich werden in der Polizeilichen Kriminalstatistik die der Polizei bekannt gewordenen Straftaten erfasst und veröffentlicht. Die Statistik enthält insbesondere Angaben über die einzelnen Delikte und deren Zahl, Tatort, Opfer und Schäden, Aufklärungsergebnisse und Merkmale der Tatverdächtigen.[212] Im Bereich der Straftaten gegen das Leben werden Fälle von Mord und Totschlag (§§ 211 StGB, 212 StGB; aber auch weitere Fallgestaltungen: minder schwerer Fall des Totschlags, § 213 StGB; Tötung auf Verlangen, § 216 StGB und die fahrlässige Tötung, § 222 StGB) erfasst. In den Jahren 1996 bis 2004 wurden jährlich zwischen 2480 und 3531 Fälle von Mord gemäß § 211 StGB und Totschlag gemäß §§ 212, 213, 216 StGB in der PKS bekannt (davon 65,83 % Versuche). Ein gesonderter Ausweis der „Ehrenmorde“ in der PKS erfolgte nicht. Trotz umfangreicher Neugestaltung der PKS wird wegen Definitionsproblemen auch in Zukunft keine gesonderte Erfassung der „Ehrenmorde“ erfolgen.

Das Bundeskriminalamt führte für den Zeitraum vom 01.01.1996 bis 18.07.2005 eine Bund-Länder-Abfrage zu den „Ehrenmorden“ in Deutschland durch. Für diesen Zeitraum wurden 55 Fälle als „Ehrenmorde“ eingestuft,[213] aus denen 70 Opfer und 70 Täter hervorgingen. Es handelte sich um 48 vollendete und 22 versuchte Tötungshandlungen.[214] Die „Ehrenmorde“ wurden von Tätern unterschiedlicher Nationalität begangen. Die PKS erfasst deutsche und nichtdeutsche Tatverdächtige, ohne Berücksichtigung des Migrationshintergrundes. 50 der 70 Tatverdächtigen aus der Bund-Länder-Abfrage waren türkische

---

211 Diese Definition bietet genügend Anhaltspunkte für eine gezielte Ermittlungstätigkeit, um feststellen zu können, ob tatsächlich ein „Ehrenmord“ begangen wurde, oder ob es sich um eine andere Gewalttat innerhalb der Familie handelt, vgl. Yirmibeşoğlu, 2007, S. 49 f., vgl. ausführlich unter A.III.1.2.

212 Polizeiliche Kriminalstatistik 2008, S. 2.

213 Die Kriseneinrichtung Papatya in Berlin hat zwischen 1996 und 2007 aus der Presse 62 Fälle von „Ehrenmorden“ (einschließlich des Versuchs) und Körperverletzungsdelikten zusammengetragen. Eine Differenz für den vom BKA herangezogenen Erfassungszeitraum ergibt sich daraus, dass keine einheitliche Definition des „Ehrenmordes“ vorherrscht, vgl. Papatya, 2008, S. 6 ff.

214 Vgl. BKA, 2005, S. 13 f.

Staatsangehörige.[215] Lediglich 4 der 70 Tatverdächtigen waren weiblich. Der Mord aus verletztem Ehrgefühl wird also in der Regel durch den Mann begangen, Täter und Opfer sind in der Regel miteinander verwandt.[216]

Die begangenen „Ehrenmorde" erscheinen mit einer Quote von ca. 1,4 % der gesamten Tötungen als relativ geringfügig. Das Dunkelfeld von Gewalt innerhalb der Familie ist jedoch nicht zu unterschätzen. So paradox es erscheinen mag, fällt es gerade Migrantinnen, die in einem engen familiären Kontext aufgewachsen sind, schwer, sich gegen den Vater oder Bruder zu wenden und eine Tat oder Bedrohung zur Anzeige zu bringen. Die erlittene Gewalttat wird nicht als solche aufgefasst, ja sogar nicht einmal als Unrecht empfunden. Vielmehr wird das eigene Verhalten, was die männlichen Familienmitglieder zur Körperverletzung o.ä. bewegt hat, als Unrecht empfunden. Die Gewalttaten an Frauen aufgrund des verletzten Ehrgefühls männlicher Familienangehöriger werden in den Statistiken als häusliche Gewalt oder im extremsten Fall als Mord oder Selbstmord erfasst. Selbst wenn die Aufklärungsquote im Bereich der Tötungsdelikte sehr hoch ist,[217] ist davon auszugehen, dass auch in Deutschland in einigen Fällen ein Verleiten zum Selbstmord aus traditionellen Motiven gegeben ist.

Allein im Jahr 2004 haben sich 104 Mädchen und Frauen an Terre des Femmes gewandt, die unter Gewalt im Namen der Ehre gelitten haben. In 33 Fällen wurden Morddrohungen ausgesprochen.[218] Dies sind die Zahlen *einer* Fraueneinrichtung für *ein* Jahr. Daher wird von einer erheblich größeren Gefahr für Frauen ausgegangen, als die statistischen Zahlen belegen.

2.4 Tatplanung und Ausführung

Für die Tatplanung und Ausführung dürften sich bei den „Ehrenmorden" in Deutschland keine Besonderheiten im Vergleich zur Türkei ergeben. Beim „Ehrenmord" und „Traditionsmord" handelt es sich nicht um ein deutsches Phänomen, sondern die Migranten bringen diese Wertvorstellungen aus ihrem Herkunftsland mit. Die Männer haben auch im Zuwanderungsland als Familienoberhaupt die Aufgabe, auf das keusche Verhalten der Frauen aufzupassen. Da-

---

215 Nationalitäten der Täter waren: Afghanisch 1, Albanisch 2, Deutsch 3 (mit großer Wahrscheinlichkeit Migranten), Irakisch 1, Libanesisch 1, Niederländisch 1, Pakistanisch 1, Serbisch-Montenegrinisch 7, Syrisch 1, Türkisch 50, vgl. BKA, 2005, S. 14.

216 Vgl. BKA, 2005, S. 13 ff.

217 Im Jahr 2000 betrug die Aufklärungsquote von Mord und Totschlag (§§ 211, 212, 213, 216) 95,3 %, im Jahr 2005 betrug sie 95,8 %,im Jahr 2006 betrug sie 95,5 % und im Jahr 2008 wurden 97 % der Tötungsdelikte, von denen die Polizei Kenntnis erlangte, aufgeklärt, vgl. Polizeiliche Kriminalstatistik 2008, S. 26.

218 Böhmecke, 2005, S. 26.

her trifft sie auch die Aufgabe der Wiederherstellung der Ehre.[219] Zur Begehung der Tat wird auch hier zunächst ein Tatentschluss gefasst. Die Unterscheidung, ob es sich bei der Tat um einen individuellen „Ehrenmord“ handelt oder einen kollektiven „Traditionsmord“, wird schwieriger sein als in der Türkei, da die Ermittlungsbehörden keine Indizien aufgrund des Geburtsortes haben werden, wenn der Täter in Deutschland geboren ist, oder diese nicht einordnen können. Zur Differenzierung kann zwar nach der Herkunftsstadt in der Türkei gefragt werden, um dann einen Experten fragen zu können, ob je nach geographischer Lage patriarchalische Traditionen in dem Gebiet gelten und wie stark die Wertvorstellung der Ehre ausgeprägt ist, in der Praxis dürfte dies eher selten vorkommen. Handelt es sich um einen „Traditionsmord“, wird der Tatentschluss von dem Familienrat gefasst.[220] Die Prozedur der Tötung kann sowohl in Deutschland festgelegt, als auch aus der Türkei gesteuert werden. Auch wenn das gesamte soziale Umfeld sich nicht in Deutschland befindet, sieht sich der Auserwählte einem enormen Druck ausgesetzt, weil gerade in den ethnischen Gruppen, in denen der „Traditionsmord“ Gesetz ist, eine enorm starke kollektive Bindung in der Großfamilie besteht. Begeht er die Tötung nicht, wird er gesellschaftlich ausgestoßen und geächtet.[221] Handelt es sich um einen individuellen „Ehrenmord“, wird der Tatentschluss in der Regel autonom gefasst, ohne dass mehrere Personen beteiligt sind. In diesem Fall fühlt sich der Vater, Bruder, Ehemann oder ein anderer männlicher Verwandter von dem Verhalten der Frau dermaßen erniedrigt, dass er eigenmächtig die Ehre durch Tötung der Frau, z.T. auch des beteiligten Mannes, wieder herstellen will.

Die Grenzziehung zwischen dem „Traditionsmord“ und dem individuellen „Ehrenmord“ ist äußerst schwierig. Ohne die Kenntnis kultureller Hintergründe ist sie unmöglich. Für das Strafverfahren ergibt sich die Problematik, dass der „Traditionsmord“ und somit die Beteiligung mehrerer Personen nicht immer nachgewiesen werden kann.

3. Die Bedeutung der Familie

Im Vergleich zu den meisten Menschen in Industriegesellschaften hat die Familie in der Türkei sowohl in emotionaler, als auch in normierender Hinsicht eine wesentlich größere und kollektivistische[222] Bedeutung. Die lebenslange Einbin-

---

219 Dies spiegeln die 66 männlichen Tatverdächtigen von insgesamt 70 wider, BKA, 2005, S. 13.

220 T.C. Başbakanlık Kadının Statüsü Genel Müdürlüğü (Türkische Republik, Generaldirektion für den Status der Frau im Ministerpräsidium), 2006, S. 111.

221 Böhmecke, 2004, S. 11.

222 In kollektivistischen Gesellschaften sind die Menschen von Geburt an in starke, geschlossene Wir-Gruppen eingefügt, werden ein Leben lang geschützt und erwarten im Gegenzug bedingungslose Loyalität. Im Individualismus dagegen sind die Bindungen

dung in den Sozialverband der Familie impliziert ein ausgeprägtes Gruppenbewusstsein, eine starke Bindung an tradierte soziale Normen und Autoritätsstrukturen und eine bestimmte Orientierung in der sozialen Umwelt.[223]

Das traditionelle familiale Beziehungsmuster ist geprägt durch ein religiös-moralisches Wertgefüge, das sich um Ehre, Achtung und Ansehen dreht.[224] Die Rangordnung innerhalb der Familie ist klar nach Geschlecht und Alter definiert, in dem die männlichen Familienmitglieder Vorrang vor den weiblichen Mitgliedern und die Älteren vor den Jüngeren haben.[225] Das Autoritätsgefüge und das religiös-moralische Wertgefüge variieren jedoch in den Familien.[226] Die typische türkische Familie gibt es nicht, vielmehr unterscheidet sich der Typus auch nach Stadt oder Land, Osten oder Westen. In Ländern wie der Türkei, in der große Familien verbreitet und der Familienbund stark ausgeprägt ist, wird die eigene Ehre nicht als die sich aus dem eigenen Charakter und den eigenen Handlungen ergebende Ehre begriffen, sondern es gibt auch Einflüsse aus dem Verhalten der anderen Familienmitglieder.[227] Die Ehre der Frau ist zugleich die Ehre der Familie. Wird sie verletzt, ist die ganze Familie, ja oft sogar die Verwandtschaft, betroffen.[228]

So lässt sich auch erklären, dass die Ehre von den männlichen Mitgliedern der Familie, als die Stärkeren und Entscheidungsbefugten der patriarchalischen Gemeinschaft, überwacht und verteidigt wird. Eine patriarchalische Rechtsordnung hinsichtlich der Familie hat die Türkei nicht mehr. Obwohl sie als einziges mehrheitlich islamisches Land eine säkulare Rechtsordnung hat, war das Recht jedoch bis zur Zivilrechtsreform im Jahr 2002 und bis zur Strafrechtsreform im Jahr 2005 von patriarchalen Strukturen geprägt. Insbesondere das Familienrecht bestimmte den Mann offiziell als das Oberhaupt der Familie, der u.a. den Wohnort der Familie bestimmen konnte.[229] So konnte der Mann die Kündigung eines Mietvertrages oder den Verkauf eines gemeinsamen Hauses auch gegen

---

zwischen den Individuen gelockert. Von dem Einzelnen wird erwartet, dass er für sich und seine Familie sorgt, vgl. Hofstede, 1993, S.63, zitiert in Boos-Nünning/Karakaşoğlu, 2005, S. 117.

223 Wein, 1988, S. 102.

224 Zentrum für Türkeistudien, 1991, S. 139. In vollem Umfang beschränkt sich dies jedoch in der Türkei nur noch auf die ländlichen Regionen. Bedeutung hat die geographische Einteilung im Hinblick auf die Aussiedlungsstruktur der Türken nach Deutschland.

225 Zentrum für Türkeistudien, 1991, S. 139.

226 Nauck/Schönpflug, 1997, S. 154.

227 T.C. Başbakanlık Kadının Statüsü Genel Müdürlüğü (Türkische Republik, Generaldirektion für den Status der Frau im Ministerpräsidium), 2006, S. 110.

228 Die Verwandtschaft fühlt sich betroffen, obwohl sich durch den wirtschaftlichen Wandel die Struktur der Familie geändert hat. Den Großfamilienverband, in dem alle in einem Haushalt lebten, gibt es nur noch ganz selten. Vorherrschend ist heute die Kleinfamilie, bestehend aus Ehepartnern und unverheirateten Kindern.

229 Ausführlich zum ehemaligen Zivilrecht, das von einer patriarchalischen Rechtsordnung geprägt war, unter A.IV.3.1.

den Willen der Frau entscheiden. Schriftverkehr musste die Frau gegen sich gelten lassen, wenn sie an den Wohnsitz des Mannes adressiert war, da der Wohnsitz des Mannes automatisch der der Frau war.[230] Mit Änderungen im Laufe der Jahre und zuletzt der Reform im Jahr 2002 hat sich das türkische ZGB von dem Patriarchat im Zivilrecht verabschiedet. Rechtlich gesehen, ist die untergeordnete Rolle der Frau in der Familie abgeschafft.[231]

Bezogen auf die Migranten in Deutschland verdeutlichen alle Untersuchungen und Darstellungen bis Mitte der 1970er Jahre die patriarchalischen Strukturen der ausgewanderten Arbeiterfamilie, die für die vorindustrielle, agrarisch geprägte Lebensordnung typisch ist.[232] In Deutschland hat sich nach der Migration die Bedeutung der Familie jedoch nicht nur nicht geändert, sondern intensiviert. Der Zusammenhalt der türkischen Familien in der Türkei ist nicht so stark, wie der der ausgewanderten Familie.[233] Neuere Studien[234] belegen, dass sich patriarchalisch strukturierte Familien durch die Wanderung im Hinblick auf die Aufgabenverteilung, auf die Verteilung der Entscheidungsmacht und den Typ der Familienstruktur verändert haben.[235] Ob Migranten, deren Wertgefüge in der Türkei im Falle einer verletzten Ehre bis zur Tötung reicht, an ihren Vorstellungen festhalten, hängt u.a. davon ab, ob sie den Kollektivismus fördern oder sich dem Individualismus der Mehrheitsgesellschaft nähern. Fördern sie den Kollektivismus unkritisch mit den bestehenden Wertvorstellungen der 1. Generation, liegt die Schlussfolgerung nahe, dass sich Familienangehörige aufgrund der erwarteten bedingungslosen Loyalität zu einer Tötung entschließen oder (im Falle des „Traditionsmordes") verleiten lassen können.

3.1 Erziehung der Söhne

Durch die Bedeutung und den Stellenwert der Geschlechtsehre treten Unterschiede bei der Erziehung der weiblichen und männlichen Kinder auf, worauf sich eine ganz bestimmte Rolle der Frau in der Gesellschaft entwickelt und von Generation zu Generation weitergegeben wird. Erziehungsziele und Erziehungspraktiken sind in allgemeine Wert- und Normorientierungen eingebettet und unterliegen somit einer kulturellen Prägung.[236] In welchem Ausmaß die Er-

---

230 Vgl. Keinert, 2006, S. 19.

231 Ausführlich zu den Unterschieden in der Theorie und der Praxis unter A.IV.3.2.

232 Boos-Nünning/Karakaşoğlu, 2006, S. 96.

233 Nauck, 1997, S. 342.

234 Jugendstudie (Deutsche Shell 2000; Weidacher, 2000b), Untersuchungen zu familiären Beziehungen und Orientierungen bei Jugendlichen mit Migrationshintergrund (Hänze/Lantermann 1999), Untersuchungen zu Migrationsfamilien (Nauck 1994, 2000; Herwartz-Emden 2000; Herwart-Emden/Westphal 2000a, b), zitiert in Boos-Nünning/Karakaşoğlu, 2006, S. 98.

235 Boos-Nünning/Karakaşoğlu, 2006, S. 98.

236 Wein, 1988, S. 139.

ziehung einem strikt geschlechtsspezifischen Muster folgt, ist abhängig von Merkmalen wie der Abstammung der türkischen Familien aus ländlicher oder städtischer Lebensumwelt, Zugehörigkeit zur sozialen Schicht, Bildungsgrad und Grad der religiösen Wertorientierung der Eltern.[237] Das oberste Erziehungsziel in Solidargruppen mit patriarchalischen Strukturen und islamischen Vorschriften ist die An- und Einpassung des Kindes in das Autoritätsgefüge der Familie.[238] Je mehr die Familienform und ihre Rollen- und Autoritätsstruktur der traditionellen und patriarchalischen Familie entspricht, desto ausgeprägter ist die geschlechtsspezifische Erziehung.[239] So ist vor allem in ländlichen Gebieten der Türkei noch immer die Geburt eines Sohnes wertvoller, da dieser nicht nur als Stammesführer, sondern auch aus wirtschaftlichen Aspekten für die Familie mehr Nutzen bringt.

Auch heute noch ist die Geburt eines Sohnes bei den in Deutschland lebenden türkischen Migranten gern gesehen. Der auf dem Land begründete wirtschaftliche Nutzen durch die Arbeitskraft des Jungen wird umgewandelt in die Pflicht, im Alter für die Eltern zu sorgen.[240]

Eine Aufklärung über Ehrverständnisse, Sexualität und andere Wertvorstellungen findet nicht statt, vielmehr wird diese in allen Lebenssituationen bewusst oder unbewusst mitgegeben.

Der Sohn darf im Vergleich zu dem Mädchen tun, was ihm beliebt, allerdings unter der Bedingung, dass er nicht gegen die öffentliche Moral verstößt und damit die Familie in einen schlechten Ruf bringt.[241] Die öffentliche Moral hinsichtlich eines Jungen betrifft nicht sein Sexualverhalten. Gegen sie verstößt der Junge z.B., wenn er drogen- oder alkoholabhängig ist.[242] Das als negativ erachtete westliche Verständnis der Sexualität der Frau wird bei dem Sohn nicht in dem Ausmaß kritisiert, wie bei der Tochter. Vielmehr ist er derjenige, bei dem es toleriert wird, wenn er vor der Ehe bereits seine Erfahrung mit dem weiblichen Geschlecht macht.[243] Einrichtungen und Begegnungsstätten für Ju-

---

237 Zentrum für Türkeistudien, 1991, S. 140.

238 Kızılhan, 2006, S. 34.

239 Wein, 1988, S. 143.

240 Die in Deutschland lebenden türkischen Familien stammen größtenteils aus ländlichen Regionen der Türkei ab. Selbst wenn viele in den 1960er und 1970er Jahren aus den Großstädten nach Deutschland ausgewandert sind, hat vorher eine Binnenmigration stattgefunden, vgl. Rödig, 1988, S. 62 f.

241 Karasan-Dirks, 1980, S. 95.

242 In der Studie von Ahmet Toprak, in der 15 junge Männer aus bildungsfernen Familien, eingewandert aus den ländlichen Gebieten der Türkei, u.a. zu dem Wert der Ehre in qualitativen Interviews befragt wurden, definierte ein Teilnehmer die Ehre der Frau über ihr Verhalten in der Öffentlichkeit. Unter dem gleichen Aspekt äußerte er, männliche Familienmitglieder dürften auch nicht negativ auffallen, z.B. durch Drogen- oder Alkoholabhängigkeit, vgl. Toprak, 2005, S. 42.

243 So auch Hasan, Muhamet, Mehmet, Osman und Hakan in der Studie von Toprak, vgl. Toprak, 2005, S. 21, S. 39, S. 46, S. 53, S. 66.

gendliche, die für das Mädchen als gefährlich für die sexuelle Entwicklung erachtet werden, werden für den Jungen nicht in Frage gestellt.

Ihm wird während der Erziehung schnell bewusst, dass das Verständnis von Geschlechtsehre keine Geltung für ihn hat. Er ist als männliches Mitglied der Familie neben seinem Vater dafür verantwortlich, dass die Geschlechtsehre nicht „befleckt" wird. So nimmt er sich im Bewusstsein dieser verantwortungsvollen Aufgabe Freiheiten, die dem Mädchen nicht zustehen.[244]

Der größte Teil der nach 1961 eingewanderten Arbeitskräfte aus der Türkei stammte nicht aus Städten oder Großstädten, auch wenn sie während der Binnenmigration kurze Zeit ihre Dörfer oder Bezirke verlassen hatten.[245] Sie stammten ursprünglich aus Gebieten, in denen geschlechtsspezifische Rollen stärker ausgeprägt sind, als in den westlichen städtischen Gebieten. Eine Integration in die fremde Lebenswelt ist lange Zeit wegen der anfänglichen Rückkehrabsichten ausgeblieben. Die damaligen „Gastarbeiterkinder" waren lange Zeit wegen ihren sprachlichen Defiziten und den Konflikten, zwischen zwei Kulturen aufzuwachsen, benachteiligt.[246]

Verglichen mit deutschen Gleichaltrigen sind nach über 45 Jahren Einwanderungsgeschichte Migrantenkinder noch immer von Bildungsungleichheiten geprägt. Die Ungleichheit beginnt bereits in der vorschulischen Phase, in der zwei Drittel der Migrantenkinder an vorschulischer „Bildung" teilhaben, im Gegensatz zu drei Viertel der westdeutschen und 80 % der ostdeutschen Kinder.[247] Dabei ist z.B. der Kindergarten oftmals die erste Gelegenheit, Deutsch zu lernen und eine sprachlich gefestigte Basis für die schulische Bildung zu bekommen.

Eine repräsentative Untersuchung für Nordrhein-Westfalen des Zentrums für Türkeistudien zeigt bei den Bildungsinländern auf, dass ein Drittel der türkischen Migranten nach der Grundschule die Hauptschule besuchen.[248] Insgesamt

---

244 Die Studie von Toprak gewährt auch hier Einblicke über die Vorstellungen der befragten jungen Männer: Yüksel überwacht seine Schwestern in der Öffentlichkeit, um die Ehre zu schützen, S. 36; Mehmet wird von den Eltern beauftragt, auf seine jüngeren Schwestern zu achten, die nur zwecks Schulbesuch oder in Begleitung des Bruders das Haus verlassen dürfen, während der Bruder seine Freizeit ohne Einschränkung verbringen darf, S. 46; Osman genießt alle Freiheiten, seine Schwestern stehen aber unter strenger Beobachtung, S. 52, alle Interviews in Toprak, 2005, S. 18-68.

245 McRae, 1980, S. 148, Fußnote 1.

246 McRae, 1980, S. 89.

247 Statistisches Bundesamt Deutschland, Datenreport 2006, S. 473.

248 Fasst man die Schulbildung der durch die Heiratsmigration zugewanderten Personen in Anbetracht ihres Bildungsniveaus in der Türkei zusammen, so verringert sich der Anteil auf 15 %. ¼ der Bildungsinländer und zugewanderte türkische Migranten haben keinen Abschluss, vgl. Sauer, 2007, S. 56. Das Bildungsniveau der Hauptschule verringert sich auf 15 %, da die im Ausland erworbene Bildung der weiterführenden Schule nicht gleichwertig ist mit dem der Hauptschulabschluss, zumal die nachträglich eingewanderten Personen, die in der Türkei die weiterführende Schule bis zur 8. Klasse besucht

beginnen Migrantenkinder im Vergleich zu deutschen Kindern seltener eine höhere Schullaufbahn in der Sekundarstufe II. Dies gilt auch für die Aufnahme eines Studiums.[249] Beginnend im vorschulischen Bereich wächst die Ungleichheit im Laufe der Schullaufbahn und verringert sich nicht in der beruflichen Ausbildung. Die Kluft wird immer größer, so dass eine wichtige Voraussetzung für die soziale Integration fehlt.

Die Defizite nehmen ihren Lauf im wirtschaftlichen Leben: Die Bundesagentur für Arbeit hat im Jahr 2004 festgestellt, dass 3 von 4 arbeitslosen Migranten oder Migrantenkindern keine abgeschlossene Berufsausbildung haben. Die Studie des Zentrums für Türkeistudien legt dar, dass 50,6 % keinen beruflichen Ausbildungsabschluss haben. Auch das Haushaltsnettoeinkommen ist im Vergleich zum deutschen Haushalt im Jahr 2004 geringer, so dass die untere Einkommensklasse überrepräsentiert und die obere unterrepräsentiert ist.[250] Die hinzukommenden sprachlichen Defizite sind ein ausschlaggebender Faktor, die Integration auf allen Ebenen zu erschweren. All diese Faktoren tragen dazu bei, sich an der eigenen Kultur zu orientieren, ohne eine soziale Integration in Deutschland in der eigenen Familie zuzulassen. Die Beibehaltung traditioneller türkischer Wertgefüge trägt dazu bei, dass den Söhnen in frühen Jahren das Rollenverständnis der Eltern vorgelebt wird.

3.2 Erziehung der Töchter

Gleichgültig, ob die Familie eine liberale oder religiös-wertorientierte Erziehung bevorzugt, die Erziehung der Mädchen verläuft kontrollierter als die der Söhne. Frühzeitig wird das Mädchen in seine spätere Rolle als Frau eingearbeitet,[251] hilft der Mutter im Haushalt und übernimmt schon in frühen Jahren die Bedienung am Tisch, die oftmals mit Anmerkungen zu guter Erziehung und anständigem Benehmen belohnt wird. Folge ist ein autoritäres Erziehungsprinzip, bei dem es nicht darum geht, im Laufe der Charakterbildung Einsichten zu gewinnen, sondern in die gesellschaftlich gesetzten Grenzen hineinzuwachsen.[252] Die Freizeitgestaltung der Tochter ist eingeschränkter als die des Sohnes. Der Tochter wird anerzogen, über jedes außerhäusliche Verhalten Rechenschaft abzugeben, sei es auch nur der kurze Gang zum Zeitungsverkäufer. Obwohl Eltern über Freunde und Freizeitgestaltung ihrer Kinder selbstverständlich informiert sind, ist die Behandlung der Mädchen im Vergleich zu den Jungen strenger. Eine sexuelle Aufklärung durch die Mutter findet nicht oder nicht immer statt. Ei-

---

haben, auf dem Arbeitsmarkt in Deutschland mit den Hauptschulabsolventen nicht äquivalent behandelt werden.

249 Statistisches Bundesamt Deutschland, Datenreport 2006, S. 476 ff.

250 Statistisches Bundesamt Deutschland, Strukturdaten zur Migration in Deutschland 2004, 2006, S. 28 ff.; Sauer, 2007, S. 59.

251 So auch Cöster, 2009, S. 74.

252 Kızılhan, 2006, S. 42.

ne Untersuchung von Lajios und Kioutsuokis fand 1984 heraus, dass nur 8 % der türkischen Kinder mit ihren Eltern über Sexualität sprachen.[253] Eine Untersuchung von Boss-Nünning und Karakaşoğlu belegt bei den Migrantenkindern eine, wenn auch nur kleine, Entwicklung: Lediglich 16 von 102 der türkischen Mädchen wurden über Liebe und Sexualität durch ihre Mutter aufgeklärt.[254] Dies zeigt den Mädchen deutlich die Tabuisierung des Themas Sexualität. Auch die Bewahrung der Jungfräulichkeit der Mädchen, die durch die Tochter gegenüber den Eltern auch nicht in Frage gestellt wird, da sie zentraler Wert der Ehre ist, ist in der Erziehung selbstverständlich. In der Migration hat der Wert der Jungfräulichkeit nicht an Bedeutung verloren. In der Studie von Boos-Nünning/ Karakaşoğlu halten 59 % der türkischen Mädchen an der Virginität bis zur Ehe fest. Beachtlich ist nichts desto trotz die Angabe von 22 % der Mädchen, die den vorehelichen Geschlechtsverkehr nicht für falsch erachten.[255] Die Jungfräulichkeit des Mädchens steht in direkter Verbindung mit der Ehre. Daher werden die Töchter zu der Verpflichtung erzogen, die Ehre der Familie nicht zu schädigen, die Söhne zu der Verpflichtung, diese Ehre abzusichern und zu verteidigen.[256]

Ob zu dem Beschädigen der Ehre lediglich eine Verabredung mit einem fremden Jungen oder eine intime Beziehung gehört, hängt davon ab, ob die Eltern eine traditionell religiös-wertorientierte Erziehung bevorzugen, aus welchem Gebiet der Türkei sie stammen und inwiefern in Deutschland eine Integration in die westliche Kultur erfolgt ist. Erziehungsorientierung in Migrantenfamilien ist gekennzeichnet durch widerstreitende Interessen und führt entweder zu einer Lockerung der traditionellen Erziehungsvorstellungen oder einer noch strengeren traditionellen Erziehung als sie in der Türkei erfolgt wäre.

Für die Mädchen sind die Forderungen der Ehre allgegenwärtig und schwer in Frage zu stellen. In der Erziehung werden sie pragmatisch über Verhaltensregeln eingeübt und gelten mit der Selbstverständlichkeit eines Naturgesetzes, jedoch in jeder Familie mit eigenen Schwerpunktsetzungen.[257] Für das Mädchen bedeutet dies entweder die Anpassung an deutsche Bildungsverhältnisse und alltägliche Veränderungen im Vergleich zu der Erziehung der Mutter, wie z.B. ähnliche Kleidung wie gleichaltrige deutsche Mädchen oder aber in Sorge vor Entfremdung völlige Abschirmung zu außerhäuslichen Kontakten.

---

253 Lajios/Kiotsoukis, Die zweite und dritte Ausländergeneration: Ihre Situation und Zukunft in der Bundesrepublik Deutschland, 1984, zitiert in Boos-Nünning/Karakaşoğlu, 2006, S. 289.

254 Boos-Nünning/Karakaşoğlu, 2006, S. 291.

255 Boos-Nünning/Karakaşoğlu, 2006, S. 283.

256 Zentrum für Türkeistudien, 1991, S. 148.

257 Ter-Nedden, 2006, S. 141. Ter-Nedden ist seit fast 20 Jahren als Diplom-Psychologin in der Kriseneinrichtung Papatya in Berlin beschäftigt.

4. Die Frau in der türkischen Gesellschaft

Unumgänglich ist die Darstellung der Rolle und der damit verbundenen Probleme der Frauen in der Türkei, um die Situation der emigrierten türkischen Frau auch in den folgenden Generationen in Deutschland zu verstehen.

4.1 Die Frau in der Türkei

Die Türkei ist eine Gesellschaft zwischen Traditionalismus und Moderne. Das Nebeneinander von archaischen und ultramodernen Lebensweisen und Produktionsformen ist sehr augenfällig. Wegen kultureller, ethnischer und sozialer Diversität, unterschiedlicher Entwicklungsstände und sozialpolitischer Maßnahmen sind generelle Aussagen über *die* Frau in der Türkei nicht möglich.[258] Auch ihre Stellung innerhalb der Familie ist vor allem gekennzeichnet durch den sozialen Status, die ethnische Herkunft und die Religionszugehörigkeit.[259]

Die letzte Volkszählung im Jahr 2000 hat ergeben, dass bei einer Bevölkerungszahl von 67.803.927 (davon 33.457.192 Frauen), ca. zwei Drittel in der Stadt und ca. ein Drittel in den Dörfern leben.[260] In der Oberschicht treffen wir die moderne gebildete Frau in angesehenen Positionen, die in ihrem Kleidungsstil europäische Moderne verkörpert. Gleichzeitig treffen wir auf dem Land und in der Unterschicht in den Metropolen[261] die traditionelle, eher islamisch ausgerichtete Türkin an. Wieder anders präsentiert sich die Kurdin.

Nach Abadan-Unat[262] lässt sich die weibliche Bevölkerung in der Türkei in Hauptgruppen unterteilen.

4.1.1 Die traditionell orientierte Bäuerin

Das Leben der überwiegend in den Dörfern in Ost- und Südostanatolien lebenden Frauen[263] ist gekennzeichnet durch die Jahreszeit, die je nachdem die Arbeitszeit und das Arbeitsspektrum bestimmt. Die Bevölkerung lebt zum größten

---

258 Fritsche/Ege/Tekin, 1992, S. 83.

259 So gehören Kurden unterschiedlichen Religionen, wie dem Islam oder dem Yezidentum an und auch innerhalb des Islams unterschiedlichen Richtungen, wie dem Aleviten- oder dem Sunnitentum und fügen sich daher differenzierten innerfamilialen Hierarchien. Erläuterungen zu den ethnischen Herkünften erfolgten unter A.III.1.5.2.

260 Türkiye Istatistik Yıllığı 2007 (Statistisches Jahrbuch der Türkei 2007), 2008, S. 31. Ende 2007 wurde die Bevölkerungszahl der Türkei auf 70.586.256 festgelegt. Diese Zahlen wurden anhand eines Adressspeichersystems ermittelt. Die nächste offizielle Volkszählung findet 2010 statt, vgl. Türkiye Istatistik Yıllığı 2007 (Statistisches Jahrbuch der Türkei 2007), 2008, S. 47.

261 Istanbul, Ankara, Izmir.

262 Es handelt sich um eine Untersuchung aus den 1980er Jahren, Abadan-Unat, 1985, S. 43 ff.

263 Überwiegend Kurdinnen.

Teil von eigenem Anbau. Der traditionell geprägte Lebensstil ist konservativer Natur und trennt in fast allen Situationen den Bereich der Frauen von dem der Männer. Das öffentliche Leben ist den Männern gewidmet, die alle den außerhäuslichen Bereich betreffenden Aufgaben wahrnehmen. Eine bedeutende Ausnahme dazu stellt die Arbeit auf den Feldern dar, die zum größten Teil von den Frauen verrichtet wird.[264] Da auch die Tätigkeiten um das Wohlergehen bezüglich der im Haushalt lebenden Personen,[265] als auch die gesamte Hausarbeit, von der Frau durchgeführt werden, ist sie enormen Belastungen ausgesetzt. Gebärfähigkeit, um für den reichhaltigen Nachwuchs der Familie Sorge zu tragen, gehört zu den wichtigsten Eigenschaften der Frau. Besondere Bedeutung erhält die Eigenschaft dadurch, dass im Falle von Unfruchtbarkeit inoffiziell kein Halt vor dem gesetzlichen Verbot der Polygamie besteht und eine Anheiratung einer zweiten Frau zu der ersten von allen toleriert und von den Frauen als Schicksalsbestimmung hingenommen wird. Rechtliche Bestimmungen, die seit Einführung des Zivilgesetzes nur die Einehe erlauben, erfahren oftmals keine Durchsetzung. Auch die Androhung einer Freiheitsstrafe von sechs Monaten bis zwei Jahren im Strafgesetzbuch scheint noch immer ihre Abschreckungsfunktion nicht gänzlich zu erfüllen.[266] Zwangsverheiratung und traditionelle Werte, wie z.B. die Zahlung eines Brautgeldes[267] an die Eltern der zu verheiratenden Frau, werden nicht in Frage gestellt. Wiethold[268] erläutert im Rahmen der Darstellung der ländlichen Frau, den zentralen Wert der Ehre die durch voreheliche Keuschheit und Treue in der Ehe begründet wird. Den Männern innerhalb der Familie obliegt der Schutz der sexuellen Zurückhaltung der Mädchen und der Frauen, die dies durch ständige Bewachung der Frauen gewährleisten.[269]

---

264 Laut dem Jahrbuch für Statistiken haben im Jahr 2004 von ca 3.299.000 beschäftigten Frauen (ab 16 Jahren) in der Landwirtschaft ca 2.703.000 Frauen ohne Bezahlung für den eigenen Familienbetrieb gearbeitet, vgl. Türkiye Istatistik Yıllığı 2004 (Statistisches Jahrbuch der Türkei 2004), 2005, S. 154.

265 Im Jahr 2000 ergab sich im Osten ein Haushalt von durchschnittlich 6 Personen, wobei nicht zwingend eine Zusammensetzung von Eltern und Kindern gegeben ist, sondern auch verwandtschaftliche Beziehungen in einem Haushalt vertreten sind, vgl. Türkiye Istatistik Yıllığı 2007 (Statistisches Jahrbuch der Türkei 2007), 2008, S. 41.

266 Siehe Zahlen zu einer Studie von Ilkkaracan unter A.IV.3.2.

267 Der Brautpreis kommt in der Regel vor allem in Ost- und Südostanatolien und in den Schwarzmeergebieten vor. Er wird zwischen den Familien ausgehandelt und wird dem Vater der Braut entweder in Geld oder in Form von Vieh oder Boden übergeben, auch als Verlust des Mädchens als Arbeitskraft in der Familie, vgl. Ünsal, 2003, S. 103 f. Mit einem hohen Brautpreis signalisiert der Vater auch seine und die Stellung seiner Tochter in der Gesellschaft, sein Prestige in der Gesellschaft wird gefestigt, vgl. Küper-Başgöl, 1992, S. 64.

268 Wiethold unterscheidet den Lebensstil der Frauen nach ländlichen Regionen, Kleinstadt und Großstadt, vgl. Wiethold, 1981, S. 143 ff.

269 Wiethold, 1981, S. 150 f.

4.1.2 Bäuerinnen aus strukturell veränderten ländlichen Gebieten

Die Rolle und der Lebensstil dieser Bäuerinnen sind vor allem durch die Binnen- und Außenwanderung stark geprägt. Die Auswanderungsstruktur zunächst der Männer, dann jedoch auch der Frauen, hat sich auf das Rollenbild der Frau dahingehend ausgewirkt, dass auch die Frau Lohnempfängerin geworden ist. Das Konsumverhalten der Frauen änderte sich. Kleidung und Nahrung wurden nicht mehr nur selbst hergestellt. Nicht nur die ausgewanderten Söhne tätigten nun Überweisungen zum Unterhalt der Eltern, sondern auch die ausgewanderten Töchter. Diese Geldzuwendungen haben für einen Fortschritt in dem Lebensstil der in den Dörfern gebliebenen weiblichen Familienmitglieder gesorgt. Handelte es sich nicht um eine Großfamilie, die mindestens aus den Eltern und den Familien der verheirateten Söhne bestand, mussten Frauen, deren Ehemänner ausgewandert waren, über lange Jahre innerhalb der Familie die Aufgaben des Mannes übernehmen. Ein Autoritätsverlust und die zwangsläufige Veränderung der ökonomischen Funktion der männlichen Familienmitglieder waren die Folge. Teilweise kann man von dem Bruch der absoluten Vorherrschaft des Mannes sprechen.[270] Mit Veränderung der sozialen Struktur und der Stellung innerhalb der Familie ist es so zwangsläufig zu einer Veränderung und einem Abschwächen des Ehrverständnisses gekommen. Das zu wirtschaftlichen Zwecken erforderliche, ehemals männliche Verhalten wurde von Frauen übernommen. Die Erfahrung lehrte die Gruppe, sich von der Vorstellung der bis dahin geltenden Ehrvorstellungen und vorgeschriebenen Rollen zu lösen.

Aus dieser Gruppe stammen in der Regel die Frauen, die allein als „Gastarbeiter" oder ihre Ehefrauen nach Deutschland gekommen sind.

4.1.3 Die Kleinstadtfrau

Im Vergleich mit der Literatur, die gegenwärtig zur Dorfsoziologie veröffentlicht wird, sind kaum neuere Untersuchungen, die die schnelle Urbanisierung in der Türkei und den Wandel der Frau im gesellschaftlichen Leben in ihre Untersuchungen einschließt, vorhanden. Die Veröffentlichungen beschränken sich daher auf die 1980er Jahre. Danach ist das Verhalten der Frauen in den Kleinstädten geprägt von der Bedeutung des öffentlichen Lebens und dem Wegfall der Arbeit auf den Feldern. Obwohl sich die Einstellung zum Schleier, der Geschlechtertrennung und das Verhalten gegenüber männlichen Gästen zu Hause gelockert haben, sind Frauen in Kleinstädten wegen der größeren Bedeutung, die das öffentliche Leben spielt und dem vollkommenen Verschwinden weiblicher Arbeit,[271] weitgehend von ihrem Wohnumfeld abhängig. In einer solchen

---

270 Abadan-Unat, 1985, S. 45 f.

271 1955 haben 96 % der Frauen im eigenen Familienbetrieb, z.B. auf den Feldern gearbeitet. 1983 waren es 79 %, und 1997 haben im Vergleich zu vorher nur noch 37 % der

Umgebung hat die größere Freizeit der Frau, die in ländlichen Gebieten in der Form nicht gegeben ist, zu mehr geselligen Kontakten geführt. Der Status der Frau wird aber vor allem durch die Position des Ehemannes, bzw. durch den Vater bestimmt.[272] Das Werte- und Normensystem der Kleinstadtfrau unterscheidet sich nach Wiethold nicht von dem des türkischen Dorfes. Auch hier ist die sexuelle Zurückhaltung der Mädchen und Frauen von großer Bedeutung und wird daher von den männlichen Familienmitgliedern mit Beginn der Pubertät beobachtet.[273] Frauen in Kleinstädten haben somit kein offeneres Verhältnis zu dem überkommenen Ehrverständnis, da sowohl ihr Status, als auch ihr Verhalten von dem ihres Mannes abhängig ist. Aufgrund der Freizeitangebote, die eine Stadt im Gegensatz zu dem Dorf naturgemäß bietet, besteht jedoch im Gegensatz zum Dorf zumindest die Möglichkeit eines langsamen Fortschritts und differenzierter Entwicklungen.

4.1.4 Die Stadtfrau der Mittelschicht

In den 1980er Jahren waren etwa 80 % der Frauen in den Städten Hausfrauen. Die Zahl der Arbeitnehmerinnen hat jedoch mit jedem Jahr zugenommen. Für viele sind sowohl ökonomische Gründe ausschlaggebend, um der Familie eine weitere Einnahmequelle zu ermöglichen, als auch die Möglichkeit der Selbstverwirklichung. Die ökonomische Entwicklung durch die Industrialisierung, der Eintritt von Frauen in die Erwerbstätigkeit oder die Migration in die Stadt, haben nicht unbedingt den Status von Frauen verbessert. Die Anonymität der Stadt hat dazu beigetragen, dass Frauen sich freier bewegen können und Kleidungsvorschriften nicht mehr so streng genommen werden.[274] Sie müssen jedoch mehr und härter arbeiten, um die gestiegenen Familienausgaben zu finanzieren. Eine objektiv bessere Situation in der Familie verschafft ihnen diese Mehrarbeit nicht.[275]

Vor allem die in die Städte ausgewanderten Frauen leben mit den Wertevorstellungen aus ihren Dörfern, die Ehemänner fühlen sich durch die Angebote der Stadt eher bedroht, als bereichert.

Bei Konfliktsituationen zwischen Beruf und Familie bevorzugen die Frauen unabhängig vom Ausbildungsstand jedoch die Familie. Die Bevorzugung der Familie ist zweifellos auch das Nebenprodukt eines antifeministischen Klimas, angeheizt vor allem durch die Massenmedien. Diese Frauen sind daher in zwei polarisierte Lager gespalten. Die eine Seite sucht der Gesellschaft die oberste Pflicht einer Frau als gute Ehefrau und Mutter beständig einzuprägen, während

Frauen im eigenen Familienbetrieb gearbeitet, vgl. Özyeğin, 2005, S. 63. Durch die Binnenmigration vom Land in die Stadt ist die Frau zunächst zur Hausfrau geworden.

272 Abadan-Unat, 1985, S. 46.

273 Wiethold, 1981, S. 178.

274 Wiethold, 1981, S. 195.

275 Wedel, 2000, S. 39.

die andere argumentiert, Frauen sollen alle Möglichkeiten ausschöpfen, die ihnen die Chance auf Selbstverwirklichung und größere Freiheit gewähren.[276] Eine bessere wirtschaftliche Situation der Frau führt also nicht zwangsläufig zu Fortschritten in der Emanzipation. Auch ihre Wertevorstellung ändert sich erst mit zunehmender Zeit und Erfahrung im städtischen Leben. Sie hängt jedoch insbesondere auch von ihrer Schichtzugehörigkeit ab. Je ärmlicher die Lebensverhältnisse, desto strenger sind die Wertevorstellungen und Rollenzuweisungen innerhalb der Familie. Gleichgültig, welche wirtschaftlichen Verhältnisse gegeben sind, wird auch in der städtischen Bevölkerung der Jungfräulichkeit große Bedeutung beigemessen. Selten wird dem Mädchen erlaubt, alleine mit einem fremden jungen Mann auszugehen, in der Befürchtung, der Ruf der Familie könne sich dadurch verschlechtern.[277]

4.1.5 Weitere Gruppen

Abadan-Unat unterteilt zudem in die Hauptgruppe der Nomadin und der „Gecekondu“[278]-Frau. Bei der Nomadin führt sie lediglich an, dass der Anteil der Frauen an der Produktion sehr hoch ist und sie für ihre Arbeit Wertschätzung erhält. Jede Tätigkeit des öffentlichen Lebens stehe dem Mann zu. Weibliche Autorität könne sich jedoch als Konsequenz des hohen Brautgeldes innerhalb der Familie entfalten. Erbrechte stünden der Frau nicht zu.[279]

Die nach Abadan-Unat als „Nomadin“ bezeichnete Frau kann jedoch auch als traditionell orientierte Bäuerin mit den oben beschriebenen Eigenschaften angesehen werden, was eine weitere Unterteilung entbehrlich macht.

Sie lebt in Ost- und Südostanatolien und weist aufgrund der geographischen Lage und der Bevölkerungsstruktur in diesem Gebiet der Türkei dieselbe Lebensform und soziale Struktur auf. Das Maß an konservativer Lebensweise, wie z.B. die Unterteilung der Lebensbereiche in Innerhalb und Außerhalb des Wohnbereichs, Ehre als wertvolles und höchstes Gut, frühe Verheiratung der Töchter u.ä., weist kaum Unterschiede auf. Das Brautgeld wird nicht von dem zu verheiratenden Mädchen bestimmt und hat keine Auswirkungen auf ihre Funktion innerhalb der Stellung als Frau in der neuen Familie. Die Höhe des Brautgeldes und andere Forderungen der Familie des Mädchens sind nicht abhängig von Eigenschaften des zu verheiratenden Mädchens. Vielmehr hat sich in diesen das Brautgeld noch praktizierenden Gebieten eine Mindestsumme im Laufe der Jahre entwickelt. Es dient als Entschädigung für den Verlust des Mädchens in der Familie. Ein höheres Brautgeld berechtigt daher nicht zu mehr Autorität innerhalb der Familie. Autorität von Seiten der Frau kann sich lediglich gegenüber den Kindern entfalten, da die Erziehung nur in den Händen der

276 Abadan-Unat, 1985, S. 48 f.
277 Karasan-Dirks, 1980, 98 ff.; Wiethold, 1981, S. 194.
278 wörtliche Übersetzung: über Nacht entstanden.
279 Abadan-Unat, 1985, S. 44.

Mutter liegt. Ob einer Frau gesellschaftlich Erbrechte zugesprochen werden, hängt nicht von ihrer Stellung in der jeweiligen Hauptgruppe ab, sondern von der Angehörigkeit zur religiösen Gruppierung innerhalb der Türkei. So kann eine Frau in Ostanatolien an dem Erbe der Eltern beteiligt werden und eine Stadtfrau der Mittelschicht aus Istanbul nicht, wenn z.T. traditionell von der Erbin der Verzicht auf das Erbe erwartet wird.[280]

Die „Gecekondu"-Frau ist nach Abadan-Unat eine weitere Hauptgruppe der türkischen Frau, die durch die erstaunlich schnell voranschreitende Verstädterung entstanden ist. Die „Gecekondu" sind ohne behördliche Genehmigung über Nacht gebaute Häuser. Der Begriff ist in den 1940er Jahren entstanden, als die Dorfbewohner flutartig ihre Dörfer verlassen haben und auf staatlichem Boden in einer Nacht ihre „Häuser" aufgestellt haben. In den 1950ern vermehrten sich diese Häuser.[281] Obwohl die Zahlen aufgrund staatlicher Maßnahmen mittlerweile zurückgehen, lebten 1995 60 % der Bevölkerung in der Hauptstadt Ankara in solchen illegalen Bauten.[282] Die Reaktion der Politik war unterschiedlich: von Abrissverfügungen bis zur nachträglichen Genehmigung. Gerade aus diesen urbanisierten, nicht integrierten Wohnvierteln komme ein ganz besonderer Frauenschlag. Die Frau aus dem Gecekondu habe in der Regel mehr Selbstbewusstsein und bestehe daher darauf, bei der Wahl ihres Mannes mitzusprechen. Obwohl die Frau aus dem Gecekondu bei ihrer Integration in das städtische Umfeld auf nicht unbeträchtliche Schwierigkeiten stoße, weil sie noch an ihrer ehemaligen Dorfkultur festhalte, sei sie bei dem Modernisierungsprozess der Türkei ein dynamischer Schrittmacher.[283]

Zwar kann aufgrund der enorm hohen Anzahl dieser Form von Niederlassung[284] eine sozioökonomische Unterteilung der Gecekondu-Bevölkerung vorgenommen werden, eine Hauptgruppe von Frau entsteht nach diesseitiger Auffassung jedoch nicht.

Zum Zeitpunkt der Errichtung dieser Bauten, die äußerlich den Dorfhäusern ähnelten, waren die Frauen wie in ihren Dörfern gekleidet und haben sich sehr langsam an den Kleidungsstil der Stadtfrau angenähert. Diese Frauen haben weder die Erscheinung einer Stadtfrau noch einer Dorffrau.[285] Aufgrund der

280 Nach den gesetzlichen Regeln im Erbrecht gibt es keine Unterschiede zwischen Männern und Frauen.

281 1950 lebten 18,5 % der Bevölkerung in Städten. Aufgrund des technischen Fortschritts in ländlichen Gebieten und des Wachstums der Städte vermehrte sich dieser Anteil 1970 auf 33,2 %, 1980 waren es 45,4 % und 17 Jahre später 1997 lebten bereits 65 % der Bevölkerung in Städten, vgl. Özyeğin, 2005, S. 60.

282 Özyeğin, 2005, S. 61.

283 Abadan-Unat, 1985, S. 46 f.

284 Allein in der Hauptstadt Ankara geht die Behörde derzeit gegen 40.000 solcher illegaler Bauten an. Diese stellen eine auffällige Verunstaltung des Stadtbildes dar und sind seit der Urbanisierung in vielen für die Dorfmenschen attraktiven Städten der Auswanderung entstanden.

285 Özyeğin, 2005, S. 14.

mitgebrachten Armut aus dem Dorf hatte sich für die „Gecekondu“-Frauen die Arbeit als Reinigungskraft bei reichen Familien etabliert.

Doch selbst die finanzielle Not und die Notwendigkeit zum Überleben führt nicht zur Anerkennung der beruflichen Tätigkeit und Begrüßung der finanziellen Unterstützung durch diese Frauen. Männer verhindern weitgehend die Arbeitsaufnahme der Frauen. Daraus wird deutlich, dass Armut nicht die Probleme einer patriarchalischen Familienstruktur löst.[286] Eine Studie von Özyeğin macht deutlich, dass die beschäftigten Frauen unter den Bedingungen des Ehemannes arbeiteten und kontrolliert wurden.[287]

Auch eine weitere Untersuchung[288] zeigt die nur zögerliche Veränderung der Stellung der Frau durch die Emigration aus dem Dorf in die Stadt. Eine eigenständige selbstbewusste Hauptgruppe stellt sie nicht dar. Besonders im Hinblick auf die Einstellung der Türkin bezüglich andersgeschlechtlicher Beziehungen, erlauben 92 % der Gecekondu-Frauen ihren Töchtern weder mit einem Jungen zu sprechen noch gar eine Freundschaft. Dafür werden Gründe angeführt, die in der Vorstellung über die Ehre der Tochter wurzeln: 24 % gaben den Schutz des guten Rufes und die Vermeidung des Geredes von Nachbarn an, 16 % begründeten ihre Antwort mit der Gefahr, auf „die schiefe Bahn“ zu geraten, 8 % sagten, es gehöre sich nicht, 4 % hatten die Ansicht, sie dürfe nur ihren Mann kennen und 4 % führten an, dass sie keine männlichen Bekannten benötige.[289] Die einzig legale Form von Sexualität und Fortpflanzung ist die Heirat und die Familie. Dies wird immer wieder bestätigt durch die sehr hohen Eheschließungszahlen und die niedrigen Scheidungsraten.[290] Die Einstellungen der Frauen über die Erziehungsmethoden und ihre Sexualität zeigen, dass die Frau nicht emanzipierter und fortschrittlicher ist. Somit stellt sie keine herausragende eigenständige Gruppierung dar.

Die Stadtfrau der Oberschicht stellt anhand der geringen Zahl der Vertreterinnen ebenfalls keine eigene Hauptgruppe dar. Entscheidungsprozesse und die

286 Eroğlu, Tageszeitung Radikal online vom 19.04.2006.

287 Özyeğin führte eine Studie an 162 Frauen durch, die u.a. in „Gecekondu“ – Gebieten wohnten, in der sich herausstellte, dass die Ehemänner in der Regel gegen eine Tätigkeit der Frauen waren. In einem Fall wird dargelegt, dass der Ehemann auf der Arbeitsstelle seiner Frau täglich anrief, um in Erfahrung zu bringen, wann die Frau die Arbeit beendete, um so kontrollieren zu können, ob sie nach der Arbeit nach Hause kam, vgl. Özyeğin, 2005, S. 90. Eine solche Einstellung wurde bis zur Abschaffung durch das Verfassungsgericht 1992 durch zivilrechtliche Normen unterstützt: § 259 tZGB regelte, dass die Frau ohne die Erlaubnis des Mannes kein Recht zur Tätigkeit hatte, um den Lebensunterhalt zu sichern, vgl. Özyeğin, 2005, S. 101.

288 Karpf, hat in ihrer Dissertation Geschlechtsrolleneinstellung, Eheorientierung und soziale Kontrolle junger Türkinnen in der Bundesrepublik Deutschland mit einer empirischen Erhebung untersucht.

289 Karpf, 1979, S. 136.

290 Özyeğin, 2005, S. 69.

Beziehung innerhalb der Ehe sind in der Oberschicht wegen der meist qualifizierten Tätigkeit der Frau und ihrer Ausbildung relativ partnerschaftlich.

Hinsichtlich der Wertevorstellungen kann jedoch festgestellt werden, dass auch hier der Jungfräulichkeit vor der Ehe Bedeutung beigemessen wird. Eine kleine Gruppe an Geschäftsleuten und höheren Beamten versuchte einen Kompromiss mit der Tochter zu finden, indem Freiheiten im Umgang mit Männern gewährt wurden, Selbstkontrolle jedoch Voraussetzung war.[291]

4.1.6 Die Islamistin

Die Islamistin, ein neuer Frauentyp, der sich in den vergangenen Jahren erst entwickelte, fühlt sich in ihrem Dasein als Muslime von Gott auserwählt und empfindet ihre Stellung in der Gesellschaft auch nicht als erniedrigend bzw. unterdrückend. Sie verteidigt ihr Kopftuch[292] und tritt in der Gesellschaft auch als selbstbewusste muslimische Frau auf, die selbst an dem politischen Leben[293] teilhaben möchte. Sie verteidigt die moralischen Werte ihrer religiösen Gesellschaft und versteht sich als Inhaberin der männlichen Ehre, deren Verletzung sie niemals zulassen würde. Ihrer Ideologie entsprechend erzieht sie ihre Kinder und ist daher Multiplikatorin ihres strengen und konservativen Glaubens. Trotz des politischen Einsatzes führt dies nicht zur politischen oder sozialen Gleichberechtigung der Frau, da Grundlage des Glaubens die Scharia ist, die in gewissen Punkten die Unterordnung der Frau vorsieht.[294] Das Leben der Islamistin ist zwar von dem traditionellen Leben geprägt, sie profitiert jedoch ganz klar durch Teilhabe am öffentlichen Leben von den modernen Veränderungen in der Türkei. In der Öffentlichkeit zeigt sie sich aufständisch, indem sie Protestaktionen organisiert, sich gegen die staatliche Macht auflehnt und sich mit anderen Gruppen vernetzt.[295] Der Unterschied zur gläubigen Muslimin besteht also darin, dass die Islamistin für die Verbreitung des Islam in der Öffentlichkeit steht und sich auch für den politischen Islam einsetzt, während die gläubige Muslimin im Gegensatz zur Islamistin die Religion als eine vom Staat unabhängige private Angelegenheit betrachtet. Daten über den Anteil der Islamistin in

---

291 Wiethold, 1981, S. 194 ff.

292 Die Abgeordnete der islamisch konservativen Partei (Fazilet Partisi) Merve Kavakçı legte bei ihrer Vereidigung als Abgeordnete 1999 im Parlament trotz der strengen Einhaltung der Säkularisierung ihr Kopftuch aus Protest nicht ab. Damit nahm sie die Entbindung als Abgeordnete und das fünfjährige Verbot zur Ausübung politischer Tätigkeiten bewusst in Kauf.

293 In der 24. Legislaturperiode sind 50 Frauen im türkische Parlament, das entspricht einer Quote von 9,1 %, vgl. Türkiye Istatistik Yıllığı 2007 (Statistisches Jahrbuch Türkei 2007), 2008, S. 131.

294 Schirrmacher/Spuler-Stegemann, 2004, S. 223. Detailliert zur Scharia unter A.IV.2.ff.

295 Pusch, 2003, S. 245 f.

der Türkei oder der türkeistämmigen Islamistin in Deutschland sind wegen der relativ neuen Erkenntnis als eigener Typ von Frau nicht vorhanden.

4.1.7 Gemeinsamkeiten

Zusammenfassend weisen alle aufgeführten Hauptgruppen von Frauen eine strikte Rollentrennung auf, die unter allen Umständen eingehalten wird. Hausarbeit und Verpflegung der Familie ist Sache der Frau.[296] Konservative Eltern sehen es selbst bei verheirateten Kindern nicht gern, wenn der Mann in der Küche hilft, gleichgültig ob es sich hierbei um die Eltern der Frau oder des Mannes handelt. In patriarchalischen Familien werden Entscheidungen, die die Frau betreffen, zunächst vom Vater, nach der Heirat vom Ehemann getroffen.[297] Die Frau wird so erzogen, in ihrem Leben nur Erfüllung durch einen männlichen Partner zu sehen. Ein sozial anerkanntes Leben als alleinstehende Frau ist nicht möglich.[298] Der soziale Aufstieg der Frau innerhalb der gesellschaftlichen Hierarchie wird erst durch die Geburt von Kindern abgesichert. Der Zugang zu Bildung und Ausbildung hängt weitgehend von der Urbanisierung ab und der Einsicht, in Schulbildung als einen Wert an sich.[299]

Tabelle: Bildungsstand der Frauen in der Türkei, 2000[300]

Analphabetinnen	27,4 %
Kein Abschluss	7,5 %
Grundschulabsolventinnen	45,2 %
Absolventinnen weiterführender Schulen	5,3 %
Abiturientinnen	9,1 %
Hochschulabsolventinnen	5,4 %

Obwohl eine rechtliche Grundlage für die allgemeine Schulbildung (Grundschule und weiterführende Schule) geschaffen ist und somit eine 8 jährige Schulpflicht für alle Kinder besteht, ist es vielen Bürgern nicht nur im Osten,[301]

296 Ausnahme: Frauen in der Oberschicht, die in der Regel eine Haushaltsangestellte haben, vgl. Wiethold, 1981, S. 200.

297 Göhler, 1990, S. 111.

298 Straube, 1987, S. 48.

299 Göhler, 1990, S. 115.

300 Türkiye Istatistik Kurumu, (Statistisches Institut Türkei), www.tuik.gov.tr/VeriBilgi.do?tb_id=41&ust_id=11 (12.01.2009).

301 Nach Angaben des statistischen Instituts betrug nur im Osten die Einwohnerzahl Ende 2007: ca. 12.942.040, vgl. Türkiye Istatistik Yıllığı 2007 (Statistisches Jahrbuch Türkei 2007), 2008, S. 46.

sondern auch in einigen Dörfern in Zentralanatolien aufgrund tatsächlicher Gegebenheiten nicht möglich, ihre Kinder in benachbarte Dörfer oder Bezirke zu schicken, da es in den meisten Dörfern lediglich Grundschulen gibt.

4.2 Die türkische Frau in Deutschland: 1. Generation

Die türkische Frau brachte auch die mit ihrer Rolle als Frau zusammenhängenden nationalen und kulturellen Besonderheiten mit in die Bundesrepublik Deutschland. Bei ihrer Ankunft wurde sie mit anderen gesellschaftlichen Regeln und Denkstrukturen konfrontiert, wobei ihr Selbstvertrauen abnahm. Dies wiederum führte zu Resignation und Abkapselung vom gesellschaftlichen Leben.[302] Die Stellung und Entwicklung der türkischen Frau der 1. Generation muss unter dem Aspekt des Rückkehrwillens in die Heimat betrachtet werden. Es herrschte kein Bewusstsein der Auswanderung nach Deutschland. Besonderen Problemen ausgesetzt zu sein, eine große Entfernung zur Familie, sprachliche Barrieren und dementsprechende Hindernisse der Integration, eine existenzielle Abhängigkeit vom Ehemann, Behördengänge unter erschwerten Bedingungen und Kulturkonflikte waren nur einige der Probleme, die sie erwarteten. Die meisten von ihnen hatten wenig oder gar keine Jugend, da sie relativ früh verheiratet wurden. In ihrer Kindheit war die Frau der 1. Generation für das Wohnhaus mit den umliegenden Gärten und Gebäuden zuständig, als Gehilfin der Mutter, deren Arbeitsbereich das Kochen, Backen, Konservieren von Lebensmitteln, Waschen, Handarbeit u.ä. war. Ihre Mutter war die Hüterin des Hauses.[303] Nur ein kleiner Teil der in Deutschland lebenden Frauen kommt aus den Städten der Türkei, der große Teil aus Kleinstädten und Dörfern.[304] Größtenteils fand bei den aus den Städten emigrierten Frauen vorher eine Binnenmigration von dem Dorf in die Stadt statt. Ihre Schulbildung war sehr schlecht und unzureichend, da 57 % von ihnen entweder gar keine oder nur eine Grundschulbildung hatten.[305] Aufgrund mangelnder grammatikalischer Kenntnisse und somit mangelndem Fundament in der Muttersprache, waren Deutschkurse zum Teil nicht sinnvoll. Die Sprache konnte für sie daher lediglich durch soziale Kontakte zu deutschen Bürgern erlernt werden.

Die traditionelle Struktur in der türkischen Familie ist durch die Dominanz des Alters über die Jugend und des Mannes über die Frau geprägt.[306] Auch hier hat sich mit der fremden Welt nichts an der Verteilung des Außen- und Innenlebens zwischen Mann und Frau geändert. Besonders Frauen aber, die aus den Dörfern nach Deutschland kamen, waren es gewohnt, dass sich ein großer Teil

302 Göhler, 1990, S. 116
303 Straube, 1987, S. 46.
304 König, 1989, S. 17.
305 Rödig, 1988, S. 64, laut einer Studie des Bundesministeriums für Arbeit und Sozialordnung im Jahre 1986.
306 Straube, 1987, S. 43; Kızılhan, 2006, S. 34.

des Lebens im Hof oder auf der Straße vor der Haustür abspielte. Bei der Verrichtung ihrer Arbeit hatten sie in der Regel viel Gesellschaft.[307] In Deutschland mussten sie sich an eine geschlossene Wohneinheit gewöhnen, da weder die Wohn- und Baustruktur die Gewohnheiten aus der Heimat zuließ, noch die Gewohnheit bestand, zwecks sozialer Kontakte vor dem Haus zu sitzen und andere zu treffen.[308] Aufgrund ökonomischer Notwendigkeiten waren aber Frauen zum Teil zum ersten Mal außerhalb des Familienbetriebs berufstätig. Abgesehen von der, wenn auch nicht völligen, finanziellen Unabhängigkeit, haben diese Frauen mehr Selbstwertgefühl, weil sie aufgrund der Umstände, die sie auf sich nehmen mussten, um den Arbeitsplatz zu erreichen, mehr Selbstvertrauen gewannen. Ein beachtenswerter Faktor ist dabei die ökonomische Unabhängigkeit von dem Ehemann und die sprachliche von den Kindern, selbst wenn es sich um eine fehlerhafte Praxis der Sprache handelt. Bei einer Erwerbstätigkeit war sie jedoch einer Doppelbelastung ausgesetzt, da die häusliche Arbeit lediglich in den Arbeitsbereich der Frau fiel. Mit der Konfrontation der fremden Welt sollte die Frau nicht mit der teilweise als verwerflich empfundenen Außenwelt in Begegnung gebracht werden, um u.a. auch die Familienehre nicht zu gefährden. Es bildeten sich Wohnsituationen, in denen die Familien aus dem jeweiligen Kulturkreis zusammenlebten, sich von ihrer Umwelt abgrenzten und die Verbindung zu der Heimat aufrechterhielten. Sie hielten noch konservativer an althergebrachten Traditionen fest als in der Türkei.[309]

Die Hauptaufgabe der türkischen Frau in der 1. Generation besteht in der Erziehung der Kinder. Ihre Rolle ist also die der Hausfrau, Mutter und Ehefrau. Ihre wichtigste Rolle ist unstreitig die der Mutter.[310] Dies hat ihren Ursprung in der religiös geprägten Funktion und der großen Bedeutung der Frau als Mutter. Der häufig verwendete Spruch des Propheten: „das Paradies liegt unter den Füßen der Mutter“ zeigt ganz deutlich, dass sie allein durch die Funktion und Eigenschaft als Mutter nach Ansicht der Gläubigen ein Leben im Paradies verdient.

Straube, Rödig und Göhler[311] werfen die These auf, die Frauen der 1. Generation hätten nicht genügende Kompetenz, ihre Kinder in einer fremdethnischen Umgebung zu erziehen. Vor allem, weil die ausländische Mutter von der Gesellschaft isoliert sei, könne sie ihre Erziehungsaufgaben gegenüber den Kindern nicht erfüllen. Die Folge von mangelnden Sprach- und Sachkenntnissen sei ein Autoritätsverlust und führe dazu, dass die Mutter sich gegenüber den Kindern nicht mehr durchsetzen könne. Dem kann nicht zugestimmt werden. Die

307 Überwiegend haben Dörfer eine Backstube, in der sich Frauen treffen, um für den Eigenverzehr das Brot zu backen.

308 Rödig, 1988, S. 66 f.

309 Böhmecke, 2005, S. 20.

310 Nach Fritsche/Ege/Tekin möglicherweise als Kompensation für rechtliche und soziale Einschränkungen, 1992, S. 85.

311 Straube, 1987, S. 55; Rödig, 1988, S. 94 ff.; Göhler, 1990, S. 117.

Rolle der Mutter ist im Gegensatz zu der des Vaters als Autoritätsperson von enormer Zuneigung und Liebe geprägt und steht über allen anderen Erscheinungsformen und Pflichten der Frau. Für die Erziehung des Kindes ist zunächst nur die Mutter zuständig, die dem Kind türkische Wertorientierungen nach türkischen Normen vermittelt. Das bewusste Erleben zweier Wertsysteme erfolgt nach Abschluss intensiv erlebter Jahre zwischen Mutter und Kind. Bis zu dem Erscheinen der Kulturambivalenz ist das Verhältnis zwischen Mutter und Kind bereits gefestigt. Zwar kann sie die erst viel später entstehenden Probleme der Kinder nicht lösen, die durch das Leben zwischen zwei Kulturen entstehen, jedoch akzeptiert sie viel eher die Annahme deutscher Wertorientierungen durch das Kind und versucht, zwischen dem autoritären Vater und dem Kind zu vermitteln. Selbst wenn die Mutter nach ihren Wertvorstellungen dem Kind nicht beipflichtet, ist der Zusammenhalt zwischen Mutter und Kind gegenüber dem Vater sehr stark, was eine Entfremdung zwischen Mutter und Kindern verhindert. Eine dem Ehrverständnis widersprechende Ansicht nimmt die Mutter aufgrund der enorm großen Bedeutung im sozialen Leben nicht an, hält an den Werten des Herkunftsstaates fest und erzieht ihre Kinder nach diesen Wertvorstellungen. Selbst wenn der Erhalt der türkischen Verhaltensmuster zu Konflikten führt, verletzt es aber nicht das Durchsetzungsvermögen der Mutter, da das Verhältnis zu stark von Liebe geprägt ist und der Familienzusammenhalt durch nichts erschüttert werden möchte.

Die Annahme von König, die Frau spiele zur Bewahrung des soziopsychischen Zusammenhalts als Mutter und Ehefrau eine Schlüsselrolle, muss ebenfalls widerlegt werden. König ist der Ansicht, sie gebe als Mutter die traditionellen Werte an die Kinder weiter und als Ehefrau vermittle und mildere sie die Autoritätsrolle ihres Ehemannes. Auf diese Weise werde die Familie ganz wesentlich von der Frau in ihrer Doppelrolle als Mutter und Ehefrau geprägt. Insofern könne vermutet werden, dass gerade die ge- oder misslungene Integration der Frau ein wesentlicher Indikator für den Integrationsgrad der Familie insgesamt sei. König stellt die Hypothese auf, eine tragfähige soziokulturelle Integration der Mutter und Ehefrau könne auch die interkulturelle Annäherung der anderen Familienmitglieder zur Folge haben.[312]

Zutreffend ist, dass die Mutter die türkischen Wertvorstellungen weitergibt, auch die Autoritätsrolle des Ehemannes vermittelt und mindert. Die Folge dieser Schlüsselrolle ist jedoch nicht so weitreichend, dass die Frau der 1. Generation jegliche Entscheidungsbefugnis über die gesamte Familie hat und unabhängig vom Ehemann Entscheidungen treffen kann. Zwar ist sie diejenige, die die Wertvorstellungen weitergibt, diese bewegen sich aber im Rahmen der Vorstellungen des Mannes, da er derjenige ist, der die Ehre der Tochter beschützen muss. Treten etwa bei der Tochter Verhaltensweisen auf, die den moralischen Werten des Mannes widersprechen, wird die Mutter auf ihre Verantwortung

---

312 König, 1989, S. III.

hingewiesen, die Tochter adäquat zu erziehen, wenn nicht sogar mit Vorwürfen konfrontiert. Eine losgelöste Integration der Mutter, die das Fundament für die Integration der anderen Familienmitglieder darstellen soll, ist aufgrund der Abhängigkeit der Frau von dem Ehemann, ihrer Unselbständigkeit und dem in der Regel zusätzlichen fehlenden Selbstbewusstsein[313] nicht vorstellbar.

4.3 Die türkische Frau in Deutschland: Zweite und weitere Generationen

Das Erziehungsverhalten der Mutter orientiert sich an dem Normensystem der Heimatkultur. Bei der Entwicklung der Tochter spielen aber zudem westliche Verhaltensweisen eine entscheidende Rolle. Diese gegensätzlichen Sozialisationseinflüsse zwischen Elternhaus einerseits und deutscher Umwelt andererseits bewirken ein hohes Maß an Orientierungsschwierigkeiten und Anpassungskonflikten für türkische Mädchen.[314] Gerade wegen der enorm großen Bedeutung und dem Stellenwert der Ehre in der eigenen Kultur und der Differenz der fremden, hineingeborenen Kultur steht der Freizeitbereich unter ständiger Kontrolle und dauernden Einschränkungen. Häusliche Freizeitgestaltung wie z.B. Radio, Fernsehen, Zeitschriften, Musik, Computer werden nicht eingeschränkt, da diese durch Zugriffsmöglichkeiten der Eltern der ständigen Kontrolle unterliegen. Über diese Freizeitaktivitäten können türkische Mädchen an der deutschen Jugendkultur partizipieren.[315]

Zeitschriften wie die „Bravo", die unter anderem die Sexualität von Jugendlichen thematisieren und daher auch den Erziehungsmethoden der Eltern widersprechen, werden von jugendlichen Mädchen bevorzugt und heimlich gelesen. Obwohl dies eine von den Eltern untersagte Handlung darstellt, handelt es sich um eine Orientierung an deutschen Mädchen.[316] Um Anerkennung zu erhalten, weist das türkische Mädchen in der Schule gruppenkonformes Verhalten auf und leugnet dafür manche kulturelle Werte.[317] Aufgrund der im Vergleich ei-

313 Das, wie dargelegt, darauf zurückzuführen sind, dass sie von ihrer Familie weit entfernt ist, mit großen Sprachbarrieren zu kämpfen hat und vor allem finanziell vom Ehemann abhängig ist.

314 Wolf-Malik, 1983, S. 92 f.

315 Wolf-Malik, 1983, S. 85.

316 Im Rahmen ihrer Diplomarbeit kam Pia Weische-Alexa (Sozial-kulturelle Probleme junger Türkinnen in der BRD, Mit einer Studie zum Freizeitverhalten türkischer Mädchen in Köln, Köln 1977, S. 182) zu dem Ergebnis, dass von 100 befragten Mädchen 41 die Bravo jede Woche, 22 ca. einmal im Monat, 8 einige Male im Jahr, 26 nie lesen, (3 ohne Antwort).

317 Besteht etwa zwecks Beziehung Interesse an einem deutschen gleichaltrigen Jungen, so kann es zunächst zur Leugnung kommen, dass die Freundschaft mit dem Jungen untersagt ist. Dem türkischen Jungen muss dies aufgrund der identischen Wertvorstellungen und der Kultur nicht mitgeteilt werden, was zur Folge hat, dass die gemeinsame Andersartigkeit mit dem türkischen Jungen mit den zu tragenden Schwierigkeiten im Falle einer Beziehung für das Mädchen erträglicher ist, als mit dem deutschen Jungen.

genverantwortlichen und freizügigen Freizeitgestaltung, dominiert in der Pubertät die deutsche Kultur bei interethnischen Gleichaltrigen.[318] Eine Ablösung von dem familialen System mit dem Ziel der Selbständigkeit und Eigenverantwortlichkeit findet in traditionellen Familien nicht statt.[319] Diese erfolgt erst mit der Heirat, jedoch nicht mit dem Ziel der Selbständigkeit und Eigenverantwortlichkeit, sondern vielmehr findet ein Übergang in ein anderes familiales System statt: dem des Ehemannes. Eine Jugendphase und Zeit der Persönlichkeitsentwicklung wird vom Elternhaus nur eingeschränkt zugelassen. Ein Bruch mit der Familie, von der sie finanziell abhängig ist, kann nicht riskiert werden. Hinzu kommt aber, dass im Sozialisierungsprozess türkische Normen vermittelt werden, die je nach Verlauf der Entwicklung mehr oder weniger internalisiert wurden. Andererseits ist aber der Kontakt zu gleichaltrigen deutschen Jugendlichen attraktiv. Es findet also ein Leben zwischen zwei Welten statt, die sie mit unterschiedlichen Vorschriften und Erwartungen konfrontieren. Eine Anpassung an die Vorstellung und Annahme der Werte der Eltern ist kaum möglich. Je mehr aber die kulturelle Andersartigkeit in den Vordergrund tritt, desto weniger findet ein Zugang zu deutschen Gleichaltrigen Gruppen statt. Der ohnehin schwierige Prozess der Identitätsbildung im Jugendalter wird durch die Teilhabe an unterschiedlichen kulturellen Systemen wesentlich erschwert. Mögliche Folgen sind massive Störungen vor allem bei der Identitätsbildung.[320] Die zwischen zwei Kulturen hin- und hergerissenen und von beiden nicht entsprechend profitierenden Mädchen befinden sich oft in einem Zustand der Orientierungslosigkeit.[321] Einerseits wollen oder müssen sie aber der Familie gerecht werden, andererseits wollen sie sich der Umwelt anpassen und möchten wie jede andere Frau leben. Dies wiederum führt aber zu Konflikten mit der Familie: sie werden kontrolliert und in ihrer Lebensgestaltung eingeschränkt.[322]

5. Opfer von „Ehrenmorden"

5.1 Opfer von „Ehrenmorden" in Deutschland

Das Bundeskriminalamt hat bei der Bund-Länder-Abfrage zu „Ehrenmorden" in Deutschland für den Zeitraum vom 01.01.1996 bis 18.07.2005 insgesamt 55 Fälle als „Ehrenmorde" eingestuft, in denen 48 vollendete und 22 versuchte Tötungshandlungen begangen wurden. Von 70 registrierten Opfern waren 48 weiblich, 22 männlich. Eine gesonderte Untersuchung der türkeistämmigen bzw. türkischen Staatsangehörigen hat nicht stattgefunden. 36 Opfer waren tür-

318 So auch Schrader/Nikles/Griese, 1976, S. 168.
319 Wolf-Malik, 1983, S. 93.
320 Wolf-Malik, 1983, S. 94 f.
321 Göhler, 1990, S. 118.
322 Böhmecke, 2005, S. 21.

kische Staatsangehörige, 18 deutsche (darunter auch türkeistämmige) und 16 andere Staatsangehörige.

Fast alle männlichen Opfer waren erwachsen (20 von 22) und standen mit dem „ehrlosen“ Verhalten in enger Verbindung. In der Regel handelt es sich um den Geliebten der Frau, den Freund des Mädchens oder um ein Opfer eines „Traditionsmordes“, z.B. einer Blutrache. Auch der Altersschwerpunkt bei den Frauen lag bei den Erwachsenen (35 von 48). Jugendliche und heranwachsende Opfer waren jedoch ausschließlich weiblich. In diesem Alter spitzen sich die Kontakte um das sexuelle Verhalten der Mädchen und jungen Frauen besonders zu. Den „Ehrenmord“ begründet der Täter immer mit einem verletzten Ehrgefühl, bedingt durch das Verhalten eines weiblichen Familienmitglieds. Die Familie ist dabei nicht im Sinne der Kernfamilie zu verstehen, sondern setzt sich aus der Verwandtschaft und dem verschwägerten Personenkreis zusammen. Daher besteht in Ausnahme zu den männlichen Opfern in der Regel eine familiäre Verbindung zwischen den Tatverdächtigen und den Opfern. In mehr als der Hälfte der Fälle (31 von 55) war der Ehemann, der Verlobte oder der Freund tatverdächtig. Weitere Tatverdächtige verteilten sich wie folgt: In 9 Fällen der Bruder, in 5 Fällen der Vater, in 2 Fällen die Mutter und in 8 Fällen sonstige Familienangehörige.

In den ermittelten Fällen wurde als Ursache für die Ehrverletzung in mehr als der Hälfte der Fälle (in 30 Fällen) die beabsichtigte oder tatsächliche Trennung vom Partner genannt. In weiteren 11 Fällen war es eine außereheliche Beziehung, in 4 Fällen der westliche Lebensstil und in 7 Fällen eine nicht geduldete Beziehung.[323] Danach ist das Selbstbestimmungsrecht hinsichtlich der Partnerschaft bzw. die Loslösung aus der Ehe nach den herangezogenen Fällen der häufigste Grund für den „Ehrenmord“ in Deutschland.[324]

Die anonyme Krisen- und Übergangseinrichtung PAPATYA[325] in Berlin hat eine Untersuchung von 1996 bis 2007 durchgeführt, in der sie „Ehrenmorde“, Mordversuche und Körperverletzungen anhand ihres Zeitungsartikelarchivs und einer Internetrecherche ermittelt hat. Für die Zeit nach dem Erhebungszeitraum des BKA, ab August 2005 bis Oktober 2007, hat die Einrichtung 13 weitere Fälle in den Medien recherchiert. Eine juristische Auswertung anhand der Angaben kann nicht vorgenommen werden. Nach den wenigen Daten handelt es sich bei diesen Fällen um vollendete Tötungen, versuchte Tötungen und Gewaltdelikte, die im Namen der Ehre begangen wurden. Insgesamt waren von diesen Delikten 21 Opfer betroffen, von denen 13 Mädchen/Frauen und 8 Jungen/Männer waren. Der Altersschwerpunkt der Opfer lag bei den erwachsenen Frauen ab 22 Jahre (8 Personen), 4 der Opfer waren Jugendliche bis 18 Jahre

323 BKA, 2005, S. 10 ff.

324 Böhmecke, 2005, S. 25.

325 PAPATYA bietet Schutz und Hilfe für Mädchen und junge Frauen mit Migrationshintergrund, die aufgrund kultureller und familiärer Konflikte von zu Hause geflohen sind und von ihren Familien bedroht werden, vgl. www.papatya.org.

und 5 der Opfer heranwachsend bis 21 Jahre. Fasst man die Opfer bis zum 22. Lebensjahr zusammen, liegt der Schwerpunkt der Opfer in dieser Altersgruppe. Die meisten Opfer sind auch in den letzten Jahren türkeistämmig (16 Personen), die übrigen Opfer stammen aus dem Kosovo, aus Syrien, aus dem Irak oder aus Deutschland.[326] Eine Beziehung des Täters zum Opfer war fast in jedem Fall gegeben: 1/3 der Täter waren entweder der Ehemann, der Ex-Mann, der getrennt lebende Mann oder der Ex-Freund. 1/3 der Täter waren Angehörige der Kernfamilie (in 3 Fällen der Vater, in 3 Fällen der Bruder und in 2 Fällen die Mutter), ein weiteres Drittel bilden Verwandte (in 3 Fällen) oder Bekannte (in 3 Fällen). Aus den 13 recherchierten Fällen ergaben sich 21 Täter bzw. Tatverdächtige.

In allen Fällen geht es um die Verneinung des Rechts der Frau auf ein selbstbestimmtes Leben.[327] Mehrere mögliche Erklärungen und Ursachen erschließen sich: Da die Jungfräulichkeit aller türkischen Mädchen, ausnahmsweise unabhängig von der ethnischen Herkunft und der Form der Erziehung, als unumstößliches Tabu gilt und dabei weder die Länge des Aufenthaltes in Deutschland noch der soziale Status eine Rolle spielen,[328] dreht sich das Leben des Opfers um ihre Virginität und ihren Schutz. Mit Beginn der Pubertät gilt das Mädchen als geschlechtsreif und nun wird auf ihre Entwicklung zur ehrvollen Frau eine starke Kontrolle durch alle männlichen Familienmitglieder ausgeübt. Jetzt beginnt auch die Phase, in der Eltern ihren Töchtern entweder Freiheiten gewähren oder eine herkömmliche Erziehung mit streng angesetzten Grenzen für ehrloses Verhalten bevorzugen. Nur bei strenger Erziehung werden Freizeitaktivitäten, bei denen die Gefahr eines männlichen Kontaktes besteht, wie z.B. Diskothekenbesuche, Parties, Ausflüge, Übernachtungen bei Freundinnen u.ä. von den Eltern nicht zugestanden.[329] Diese eingeschränkten Handlungsmöglichkeiten sind wegen der Einflüsse der deutschen Kultur meist strenger als in der Türkei.

Gibt die zwischen zwei Kulturen hin- und hergerissene Tochter ihren biologischen und natürlichen Wünschen nach, kann dies zunächst nur heimlich geschehen. Sehr schnell lernt sie, sich mit kleinen Tricks und Notlügen Freiheiten zu verschaffen. Angst vor Entdeckung und zum Teil auch unerträgliche psychi-

---

326 Zwei der von Papatya recherchierten Opfer waren Deutsche: In einem Fall handelte es sich um die 18-jährige deutsche Ehefrau, die sich von ihrem tunesischen Ehemann scheiden lassen wollte und von diesem erstochen wurde, Quelle: tz-online vom 28.05.07 und Spiegel-Online vom 29.05.07, zitiert in Papatya, 2008, S. 6; In dem anderen Fall wurde der deutsche Freund der türkischen 20-Jährigen von ihren Eltern und ihrem Bruder entführt und misshandelt, Quelle: sueddeutsche.de vom 26.04.07 und 24.05.07, zitiert in Papatya, 2008, S. 6.

327 Pohlreich hält „Ehrenmorde“ für „ein geeignetes Mittel zur Machtsicherung und zur Verhinderung egalitärer Tendenzen“, vgl. Pohlreich, 2009, S. 54.

328 König, 1989, S. 282.

329 Riesner, 1991, S. 29.

sche Belastungen sind die Folge. Kann dieser Spannungszustand nicht mehr länger ertragen werden, reagieren die Mädchen mit Verdrängung ihrer Wünsche, indem sie sich elterliche Vorschriften und Verbote zu eigen machen und sich den Wünschen ihrer Eltern entsprechend normenkonform verhalten.[330] Verdrängt das Opfer die eigenen Wünsche nicht und lehnt sich radikal gegen die Traditionen seiner gesamten Familie auf, isoliert es sich zunächst von der Gesellschaft, in der es bisher gelebt hat und gestaltet sein Leben nach den eigenen Vorstellungen. Gründe für einen Verlust der Ehre, die den Täter nach seiner Ansicht zur Anwendung von Kriminalität zwecks Wiederherstellung der Ehre rechtfertigen, sind: Flucht aus dem Elternhaus, beispielsweise weil die Eltern zwecks Einhaltung von Ge- und Verboten Gewalt angewandt haben,[331] die Defloration vor der Hochzeitsnacht,[332] Flucht aus der Zwangsverheiratung oder Scheidung nach erfolgter Zwangsverheiratung, das Eingehen einer außerehelichen oder durch die Eltern nicht geduldeten Beziehung (bzw. der Verdacht), Abkehr von traditionellen Lebensweisen des Herkunftslandes und Orientierung am westlichen Lebensstil.[333] Die Gefahr besteht mit Eintritt in die Pubertät, da von diesem Zeitpunkt an das Interesse für Männer geweckt ist und die Bedrohung der Familienehre beginnt. Gerade im Alter bis zur Volljährigkeit ist das Aufdecken der Bedrohung besonders schwierig, da die betroffenen Mädchen noch zu jung sind, um sich gegen die patriarchalische Gewalt zu wenden und sich zu wehren.

5.2 Opfer von „Ehrenmorden" in der Türkei

Das Phänomen ist auch in der Türkei seit längerer Zeit bekannt und wird vom Großteil der Bevölkerung nun nicht mehr verschwiegen und ignoriert. Erste einzelne voneinander unabhängige Untersuchungen sind zwar unzureichend, liefern jedoch einige erste Angaben zu Tätern und Opfern. Die vom Parlament gegründete Kommission zur Erforschung der Ehr-Verbrechen[334] hat nach einer Aktenanalyse, die in allen Polizeipräsidien durchgeführt wurde, für die Jahre 2000 – 2005 die erste Statistik hinsichtlich der vollendeten „Ehrenmorde" aufgestellt. Die Untersuchungsergebnisse der Zuständigkeitsgebiete der Polizei von 2000 – 2005 weisen 1190 Opfer bei 1091 „Ehrenmorden" und „Traditionsmorden" aus.[335] Entgegen der Annahme, Opfer von „Ehrenmorden" seien über-

---

330 Wolf-Malik, 1983, S. 89; König, 1989, S. 286.

331 König, 1989, S. 293.

332 Karpf, 1979, S. 78.

333 BKA, 2005, S. 5.

334 Detailliert zur Kommission des Türkischen Parlaments zur Erforschung der Ehren-Kriminalität und Gewalt an Frauen in der Türkei siehe unter A.III.1.3.

335 Statistisch analysiert wurden nur die „Ehrenmorde" in Verantwortungsgebieten der Polizei, nicht die Gendarmerieverantwortungsgebiete, Erläuterung der Zuständigkeit der beiden Gebiete unter A.III.1.3.1 und 1.3.2.

wiegend Frauen, verhält sich das Verhältnis zwischen weiblichen und männlichen Opfern gegensätzlich zu Deutschland: 480 der Opfer waren weiblich, 710 der Opfer waren männlich. Dies lässt die Schlussfolgerung zu, dass in den Jahren 2000 – 2005 neben den individuellen „Ehrenmorden" viele „Traditionsmorde" begangen wurden, da z.B. bei der Blutrache keine Frauen, sondern nur Männer ermordet werden.[336] Der Altersschwerpunkt der weiblichen Opfer lag bei den 19-25 Jährigen (20 %) und 26-30 Jährigen (19 %). Die weiteren Opfer verteilten sich altersmäßig wie folgt: 0-18 Jahre (10 %), 31-35 Jahre (15 %), 36-40 Jahre (10%), 41-45 Jahre alt (8%), 46 Jahre und älter (18 %).[337]

Bei den männlichen Opfern lag der Schwerpunkt bei den 46 Jährigen und Älteren (20%), 41-45 Jahre (11%), 36-40 Jahre (15%), 31-35 Jahre (18%), 26-30 Jahre (16 %), 19-25 Jahre (14 %), 0-18 Jahre (6 %). 20 % der Opfer waren im Osten mit ihrem Wohnsitz gemeldet, 19 % in Zentralanatolien, 17 % im Südosten, 14 % an der Ägäis, 12 % am Schwarzmeer, 9 % am Mittelmeer und ebenfalls 9 % im Marmaragebiet. Die Geburtsorte der Opfer waren mit dem Wohnsitz nahezu identisch.[338]

Auf den Hinweis der Anwaltskammer der Stadt Diyarbakır im Südosten der Türkei, die bereits für die Jahre 1999 – 2005 die verurteilten „Ehrenmorde" und „Traditionsmorde" beim Strafgericht ermittelt hatte, wurde eine Urteilsauswertung vorgenommen. In 59 Fällen waren 71 Opfer betroffen (21 Verletzte, 50 Tote) von denen 35 Frauen und 36 Männer waren. Die hohe Zahl der männlichen Opfer lässt sich auf patriarchalische Traditionen in Diyarbakır zurückführen, die neben der Stammesherrschaft noch Geltung im Alltag finden. Somit ist auch die Existenz der „Traditionsmorde" gerade in dieser Stadt des Südostens gegenwärtig. Der Altersschwerpunkt der weiblichen Opfer lag bei den 18-25 Jährigen (50%), gefolgt von den 25-40 Jährigen (21 %), gefolgt von den unter 18 Jährigen (19 %) und zuletzt den über 40 Jährigen (10 %). 15 der 35 Frauen waren verheiratet, 11 waren ledig, 5 lebten in einer Imam-Ehe, 1 war geschieden, bei 3 Frauen gab es keine Angaben zum Familienstand. 2 der Opfer waren schwanger. Waren die Opfer weiblich, gaben die Täter als Motivation zur Tat überwiegend an, das Opfer habe sich mit fremden Männern getroffen, das Opfer habe einen schlechten Lebensweg eingeschlagen (in Verbindung mit sexuellem Verhalten der Frau, z.B. Prostitution), das Opfer sei untreu gewesen. Waren die Opfer männlich, gaben die Täter in ihrer Verteidigung an, das Opfer habe eine weibliche Angehörige vergewaltigt, sie sexuell belästigt, sie entführt, zur Prostitution gezwungen o.ä. Der Altersschwerpunkt der männlichen Opfer lag bei

336 Siehe Abgrenzung „Ehrenmord" „Traditionsmord" unter A.III.1.2.

337 T.C. Başbakanlık Kadının Statüsü Genel Müdürlüğü (Türkische Republik, Generaldirektion für den Status der Frau im Ministerpräsidium), 2006, S. 118.

338 Die Ergebnisse der polizeilichen Aktenanalyse: T.C. Başbakanlık Kadının Statüsü Genel Müdürlüğü (Türkische Republik, Generaldirektion für den Status der Frau im Ministerpräsidium), 2006, S. 116.

den 18-25 Jährigen (36 %) und 25-40 Jährigen (36 %), gefolgt von den über 40 Jährigen (25 %), zuletzt den unter 18 Jährigen (3 %).

8 der männlichen Opfer waren ledig, 7 waren verheiratet, 3 lebten in einer Imam-Ehe, bei 18 Männern konnte der Familienstand nicht ermittelt werden. Yirmibeşoğlu[339] hat in den Jahren 2000 – 2005 in 19 Städten[340] 300 Strafakten analysiert, in denen Morde mit dem Motiv einer verletzten Ehre begangen wurden, schriftliche Befragungen von Frauen und Männern durchgeführt und nach der Analyse Gespräche mit Betroffenen, Tätern, Familienangehörigen der Täter und Justizangehörigen durchgeführt.[341] Ihre Aktenanalyse weist 300 Fälle mit 213 weiblichen und 142 männlichen Todesopfern aus. Statistische Auswertungen hinsichtlich der Täter und Opfer fehlen in der Veröffentlichung von Yirmibeşoğlu, sie fasst lediglich zusammen, dass ein beachtlicher Teil der Opfer ledig oder zwangsverheiratet und fast 40 % der Opfer unter 17 Jahre alt waren. Bei den weiblichen Opfern handelte es sich überwiegend um die Tochter, Ehefrau, Schwester, verwitwete oder geschiedene Mutter oder um die Schwiegertochter des Täters.[342]

Eine weitere Untersuchung hat das Frauenzentrum KA-MER in Diyarbakır vorgenommen, das insgesamt 158 Frauen befragt hat, die von einem „Ehrenmord“ bedroht waren und sich an das Frauenzentrum gewandt haben. Die Untersuchung umfasst die Jahre 2003 bis 2006. 2003 haben sich 23 Frauen an das Zentrum gewandt, 2004 waren es 31 Frauen, 2005 haben ebenfalls 31 Frauen um Hilfe gebeten und 2006 haben sich 73 Frauen an KA-MER gewandt. Die steigenden Zahlen lassen sich mit der steigenden Bekanntheit des seit 2003 arbeitenden Frauenzentrums erklären, was örtlich zu einer Bewusstseinssteigerung der Frauen geführt hat. Außerdem hat das Frauenzentrum erst 2006 im Osten und Südosten 23 weitere Zentren eröffnet, die den Zugang für bedrohte Frauen erleichtern. Von den 158 Frauen sprachen 65,2 % der Frauen kurdisch, 31 % türkisch und 3,8 % arabisch-persisch als Muttersprache. Der hohe Anteil der kurdischsprachigen Frauen erklärt sich mit der geographischen Lage von KA-MER, die ihre Zentren nur in den östlichen und südöstlichen Gebieten hat, in denen überwiegend die kurdische Bevölkerung lebt. Das Alter der potenziellen Opfer verteilte sich wie folgt: über 26 Jahre (46 %), 18-25 Jahre (43 %) und 13-17 Jahre (11 %).

55 % der Frauen waren Analphabetinnen, 31 % hatten die Grundschule und weiterführende Schule (8 Schulklassen) und 13 % hatten die Oberstufe bzw. die

339 Rechtsanwältin aus Istanbul, die 12 Jahre lang in bestimmten Gebieten gelebt hat, um gesellschaftliche Probleme von Frauen in der Türkei zu erforschen.

340 Diyarbakır, Urfa, Gaziantep, Mardin, Batman, Kahramanmaraş, Kilis, Muş, Van, Adıyaman, Hakkari, Bitlis, Adana, Siirt, Bingöl, Kars, Şırnak, Elazığ, Istanbul, d.h. überwiegend im Osten und Südosten.

341 Yirmibeşoğlu, 2007, S. 21.

342 Yirmibeşoğlu, 2007, S. 287 f.

Universität besucht.[343] Je höher also die Schulbildung, desto geringer die Gefahr, Opfer eines „Ehrenmordes“ zu werden. Dies kann mit einer höheren Toleranz von Familien zusammenhängen, die ihren Töchtern einen weitergehenden Schulbesuch erlauben. Konkludent gestehen sie ihnen mehr Bewegungsraum außerhalb der elterlichen Wohnung zu und sind offener in ihrer Erziehung. 8 % der bedrohten Frauen waren berufstätig, 92 % hatten keine Arbeit und waren wirtschaftlich abhängig. Die meisten Frauen, die sich an das Zentrum gewandt haben, waren verheiratet (51 %), 35 % waren ledig, 8 % verwitwet oder geschieden und 6 % getrennt lebend. Bei den getrennt lebenden Frauen handelt es sich um Frauen, die Gewalt in der Ehe erlebt haben und aus der ehelichen Wohnung geflüchtet sind. Der Schwerpunkt des Heiratsalters lag bei den 18-25 jährigen (49 %). Das weitere Heiratsalter der bedrohten Frauen verteilt sich wie folgt: 13-17 Jahre (44 %), über 26 Jahre (7 %). Damit hat fast die Hälfte der Frauen vor dem 17. Lebensjahr geheiratet und das gesetzlich vorgeschriebene Heiratsalter unterschritten. 49 % der potenziellen Opfer haben sich durch eine arrangierte Ehe trauen lassen, 17 % haben einen Verwandten geheiratet (1/3 von ihnen in Form des Brauttausches, *Berdel*), 11 % wurden zwangsverheiratet (unter anderem auch als Zweitfrau in die Mehrehe), 7 % sind durchgebrannt, um heiraten zu können, und 13 % haben sich den Ehepartner ausgesucht.[344]

Abgesehen von der Situation, von einem „Ehrenmord“ bedroht zu sein, haben 47 % der Frauen Gewalt durch ihren Ehemann erfahren, 38 % haben in ihrer Familie Gewalt erfahren (überwiegend von dem Vater), 9 % von der Familie des Ehemannes und 6 % der Frauen von anderen Personen. Alle Frauen hatten also bereits vorher unabhängig von dem Ereignis, nach dem sie sich an das Frauenzentrum wandten, Gewalt erfahren. Ein beachtlicher Anteil der Frauen hatte lange Zeit diese Gewalt ertragen (18 % seit über 6 Jahren und 35 % seit 2-5 Jahren). Die Gründe für den Todesentschluss haben die bedrohten Frauen folgendermaßen angegeben: 23 % der Frauen sollten wegen Ungehorsams ermordet werden. Der Ungehorsam bezog sich dabei immer auf ein Verhalten, das die Ehre des „Täters“ beschmutzt haben soll, z.B. die Verweigerung einer Zwangsheirat. 17 % der Frauen sollten wegen Gerüchten und Unterstellungen sexueller Art ermordet werden, 15 % sollten sterben, weil sie sich mit dem Freund getroffen haben oder mit ihm durchgebrannt sind, 12 %, weil sie vergewaltigt oder sexuell genötigt worden waren, 9 % weil sie unehelich schwanger waren, 7 %, weil sie von zu Hause weggelaufen waren (um der Gewalt zu entfliehen), 6 %, weil sie entjungfert wurden und 11 % der Frauen sollten wegen anderen Gründen ermordet werden (z.B. Vorwurf, in einem Nachtclub zu arbeiten, Scheidungswunsch u.ä.). In 15 % der Fälle sollte die Frau zum Suizid gezwungen

343 1 % war unbekannt.

344 Bei 4 % war die Art der Eheschließung unbekannt.

werden, in 85 % der Fälle wurde der Suizid gegenüber dem potenziellen Opfer nicht thematisiert.[345]

Auch bei den Opfern oder potenziellen Opfern in der Türkei geht es um die sexuelle Selbstbestimmung der Frau, die ihr nicht zugesprochen wird. Mögliche Ursachen und Verhaltensweisen, die eine Person potenziell zum Opfer werden lässt, sind allen Beteiligten bekannt. Die Opfer von „Traditionsmorden" kannten ihre Lebensumwelt und die vorherrschenden Normen und waren sich über die Konsequenz ihres Agierens bewusst, wie die Untersuchungen von Yirmibeşoğlu zeigen. Sie wussten also, dass ihr Verhalten, z.B. das Eingehen einer außerehelichen Beziehung, das Todesurteil für sie (als Mädchen oder auch Junge) bedeuten würde.

Nachdem die Opfer die Tatplanungen zu ihrer Ermordung bemerkten, zeigten sie folgende Reaktionen: Sie liefen aus dem elterlichen Haus weg, suchten Schutz bei der Polizei oder der Dorfbewachung, wendeten sich an Fraueneinrichtungen, versteckten sich bei den Nachbarn oder warteten auf ihren Tod. Eine Anzeige bei der Staatsanwaltschaft war verschwindend gering.[346]

Potenzielle Gefahr besteht nach den Analysen von Yirmibesoğlu bei ledigen Frauen für folgende Situationen: wenn die junge Frau ohne Erlaubnis die elterliche Wohnung verlässt oder eine moderne Lebensweise bevorzugt und Gerüchte über sie entstehen; wenn sie mit dem Jungen, den sie liebt, eine sexuelle Beziehung oder irgendeine Beziehung beginnt; wenn sie gegen den Willen der Familie die Beziehung aufrechterhalten will und von zu Hause ausreißt; wenn sie trotz Brautgeld oder Brauttausch *(Berdel)* ausreißt, um nicht gegen ihren Willen verheiratet zu werden; wenn in der Hochzeitsnacht kein Blut als Beweis der Jungfräulichkeit auf dem Laken gezeigt werden kann; wenn sie außerehelich schwanger ist; wenn sie vergewaltigt wird.

Bei verheirateten Frauen besteht potenzielle Gefahr in folgenden Situationen: wenn sie gegen die Regeln verstoßen; wenn sie eine Scheidung wünschen; wenn über sie Gerüchte entstehen; wenn sie bei einer außerehelichen Beziehung ertappt werden; wenn sie zu einem anderen Mann durchbrennen; wenn ihnen der Verdacht der Untreue vorgeworfen wird; wenn sie in der Zeit, in der sich der Ehemann beim Millitärdienst befindet oder arbeitsbedingt abwesend ist,

345 KA-MER, 2006, S. 123 ff. Nachdem KA-MER die Frauen medizinisch, psychologisch und juristisch unterstützt und versorgt hat, zeigt sich der weitere Lebensweg der Frauen wie folgt: Bei 34 % der Frauen ist der Kontakt nach den ersten Hilfeleistungen abgebrochen, 27 % der Frauen haben an einem anderen Ort ein neues Leben begonnen, 22 % leben auf eigenem Wunsch bei der Familie oder mit einem Familienmitglied zusammen (z.B. Schwester), 11 % der Frauen leben von der Familie und von dem Ehemann getrennt, 4 % leben in einem Heim oder bei Adoptiveltern (eine Person ist mit dem Vergewaltiger verheiratet worden), 1 % lebt bei Verwandten, 2 % sind gestorben, da sich Familienangehörige für diese Frauen an KA-MER gewandt hatten, als diese bereits angegriffen worden waren und im Krankenhaus später gestorben sind. In einem Fall hat der Ehemann die Frau abgeholt.

346 Yirmibeşoğlu, 2007, S. 139 ff.

darauf beharren, alleine zu Hause zu bleiben (statt z.B. zu den Schwiegereltern zu ziehen).

Potenzielle Opfer sind auch verwitwete Frauen, die zu dem Geliebten fliehen; erneut heiraten wollen; nach dem Tod des Ehemannes den Umzug in die Wohnung der Schwiegereltern verweigern; alleine leben wollen; trotz der Scheidung nicht in die Wohnung der eigenen Eltern ziehen möchten und wenn Gerüchte über sie entstehen.[347]

Die Entwicklung der Mädchen wird stark kontrolliert und ihre Freizeitaktivitäten werden eingeschränkt. Die sexuelle Enthaltsamkeit vor der Ehe und die Treue während der Ehe sind die wichtigsten Regeln, die sie einhalten muss.[348] Selbst ein Zweifeln von Dritten darf nicht aufkommen und muss von den Eltern und den männlichen Familienmitgliedern vorbeugend verhindert werden. Daher wird den Mädchen anerzogen, sich in der Öffentlichkeit bescheiden und zurückhaltend zu verhalten und nicht durch auffälliges Verhalten den Eindruck zu erwecken, es suche Kontakte zu Männern.[349] Potenziell ist Opfertyp in der Türkei die traditionell orientierte Bäuerin, aber auch Frauen anderer sozialer Schichten, die in traditionellen und patriarchalischen Familienstrukturen aufgewachsen sind und sich die soziale Schicht anhand einer Binnenwanderung geändert hat. KA-MER hat festgestellt, dass es für den „Ehrenmord" keine wirtschaftlichen Erklärungen gibt.[350]

Ausgeschlossen ist etwa die Islamistin als Opfer,[351] die sich in ihrem Dasein als Muslime von Gott auserwählt fühlt und ihre Stellung in der Gesellschaft auch nicht als erniedrigend bzw. unterdrückend empfindet, somit auch aus der Überzeugung, die Frau habe sich sexuell zurückhaltend zu verhalten. Sie wird kein für die Gesellschaft „ehrloses" Verhalten zeigen. Dies gilt jedoch nur solange, bis die religiös-konservative Frau überzeugt in ihrer Rolle lebt und kein Anlass besteht, ihr Verhalten zu kritisieren. Bricht sie aus ihrer Rolle aus, ist gerade sie wegen ihres traditionellen und patriarchalen Lebens gefährdet, Opfer einer Gewalttat oder eines „Ehrenmordes" zu werden.

Die Gründe für den Verlust der Ehre und folgend die Begehung von Gewalttaten bis hin zum Mord betreffen alle die sexuelle Selbstbestimmung der Frau: Flucht aus dem Elternhaus, Nichteinhaltung von Ge- und Verboten, die Defloration vor der Hochzeitsnacht,[352] Flucht nach Zwangsverheiratung oder

347 Yirmibeşoğlu, 2007, S. 283 f.

348 Dies wird dadurch gewährleistet, dass den Frauen nicht erlaubt wird, mit fremden Männern zu reden oder sich ohne Begleitung eines Familienmitglieds im Freien aufzuhalten.

349 Die für die Gesellschaft unehrenhaften Mädchen werden in jungen Jahren mit älteren oder verwitweten Männern verheiratet, die einen niedrigen Brautpreis zahlen und das Verhalten des Mädchens akzeptieren.

350 KA-MER, 2006, S. 10.

351 Siehe Ausarbeitung unter A.III.4.1.6.

352 Stellt sich die Nichtjungfräulichkeit in der Hochzeitsnacht heraus, wird die Betroffene in einigen ländlichen Regionen ermordet, vgl. Küper-Başgöl, 1992, S. 62.

Scheidung nach erfolgter Zwangsverheiratung, Untreue einer verheirateten Frau, Durchbrennen einer verheirateten Frau mit einem Mann, Verlassen des Ehemannes, Liebesbeziehung eines Mädchens mit einem Jungen, die Entführung einer verheirateten oder unverheirateten Frau.[353] Auslöser des Verbrechens im Namen der Ehre kann auch eine Schwangerschaft sein, wobei irrelevant ist, ob diese durch eine außereheliche Beziehung oder eine Vergewaltigung zustande kam. In ganz strengen und patriarchalisch strukturierten Regionen der Türkei, z.B. im Osten oder Südosten, kann auch ein Anlächeln eines fremden Mannes oder ein Gespräch mit diesem[354] das Gerede oder Gerüchte die Verletzung der Ehre begründen.[355] Diese rechtfertigen den Täter in den Augen der dortigen Gemeinschaft und nach seiner Ansicht zur Anwendung von Kriminalität zwecks Wiederherstellung der Ehre.

6. Täter von „Ehrenmorden“

6.1 Täter von „Ehrenmorden“ in Deutschland

Bislang gibt es keine umfassenden Untersuchungen zu Tätern von „Ehrenmorden“ in Deutschland, die genaue Informationen über den Täter und die Tatstruktur geben. Von besonderer Bedeutung sind im Hinblick auf das Strafverfahren fehlende Analysen und Informationen über die Stellung des Täters in der Familie, die Bestimmung durch einen Familienrat oder die Eigenschaft als Einzeltäter. Es fehlen Informationen, die eine Festlegung der Tat als individuellen „Ehrenmord“ oder „Traditionsmord“ zulassen.

Nach der Bund-Länder-Abfrage des BKA wurden bei 55 Fällen 70 Tatverdächtige festgestellt. 50 der 70 Tatverdächtigen haben die türkische Staatsangehörigkeit, die übrigen Täter hatten die afghanische (1 Person), albanische (2 Personen), deutsche (3 Personen), irakische (1 Person), libanesische (3 Personen), niederländische (1 Person), pakistanische (1 Person), serbisch-montenegrinische (7 Personen) und syrische (1 Person) Staatsangehörigkeit, die Mehrheit der Täter waren also türkeistämmiger Herkunft.

---

353 T.C. Başbakanlık Kadının Statüsü Genel Müdürlüğü (Türkische Republik, Generaldirektion für den Status der Frau im Ministerpräsidium), 2006, S. 132.

354 Böhmecke, 2005, S. 5.

355 So auch in der Studie von Prof. Dr. Sır, der in seiner Studie folgenden Fall schildert und nach der Bestrafung des Mädchens fragt: Berivan ist ein fröhliches und warmherziges junges Mädchen, das es mag, sich mit jedem zu unterhalten und zu scherzen. Die Brüder fühlen sich durch ihr Verhalten gestört, weil ihnen Gerüchte über die Schwester zu Ohren kommen. Sie weisen sie an, sich mit keinem zu unterhalten oder zu lachen. Berivan glaubt daran, nichts Schlechtes zu tun und ändert ihr Verhalten nicht. 67,1 % haben geantwortet, sie solle nicht bestraft werden. 32,9 % (139 Personen) waren für eine Bestrafung, fast alle für die Form des Einsperrens und 10 von ihnen dafür, sie zu töten, vgl. Sır, 2005, S. 7.

81 % der 70 Tatverdächtigen[356] waren Erwachsene, die 21 Jahre und älter waren. 11 % von ihnen waren 18-21 Jahre, 6 % der Verdächtigen waren 14-18 Jahre und 1 % unter 14 Jahre alt. Die Mehrzahl der Tatverdächtigen waren also Erwachsene, was die häufige Behauptung, Minderjährige bzw. Jugendliche würden zur Tat angestiftet werden, um eine geringere Strafe zu bekommen, nicht bestätigt. Bestätigt wird aber die Tatverdächtigen-Opfer-Beziehung: Die Tatverdächtigen haben größtenteils ein verwandtschaftliches Verhältnis zu dem Opfer, da es sich in mehr als der Hälfte der Fälle (56 %) um den Ehemann, Verlobten oder Freund handelte. In 16 % der Fälle war der Tatverdächtige der Bruder des Opfers, in 9 % der Fälle der Vater, in 15 % der Fälle andere Familienmitglieder, z.B. der Cousin, Schwager oder Neffe. In 4 % der Fälle wurde die Mutter verdächtigt, die Tochter getötet zu haben. Unter den Opfern waren nicht lediglich die weiblichen Familienmitglieder, sondern auch der Liebhaber oder der nicht geduldete Freund, der in der Regel nicht mit dem Tatverdächtigen verwandt ist.

94 % der Tatverdächtigen waren männlich. Die hohe Quote an männlichen Tatverdächtigen bestätigt, dass sie für die Wiederherstellung der Ehre verantwortlich gemacht werden. Die Motivation der Tatverdächtigen war in allen ermittelten Fällen eine Ehrverletzung, die sich unterschiedlich verwirklicht hat: in mehr als der Hälfte der Fälle (55 %) ging es um die tatsächliche oder beabsichtigte Trennung vom Partner, eine außereheliche Beziehung (20%), den westlichen Lebensstil (7 %), eine nicht geduldete Beziehung (13 %) oder andere Vorfälle (5 %).[357]

Die anonyme Krisen- und Übergangseinrichtung PAPATYA in Berlin hat ab August 2005 bis Oktober 2007,[358] in den 13 weiteren Fällen vornehmlich männliche Tatverdächtige (19, 2 waren weiblich) festgestellt. Die 21 Täter bzw. Tatverdächtigen waren fast alle erwachsen (über 22 Jahre alt).[359] Mehr als 2/3 der Täter waren türkeistämmig (17 von 21), die übrigen Täter stammten aus dem Kosovo, aus Syrien, aus dem Irak oder aus Tunesien. Alle Täter haben als Motivation zur Tat die verletzte Ehre angegeben. Etwa 1/3 der Opfer war zwangsverheiratet oder hat sich gegen die Zwangsheirat gewehrt, für ca. 1/3 war die Trennung/Scheidung/Scheidungsabsicht bzw. ein Sorgerechtsstreit ausschlaggebend für die Tat und in etwa 1/3 der Fälle war eine nicht geduldete Beziehung Anlass für die Tat. Eine Beziehung des Täters zum Opfer war fast in jedem Fall gegeben: 1/3 der Täter waren entweder der Ehemann, der Ex-Mann,

---

356 Da das BKA eine allgemeine Untersuchung bezüglich der „Ehrenmorde“ aller Staatsangehörigen vorgenommen hat, können hinsichtlich der Angaben des BKA immer nur die Gesamtzahlen herangezogen werden, ohne die konkreten Zahlen für die türkischen bzw. türkeistämmigen Männer nennen zu können.

357 BKA, 2005, S. 13-16.

358 PAPATYA hat im Zeitraum von 1996-2005 anhand von Zeitungsartikeln 49 „Ehrenmorde“ recherchiert, vgl. Papatya, 2006.

359 Das Alter aller erfassten Täter ist nicht bekannt, vgl. Papatya, 2008, S. 6 ff.

der getrennt lebende Mann oder der Ex-Freund. 1/3 der Täter waren Angehörige der Kernfamilie (in 3 Fällen der Vater, in 3 Fällen der Bruder und in 2 Fällen die Mutter), ein weiteres Drittel bildeten Verwandte (in 3 Fällen) oder Bekannte (in 3 Fällen).[360]

Beinahe ausnahmslos herrscht eine bestimmte Vorstellung von Ehre in jedem türkeistämmigen Mann, gleichgültig, ob er in Deutschland geboren oder später eingewandert ist. Ein Unrechtsbewusstsein der Täter ist selten vorhanden, da es als positiv („ehrenhaft") gilt, die Ehre zu „reinigen". Für ihre Tat werden die Täter von ihrem eigenen sozialen Umfeld nicht verachtet oder bemitleidet, sondern bewundert, gedeckt und unterstützt. Als Verteidiger der Ehre gestaltet der Täter eine Form von Notwehrsituation, in der er sich zum Tatzeitpunkt befindet, da das Opfer ihn zur Tat provoziere.[361]

Der potenzielle Täter ist jedoch der traditionell geprägte, patriarchalische Mann, dem das Leben nicht wichtiger ist als sein Ruf und seine Stellung in der Gesellschaft. Er sieht es als wichtigste Aufgabe, ein bewachendes Auge auf den weiblichen Familienangehörigen zu haben, weil er der Ansicht ist, sie müsse vor allem in der fremdkulturellen Welt beschützt werden. Ein Fehlverhalten der Frau ist naheliegend, da sie ständig mit der Wertevorstellung und dem Verhalten der deutschen Frau konfrontiert ist. Der traditionell geprägte, aber nicht in patriarchalisch strukturierter Gesellschaft lebende türkeistämmige Mann ist nicht potenzieller Täter eines „Ehrenmordes". Die Wertevorstellung lässt also durchaus Abstufungen zu. So kann der an seinen kulturellen Werten festhaltende türkische Mann zwar nicht in der Lage sein, einen Mord aufgrund seiner verletzten Ehre zu begehen, es aber durchaus für legitim erachten, eine Körperverletzung oder Nötigung an seiner Ehefrau, Tochter oder Schwester zu begehen.

6.2 Täter von „Ehrenmorden" in der Türkei

Die Untersuchungsergebnisse der Polizei von 2000 – 2005 zeigen 1593 Tatverdächtige bei 1091 vollendeten „Ehrenmorden" und „Traditionsmorden".[362] Von den Tatverdächtigen waren 89 % (1413 Personen) männlich und 11 % (180 Personen) weiblich. Wiederum bestätigt sich die Dominanz männlicher Tatverdächtiger, die zur Wiederherstellung der Ehre die Tötung vollziehen (müssen).

Offenbar werden die Morde hauptsächlich von den jüngeren Familienmitgliedern begangen. Das Alter der Beschuldigten verhält sich im Vergleich zu dem Alter der Opfer ähnlich: Bei den zwischen 2000 und 2005 angezeigten und ermittelten „Ehrenmorden" waren 22 % der männlichen Beschuldigten 19-25

360 Vgl. Papatya, 2008, S. 6 ff.

361 Ter-Nedden, 2006, S. 143.

362 Statistisch analysiert wurden hier nur die „Ehrenmorde" der polizeilichen Verantwortungsgebiete und nicht die der Gendarmeriegebiete, Erläuterung der Zuständigkeit der beiden Gebiete unter A.III.1.3.1 und 1.3.2.

Jahre alt, 18 % waren 26-30 Jahre alt, 16 % 31-35 Jahre alt, 14 % waren 46 Jahre und darüber, 13 % waren 36-40 Jahre alt, 9 % waren unter 18 Jahre alt und 8 % waren 41-45 Jahre alt. Auch in der Türkei gilt die Annahme, der Täter würde überwiegend durch den Familienrat bestimmt und durch Minderjährige begangen. Dies kann anhand der statistischen Analyse der Kommission des türkischen Parlaments nicht bestätigt werden, da im Erfassungszeitraum lediglich 9 % der Tatverdächtigen unter 18 Jahre waren. Auch bei den weiblichen Tatverdächtigen liegt der Altersschwerpunkt bei den 19-25 jährigen (28 %), gefolgt von den 26-30 Jährigen (23 %). Die weiteren weiblichen Tatverdächtigen verteilen sich altersmäßig wie folgt: 31-35 Jährige (13 %), 36-40 Jährige (13 %), ab 46 Jahre (8 %), unter 18 Jahre (8 %) und 41-45 Jahre (7 %).

Augenfällig sind regionale Besonderheiten: Die Beschuldigtenzahl nimmt vom Osten zum Westen hin ab. Der Schwerpunkt des Geburtsortes der Beschuldigten liegt im Südosten (24 %) und Osten (21 %). Die Geburtsorte verteilen sich danach wie folgt: Zentralanatolien (15 %), Mittelmeergebiet (11 %), Ägäis (11 %), schwarzes Meer (10 %) und Marmaragebiet (8 %).[363] Das Marmaragebiet war mit 212 „Ehrenmorden" das Gebiet mit den meisten Morden. Die wenigsten Beschuldigten sind jedoch mit 8 % im Marmaragebiet geboren.[364] Betrachtet man den Geburtsort, werden die Ehrenmorde in der westlichen Türkei von Beschuldigten aus der östlichen Türkei begangen werden. Selbst wenn insgesamt 45 % der Beschuldigten aus dem Osten der Türkei stammen, welche die Hauptansiedlung der kurdischen Bevölkerung ist,[365] und dies keine geringe Quote ist, kann die Behauptung, es handele sich bei den Ehren-Kriminalitäten um ein *kurdisches* Phänomen, *nicht* bestätigt werden.[366]

Die Untersuchung der Kommission des türkischen Parlaments hat für das Verantwortungsgebiet der Gendarmerie für denselben Zeitraum (2000 – 2005) von 5562 Tötungen/versuchten Tötungen 408 (7%) Tötungen (einschließlich Versuch) im Namen der Ehre ermittelt. Opfer der Ehr-Verbrechen waren zu

---

363 Die Erläuterung der einzelnen Gebiete und der ethnischen Gruppen in der Türkei erfolgte unter A.III.1.5.

364 T.C. Başbakanlık Kadının Statüsü Genel Müdürlüğü (Türkische Republik, Generaldirektion für den Status der Frau im Ministerpräsidium), 2006, S. 115.

365 9/10 der Bevölkerung im Osten bzw. Südosten sprechen kurdisch, vgl. Türkdoğan, 2006, S. 277. Nach dem Institut für Bevölkerungsstudien der Universität Hacettepe, sind das für 1998 14,4 % der Gesamtbevölkerung, vgl. Türkdoğan, 2006, S. 308.

366 So auch Cöster, 2009, S. 275, anders Erbil, 2008, S. 205, die sich z.T. auf Faraç, 1998, bezieht, der sich in seinen Falldarstellungen ausschließlich auf die Vorkommnisse in einer Stadt im Südosten bezieht, ohne Verallgemeinerungscharakter zu beanspruchen. Auch Gülşen, 2003, stellt in seinem Vortrag nicht fest, die Mehrzahl der Fälle würde im Osten oder Südosten geschehen oder die Mehrzahl der Täter würde aus dem Osten bzw. Südosten stammen. Studien, die das Gegenteil der oben genannten Studie belegen, werden nicht genannt.

34 % Frauen oder Kinder,[367] zu 66 % andere Personen (nicht konkretisiert). Die Tathandlungen, die gegen Frauen oder Kinder gerichtet waren, wurden überwiegend an der Ägäis begangen. Die weitere Verteilung des Tatortes verhält sich wie folgt: Schwarzmeergebiet (17 %), Marmaragebiet (17 %), Zentralanatolien (12 %), Mittelmeergebiet (12 %), Ostanatolien (12 %) und Südostanatolien (11 %). Wird eine Differenzierung des Tatortes und des Geburtsortes der Täter[368] vorgenommen, zeigt sich auch hier der Schwerpunkt der Geburtsorte der Täter im Osten (23 %) und im Südosten (23 %), gefolgt vom Schwarzmeergebiet (14 %), der Ägäis (11 %), Zentralanatolien (10 %), Mittelmeergebiet (9 %) und dem Marmaragebiet (8 %).[369] Wie auch in den Verantwortungsgebieten der Polizei, sind die wenigsten Taten im Osten und Südosten der Türkei begangen worden, die Beschuldigten stammen aber auch hier mit 46 % zum größten Teil aus dem Osten und dem Südosten. Die Binnenmigration in fortschrittlichere Gebiete der Türkei führt also nicht dazu, Traditionen und Wertvorstellungen hinsichtlich des keuschen Verhaltens weiblicher Familienmitglieder abzulegen. Vergleichbar mit den Migranten aus der Türkei in Deutschland verhält es sich in der Türkei zwischen Osten und Westen (bzw. Stadt und Land): Die Verlagerung des Lebensmittelpunktes an einen Ort mit entgegengesetzten oder abgeschwächten Wertvorstellungen im Hinblick auf das Verhalten der weiblichen Familienmitglieder führt nicht dazu, die eigenen Ehrvorstellungen abzulegen oder gar zu überdenken.

Weitere Informationen zu Tätern in der Türkei lassen die 59 gesammelten Fälle der Anwaltskammer in Diyarbakır erkennen. Die Auswertung der Fälle aus den Jahren 1999 – 2005 in der Stadt Diyarbakır zeigte bei 59 „Ehrenmorden" und „Traditionsmorden" 81 verurteilte Täter, von denen 76 Personen männlich und 5 Personen weiblich waren. Die hohe Zahl der männlichen Täter bestätigt die Annahme, dass die Männer auf das nach ihren Vorstellungen ehrvolle Verhalten der weiblichen Familienangehören achten müssen und sie im Falle der Vernachlässigung ihrer Pflicht, die Tötung vollziehen müssen. Das Alter der weiblichen Täter verhielt sich wie folgt: über 40 Jahre (3 Personen) und 18-25 Jahre (2 Personen). 3 Täterinnen waren verheiratet, 2 lebten in einer Imam-Ehe. 2 Täterinnen waren Analphabetinnen, 1 Täterin konnte lesen und schreiben, bei 2 Täterinnen konnte über den Bildungsstand keine Information erlangt werden. Der Altersschwerpunkt der männlichen Täter lag bei den 18-25 Jährigen (37 %), die weiteren Täter verteilten sich altersmäßig wie folgt: 25-40 Jahre (36 %),

---

367 In den Zuständigkeitsgebieten der Polizei wird von Kindern als Opfer von Ehr-Verbrechen nicht gesprochen. Daher ist davon auszugehen, dass unterschiedliche Erfassungsgesichtspunkte herangezogen worden sind.

368 Bei der Analyse der Gendarmeriegebiete wird nicht mehr von Tatverdächtigen, sondern von Tätern gesprochen. Erläuterungen dazu wurden nicht vorgenommen. Daher wird davon ausgegangen, dass sich die Angaben auf verurteilte Delikte beziehen.

369 T.C. Başbakanlık Kadının Statüsü Genel Müdürlüğü (Türkische Republik, Generaldirektion für den Status der Frau im Ministerpräsidium), 2006, S. 124.

über 40 Jahre (20 %), unter 18 Jahre (8 %). Die meisten Täter waren verheiratet (47 %), ein nicht unbeachtlicher Teil war ledig (32 %), 11 % der Täter wurden nur durch den Imam getraut, 1 % war geschieden, bei 9 % war der Familienstand nicht bekannt. Über die Hälfte der Täter (51 %) konnte lesen und schreiben, 12 % waren Analphabeten, 3 % waren Schüler, 1 % war Abiturient, 1 % war Akademiker und bei 32 % der Täter lagen über den Bildungsstand keine Informationen vor.

Die Untersuchung der Täter-Opfer-Beziehung hat ergeben, dass 18 % der Täter der Ehepartner des Opfers gewesen ist. 10 % der Täter waren Geschwister der Opfer, 6 % der Täter waren der Vater des Opfers, 9 % der Täter waren Brüder des Ehemannes der Opfer, 22 % der Täter standen mit dem Opfer in einem anderen verwandtschaftlichen Verhältnis und 35 % der Täter standen nicht in einem Näheverhältnis zu dem Täter. Die Tötungen werden also ganz überwiegend in der Familie oder im Verwandtschaftskreis begangen (insgesamt 65 %).

Als Motivation zur Tat gaben die Täter immer ein Verhalten des Opfers an, das den Täter in seiner Ehrvorstellung verletzt habe, z.B: Vergewaltigung, sexuelle Nötigung, Untreue, nicht geduldete Beziehungen, Prostitution u.ä.

Die Befragungen der 158 betroffenen Frauen, die von einem „Ehrenmord“ in den Jahren 2003 – 2006 bedroht waren und durch das Frauenzentrum KAMER in Diyarbakır betreut wurden, lassen weitergehende Erkenntnisse zu: In 35 % der Fälle hat die Familie der Frau den Todesentschluss gefasst (die Entscheidungsmacht lag überwiegend bei dem Vater, gefolgt von dem Bruder und dem Onkel), in weiteren 35 % der Fälle erfolgte der Entschluss durch den Ehemann alleine. In 10 % der Fälle hat die Familie des Ehemannes den Entschluss zur Tötung der Frau gefasst, in 5 % der Fälle andere, in 12 % der Fälle fassten die Familie der Frau und die des Ehemannes den Entschluss gemeinsam, in 2 Fällen hat der Ehemann gemeinsam mit seiner Familie die Tötung seiner Frau beschlossen.

Hinsichtlich des Bildungsstandes war ein großer Teil der Entscheidungsträger Analphabeten (41 %). 27 % der entscheidenden Personen konnten zwar lesen und schreiben, hatten dies aber nicht in der Schule gelernt, insgesamt hatte also ein enorm großer Teil der über den „Ehrenmord“ entscheidenden Personen *keine* schulische Bildung (68 %). 20 % der Personen hatte die Grundschule besucht, 5 % die weiterführende Schule, 7 % die Oberstufe und 1 Person war Akademiker. Der Bildungsstand der Täter spielt somit eine große Rolle: Tötungen nehmen mit höherem Bildungsniveau ab.

Die wirtschaftliche Situation der entscheidenden Personen war mittelmäßig (48 %), schlecht (37 %) oder gut (15 %).

Der Entschluss zur Tötung wurde in den 158 Fällen aus unterschiedlichen Gründen gefasst: Aus Ungehorsam (z.B. Verweigerung der Verheiratung mit der Person, die die Eltern ausgesucht haben, Ablehnung des Zwangs zur Prostitution, Ablehnung des sexuellen Verkehrs mit dem Bruder des Ehemannes oder des Vaters u.ä.[370]) (23 %), wegen Unterstellungen oder Gerüchten sexueller Art (17 %), nicht geduldete Beziehung bzw. Durchbrennen mit dem Geliebten (15 %), weil sie Opfer einer Vergewaltigung oder sexuellen Nötigung wurden (12 %). Paradox bei diesen Vergewaltigungsfällen ist, dass die Frau in der Regel durch einen Familienangehörigen, wie z.B. dem Vater, dem Onkel mütterlicherseits oder väterlicherseits vergewaltigt und daraufhin schwanger wurde, und zu einem Tötungsentschluss führte, weil die Tatsache feststand, dass die Frau vorehelichen Geschlechtsverkehr hatte. Ob dies freiwillig geschah oder nicht, spielte dabei keine Rolle. Nicht selten war der Vergewaltiger unter den Entscheidungsträgern, weil die Opfer vor Angst nicht verraten haben, wer der Vergewaltiger war.[371] Weitere Gründe zu einem Tötungsentschluss waren: Nichteheliche Schwangerschaft (9 %), von zu Hause weggelaufen (7 %), weil sie die Gewalt zu Hause nicht mehr ertragen haben, Defloration vor der Ehe (6 %) oder andere Gründe (11 %), die der Frau ein selbstbestimmtes Leben hinsichtlich ihrer Sexualität verweigern, z.B. Tätigkeit in einem Nachtclub, Blutrache, Verweigerung der Verheiratung in eine Mehrehe, Scheidung.

Zwischen dem Zeitpunkt des Tötungsentschlusses und dem Entschluss, zu handeln, lagen in den meisten Fällen bis zu 3 Monaten (90 %), dabei betrug in 22 % der Fälle der Zeitraum weniger als einen Monat. In 10 % der Fälle lag dieser Zeitraum bei 4-11 Monaten.[372] Die Untersuchung zeigt die sich zuspitzende Gefahr nach Bekanntwerden eines Tötungsentschlusses. Zum Schutz muss sofort gehandelt werden.

7. Die soziale Kontrolle durch das gesellschaftliche Umfeld

Bestärkt wird die Kontrolle des ehrvollen Verhaltens durch das türkische Bezugssystem (Verwandte, Bekannte und Nachbarn aus der Türkei), welches eine erhebliche soziale Kontrolle über die Lebensführung in den einzelnen Familien auszuüben vermag. Selbst die freiesten unter den türkischen Mädchen sind im Vergleich zu europäischen Mädchen sehr gebunden, vielleicht nicht einmal ausschließlich durch die eigenen Eltern, als durch die ganze soziale Atmosphäre.[373] Die starke soziale Kontrolle lässt dem Einzelnen sowohl in der Türkei, als auch in Deutschland nach westlicher Einschätzung einen nur geringen Freiraum.[374]

Sır hat in seiner Studie über die Ehre im Südosten nach den Pflichten der Gesellschaft gefragt. 18,4 % haben geantwortet, die Gesellschaft dürfe bei Fehlverhalten nicht wegsehen oder dieses ignorieren, 12,5 % erachteten den

370 Widersprüchlich zum Verständnis der Geschlechtsehre.

371 Der Vergewaltiger hätte mit Sanktionen zu rechnen, im Extremfall mit einem „Ehrenmord“.

372 Vgl. KA-MER (Frauenzentrum), 2006, S. 132 ff.

373 Karasan-Dirks, 1980, S. 106 f.

374 Kızılhan, 2006, S. 42.

Schutz und die Beibehaltung von Traditionen als ihre Pflicht. 12,3 % sehen es als die Pflicht der Gesellschaft an, ein Auge auf den Frauen im gleichen Bezirk oder im Wohnumfeld zu haben, ebenfalls 12,3 % sind der Ansicht, sie hätten keine Pflichten und 10,2 % meinten, die Gesellschaft müsse die Fehler der Einzelnen verzeihen. Weitere Pflichten waren nach Ansicht der Befragten: Den Einzelnen beschützen und aufklären (5,2 %), tolerant sein (4,3 %), die Ehre der anderen betrachten, als wäre es die eigene (3,8 %), sich novellieren (2,8 %), sich an Regeln halten (2,6 %), respekt- und liebevoll sein (2,1 %), Fehler aufdecken (2,1 %), jemanden nicht verstoßen (2,1 %), jemanden verstoßen (1,7 %) und jemanden wegen Fehlverhaltens warnen (1,4 %).[375] Der Großteil der Befragten erwartet also von der Gesellschaft und dem sozialen Umfeld, in dem er lebt, sich bei der Bewertung des Fehlverhaltens einzubringen und selbst die nach westlichen in die Persönlichkeits- und Intimsphäre fallenden Verhaltensweisen nicht zu ignorieren. Frauen aus der eigenen Familie, die die Ehre der Familie in Verruf bringen können, sollen durch die Gesellschaft bewacht werden, man soll zumindest ein Auge auf sie haben.

Folgendes Beispiel soll den Einfluss des sozialen Umfeldes im Falle eines „Ehrenmordes“ verdeutlichen:

Das 2. Schwurgericht in Şanlıurfa[376] im Südosten der Türkei verurteilte 1999 den Bruder einer jungen Frau, die von diesem mit einem Jagdgewehr ermordet wurde, weil sie nach der Vorstellung des sozialen Umfeldes die Ehre der Familie verletzt hatte und die Nachbarschaft im Dorf über dieses Ereignis redete. Das Opfer hatte eine sexuelle Beziehung zu einem Mann, von dem es sich getrennt hatte. Sieben Jahre später wurde sie dann mit einem jungen Mann verheiratet. Als sich in der Hochzeitsnacht herausstellte, dass das Mädchen keine Jungfrau mehr war, teilte der Bräutigam dies den Eltern mit. Die Schwester des Bräutigams war allerdings mit dem Bruder des Opfers verheiratet. Es handelte sich also um einen Brauttausch (*Berdel),* bei dem man nach den Traditionen auf das Brautgeld verzichtet, weil man die Frauen ja „austauscht“ und so keinen „Verlust“ hat. Weil das Opfer dann allerdings keine Jungfrau mehr war, zahlte der Vater des Opfers für die Schwester des Schwiegersohnes dann doch ein hohes Brautgeld (vergegenständlicht man die Situation, würde man sagen, die eigene Tochter hatte einen Schaden, daher hat das Tauschgeschäft nicht funktioniert, so dass die mangelhafte Frau nichts wert war und für die mangelfreie Frau nun doch ein Kaufpreis gezahlt werden musste). Trotz des massiven Ehrverlustes nach der Vorstellung des Bräutigams war dieser einverstanden mit dem weiteren Zusammenleben mit seiner Frau. Die Entjungferung vor der Ehe, die in seinem Dorf einen „Ehrenmord“ begründen würde, nahm er hin. Erst nachdem diese Ereignisse im Dorf bekannt wurden und sowohl Verwandtschaft, als auch Nachbarschaft mit Nachrede und Gerüchten begannen, fing auch das Brautpaar

375 Sır, 2005, S. 10.
376 2. Strafgericht Şanlıurfa, E. 1999/221, K. 1999/255.

an, sich zu streiten. Als es für den Bräutigam unerträglich wurde, forderte er den Vater auf, die Tochter abzuholen, weil er nicht mehr mit ihr zusammenleben wollte. Er wusste, dass die Frau von der eigenen Familie wegen eines Ehrverlustes getötet werden würde. Nachdem das Opfer aus der ehelichen Wohnung wieder in das elterliche Haus zurückgekehrt war, tötete der Bruder die junge Frau mit 5 Schüssen aus einem Jagdgewehr aus der Nähe.[377]

Die eigentliche Ursache für die Tötung, nämlich die Defloration vor der Ehe, war so lange irrelevant für die Familie, bis das soziale Umfeld Kenntnis davon erhalten hatte. Die Familie der Frau konnte also so lange damit umgehen, wie ihr Ehemann diesen Zustand akzeptiert hatte. Der Ehemann selbst wollte scheinbar mit der Frau zusammenleben und hatte im Vergleich zu der Familie der Frau kein enges Verständnis von Ehre. Er hat das Zusammenleben so lange versucht, bis Gerüchte in seinem sozialen Umfeld entstanden sind und sein Ruf auf dem Spiel stand.

In Deutschland verhält sich die soziale Kontrolle um einiges strenger als in der Türkei. Wegen der hohen Bedeutung, die die türkische Bezugsgruppe für viele der Migrantenfamilien hat, kann die soziale Kontrolle zu einem Druck werden, der die Gewährung eines größeren Bewegungsfreiraums und bestimmter Verhaltensweisen vor allen Dingen für die Mädchen verhindert.[378] Einerseits hängt das soziale Ansehen der Familie vor allem von dem für sie ehrvollen Verhalten der weiblichen Familienmitglieder ab, andererseits ist der gute Ruf der Tochter für die künftige Heirat und somit Bildung einer Familie Grundvoraussetzung. Um Konflikte, die entstehen können, zu vermeiden, werden die potenziellen Opfer in der Öffentlichkeit von den Brüdern begleitet, damit diese die Ehre der Schwestern schützen.[379] Damit das Mitglied der Bezugsgruppe nicht gegen die Spielregeln der Gesellschaft verstößt, wird es sanktioniert, so z. B. durch üble Nachrede, die für die türkische Gesellschaft, in der das Ansehen für den Einzelnen eine große Rolle spielt, eine große Bestrafung darstellt. Gerüchte, Klatsch und Unwahrheiten haben in traditionellen Solidargruppen eine wichtige Bedeutung als Mechanismen zur Absonderung, Ausgliederung oder zur sozialen Kontrolle.[380] Der Familienälteste ist darauf bedacht, sein Gesicht nicht zu verlieren und achtet daher auf die Einhaltung der heimatlichen Wertvorstellungen. Der durch die soziale Kontrolle entstehende Druck verhindert in der Regel vor allem ein Anwachsen des Selbstbewusstseins und des Bewusst-

---

377 Vgl. ausführlicher zum Sachverhalt des Falles Yirmibeşoğlu, 2007, S. 54 f.

378 Zentrum für Türkeistudien, 1991, S. 150 f.; Karpf führt mehrere Beispiele im Rahmen einer empirischen Studie im Raum Heidelberg auf, u.a. der Anruf eines Jungen an die Eltern eines Mädchens, nachdem er sie in einer Diskothek getroffen hat und sie sein Angebot als Aufpasser abgelehnt hat. Ein weiteres Mädchen berichtet ebenfalls über einen Anruf eines Bekannten bei den Eltern, nachdem er sie mit einem für ihn fremden Mann beim „Autoscooter" gesehen hat, vgl. Karpf, 1979, S. 150 f.

379 Zentrum für Türkeistudien, 1991, S. 150.

380 Kızılhan, 2006, S. 96.

werdens der eigenen Kontrolle.[381] Die soziale Kontrolle ist dort am stärksten, wo eine räumliche Nähe zur Bezugsgruppe existiert. In Großstädten wie Duisburg, Köln, Frankfurt oder Berlin, in denen viele Familien anatolischer Herkunft leben und die Ansiedlungsstruktur eine Ghettoisierung aufzeigt, ist die soziale Kontrolle am stärksten.[382] Je enger also das soziale Geflecht, desto höher und stärker die soziale Kontrolle.

8. Blutrache in der Türkei

„Tötet niemand, den zu töten Gott verboten hat, außer wenn ihr dazu berechtigt seid! Wenn einer zu Unrecht getötet wird, geben wir seinem nächsten Verwandten Vollmacht zur Rache“, heißt es in Sure 17, Vers 33 im Koran.[383]

An dieser Stelle des Korans zeigen sich die Auswirkungen des Talionsprinzips des alten Testaments, das für ein Verbrechen „Auge um Auge, Zahn um Zahn“ verlangte und damit erlaubte, Gleiches mit Gleichem zu vergelten. Die Zahlung eines Gegenwertes für das geflossene Blut lässt der Koran offen.[384]

In Abgrenzung zum „Ehrenmord“ kann Blutrache als die Tradition definiert werden, bei Tötung eines Mitglieds der Familie oder deren Verwandtschaft, eine Person oder einen Verwandten dieser Person, als Ersatz für das Blut des Getöteten zu töten.[385] Die Rechtsprechung vertritt eine enge Auffassung von Blutrache. Nach ihrer Definition liegt Blutrache vor, wenn ein Täter den Schuldigen oder ein Mitglied seiner Gruppe tötet, nachdem sich Schmerz und Zorn über die Vortat gelegt haben, um Rache für den zuvor Getöteten zu nehmen.[386] Das alleinige Motiv der Tat muss die Blutrache sein, weitere Motive dürfen nicht vorliegen.[387] Nach der Definition des Senats soll zentraler Bestandteil des Motivs das emotionslose Bewusstsein einer Pflicht sein, aus Gründen der Ehre[388] das Mitglied der anderen Sippe töten zu müssen. Daraus wird ein Ausschluss eines Zeitraumes angenommen, in dem Gefühle wie Trauer, Wut oder Schmerz über den Tod eines Verwandten noch angenommen werden können. Das Erfordernis eines zeitlichen Abstandes gilt nur, wenn sich die Tat gegen den Täter der vorherigen Tat richtet. Wird eine andere Person aus der Sippe des

381 Abadan-Unat, 1985, S. 218.

382 Zentrum für Türkeistudien, 1991, S. 150.

383 Zitiert in Kelek, 2006, S. 45.

384 Ünsal, 2003, S. 31.

385 Yılmaz, 2001, S. 470.

386 Großer Strafsenat vom 11.03.1991, 36/76, Malkoç/Güler, TCK (tStGB), 3624 ff. zitiert in Tellenbach, 2003, S. 209.

387 Z.B. Großer Strafsenat vom 19.02.1990, 1-2/29, Savaş/Mollamahmutoğlu, TCK`nun Yorumu (Kommentierung des tStGB), S. 4433 ff. zitiert in Tellenbach, 2003, S. 209.

388 Es handelt sich hierbei um ein Ehrgefühl, das mit dem namus (der Geschlechtsehre) in keinster Verbindung steht.

vorherigen Täters ermordet, kann auch der Mord am selben Tag wie die vorherige Tat als Blutrache erkannt werden.[389]

Die Blutrache kann charakterisiert werden als die Feindschaft zwischen zwei Sippen bzw. Stämmen, die sich in Gewalttaten in Form von Körperverletzung oder Mord niederschlägt. Der Mordanschlag auf den Einzelnen wird als Anschlag gegen die gesamte Familie begriffen, so dass die Verweigerung der Verpflichtung, den Anschlag zu sühnen, ein Verwirken der eigenen Ehre und Beschmutzen der Familienehre nach sich zieht.[390] Die Gefühle eines Menschen, dessen Motivation zur Tötung die Blutrache ist, werden mit denen eines Soldaten verglichen: beide würden mit dem Bewusstsein handeln, ihre Aufgabe zu erfüllen und seien daher gerechtfertigt.[391]

In vielen Städten Anatoliens werden Morde und Tötungen begangen. Diese entwickeln sich jedoch nicht alle zwangsläufig zu einer Blutfehde. In Zentralanatolien, vor allem aber im Schwarzmeerraum, im Osten und Südosten der Türkei kann ein Mord jedoch zu einer Blutrache ausarten.[392] Eine Untersuchung der Dörfer in den Jahren 1971-1976 hat ergeben, dass 28,6 % der Blutrachevorkommnisse in den Schwarzmeergebieten, 26,1 % im Südosten, 16,6 % in Zentralanatolien und 15,3 % im Osten der Türkei vorgekommen sind.[393] Die jahrhundertelange Tradition der Blutrache wird vor allem in diesen Gebieten weiter fortgeführt, weil es sich um Gebiete handelt, in denen vorwiegend dörfliche Strukturen vorherrschen, die an ihren Bräuchen und Traditionen festhalten.[394]

Zwei Gesichtspunkte fallen bei der Erscheinung der Blutrache ins Gewicht: Zum einen steht die Blutrache mit dem Verwandtschaftssystem in engem Zusammenhang und tritt in den Gruppen auf, in denen die Verwandtschaft die wichtigste soziale Vereinigung darstellt. Dabei darf Familie oder Verwandtschaft nicht in den Größenverhältnissen oder Strukturen der westlichen Verhältnisse innerhalb türkischer Familien verstanden werden, die bereits nach deutschen Maßstäben viel größer und umfangreicher sein können als die eige-

389 Tellenbach, 2003, S. 209 ff.

390 Rumpf, 2000, S. 171.

391 Demirbaş, 2001, S. 168. Prof. Dr. Demirbaş unterteilt die Straftaten u.a. in Religion und Kriminalität und Kultur und Kriminalität. Die Erklärung der Blutrache sieht er in der Kultur und begründet dies mit dem Verständnis von Kultur in der türkischen Gesellschaft, in der Gewalt und Blutrache verfestigt sind und daher ein Einwirken auf dieses Verständnis erforderlich ist, um dem Verbrechen effektiv entgegenwirken zu können. vgl. Demirbaş, 2001, S. 167 ff.

392 Ünsal, 2003, S. 38.

393 Im Erfassungszeitraum handelte es sich um 9700 Taten, die 1971-1976 anhand der Angaben von 36.000 Dorfvorstehern gewonnen werden konnten, vgl. Ünsal, 2003, S. 38.

394 Eine Studie, die 1972-1974 über 100 verurteilte Täter in Justizvollzugsanstalten durchgeführt wurde, ergab, dass 48 % der „Blutrachemorde“ in Dörfern begangen wurden, 26 % in Vororten und 26 % der Taten in den Städten begangen wurden. Die Flucht des Täters in die Stadt nach einer begangenen Tat erklärt den Anteil der in den Städten begangenen Morde, vgl. Ünsal, 2003, S. 92.

nen. Es geht vielmehr um Klanstrukturen, die in der Regel in derselben Örtlichkeit wohnen, extremen Zusammenhalt nach Außen präsentieren und unzählige Verwandte als Mitglieder der Klans bezeichnen können. Zum anderen tritt Blutrache in sozialen Gruppen auf, bei denen die Amtsgewalt sehr schwach ist bzw. dem Phänomen teilnahmslos gegenübersteht.

Besondere Merkmale der Ausführung sind der durch die Sitten und Gebräuche feststehende Rahmen der Begehung der Gewalttaten beider verfeindeten Gruppen: so verbietet die Tradition der Blutrache die Brandstiftung, die Tötung von Frauen,[395] von Kindern unter einem bestimmten Alter,[396] von Betrunkenen, Kranken und von Betenden.[397]

8.1 Täter von Blutrache in der Türkei

Die meisten Täter leben trotz der hohen Binnenmigration in den Dörfern und haben einen geringen Bildungsstand. Eine Studie in den Jahren 1972 – 1974 über 100 Verurteilte in verschiedenen Justizvollzugsanstalten[398] hat ergeben, dass 93 % der Täter im Dorf geboren waren, 6 % im Vorort und lediglich 1 % in der Stadt. Unter ihnen waren 11 % Analphabeten, 7 % konnten lesen und schreiben, 24 % hatten die Grundschule und 42 % die weiterführende Schule abgebrochen. 84 % der Befragten hatten keine über eine abgeschlossene Grundschulausbildung hinausgehende Bildung genossen. In 17 % der Dörfer befand sich nicht einmal eine Grundschule.[399] Viele Dörfer befinden sich in bergischen Gebieten und die benachbarten Dörfer, in denen möglicherweise Schulen existierten, waren für die Kinder aufgrund der Entfernung unerreichbar und die Eltern verfügten nicht über finanzielle Mittel. Die Schulbildung der Kinder war oftmals tatsächlich unmöglich.

In den geographischen Lagen, in denen Blutrache vorkommt, zeichnen sich die Täter durch Eigenschaften aus. Darunter sind extremer Stolz, geheimnisvolle bzw. mystische Eigenart, Religiosität und Bindung an die zeremoniellen Ausführungen der Religion.[400] Die Täter sind in der Regel extrem jung. 50 % der befragten Täter bei der vorbenannten Studie waren 12-16 Jahre alt. 19 % waren 17-21 Jahre, 23 % waren 22-31 Jahre alt.[401] Fast 70 % der Täter waren

---

395 Das ist ein entscheidender Unterschied zum „Ehrenmord", der gerade gegen Frauen verübt wird, die sich gegen die gesellschaftlichen Normen verhalten. Es ist ungeschriebenes und unverbrüchliches Gesetz, eine Frau im Namen der Blutrache nicht umzubringen oder nicht zu verletzen.

396 Demirbaş, 2001, S. 168.

397 Ünsal, 2003, S. 112.

398 Nachfolgend wird bei statistischen Angaben in diesem Kapitel auf diese Studie Bezug genommen.

399 Vgl. Ünsal, 2003, S. 111 f.

400 Dönmezer, 1994, S. 213 f.

401 Ünsal, 2003, S. 114.

also unter 22 Jahre, die Hälfte sogar unter 17 Jahre alt. Dies hat sicher damit zu tun, dass Kinder in jungen Jahren emotional, abenteuerlustig, leicht zu lenken und zu beeinflussen sind. Das Rachegefühl im Kind wird gestärkt durch das Verhalten der Mutter, die täglich über ihr Leid klagt, weil sie mit dem sexuellen und finanziellen Verlust psychisch nicht fertig wird und dieses als Schicksalsschlag hinnimmt. Das Kind wächst sozusagen gemeinsam mit dem Rachegefühl auf. Nicht unbeachtet sollte trotz dessen bleiben, dass aufgrund der gesetzlich günstigeren Lage für Kinder und Jugendliche die Tat den Jüngsten auch gegen den Willen mit Druck aufgebürdet wird. Im Prozess kann dies den Erwachsenen aber nicht nachgewiesen werden.

Damit die Blutrache als solche anerkannt wird, muss der Täter von der Motivation geleitet werden, sich zu rächen, eine Herausforderung zu erwidern oder den Sieg für seine Verwandtschaftsgruppe zu erreichen.[402] Taten, die außerhalb dieser Motive stattfinden, sind nicht der Blutfehde zuzurechnen.

8.2 Ursachen für die Entstehung der Blutrache

Ursache der Blutrache sind meist wirtschaftliche Konflikte, feudale Systeme[403] und nicht zuletzt auch die Verletzung der Geschlechtsehre.[404]

Auf die Frage, welches Ereignis der Auslöser für die erste „Blutrachetat" gewesen ist, haben 29 % der verurteilten Täter geantwortet, es habe Uneinigkeiten bezüglich der Länder bzw. Gewässer gegeben. Ebenfalls 29 % antworteten, der erste Mord sei wegen Verletzung der Geschlechtsehre (z.B. Entführung, Vergewaltigung...) entstanden. 19 % gaben an, es habe Streitigkeiten gegeben, die aufgrund des sozialen Status entstanden seien, 10 % erklärten politische Differenzen als Auslöser.[405]

In den ländlichen Gebieten leben fast alle Dorfbewohner ausschließlich von der eigenen Ernte. Daher ist das Eigentum von Feldern für das Leben und Überleben in den Dörfern von besonderer Bedeutung. Streitpunkte sind in der

---

402 Dönmezer, 1994, S. 215.

403 Tezcan, 1981, S. 137. Im feudalen System ist der Ağa in einigen Dörfern noch der reiche Großgrundbesitzer, der die restlichen Bewohner des Dorfes für sich arbeiten lässt und sie ausbeutet. Weil er auch Bedürfnissen der einzelnen Bewohner nachkommt, die eigentlich dem Staat obliegen, entwickelt sich ein Verhältnis der Über- und Unterordnung, in dem der Dorfbewohner dem Ağa gehorcht. Tut er dies nicht, leitet der Ağa auch Blutfehden ein, in dem er einen ebenfalls armen Bewohner aus dem Dorf beauftragt, den Ungehorsamen zu töten.

404 In einer wahren Geschichte von dem bekannten Autor Yaşar Kemal, die verfilmt wurde, geht es um eine Frau, die gegen ihren Willen entführt und zur Frau genommen wird. Sie liebt einen anderen, der nach der Geburt eines Sohnes der Geliebten den Entführer erschießt. Der Mörder wird gestellt und ebenfalls ermordet. Die Mutter des Entführers gibt jedoch keine Ruhe, bis der Sohn seinen Vater rächen und seine Mutter töten soll. Vgl. Yaşar Kemal, Yılanı Öldürseler (Töte die Schlange), 1976.

405 Vgl. Ünsal, 2003, S. 102.

Regel Uneinigkeiten über die Bewirtschaftung des Landes, über die Grenzen des Landes oder die gemeinsam genutzten Gewässer. Auch Armut spielt in diesen Gebieten eine große Rolle für die Entstehung der Blutrache. Die enorm hohe Arbeitslosigkeit in der ländlichen Bevölkerung (außerhalb der Erntezeit) führt dazu, dass keine Ablenkung durch eine täglich nachzugehende Tätigkeit besteht. Der Gedanke der Rache kann so ständig weiterentwickelt werden, zumal sich die verfeindeten Familien alltäglich begegnen müssen.[406]

Die Ehre als Ursache für die Entstehung der Blutrache zeigt sich bei der sogenannten „Mädchenentführung". Ist das geforderte Brautgeld zu hoch oder die Forderungen der Familie des Mädchens für die Familie des Jungen nicht tragbar, oder aber ist der Vater des Mädchens mit der Wahl der Tochter nicht einverstanden, so wird das Mädchen entführt, wenn kein Kompromiss gefunden werden kann. Es handelt sich bei der wörtlich übersetzten „Mädchenentführung" nicht um eine Entführung im Sinne einer gewaltsamen Verschleppung, vielmehr geht das Mädchen freiwillig mit, um eine Ehe zu erzwingen. Eigentlich handelt es sich daher um ein Durchbrennen, welches begrifflich nicht so bezeichnet wird. Aus der gewählten Begrifflichkeit *(kız kaçırmak)* ergibt sich, dass das Mädchen diejenige ist, die entführt wird und nicht freiwillig mitgeht und der Mann zur Verantwortung gezogen wird. Durch den Geschlechtsakt wird die Ehe vollzogen, die Ehre der Familie der jungen Frau aber verletzt.[407]

Abgesehen davon können diverse Angriffe gegenüber einem weiblichen Familienmitglied, z.B. Fluchen, Diffamieren oder Reizen der Ursprung einer Straftat aus Blutrache sein.[408] Das soziale Umfeld fördert dabei den Gang der Blutfehde, in dem öffentlich über die Ehre und das Ansehen der Familienmitglieder gesprochen wird. Das Rächen wird als ein Akt der Würde empfunden. Ein Mann, der seinen Vater oder einen nahen Verwandten nicht rächt, gilt als ehrlos und kann sich in dem eigenen sozialen Umfeld nicht mehr frei bewegen, weil er geächtet, getadelt, nicht ernst genommen wird, auf ihn herabgesehen wird und keiner seine Tochter mit ihm verheiraten wird. Tugenden wie Mut, Tapferkeit und Vertrauenswürdigkeit werden ihm abgesprochen.

Eine weitere Ursache für die Entstehung der Blutfehde ist der Bildungsstand der Bevölkerung in den betroffenen Gebieten. 99 % der Beteiligten der Blutfehde haben einen sehr niedrigen Bildungsstand, wie Studien über das Phänomen gezeigt haben. Vermehrt tritt sie bei Bevölkerungsteilen auf, die keine Bildung erfahren haben.[409] In einer Befragung in einem Dorf am Schwarzen Meer in der Türkei hielten 92,3 % der befragten Analphabeten die Blutrache für erforderlich.[410] Die Gebiete, die den niedrigsten Entwicklungsstand aufweisen, haben

406 Tezcan, 1981, S. 137 ff.
407 Vgl. Kızılhan, 2006, S. 36.
408 Tezcan, 1981, S. 137 ff.
409 Demirbaş, 2001, S. 170.
410 Emiroğlu, zitiert in Tezcan, 1981, S. 138.

die meisten „Blutrachemorde“ und in den hoch entwickelten Gebieten geschehen die wenigsten Morde wegen Blutrache.[411]

Nicht für die Entstehung, aber für die Weiterführung spielen auch juristische Gründe eine Rolle. In den genannten Gebieten ist die staatliche Autorität im Hintergrund und wird kaum wahrgenommen. Aufgrund der Unterbesetzung der Ermittlungs- bzw. Vollstreckungsbehörden werden die Täter jahrelang nicht festgenommen, fliehen in die Berge und entkommen so ihrer strafrechtlichen Verantwortung. Dies führt oftmals dazu, die Rachegefühle der Opferfamilie anzuheizen, da sie keine Genugtuung erfahren.[412] Daher suchen Betroffene nach anderen Möglichkeiten, Genugtuung zu erfahren. Das Verständnis von persönlicher Strafverantwortung herrscht in Form von kollektiver Strafverantwortung gegenüber der ganzen Sippe. Dies stärkt wiederum das Klangefühl. Entstehen Probleme mit Angehörigen anderer Sippen oder sieht man sich einer Bedrohung ausgesetzt, so wird Rat beim Sippenstärksten oder Sippenältesten eingeholt.[413]

8.3 Die Rolle des sozialen Umfeldes in Fällen von Blutrache

Ebenso wie der „Ehrenmord“ wird auch die Blutrache sozial kontrolliert. Sie nimmt jedoch im Gegensatz zum „Ehrenmord“ andere Ausmaße an. Anerkennung und Respekt gegenüber den Traditionen ist in ländlichen Gebieten wichtig. Sieht eine Familie über einen Traditionsbruch hinweg und reagiert etwa nicht auf das Entführen bzw. Durchbrennen der Tochter, so hat sie respektloses Verhalten der Dorfbewohner in Zukunft zu befürchten, z.B. ihr den Ackerboden „wegzunehmen“ und selbst zu bepflanzen, weil sie von der „ehrlosen“ Familie nichts befürchten müssen. Um das gestörte Ansehen wieder in das Gleichgewicht zu bringen, wird daher die Wiederherstellung selbst in die Hand genommen.[414] Auf die Frage, was die mögliche Reaktion des sozialen Umfeldes gewesen wäre, wenn der Täter die Blutrache nicht vollzogen hätte, meinten 70 % der befragten Täter, sie hätten ihm Vorwürfe gemacht. 26 % waren der Ansicht, sie hätten sich nicht geäußert und 4 % hatten keine Vorstellung. Die Einschätzung der Täter decken sich größtenteils mit der Reaktion des Umfeldes: 72 % des Umfeldes haben nach der Tat geäußert, der Täter habe richtig gehandelt, 17 % waren traurig über die Situation, 7 % haben sich nicht geäußert und lediglich 4 % haben die Tat missbilligt.[415] Die Studie über die Verurteilten zeigt deutlich

---

411 Das am wenigsten entwickelte Gebiet der Türkei ist der Südosten (aufsteigend folgt: der Osten, das Schwarzmeergebiet, Zentralanatolien, das Mittelmeergebiet, die Ägäis und das Marmaragebiet) vgl. Ünsal, 2003, S. 87.

412 Tezcan, 1981, S. 137 ff.

413 Faraç, 2006, S. 55.

414 Ünsal, 2003, S. 104 f.

415 Einer der Befragten äußerte, keine Familie im Dorf verheirate seine Tochter mit einem Feigling. Daher müsse er seine Pflicht erfüllen und so seine Männlichkeit unter Beweis stellen. Ein anderer berichtete, ein Streitgegner in einer Diskussion habe ihm gegenüber

den Druck der Gesellschaft auf ihr Handeln. Sie versuchten, sich durch die Tat den Respekt einzufordern, der durch eine vorhergehende Handlung verletzt wurde. Gehen die Täter ihrer durch die Traditionen auferlegten Pflicht nicht nach, riskieren sie die Erniedrigung ihrer Person und ihrer Familie.

8.4 Maßnahmen gegen die Blutrache

8.4.1 Gesetzliche Maßnahmen

Im Osmanischen Reich wurde bei der Tötung aus Motiven der Blutrache die gesamte Sippe zur Rechenschaft gezogen, weil man davon ausging, die gesamte Sippe als Ganzes sei für die Tat verantwortlich. Die Strafe bestand in der Regel in der Verbannung der Solidargemeinschaft aus den Siedlungsräumen. In der türkischen Republik wurde nach und nach das Prinzip der Sippenhaftung aufgegeben und die Blutrache als Mord qualifiziert.[416] Der Gesetzgeber erließ am 11.06.1937 das Gesetz mit der Nr. 3236, welches die Behandlung der Verwandten eines Täters, der einen Mord aus Blutrache oder den Versuch derselben begeht, regelte. Dabei wurde als einer der wichtigsten Gründe für das Hegen eines Rachegefühls die ständige Begegnung der verfeindeten Familien genannt, da sie auf engem dörflichem Raum wohnten, wo die Meidung untereinander nicht möglich war. Als effektive Prävention zur Vermeidung weiterer Straftaten sollten die Familienangehörigen des Täters, die denselben Wohnsitz wie er haben, mindestens 500 km von dem Wohnort entfernt wohnen.[417] Der Beschluss der Entfernung sollte auch für Verwandte gelten, die in ihrer Heimat geblieben waren, bei denen aber ein dringender Tatverdacht zur Begehung eines Mordes gegeben war. Obwohl diese Bestimmungen dem Grundsatz der persönlichen Strafverantwortung widersprachen, waren sie zwecks aktiver Bekämpfung der Blutrache gültig. Erst mit einer Entscheidung des Verfassungsgerichts vom 11.12.1964, das einige Bestimmungen des Gesetzes für ungültig erklärte, weil sie dem Grundsatz der Niederlassungs- und Reisefreiheit widersprachen, verlor das ganze Gesetz an Geltung.[418] Nach Art. 450 des ehemaligen tStGB als Qualifikation zum Totschlag (Art. 448 tStGB) war die Rechtsfolge der Blutra-

geäußert, er solle seinen Vater rächen, bevor er sich mit ihnen streitet, vgl. Ünsal, 2003, S. 151 ff.

416 Kızılhan, 2006, S. 79.

417 Demirbaş, 2001, S. 168 f.; Ünsal, 2003, S. 40 f.

418 Dönmezer, 1994, S. 216. Trotz nachdrücklicher Hinweise der Regierung, es handele sich um eine Präventionsmaßnahme und nicht um eine Verbannungsstrafe, wurde angenommen, die Betroffenen hätten ihre Feindschaft geschürt, weil sie sich von ihrem Eigentum, ihrem Land und ihrem sozialen Umfeld vertrieben fühlten, vgl. Ünsal, 2003, S. 41.

che die Todesstrafe.[419] Der Charakter und die Besonderheit der Blutrache sind es jedoch gerade, die die Sanktion der Todesstrafe ins Leere laufen ließ. Kam der Täter der sozialen Verpflichtung der Tötung des Ehrverletzers nach, nahm er den Tod in Kauf und rechnete mit der Rache der Opferfamilie. Kam der Auserwählte der Verpflichtung nicht nach, verhielt er sich ehrlos, weil er die Ehre der Familie nicht bereinigt hatte. Demgegenüber stellte der staatliche Vollzug der Todesstrafe eine weniger schwerwiegende Sanktionierung dar.[420]

Nach Art. 82 j des neuen tStGB wird die Blutrache als Qualifikation zum Totschlag nach Art. 81 tStGB als Mord (Rechtsfolge: lebenslängliche Freiheitsstrafe) mit lebenslänglicher erschwerter Freiheitsstrafe verfolgt.[421] Die Brüche zwischen Recht und gesellschaftlicher Wirklichkeit werden dadurch deutlich, dass das Blutrachemotiv als subjektives Mordmerkmal herangezogen wird, da das Motiv der Blutrache besonders verwerflich ist.[422] Die Verwerflichkeit aber ist eine Frage der Sittlichkeit bzw. der Sittengesetze, die nicht vom Gesetzgeber, sondern von der Gesellschaft bestimmt werden. Der Täter, der aus Blutrachemotiven handelt, handelt aber gerade, weil er sich sittlich dazu verpflichtet fühlt und unter einem enormen gesellschaftlichen Druck steht.

Nach Dönmezer, einer der bedeutendsten Strafrechtsprofessoren in der Türkei, ist die Blutrache nicht mit strafrechtlichen, sondern mit sozialpolitischen Maßnahmen bei den betroffenen Bevölkerungsteilen zu bekämpfen.[423] Die staatliche Autorität muss für die betroffene Bevölkerung präsent sein und Verstöße gegen das Waffengesetz stärker ahnden. Die Studie über die verurteilten Täter hat ergeben, dass 53 % vor der Tat immer eine Schusswaffe bei sich getragen haben. 32 % haben sie nicht regelmäßig, aber zwischendurch getragen und nur 15 % haben nie eine Schusswaffe vor der Tat getragen.[424]

---

419 Die Todesstrafe nach Art 450 tStGB wurde am 03.08.2002 mit dem Gesetz Nr. 4771 zur lebenslangen erschwerten Haftstrafe umgewandelt, vgl. Demirbaş/Özbek/Eker, 2002, S. 246 ff. Die letzte Hinrichtung fand 1984 zur Vollstreckung von Todesurteilen aufgrund des Millitärputsches von 1980 statt, gänzlich aus dem Gesetz gestrichen wurde sie 2004.

420 Rumpf, 2000, S. 171.

421 Toroslu-Feyzioğlu, 2006, Art. 82 j, S. 79.

422 Großer Strafsenat vom 04.06.1973, E. 1972/1-332, K. 1973/458, Resmi Kararlar Dergisi (Zeitschrift für die Rechtsprechung) 1973, S. 715.

423 Dönmezer, Kişilere ve Mala Karşı Cürümler (Straftaten gegen die Person und das Vermögen), S. 72, zit. bei Rumpf, 2000, S. 172.

424 Fast die Hälfte derjenigen, die eine Schusswaffe getragen haben, haben als Grund angegeben, sie hätten sich und ihre Familie vor dem Feind schützen müssen, vgl. Ünsal, 2003, S. 95, 97.

8.4.2 Wirtschaftliche Maßnahmen

Der größte Teil der Täter stammt aus einem ärmlichen sozialen Umfeld.[425] Daher muss den armen Familien vom Staat fruchtbarer Boden zur Verfügung gestellt werden, damit die Existenz von allen Familien in einem Dorf gesichert ist. Bis vor kurzer Zeit waren in den Dörfern die Grenzen der Grundstücke nicht festgelegt, in einigen sind sie es bis heute nicht, obwohl seit 80 Jahren auf diesen Feldern angebaut wird. So kam es zwischen benachbarten Familien zu Grenzstreitigkeiten, die dann in der Auseinandersetzung zur Tötung einer der beiden Parteien führte. Um der Blutrache diese Grundlage zu entziehen, müssen die jeweiligen Katasterämter die Grenzen festlegen.

Das feudale System in einigen östlichen Gebieten der Türkei muss zur Vermeidung von Tötungen umgewandelt werden. Das Verhältnis zwischen dem Ağa und den Dorfbewohnern muss sich zu einem Verhältnis von Arbeitgeber und Arbeitnehmer entwickeln.[426]

8.4.3 Bildungsmaßnahmen

Der Einsatz von Bildung durch den Staat, vor allem in den Gebieten, wo die Blutrache entsteht, muss gefördert werden. In der Schule und in den Massenmedien muss die Blutrache als eine primitive Tradition dargestellt werden.[427] Das Tragen einer Waffe ist im Schwarzmeerraum, im Osten und Südosten eine Selbstverständlichkeit, die nicht in Frage gestellt wird. Den Söhnen wird in jungen Jahren bereits die Handhabung mit der Waffe gelehrt.[428] Der Umgang mit der Waffe wird so vertraulich, die Hemmschwelle wird beseitigt. Das Bewusstsein, die Waffe abzulegen, weil diese für den Selbstschutz nicht lebensnotwendig ist, muss gestärkt werden. Dies erfordert nicht lediglich eine Einwirkung durch die Bildung, sondern auch verstärkte Kontrollen durch Polizei und Gendarmerie.

8.4.4 Soziale Maßnahmen

Die durch die Gemeinde oder die verfeindeten Familien ergriffenen Maßnahmen sind etwa Versöhnung durch Vermittler,[429] die Verheiratung einer Tochter mit dem Sohn der verfeindeten Familie oder die Auswanderung.[430] In den be-

---

425 Ünsal, 2003, S. 94.

426 Vgl. Demirbaş, 2001, S. 169 f.

427 Tezcan, 1981, S. 138.

428 Tezcan, 1981, S. 137 ff.

429 Vergleichbar mit der Vermittlungstätigkeit der Mediatoren.

430 Demirbaş, 2001, S. 170. Im Osmanischen Reich gab es eine Vergleichskommission, die sich nur mit dem Phänomen der Blutrache beschäftigte. Sie lud beide Parteien zur Beilegung des Streits ein. Erschien eine Partei nicht, so wurde sie zwangsweise vorgeführt.

troffenen Regionen gibt es mittlerweile Parteien und andere Vereinigungen, die es sich zur Aufgabe gemacht haben, verfeindete Sippen zur Versöhnung zu bringen. Auch selbsternannte Missionare übernehmen diese Aufgaben und sind teilweise als Einzelpersonen erfolgreicher als jede organisierte Gruppe, weil es sich bei ihnen um ältere Personen handelt, die respektiert werden und mit den verfeindeten Sippen in der selben Örtlichkeit wohnen.[431] Selbst wenn Vermittlungsversuche scheitern, kann die Familie, die mit dem Töten „an der Reihe ist", auf das „Recht auf Rache" verzichten.[432] Weit verbreitet ist in diesen Gebieten auch der Glaube, derjenige, der sich rächt, komme ins Paradies. Daher ist ein Einwirken in Moscheen durch Religionsgelehrte ebenfalls sinnvoll.[433]

8.5 Blutrache in Deutschland

Obwohl die Blutrache im germanischen Recht und in anderen frühen Stufen der Rechtsentwicklung eine Form der Selbstjustiz war, in der die Verletzung der Sippenehre, u.a. die Tötung eines Angehörigen, geahndet werden sollte,[434] wird sie in Deutschland nur noch durch Nichtdeutsche begangen. Der Anteil der durch die Migranten begangenen und verurteilten Straftaten gegen das Leben[435] im Jahr 2006 betrug nach Angaben des Statistischen Bundesamtes Deutschland 30,7 %.[436]

Ein nicht unbeträchtlicher Teil der Taten ist im eigenen nationalen Umfeld aufgrund der für die deutsche Kultur fremden Ehre begangen worden.[437] Für die

---

Willigte sie nicht zur Streitbeilegung ein, wurde sie in Polizeigewahrsam verbracht. Vgl. Tezcan, 1981. S. 137 ff.

431 So z.B. ein 61 jähriger Mann, der sich die Versöhnung von verfeindeten Familien aufgrund eigener negativer Erfahrungen mit der Blutrache zur Mission gemacht hat. In den Jahren 2000 – 2005 hat er zur Versöhnung von ca. 400 Familien im Südosten beigetragen, vgl. Faraç, 2006, S. 52.

432 So auch in dem Fall von Mehmet, dessen Vater zwei Brüder des Mörders seines Sohnes ausgeliefert wurden. Er aber stand vor den Brüdern, denen bereits ein Leichentuch über den Kopf gezogen war und befreite sie von den Leichentüchern, legte ihnen die Hand auf den Kopf und verwirklichte so das Zeichen der Versöhnung. Die eigenen Söhne verweigerten ihm jedoch die Gefolgschaft und rächten den eigenen Bruder durch einen Mord nach sieben Jahren, vgl. Kelek, 2006, S. 45 ff.

433 Tezcan, 1981, S. 138 ff.

434 Ähnlich wie in der türkischen Tradition richtete sich die Tat gegen die Sippe, der der Täter angehörte und konnte auch durch Geld abgelöst werden, vgl. Meyers Großes Taschenlexikon, 2006, S. 847.

435 Versuchter/vollendeter Mord/Totschlag.

436 Eine Aufteilung in Nationalitäten hat nicht stattgefunden, so dass der Anteil der Türkischen Bürger nicht angegeben werden kann. Die Angabe bezieht sich zudem nur auf das frühere Bundesgebiet (einschließlich gesamt Berlin), vgl. ww.destatis.de/jetspeed/portal/cms/Sites/destatis/Internet/DE/Content/Statistiken/Rechtspflege/Strafverfolgung/Tabellen/Content75/AuslaendischeVerurteilte,templateId=renderPrint.psml (02.02.2009).

437 Wahl, 1984, S. 181.

Ermittlungsbehörden sind Hintergrundinformationen dieser Straftaten schwer zu erlangen, da die ursprünglich begangene Tat, die die Blutrache auslöst, in der Türkei beginnt, mehrere Jahre zurückliegt und die männlichen Sippenangehörigen bis nach Deutschland verfolgt. So auch in einem Fall, in dem die „Ausgangstat" im November 1976 in der zentralanatolischen Stadt Kayseri begann, in dem ein 16-Jähriger der Großfamilie Barlas einen anderen 16-Jährigen der Familie Çadırkaya durch einen Schuss in den Oberbauch und einen weiteren Schuss in den Kopf tötete. 1981 verurteilte ihn die Schwurgerichtskammer in Kayseri wegen Mordes aus Blutrache zu einer Gefängnisstrafe von 20 Jahren (außerdem wegen unerlaubten Waffenbesitzes zu acht Monaten Gefängnisstrafe und zudem zu einer Geldstrafe). Den 22-jährigen Anstifter Güngör verurteilte das Gericht zu acht Jahren und vier Monaten Gefängnisstrafe. Drei Jahre später ermordete der Vater des Getöteten den Sippenältesten, der in Deutschland lebte und zum Tatzeitpunkt den Urlaub in seiner Heimatstadt Kayseri verbrachte. Im November 1982 wurde dann auf der Autobahn Hagen-Wuppertal die Leiche eines 26-Jährigen der Sippe Çadırkaya angehörigen Mannes aufgefunden, der durch einen Kopfschuss und weitere Gewalteinwirkungen getötet worden war. Die Mordkommission wurde bereits einen Tag nach dem Auffinden der Leiche auf einen möglichen „Blutrachemord" hingewiesen, eine Aufklärung der Tat war jedoch trotz umfangreicher Erfassung und Erforschung der Verwandtschaftsverhältnisse nicht möglich. Das Schweigen der in Deutschland lebenden Verwandten konnte nicht gebrochen werden. Lediglich vage Vermutungen aufgrund des bestrittenen Hasses, der noch zwischen den Familien herrschte, konnten keinen dringenden Tatverdacht begründen, so dass auch kein Haftbefehl gegen mutmaßliche Tatverdächtige erlassen werden konnte.

Die Schwierigkeiten, mit denen die Ermittlungsbehörden konfrontiert wurden, waren vor allem auch durch die mangelnde Kenntnis der Behörden über die Blutrache und das Fehlen kriminologischer Studien bedingt. Die durchgeführten Vernehmungen führten lediglich dazu, ein Bild über dieses Phänomen zu bekommen.[438]

In einem weiteren Fall in Berlin, in dem das Opfer im März 1995 durch mehrere Kopfschüsse ermordet wurde, führten zunächst jahrelange Ermittlungen zu keinem Ergebnis. Die Familien schwiegen, eine ausgesetzte Belohnung brachte keine Fortschritte. Auch hier begann die „Ausgangstat" Jahrzehnte vorher im Jahr 1963 in einem anatolischen Dorf zwischen zwei Familien. Nachdem der Streit zunächst ruhte, dann aber 14 Jahre später ein weiterer Mord begangen wurde, kam die Blutfehde in der Türkei ins Rollen und nahm seinen weiteren Verlauf auch in Berlin. Zur Klärung der Tat verhalf der Bruder des letzten Mörders (der Täter vom März 1995), in dem er der Mordkommission Informationen über die Klan-Streitigkeiten, die Anstiftung der Auftraggeber aus der Türkei

---

438 Es gab keine konkreten Tatverdächtigen, die Tat konnte nicht aufgeklärt werden, vgl. ausführlicher: Wahl, 1984, S. 181 ff.

und die Beschaffung der Mordwaffe gab. Anlass zum Tabubruch des Schweigens im Jahr 2006 und zur Aufklärung war der Wille, der Blutfehde aus eigener Kraft ein Ende zu setzen. Mit dem Streit der ursprünglichen Familien nichts zu tun zu haben, der Bestand einer nur weitläufigen Verwandtschaft, von den Anstiftern in der Türkei ausgenutzt worden zu sein, waren für den Informanten einige der Gründe zur Aufdeckung der Tat vom März 1995.[439]

Das bedeutet für Deutschland, dass die Täter einer Tötung aus Blutrache ursprünglich überwiegend aus dem Schwarzmeerraum, dem Osten oder dem Südosten stammen und nach Deutschland emigriert sind.[440] In den bekannten Fällen sind die Anstifter zur Tat in der Türkei ansässig und rufen bei jungen männlichen Sippenangehörigen aus Deutschland den Tatentschluss hervor, in dem sie die für sie befleckte Familienehre erläutern und ihn als Auserwählten zu seiner Pflicht zur Bereinigung der Ehre bestimmen. Demgegenüber können Frauen auch ausnahmsweise nie Täterinnen oder Opfer sein. Sie schweigen zu den Taten wie alle anderen Familienangehörigen auch. Denn die Aussage gegenüber den Ermittlungsbehörden stellt einen Bruch der ungeschriebenen Regeln der Blutrache dar.

IV. Hintergründe aus historischer Sicht

1. Kurzer historischer Rückblick

Historische Aspekte sind zur Einordnung der Problematik von enormer Bedeutung, um Geschehnisse und gesetzliche Grundlagen zum heutigen Zeitpunkt nachvollziehen zu können. Die Gesellschaft in ihrem Lebensraum, die an den Wertvorstellungen festhält und ein funktionierendes Leben ermöglicht, welches das Zugehörigkeitsgefühl in einer bestimmten Gruppe stärkt, lebt ihre Traditionen seit Jahrzehnten oder gar Jahrhunderten.

Trotz der Tatsache, überwiegender Begehung von Ehrverbrechen in islamischen Ländern, ist ihr Ursprung nicht bekannt. Sicher treten diese Verbrechen in patriarchalischen Gesellschaften auf, in denen das Leben des Mannes und seine Ehre über dem Leben der Frau steht.[441]

---

439 Vgl. ausführlicher: www.spiegel.de/panorama/0,1518,398309,00.html (20.03.2007).

440 So auch die Geschichte von Bulut Nezir, der am 02.01.2001 in Herford einen Mord aus Blutrache beging. Der kurdische Lehramtsstudent schrieb aus dem Gefängnis ein Buch, in dem er das Leben zwischen der kurdisch yezidischen Tradition und Deutschland schildert. Vgl. Nezir Bulut, Gefangener der Blutrache, 2003.

441 Böhmecke, 2004, S. 13.

1.1 Ursprung-Turkvölker

In Anatolien haben im 10. Jh v. Chr. bis zum 9. Jh n. Chr. viele Völkerstämme gelebt. Ausgrabungen in Anatolien zeigen zu dieser Zeit letztmals matriarchalische Familienstrukturen.[442] Andere Quellen vermuten die Autorität beim Patriarchen, berufen sich aber auf Inschriften aus dem 8. Jahrhundert, die die gleichberechtigte Stellung der Frau hinsichtlich der Führung von Stämmen darlegen.[443] Bevor die Turkvölker die islamische Religion mit großer Mehrheit im 10. Jahrhundert annahmen und nach Anatolien auswanderten, lebten sie meist als Nomaden in Mittelasien und hatten ihr eigenes Recht.[444]

Die Vor- und Frühgeschichte gibt Hinweise auf vereinzelte Turkvölker, die bereits 3000 v. Chr. in Anatolien siedelten.[445] Historische Urkunden (z.B. Orchon-Inschriften) belegen die Hochschätzung und Freiheiten der Frau bei den Turkvölkern, die im Gegensatz zu Heute am öffentlichen Leben teilnahm und für das soziale und politische Leben wichtig war. Sie hatte nicht nur innerhalb, sondern auch außerhalb der Familie Bedeutung, weil sie einen gleichberechtigten Anteil an der Machtausübung und in der Gesellschaft besaß.[446] So wurden etwa weibliche Götter verehrt, es gab keinen Brautpreis und die Frau hatte ein Scheidungsrecht. Auch die wirtschaftliche Entscheidungsbefugnis und Unabhängigkeit war gewährleistet, da die Frauen vor der Gründung des Hethiterreichs lohnabhängig bei Fremden gearbeitet haben.[447] Von 1950 v. Chr. an etwa 1000 Jahre zeigen sich im Hethiterreich in Anatolien auch patriarchalische Strukturen. Der Mann hatte als Familienoberhaupt das Sagen in der Familie, Brautpreis und Aussteuer wurden verlangt[448] und der Frauenraub (Entführung) war in der Gesellschaft bekannt. Trotz der Stellung im öffentlichen Leben waren die Frauen vor der Heirat unter der Vormundschaft des Vaters und nach der Heirat unter der des Ehemannes. Eine an ihr vollstreckte Strafe wurde als eine an ihrem Vater oder an ihrem Mann verstanden.[449] Im alten Rechtssystem wurde der außereheliche Geschlechtsverkehr als Straftat begriffen, dessen Bestrafung von Privatpersonen oder Stammesvorstehern vollstreckt wurde, weil es keinen staatlichen Strafanspruch gab. Quellen legen dar, dass bei den Hunnen, den Göktürken und den Mongolen der außereheliche Geschlechtsverkehr mit dem Tod bestraft wurde. Nach mongolischem Recht konnte die Todesstrafe nur verhängt werden, wenn der außereheliche Geschlechtsverkehr auf frischer Tat er-

---

442 Üçüncü, 1984, S. 39.
443 Wiethold, 1981, S. 6.
444 Hekimoğlu, 2000, S. 5.
445 Eggeling, 1978, S. 39.
446 Üçüncü, 1984, S. 14.
447 Üçüncü, 1984, S. 39.
448 Altındal, 1975, S. 39.
449 Hekimoğlu, 2000, S. 14.

tappt wurde oder ein Geständnis vorlag.[450] Die Tötung des Entführers während der Verfolgung blieb straffrei. Das Recht zur Tötung hatte auch der betrogene Ehegatte: Ertappte er seine Ehefrau beim Geschlechtsverkehr mit einem anderen Mann, durfte er beide töten. Im umgekehrten Fall, wenn die Frau ihren Ehemann ertappte, geschah nichts.[451] Vergewaltigte jemand eine verheiratete Frau oder beging Ehebruch, wurde er zum Tode verurteilt. Vergewaltigte jemand eine ledige Frau, wurde dem Täter eine hohe Geld- und Sachbuße auferlegt, zudem wurde er gezwungen, das Opfer sofort zu heiraten.[452]

Nach der Annahme des Islam in den Jahren 800 – 900 n. Chr. verlor die Frau viele ihrer Rechte. Die „türkische" Frau war nun unter dem Einfluss der persischen, arabischen und byzantinischen Kultur. Sie musste sich den Regeln des Koran unterwerfen. Dies hatte den schlagartigen Verlust ihrer politischen und wirtschaftlichen Bedeutung zur Folge. Ihre Meinung zählte nicht mehr.[453] Durch den Einfluss des Islam verschwanden nach und nach alte Sitten und Gebräuche.

1.2 Osmanisches Reich

Mit dem osmanischen Reich und der Angleichung byzantinischer und persischer Bräuche verstärkte sich der Verlust der Rechte der Frau und ihre soziale Stellung in der Gesellschaft verschlechterte sich.[454] Es herrschte absolute Geschlechtertrennung, in der die Frauen in einer Welt unter Frauen lebten. 1299 – 1920 herrschte mit dem Osmanischen Reich eine zentralfeudalistische islamische Theokratie.[455] Der Islam spielte im Osmanischen Reich eine zentrale Rolle, denn der Alltag wurde durch die Scharia bestimmt. Unterstrichen wurde die untergeordnete Rolle der Frau mit dem Zerfall des byzantinischen Reichs und der Eroberung Konstantinopels (Istanbul) im Jahr 1453, in dem die religiös geprägte und feudal strukturierte Gesellschaftsform sich stark patriarchalisch wandelte.[456] In der Öffentlichkeit wurde die Frau erst im 16. Jh. in ihrer Bewegungsfreiheit und ihrem öffentlichen Auftreten eingeschränkt, in dem sie den Schleier tragen musste.[457]

---

450 Vgl. ausführlicher Avcı, 2003, S. 22.

451 Schmökel, 1961, S. 391, 394.

452 Hekimoğlu, 2000, S. 15. Bis zur Strafrechtsreform im Jahr 2005 wurde die Strafe des Vergewaltigers erlassen, wenn er sich bereit erklärte, das Opfer zu heiraten und die Ehe 5 Jahre nicht geschieden wurde, vgl. im nächsten Kapitel „der Einfluss der Ehre auf das ehemalige tStGB" Art. 434 tStGB, unter A.IV.1.4.2.

453 Altındal, 1975, S. 86.

454 Zum Osmanischen Strafrecht vgl. Pohlreich, 2009, S. 136 ff.

455 Üçüncü, 1984, S. 109.

456 Üçüncü, 1984, S. 110.

457 Dass dies normiert, aber nicht konsequent und von jeder Frau eingehalten wurde, wird durch die Herausgabe von Behörden-Erlassen deutlich, in denen geregelt wurde, wie

90 % der Bevölkerung lebten im Osmanischen Reich auf dem Land, anatolische Städte waren vornehmlich Verwaltungszentren des Osmanischen Hofes. Die ländliche anatolische Lebensform zeichnete sich im Osmanischen Reich vergleichbar zur heutigen Zeit durch die Gemeinschaftskultur aus: Eine Identität des Einzelnen entwickelte sich erst durch Zugehörigkeit zu einer Familie bzw. einem Stamm innerhalb der dörflichen Gemeinschaft. Der Patriarch war der Vorstand des Hauhaltes und vertrat dies auch nach Außen hin. Enorm wichtig war daher, dass die Familienmitglieder Respekt und Achtung zeigten, um sein Ansehen in der Gesellschaft nicht zu erschüttern. Der größte Angriff auf sein Ansehen war die Verletzung der Ehre durch eine Handlung auf die sexuelle „Reinheit" eines weiblichen Familienmitglieds.[458] Das Leben der Osmanin wurde bestimmt durch die Grenzen des Patriarchats.[459] Vergleichbar mit der heutigen Frau in vereinzelten Gebieten gehörten arrangierte Ehen und der Brautpreis, deren Höhe der Vater der Braut entschied, zum Alltag der für die Gesellschaft heiratsfähigen Frauen. Die Partnerwahl und Eheschließung waren keine individuellen Entscheidungen, denn die absolute Autorität des Vaters beinhaltete auch die Entscheidungsbefugnis über die Heirat der Kinder. Dem künftigen Ehepaar durfte keine Gelegenheit gegeben werden, sich kennenzulernen, damit es sich vor der Eheschließung nicht näher kommen konnte. Der Sinn einer Heirat lag lediglich in der Sicherung der Nachkommenschaft. Konnte dieser Sinn durch eine Unfruchtbarkeit der Frau nicht erfüllt werden, so musste die Ehefrau die Polygamie, also eine weitere Ehefrau im Haushalt dulden.[460] In den Städten war die Polygamie nur in der wohlhabenden Schicht verbreitet,[461] auf dem Land lebten Ehemänner teilweise auch polygam, weil die zweite Ehefrau eine zusätzliche Arbeitskraft bedeutete.[462] Die Wertevorstellung in der Gesellschaft erlaubte es den Frauen nicht, sich in der Öffentlichkeit frei zu bewegen und sich den Blicken fremder Männer auszusetzen, ohne die Erlaubnis des Mannes durfte die Frau die eheliche Wohnung nicht verlassen. Auch im Osmanischen Reich hatten Jungfräulichkeit und Treue in der Ehe zur Wahrung der Ehre eine große Bedeutung. Oberstes Gebot der Frau war es daher, sich stets zurückhaltend und unauffällig zu verhalten.[463] Gewährleistet wurde dies in den wohlhabenden Schichten im Zentrum durch die Institution des Harems, der einen Teil des Hauses darstellte, in dem sich nur Frauen und Kinder aufhalten durf-

---

dick der Stoff des Schleiers zu sein habe und wie er zu tragen sei, vgl. Wiethold, 1981, S. 31.

458 Küper-Başgöl, 1992, S. 56 ff.

459 Wiethold, 1981, S. 27 ff.

460 Vgl. Üçüncü, 1984, S. 113 f.; Wiethold, 1981, S. 27.

461 Nach religiösen Vorgaben ist die Polygamie nur gestattet, wenn die Frauen gleich behandelt werden. Für die in ärmeren Verhältnissen lebenden Männer war dies aufgrund der finanziellen Belastung in der Stadt nicht tragbar.

462 Wiethold, 1981, S. 27 f.

463 Vgl. Üçüncü, 1984, S. 117.

ten.[464] Die Größe des Harems repräsentierte die Macht des Sultans: Die Fähigkeit der Bewachung so vieler Frauen war gleichzusetzen mit der Bewachung seiner Ehre.[465] Ohne dass zwischen den ethnischen Gruppen unterschieden werden kann, hatten Frauen im Osmanischen Reich, gleichgültig, ob im Zentrum oder in der Peripherie, eine extrem untergeordnete Rolle, in der ihr Verhalten mit der Ehre des Mannes gleichgesetzt wurde. Rocklängen wurden durch Polizisten gemessen, der Schleier wurde zwangsweise durchgesetzt, die Dicke des Schleiers wurde durch Dekret durch den Sultan festgelegt[466] und durch die Institution des Harems im Zentrum war ein Fehlverhalten durch räumliche Abgrenzung von der Außenwelt und die Überwachung nahezu unmöglich.

Ungleichbehandlungen waren nicht nur im alltäglichen Leben zu finden, sondern auch im Erb- und Scheidungsrecht. Die Frau hatte bei der Scheidung genauso wenig Mitspracherecht, wie bei der Eheschließung: Die Ehe konnte einseitig durch die Willensäußerung des Mannes aufgelöst werden.[467] Erst während der Tanzimat-Reformen[468] wurden Normierungen versucht, die bei Polygamie ein Recht zur Scheidung einräumten. Außerdem wurde das Heiratsalter auf 17 und 18 Jahre angehoben und die Pflicht des Standesamtes eingeführt. Diese Gesetze scheiterten nach 2 Jahren und wurden dann wieder durch die Scharia ersetzt.[469] Das Strafrecht wurde von Beginn des Osmanischen Reiches bis 1926 durch das Osmanische Strafrecht geregelt, das sich aus islamischem Strafrecht und Osmanischen Gesetzen zusammensetzte.[470]

Im Osmanischen Strafrecht war die Tötung im Falle des außerehelichen Geschlechtsverkehrs auf frischer Tat straffrei. Diese Anwendung des Strafrechts

---

464 Der Harem entstand im 15. Jh. durch den Einfluss byzantinischer und persischer Hofsitte. Jeder Sultan im Reich gründete einen Harem, zu der die Mutter des Sultans, Ehefrauen, Tänzerinnen, Sängerinnen, Sklavinnen gehörten, die von einem Eunuchen bewacht wurden, vgl. Üçüncü, 1984, S. 229.

465 M.E.Meeker, zitiert in Küper-Başgöl, 1992, S. 80.

466 Keinert, 2006, S. 7.

467 Vgl. Üçüncü, 1984, S. 109, 117.

468 Die Tanzimat Reformen fanden in den Jahren 1839 – 1876 statt. Durch sie sollte nach westlichem Muster die Feudalstruktur in eine bürgerlich kapitalistische Gesellschaftsform umgewandelt werden. Es hatten sich zu dieser Zeit, in der der Untergang des Osmanischen Reiches nahte, kleine Frauenbewegungen und Organisationen gebildet. Diese forderten Gleichheit zwischen Mann und Frau, Abschaffung von Polygnie und Harem, Abschaffung der Verstoßung, Bewegungsfreiheit für die Frauen, Gründung einer Medizinschule für Frauen, ein Zivilrecht nach westlichem Muster, Ausbildungsmöglichkeiten für die Frauen u.ä. Immer wieder erlangte ein Sultan die Macht, der durch Zwang und Unterdrückung die Frauen in ihre vorherige untergeordnete Stellung warf, vgl. Üçüncü, 1984, S. 119 ff.

469 Wiethold, 1981, S. 52. Erläuterungen zur Scharia und ihrem Scheidungsrecht folgen unter A.IV.2.ff.

470 Dönmezer/Erman, 1997, S. 116 f.

wurde durch die Fatwas[471] bestätigt.[472] Archivierte Schriftstücke belegen Ehrenmorde ab dem Jahr 1541 in verschiedenen Gebieten der heutigen Türkei, in denen der Täter entweder Straffreiheit genoss oder Blutgeld an die Erben der Opfer zahlen musste.[473]

Durch die Revolution der Jungtürken 1908 – 1918, mit der die feudale Struktur ihrem Ende zuging und das Osmanische Reich niederging, erlangte die Frau sowohl in der Gesellschaft, als auch in der Familie mehr Rechte.[474] So erhielt die Frau ein Scheidungsrecht, welches ihr durch Ehevertrag ein Recht auf Ausschluss der Polygamie einräumte oder die Zwangsheirat verbot. Frauen konnten wieder frei am öffentlichen Leben teilnehmen, indem sie auf die Straße gehen konnten und begannen, europäische Kleidung zu tragen. Der Zwang, geschlechtergetrennte Schulen zu besuchen, wurde aufgehoben und die Teilnahme an einer Hochschulbildung ermöglicht.[475]

1.3 Türkische Republik

Nachdem das Osmanische Reich 1918 kapitulierte und seine Macht verlor, besetzten alliierte Truppen viele Gebiete der jetzigen Türkei. Mustafa Kemal Atatürk mobilisierte währenddessen die Bevölkerung Anatoliens und zog von 1919 – 1923 in den Befreiungskampf, in dem die Frauen eine große Rolle spielten. Gebildete Frauen aus den oberen Schichten nahmen an politischen Versammlungen teil, die Frauen auf dem Land wurden hinter den Frontlinien als Unterstützung der Truppen herangezogen oder beteiligten sich auch innerhalb der Provinzstädte am politischen Leben ihrer Männer.[476] Der islamische Einfluss im öffentlichen Leben wurde zurückgedrängt. Dadurch sollte gewährleistet werden, dass die türkische Frau als ein Teil der Gesellschaft am öffentlichen Leben wieder teilnahm.[477] Sie sollte eine selbstbewusste Bürgerin werden, die an der Entwicklung des Landes und an dem politischen Leben teilnehmen sollte.[478] Persönlich ging Atatürk mit gutem Beispiel voran, indem er 1923 mit seiner bewusst modern gekleideten Ehefrau durch Anatolien reiste und über Belange der Frauen Reden hielt. Bei heiklen Themen hielt er sich trotz allem zurück, in dem er sich gegen die Religion oder die Geschlechtsehre nicht äu-

---

471 Rechtsgutachten, das von einem islamischen Rechtsgelehrten erteilt wird. Heute werden Fatwas über Fragen erstellt und verschriftlicht oder mündlich verbreitet, wenn es hinsichtlich einer Lebenssituation in der Scharia keine Antwort oder Vorgabe gibt, vgl. auch zu einzelnen Fragen, z.B. Fatwa über das Recht, sich selbst zu rächen: www.islaminstitut.de/Fatawa-Archiv.39.0.html (20.01.2009).

472 Avcı, 2003, S. 32.

473 Vgl. ausführlicher Avcı, 2003, S. 39.

474 Wiethold, 1981, S. 51.

475 Üçüncü, 1984, S. 126 ff.

476 Vgl. Küper-Başgöl, 1992, S. 127.

477 Keinert, 2006, S. 9.

478 Üçüncü, 1984, S. 160.

ßerte, formulierte aber vorsichtig, ein Schleier sei für die Ehrbarkeit der Frau nicht notwendig und eine „ordentliche-zeitgemäße" Kleidung genüge den moralischen Ansprüchen.[479]

Mit Gründung der Türkischen Republik im Jahr 1923 wurde Atatürk autokratischer Präsident der Republik und beschloss einige Monate darauf im Parlament die Abschaffung des Kalifats und die Aufhebung der Ministerien für geistliche Angelegenheiten. In der radikalen Modernisierungspolitik, die sich stark am Westen orientierte, erließ er innerhalb des Säkularisierungsprozesses wichtige Reformen: Die islamische Zeitrechnung wurde durch den international üblichen gregorianischen Kalender ersetzt, das Recht zum Tragen religiöser Kleidungsstücke wurde allein auf Geistliche beschränkt, alle religiösen Titel wurden abgeschafft und der Islam wurde in der Verfassung als Staatsreligion gestrichen. Die orientalische Kopfbedeckung für Männer (der Fes) wurde verboten.[480] Der Familienname wurde eingeführt, der Religionsunterricht abgeschafft und das arabische Alphabet wurde durch das lateinische ersetzt. Zur Gründungszeit der Republik waren 90 % der Bevölkerung Analphabeten. Durch effektive und unterschiedliche Maßnahmen alphabetisierte Atatürk das Volk.[481] Das lokale Wahlrecht für Frauen wurde 1930, das aktive und passive 1934 eingeführt. Die Verschleierung der Frau sah Atatürk als soziale Unterdrückung und bezeichnete sie als männlichen Egoismus.[482] Daher versuchte er die Emanzipierung der Frau vor allem auch durch das Verbot der Gesichtsbedeckung zu erreichen. Er versuchte, ein neues Bild der türkischen Frau zu verbreiten, indem er sich nicht nur um „staatsfeministische" Politik bemühte, sondern diese Politik auch privat vorlebte. In einer Gesellschaft, die Söhne bevorzugte, adoptierte Atatürk 6 Töchter und sorgte für eine gute Ausbildung von ihnen, das erste der Mädchen wurde die 1. Pilotin der Luftwaffe.[483] Er demonstrierte Verhaltensweisen, die andere Männer als unehrenhaft empfunden hätten und selbst heute noch empfinden. So begleitete er Frauen demonstrativ in Männern vorbehaltene Restaurants oder ermutigte sie zur Schauspielerei.[484]

Juristische Reformen wurden durch die Übernahme des italienischen Strafrechts, des deutschen Handels- und Strafprozessrechts und des schweizerischen Zivilrechts verwirklicht. Die Besserstellung der Frau sollte 1926 durch das Ehe- und Familienrecht gewährleistet werden, welches auf der Grundlage des schweizerischen Zivilrechts erstellt wurde.[485] Durch Verbannung des Islam in

479 A. Durakbaşa, zitiert in Küper-Başgöl, 1992, S. 135.

480 Steinhaus, 1969, S. 110 ff.

481 Sonnenhol, 1989, S. 108 ff.

482 Üçüncü berichtet über die Reden des Atatürk im Jahr 1925 am schwarzen Meer über europäische Kleidung, vgl. Üçüncü, 1984, S. 173.

483 Küper-Başgöl, 1992, S. 142.

484 Kandiyoti, zitiert in Küper-Başgöl, 1992, S. 143, Fußnote 63.

485 1923 wurde bereits ein Familienrecht verabschiedet, das jedoch die Gegensätzlichkeiten und Streitereien der Modernisten und Traditionalisten im Parlament reflektierte. Es bil-

die Privatsphäre und die gleichzeitigen juristischen Reformen wurden Ansätze für eine neue kulturelle Identität der Frau geschaffen: Die Bestimmungen über die Verlöbnis enthielten die Regel, die Kinder nicht ohne deren Zustimmung zu verloben. Das Ehemündigkeitsalter wurde für die Frauen auf 17 und die Männer auf 18 Jahre erhoben.[486] Wichtig war vor allem das gesetzliche Verbot der Polygamie und das eigenständige Scheidungsrecht der Frau.[487] Ein Scheidungsgrund war z.B. der Ehebruch der Verheirateten. Dass auch Atatürk trotz der westlich geprägten Reformen ein nicht-westliches Verständnis von Ehre hatte, wird in der Unterscheidung des Ehebruchs der Frau und dem des Mannes deutlich. Die Frau beging einen Ehebruch, wenn sie außerehelichen Geschlechtsverkehr hatte, der Mann erst, wenn er mit einer anderen Frau zusammenlebte.

Die Rechte und Pflichten der Ehegatten waren ebenso wie die Definition des Ehebruchs unterschiedlich: Trotz der rechtlichen Reformen war der Mann auch gesetzlich Oberhaupt der Familie. Dies wurde u.a. durch das Erziehungsrecht beider Elternteile gegenüber den Kindern deutlich, jedoch zählte bei Uneinigkeiten der Wille des Vaters. Zu den Rechten gehörte auch die Entscheidungsbefugnis über den ehelichen Wohnsitz und die Berufstätigkeit der Frau. Mit der Argumentation, die Berufstätigkeit der Frau schade der Erziehung der Kinder, konnte der Mann seiner Ehefrau die Tätigkeit untersagen. Der Frau blieb dann die Überprüfungsmöglichkeit durch eine gerichtliche Entscheidung.[488] Trotz der Tatsache, dass die türkische Frau erstmals einen Status erlangt hatte, ist die dominante Stellung des Mannes nicht übersehbar. Die totale Unterordnung aus dem Osmanischen Reich umzukrempeln und der Frau Gleichstellung zu geben, war praktisch auch gar nicht möglich. Der „historische Ballast“[489] war so gewichtig, dass allein durch den Erlass von Reformen und Anpassung bzw. Übernahme europäischer Gesetze eine Bevölkerung mit völlig anderen soziokulturellen Traditionen nicht ausgetauscht werden konnte.

Gesellschaftsstrukturen, die aus der jahrhundertealten Tradition herrührten, sollten radikal verändert werden, so auch die Stellung der Frau in der Gesellschaft. Mit der Übernahme des schweizerischen Zivilgesetzbuches konnten Männer und Frauen weder auf dem Land noch in den Zentren von ihren traditionellen und islamischen Moralvorstellungen nicht getrennt werden. Das Patriarchat in den Dörfern blieb bestehen, das Verständnis von Familienideologie änderte sich nicht, das neue Erziehungssystem und die Schulpflicht erreichte die

---

ligte die Polygamie und setzte das Heiratsalter von Mädchen auf 9 Jahre herab, vgl. Küper-Başgöl, 1992, S. 130.

486 Wegen der jahrhundertelangen traditionellen Gewohnheiten auf dem Land war die Einhaltung dieser Vorschrift für die Landbevölkerung schwierig. Daher wurde 1938 das Mindestalter auf 17 für die Männer und 15 für die Frauen herabgesenkt, vgl. Wiethold, 1981, S. 82 f.

487 Wolf-Malik, 1983, S. 69 ff.

488 Wiethold, 1981, S. 82 ff.

489 Steinhaus, 1969, S. 117.

Mädchen nur vereinzelt. Der Staat konzentrierte sich unbeabsichtigt nur auf die Zentren.[490] Das schweizerische Zivilgesetzbuch war zum Scheitern verurteilt, da es aus einem entwickelten Staat stammte und auf eine nicht entwickelte Agrargesellschaft nicht anwendbar war. So gut die Reformen gemeint waren, waren sie allein durch Gesetzgebung nicht umsetzbar. Weder eine Anpassung an gesellschaftliche Formen und Entwicklungsmöglichkeiten oder soziokulturelle Strukturen, noch eine Aufklärung des Volkes hat stattgefunden. Pädagogische und institutionelle Maßnahmen sind ausgeblieben. So blieben die alten Wertvorstellungen auf einem enorm großen Gebiet der Türkei bestehen,[491] das Verbot der Polygamie, die Zivilehe und die Gleichstellung von Mann und Frau blieb lediglich theoretische Grundlage im Gesetz. Die wichtigste Aufgabe der Frau blieb die der keuschen und ehrenhaften Mutter und ihre Sexualität blieb unter der strengen Kontrolle der Familie.[492]

Der Staat lehrte die Frauen, die anerkannten Rechte entgegenzunehmen, aber nicht, für sie zu kämpfen. Wenn überhaupt von Gleichberechtigung oder zutreffender der Schaffung von Rechten für die Frau gesprochen werden kann, dann hat Atatürk diese nur in der Oberschicht der Städte erreicht. Ob die Reformen Atatürks (oder auch nur Teile) die Frauen der ländlichen Bevölkerung erreicht haben, bleibt in Anbetracht der heutigen Situation der Frauen fraglich.

1.4 Bedeutung der Ehre im tStGB bis zur Strafrechtsreform April 2005

Das ehemalige Strafgesetzbuch stammte noch aus dem Jahr 1926[493] und wurde nach vielen Änderungen erstmals im April 2005 reformiert. Grundlegende Gesetze aus dem ehemaligen Recht, die das Verständnis von Ehre und die darauf beruhenden strafrechtlichen Handlungen widerspiegelten, sind mit der Reform aus dem Gesetz gestrichen worden. Die Darlegung der entsprechenden Normen des ehemaligen Strafgesetzbuches ist insbesondere wichtig, weil es gesell-

490 Die Kommunikationsverhältnisse einschließlich des Verkehrswesens waren insgesamt so unterentwickelt, dass die ca. 40.000 Dörfer von dem Einfluss der Zentren und von anderen Dörfern isoliert waren, vgl. Steinhaus, 1969, S. 117.

491 Die Reformen konnten insbesondere den heute noch vereinzelt praktizierten Brauch des Brautpreises nicht durchdringen. Mit Gesetz Nr. 55 wurde der Brautpreis 1921 verboten, 1966 wurde dieses Gesetz für verfassungswidrig erklärt, so dass der praktizierte Brautpreis wieder legal entgegengenommen werden konnte. 1976 wurde endgültig durch das Revisionsgericht die Rechtswidrigkeit des Brautpreises erklärt, vgl. Üçüncü, 1984, S. 161, Fußnote 22.

492 Keinert, 2006, S. 10.

493 Das Türkische Strafgesetzbuch entstammte dem italienischen Strafgesetzbuch, der Codice Zanardelli von 1889, weil es als das modernste seiner Zeit galt. Es behielt aber auch Regelungen aus dem Osmanischen Reich, vgl. Tellenbach, 2003, S. 3; Außerdem wurden einige kleinere Änderungen des italienischen Strafgesetzbuches, wie die Einführung der Todesstrafe, die es im italienischen Strafrecht nicht mehr gab, eingeführt, vgl. Rumpf, 2004, S. 393.

schaftliche Werte und Normen kennzeichnete, Einfluss auf das Verhalten des Einzelnen hatte und aus strafrechtlicher Sicht abschreckend wirken sollte. Das ehemalige Strafrecht hatte die Ungleichbehandlung der Frau gestärkt und den Körper der Frau als das Symbol der Ehre verfestigt. Die Gesetze haben in dieser Hinsicht das in der Gesellschaft gültige und verbreitete Verständnis von Ehre legitimiert und erhärtet.[494]

Die Darlegung der einschlägigen Normen des ehemaligen Strafrechts ist auch unter dem Aspekt der noch sehr jungen Reform wichtig. Die Umgestaltung der Gesellschaft, besonders wenn es sich um die jahrhundertealte Werteordnungen handelt, ist in so kurzer Zeit kaum vorstellbar. Erst durch Heranziehung des ehemaligen Strafrechts wird auch die oftmals bestehende Kluft zwischen der heutigen Theorie und Praxis deutlich.

Daher wird hauptsächlich das achte Kapitel des ehemaligen Strafrechts dargestellt, das die Verbrechen gegen die Sittlichkeit und die Familienordnung regelte. Normiert waren hier die Vergewaltigung, Verführung Jugendlicher und die Pornographie (Art. 414-428), die Entführung von Mädchen, Frauen und Männern mit sexueller Absicht (Art. 429-434), die Förderung der Prostitution (Art. 435-436), der Ehebruch (Art. 440-444), die Verbrechen gegen den Personenstand (Art. 445-447), insgesamt vor allem Tatbestände zum Schutz der Geschlechtsehre. Umgekehrt gab es aber auch Normen, die den Täter schützten, der sich in seiner Ehre verletzt fühlte und Selbstjustiz übte: spezielle Strafmilderungsgründe aus dem neunten Kapitel, das die Bestrafung der Verbrechen gegen Personen beinhaltete, insbesondere aber im Falle der Tötung oder Körperverletzung, den Strafmilderungsgrund der Mutter an dem getöteten Kind (Art. 453), den speziellen Strafmilderungsgrund der rechtswidrigen Provokation (Art. 462), den Strafmilderungsgrund im Falle einer Abtreibung (Art. 472), die Strafmilderung im Falle des Verlassens oder Aussetzens eines Kindes (Art. 575) und den Strafmilderungsgründen im Allgemeinen Teil (Art. 49 und § 51).[495]

1.4.1 Die Rechtsfolgen des alten tStGB

Art. 11 Abs. 1 tStGB bestimmte für Verbrechen[496] die Rechtsfolgen der Todesstrafe, die Zuchthausstrafe, die Gefängnisstrafe, die schwere Geldstrafe und das Verbot, öffentliche Ämter zu bekleiden.

Die Todesstrafe, zuletzt vollstreckt im Jahr 1984, wurde durch das türkische Parlament am 02.08.2002 mit der Maßgabe aufgehoben, dass sie nur noch in Kriegszeiten verhängt werden durfte und in den gesetzlich vorgesehenen Fällen

494 T.C. Başbakanlık Kadının Statüsü Genel Müdürlüğü (Türkische Republik, Generaldirektion für den Status der Frau im Ministerpräsidium), 2006, S. 111.

495 Demirbaş/Özbek/Eker, 2002, Art. 51, 414-447, 462, 472 tStGB.

496 Das ehemalige tStGB unterteilte in Verbrechen und Übertretungen. Für Übertretungen waren gemäß Art. 11 Abs. 2 tStGB leichte Haftstrafen, leichte Geldstrafen und die vorläufige Untersagung einer Berufs- oder Gewerbeausübung vorgesehen.

in lebenslange Zuchthausstrafe umgewandelt werden musste.[497] Die Zuchthausstrafe konnte gemäß § 13 tStGB lebenslang bis zum Tod[498] oder zeitig, zwischen einem Jahr und 24 Jahren betragen. Die Gefängnisstrafe betrug gemäß § 15 tStGB sieben Tage bis 20 Jahre.[499]

1.4.2 Art. 414 ff. tStGB, Vergewaltigung und Verführung Jugendlicher[500]

Die Art. 414-425 tStGB beinhalteten die Straftatbestände der Vergewaltigung und Verführung Jugendlicher. Dabei wurde für die Bemessung der Strafe nach folgenden Merkmalen unterschieden: Die Vergewaltigung oder die Vornahme sexueller Handlungen an einer eheunmündigen Person (unter 15 Jahren), einer ehemündigen Person (ab 15 Jahren) und unter Verletzung der Jungfräulichkeit (ehemündige Person ab 15 Jahren).

Art. 414 tStGB sah für die Vergewaltigung eines eheunmündigen Kindes, je nachdem, ob Gewalt, Drohung oder andere erschwerende Gründe hinzukamen, die Zuchthausstrafe von 5 – 10 Jahren vor.[501] Praktische Relevanz hatte diese Norm in ländlichen Gebieten, in denen eheunmündige Mädchen unter 15 Jahren von ihren Eltern verheiratet wurden und eine religiöse Trauung stattfand. Für den Ehemann kam dann eine Verwirklichung dieses Tatbestandes und für die Eltern des Kindes eine Mittäterschaft oder Beihilfe in Betracht.[502]

Gemäß Art. 416 tStGB war eine Bestrafung des Täters nur möglich, wenn er eine ehemündige Person ab 15 Jahren unter den erschwerenden Voraussetzungen, wie z.B. Gewalt oder Drohung, zum Geschlechtsverkehr zwang. Der Geschlechtsverkehr war aber auch mit einer Rechtsfolge von sechs Monaten bis zu drei Jahren Gefängnisstrafe strafbar, wenn eine Einwilligung vorlag und die Person noch nicht volljährig, also unter 18 Jahren war.[503] Hier bestand ganz offensichtlich ein Widerspruch des Gesetzgebers, der die Ehemündigkeit der Frau mit 15 als gegeben sah, den einverständlichen Geschlechtsverkehr aber bestrafte, wenn das „Opfer" noch nicht volljährig war. Es sei denn, der Geschlechtsverkehr wurde durch die Ehe legitimiert.[504] Denn heiratete der Täter sein Opfer,

---

497 Öztürk/Erdem/Özbek, 2002, S. 307.

498 Gemäß Art. 19 des Strafvollzugsgesetzes bestand nach 20 Jahren die Möglichkeit, wegen guter Führung auf Bewährung entlassen zu werden, vgl. Demirbaş, 2002, S. 516.

499 Tellenbach, 2003, S. 56.

500 Es handelt sich nicht um amtliche Überschriften.

501 Demirbaş/Özbek/Eker, 2002, Art. 414.

502 Tellenbach, 2003, S. 183; Ein Jahr vor der Strafrechtsreform, im Jahr 2004 wurden insgesamt 6627 Personen wegen Art. 414 tStGB angeklagt, 3288 wurden verurteilt, 1855 Personen wurden freigesprochen, die übrigen Verfahren wurden eingestellt, vgl. Zusammenstellung des Justizregisters: www.adli-sicil.gov.tr/istatistikler.htm (25.08.2007).

503 Tellenbach, 2001, Art. 416, S. 203.

504 Im Jahr 2004 wurden insgesamt 9388 Personen wegen Art. 416 tStGB angeklagt, 4358 wurden verurteilt, 2291 freigesprochen, die übrigen Verfahren wurden eingestellt, vgl. Justizregister: www.adli-sicil.gov.tr/istatisikler.htm (25.08.2007).

so wurde die Vollstreckung der Strafe gemäß Art. 434 tStGB für fünf Jahre ausgesetzt,[505] gleichgültig, ob das Mädchen ehemündig war oder nicht. Bestand die Ehe nach fünf Jahren fort, entfiel die Strafe, wurde die Scheidung in den fünf Jahren vom Ehemann schuldhaft herbeigeführt geschieden, wurde die Strafe vollstreckt.

Nicht die sexuelle Selbstbestimmung, sondern die Gefahr, keine Familie mehr gründen zu können, war Schutzgut der Art. 414 ff. tStGB. Gründete das Opfer eine Familie, gleichgültig, ob mit dem Täter oder einem anderen, wurde das Unrecht dieser Taten wieder gutgemacht. Dies zeigte sich insbesondere darin, dass die Straferschwerung des Art. 417 tStGB, der im Falle der Vergewaltigung mit mehr als einer Person die Zuchthaus- oder Gefängnisstrafe bis um die Hälfte erhöhte, die Strafe gemäß Art. 434 Abs. 4 tStGB für alle Täter entfiel, wenn einer der Täter das Opfer heiratete.[506] Der Schaden wurde durch die Eheschließung mit einem der Täter wiedergutgemacht, der Bedarf zur Bestrafung der Mittäter entfiel. Obgleich es unvorstellbar erscheint, dass das Opfer den Täter der eigenen Vergewaltigung heiratet, geschah dies tatsächlich unter gesellschaftlichem Druck: das Opfer sah sich als entehrte Frau und stimmte der Ehe daher oft zu, weil es als entehrte Frau keine andere Möglichkeit sah.[507] Von einem Schutz des Opfers kann unter keinem Umstand gesprochen werden. Vielmehr setzte der Täter etwa bei einer Entführung des Mädchens, Vergewaltigung und dem anschließenden Heiratsversprechen zwangsweise seinen Willen durch.

Statt des Opfers wurde also der Täter durch die Aussetzung der Vollstreckung und den anschließenden Straferlass geschützt.

Die Wertschätzung der Jungfräulichkeit schlug sich im Gesetz in Art 423 Abs. 1 tStGB nieder, der eine Gefängnisstrafe von 6 Monaten bis zu 2 Jahren vorsah, wenn ein ehemündiges Mädchen mit dem Versprechen der Ehe entjungfert wurde. Nach Abs. 2 entfiel die Strafe jedoch, wenn der Täter das Mädchen heiratete und die Ehe fünf Jahre mindestens fortbestand.[508]

Die völlig verfehlte Platzierung der sexuellen Nötigung und Vergewaltigung bei den Delikten gegen die Sittlichkeit und Familienordnung zeigen, dass nicht die sexuelle Selbstbestimmung das Schutzgut der genannten Tatbestände war. Eine sexuelle Nötigung stellte vielmehr einen Angriff gegen die Familienordnung dar, aus der sich auch die Ehre der einzelnen Person ableitete. Die Vergewaltigung und die Entjungferung der Frau wurden als Schaden der Familie begriffen, der zu der strafrechtlichen Verfolgung mit einem Schadensersatz

505 Demirbaş/Özer/Eker, 2002, Art. 434, S. 242.

506 Tezcan/Erdem/Önok, 2007, S. 296, Fußnote 159.

507 Vgl. Keinert, 2006, S. 35.

508 Gemäß Art. 425 tStGB wurde dieses Delikt nur auf Antrag verfolgt, vgl. Erem/Toroslu, 2000, S. 307 f.; Im Jahr 2004 wurden insgesamt 25 Personen wegen Art. 423 tStGB angeklagt, 9 wurden verurteilt, 3 freigesprochen, die übrigen Verfahren wurden eingestellt, vgl. Justizregister: www.adli-sicil.gov.tr/istatistikler.htm (30.08.2007).

gemäß Art. 424 tStGB abgegolten werden konnte, dessen Höhe sich nach der gesellschaftlichen Stellung des Opfers und dem Verbrechen richten sollte. Bei der Grenzziehung der Altersbestimmung, wann eine Person ehemündig ist, ging es nicht um die Aspekte der ungestörten sexuellen Entwicklung der Jugend, sondern um den Schutz der Familie und Ehe.[509]

1.4.3 Art. 429 ff. tStGB, Entführung

Die Art. 429-434 tStGB bestraften den Täter, der ein Mädchen, eine Frau oder einen Mann mit sexueller Absicht oder zu Heiratszwecken entführte. Entführte der Täter gemäß Art. 429 tStGB eine mündige Frau mit Gewalt, Drohung oder List und der Absicht, sie zu heiraten, so wurde die Tat von drei bis zehn Jahren Zuchthaus bestraft. Handelte es sich um eine verheiratete Frau, musste die Zuchthausstrafe mindestens sieben Jahre betragen.[510] Das Recht unterschied also zwischen der unverheirateten und verheirateten Frau, wobei die letztere höheren Schutz genoss. Begründet wurde dies mit dem Schutz der Institution der Ehe.[511] Vielmehr ist jedoch anzunehmen, dass eine stärkere Bestrafung des Täters auch für angemessen erachtet wurde, weil er durch die Entführung der verheirateten Frau die Ehre des Ehemannes verletzte.[512]

Entführte der Täter gemäß Art. 430 tStGB eine unmündige Person[513] mit Gewalt, Drohung oder List und sexueller oder Heiratsabsicht, so wurde er mit fünf bis zehn Jahren Zuchthaus bestraft. Willigte die unmündige Person mit dem Bewusstsein der Absichten des Täters in die Entführung ein, wurde die Tat mit 6 Monaten bis zu 3 Jahren Gefängnisstrafe bestraft.[514]

Der gesamte Abschnitt verdeutlicht das kulturelle Phänomen der Brautentführung. Besonders deutlich wird dies jedoch an dem Art. 430 tStGB, der die Bestrafung vorsieht, selbst wenn eine Einwilligung des „Opfers" vorliegt. Es handelte sich in diesen Fällen um das bereits dargelegte Durchbrennen und nicht das zwangsweise Entführen, wenn die Eltern mit der Ehe nicht einverstanden waren, oder der Täter das geforderte Brautgeld nicht aufbringen konnte. Die Tat wurde als gegen die Familie gerichtet begriffen, nicht gegen das Opfer selbst, daher hatte die Einwilligung auch nicht den Tatbestandsausschluss zur

509 Die nicht dargelegten Artikel regelten das schamlose Verhalten in der Öffentlichkeit und das Darstellen und Verbreiten der Pornographie und werden nicht dargestellt, weil sie keine Besonderheiten bezüglich des Ehrverständnisses enthalten.

510 Demirbaş/Özbek/Eker, 2002, Art. 429, S. 240.

511 Erem/Toroslu, 2000, S. 319.

512 Im Jahr 2004 wurden insgesamt 1284 Personen wegen Art. 429 tStGB angeklagt, 630 wurden verurteilt, 215 freigesprochen, die übrigen Verfahren wurden eingestellt, vgl. Justizregister: www.adli-sicil.gov.tr/istatistikler.htm (02.09.2007).

513 Opfer dieses Deliktes konnte auch ein junger Mann sein, obwohl die Opfer in der Praxis fast ausschließlich Mädchen waren, vgl. Tellenbach, 2003, S. 192.

514 Demirbaş/Özbek/Eker, 2002, Art. 430, S. 240 f.

Folge, sondern lediglich die Minderung der Strafe auf 6 Monate bis 3 Jahre.[515] Dies stand eindeutig im Widerspruch zur eigenen Werteordnung und der unterschiedlichen Bewertung der verheirateten und unverheirateten Opfer: Auf der einen Seite wurde der Täter des verheirateten Entführungsopfers höher bestraft, weil die Ehre des Ehemannes des Opfers verletzt wurde. Sollte der Unwert der Entführung der Unverheirateten niedriger sein, weil es keinen durch die Ehe legitimierten Mann im Leben des Opfers gab, dessen Ehre verletzt wurde? Auf der anderen Seite ging der Gesetzgeber aber gerade in diesem Kapitel des tStGB von dem Schutz der Familienordnung aus, dessen Vorstand der Familienvater war.[516] Nach dem gesellschaftlichen Verständnis der Ehre, trägt doch der Vater die Verantwortung für das keusche Verhalten der Tochter, bis sie verheiratet und sodann die Verantwortung auf den Ehemann übertragen wurde. Der Schutz der Familienordnung konnte also nicht erst mit dem Eheschluss und der Gründung der „Neufamilie" beginnen, sondern galt gerade für alle bestehenden Familien, sowohl als Verheiratete, als auch als Unverheiratete.[517]

Eine Strafmilderung sah das Gesetz gemäß Art. 432 tStGB vor, wenn der Täter das Opfer freiwillig zurückbrachte, ohne sexuelle Handlungen an ihr vorgenommen zu haben oder gemäß Art. 433 tStGB die Entführung nur zum Zwecke der Heirat stattgefunden hatte.[518] Je mehr Zeit das Opfer mit dem Täter verbrachte, desto eher ging das gesellschaftliche Umfeld von gewolltem oder ungewolltem Geschlechtsverkehr zwischen Täter und Opfer aus. Beim Verdacht der Entjungferung lag die Annahme nahe, das Opfer werde schwer zu verheiraten sein. Daher entfiel auch hier gemäß Art. 434 Abs. 1 tStGB die Strafe, wenn der Täter versprach, das Opfer zu heiraten, vorausgesetzt, die Ehe bestand fünf Jahre fort.[519] Der Gesetzgeber wollte sicherlich auch dem Phänomen des Durchbrennens so entgegenkommen, jedoch erlangte auch hier der Täter die zwangsweise Durchsetzung seines Willens, wenn eine Frau ihn nicht heiraten wollte.

Waren in diesem Fall mehrere an der Entführung beteiligt, erlosch gemäß Art. 434 Abs. 4 tStGB die Strafe der Beteiligten, wenn der Täter das Opfer heiratete.[520]

---

515 Tellenbach, 2003, S. 193.

516 Willigte die Mutter in das Durchbrennen der Tochter ein und nicht der Vater, wurde der Tatbestand des § 430 angenommen, weil nur der Vater als Familienoberhaupt das letzte Wort hatte und es auf sein Einverständnis ankam, vgl. 5. Strafsenat vom 14.04.1976, 1178/1205 zitiert in: Tellenbach, 2003, S. 193.

517 Im Jahr 2004 wurden insgesamt 10.814 Personen wegen Art. 430 tStGB angeklagt, 5.237 wurden verurteilt, 2.234 freigesprochen, die übrigen Verfahren wurden eingestellt, vgl. Justizregister: www.adli-sicil.gov.tr/istatistikler.htm (04.09.2007).

518 Erem/Toroslu, 2000, S. 322 ff.

519 Keinert, 2006, S. 37.

520 Tellenbach, 2001, Art. 434, S. 210.

1.4.4 Art. 435 f. tStGB, Förderung der Prostitution

Die §§ 435 und 436 regelten die Straftatbestände der Förderung der Prostitution.

Auch bei der Verleitung zur oder Förderung der Prostitution wurde der Unrechtsgehalt der Tat je nach Opfer bestimmt. Gemäß Art. 435 Abs. 1 tStGB betrug die Rechtsfolge mindestens zwei Jahre Gefängnisstrafe zuzüglich Geldstrafe, wenn das Opfer das 15. Lebensjahr nicht vollendet hatte.

War das Opfer 15-21 Jahre alt, so betrug die Rechtsfolge der Tat gemäß Art. 435 Abs. 3 tStGB sechs Monate bis zwei Jahre Gefängnisstrafe. Straferschwerungsgründe waren für beide Opfergruppen vorgesehen, wenn es sich bei dem Täter um einen Verwandten oder eine Person handelte, die die Aufsicht über das Opfer hatte. Gemäß Art. 435 Abs. 5 tStGB wurde der Täter eines über 21 jährigen Opfers nur bestraft, wenn es sich bei dem Täter um den Ehemann, einen Verwandten oder Verschwägerten aufsteigender Linie oder um die Geschwister des Opfers handelte.[521] Art. 436 tStGB legte die Voraussetzungen fest, wann ein Handel mit Frauen vorlag. Mit Gefängnisstrafe von einem Jahr bis zu drei Jahren wurde bestraft, wer eine Jungfrau oder eine Frau unter 21 Jahren zum Zwecke der Prostitution an einen anderen Ort verbrachte oder anderen zuführte, auch wenn eine Einwilligung der Frau vorlag. Strafbar war dieser Tatbestand auch an Frauen ab 21 Jahren, wenn Gewalt, Drohung oder List angewandt oder Einfluss ausgeübt wurde. Eine Vorbereitungshandlung der Art. 435 und 436 wurde mit einem Sechstel der für das Delikt vorgesehenen Strafe bedroht.[522]

Auch dieser Abschnitt, der die Verbrechen gegen die Sittlichkeit normierte und detailliert für alle Täter- und Opfergruppen differenzierte Strafzumessungen vorsah, behandelte die Jungfrau gesondert. Die Bedeutung, die der Jungfräulichkeit der Frau beigemessen wurde, wird erneut dadurch deutlich, dass derjenige, der eine Jungfrau zur Prostitution verleitete, ausnahmslos bestraft wurde, gleichgültig, ob sie einwilligte, derjenige, der z.B. eine über 21-Jährige zur Prostitution verleitete, nur bestraft wurde, wenn es sich um einen Familienangehörigen bzw. Verwandten handelte oder Gewalt u.ä. angewandt wurde.[523]

Durch die Fokussierung auf die Jungfräulichkeit wird nahezu in jedem Abschnitt dieses Kapitels deutlich, dass die Sexualität der Frau nicht ihr eigenes

---

521 Demirbaş/Özbek/Eker, 2002, Art. 435 f., S. 242 f.; Im Jahr 2004 wurden insgesamt 1251 Personen wegen Art. 435 tStGB angeklagt, 633 wurden verurteilt, 370 freigesprochen, die übrigen Verfahren wurden eingestellt, vgl. Justizregister: adli-sicil.gov.tr/istatistikler.htm (04.09.2007).

522 Tellenbach, 2003, S. 199.

523 Im Jahr 2004 wurden insgesamt 1.282 Personen wegen Art. 436 tStGB angeklagt, 634 wurden verurteilt, 339 freigesprochen, die übrigen Verfahren wurden eingestellt, vgl. Justizregister: www.adli-sicil.gov.tr/istatistikler.htm (04.09.2007).

schützenswertes Rechtsgut war, worüber sie frei bestimmen konnte, sondern der Staat diese Entscheidung für sie traf.

1.4.5 Art. 438 ff. tStGB, gemeinsame Bestimmungen

Die Art. 437-439 tStGB beinhalteten gemeinsame Bestimmungen zu den vorherigen Abschnitten, etwa gemäß Art. 437 tStGB, den Verlust der elterlichen Gewalt oder Vormundschaft, wenn sie sich an dem Kind vergangen hatten oder eine Straferhöhung, wenn die entführte Person infolge der Verletzungen starb.

Art. 438 tStGB regelte bis 1990, bevor er vom Gesetzgeber aufgehoben wurde, dass die Strafe für Delikte gegen die Geschlechtsehre auf bis zu 2/3 herabgesetzt werden konnte, wenn es sich bei dem Opfer um eine Prostituierte handelte.[524]

Die Vergewaltigung einer Prostituierten wurde also privilegiert. Obwohl die Geschlechtsehre kein nachträglich zu erwerbendes Gut war, wird hier außerdem erkennbar, dass sie für den Gesetzgeber disponibel war.[525] Den Ehrenschutz verdiente also nur diejenige, die sich ehrenhaft verhielt.[526] Die Prostituierte verzichtete auf ihre Ehre, konnte also auch nicht geschützt werden und die Genugtuung der Bestrafung des Täters erfahren.

1.4.6 Art. 440 ff. tStGB, Ehebruch

Die Art. 440-444 tStGB regelten den in der Politik und Gesetzgebung umstrittenen Ehebruch, der ebenfalls bereits vor der Reform, für den Mann 1996 und für die Frau 1998, ihre Geltung verlor. Art. 440 tStGB bestrafte bis 1998 den Ehebruch der Frau mit einer Gefängnisstrafe von sechs Monaten bis drei Jahren, die den Tatbestand verwirklichte, wenn sie außerehelichen Geschlechtsverkehr hatte.[527] Der am Ehebruch Beteiligte wurde als Mittäter gleich bestraft.

Art. 441 tStGB regelte den Ehebruch des Mannes und der Beteiligten mit derselben Rechtsfolge. Die Definition des Ehebruchs fiel bei dem Mann jedoch unterschiedlich aus: er beging erst Ehebruch, wenn er eine nach außen erkennbare sexuelle Beziehung zu einer Frau in der ehelichen Wohnung oder in einer anderen Wohnung hatte.[528] Diese Vorschrift gab zunächst, unabhängig von dem sich aufdrängenden ungleichen Untreueverständnis, Zweifel über Sinn und Zweck des Art. 441 tStGB auf: der außereheliche Geschlechtsverkehr schien bei

524 Üçüncü, 1984, S. 186 f.

525 Rumpf, 1999/2003, S. 8.

526 Rumpf, 2000, S. 168.

527 Im Jahr 2000 wurden noch insgesamt 174 Personen wegen § 440 TStGB angeklagt, 60 wurden verurteilt, 37 freigesprochen, die übrigen Verfahren wurden eingestellt, vgl. Tellenbach, 2003, S. 278, Quelle: adli-sicil.gov.tr/istatist.htm.

528 Üçüncü, 1984, S. 186 f.

dem Mann straflos zu sein und entwickelte sich erst zu einem Straftatbestand, wenn der Mann mit einer anderen Frau als seiner Ehefrau nach außen erkennbar zusammenlebte. In Anbetracht der damals und auch heute noch praktizierten Polygamie (möglich mit einer standesamtlichen und einer Imam-Ehe) waren von dieser Vorschrift mehr Männer betroffen als Frauen in der Situation des Art. 440 tStGB. Dies aber stellte einen Widerspruch zur Moralvorstellung der Bevölkerung dar: der Ehebruch war sittlich derart verwerflich, dass er strafbar war. Die Polygamie war zwar nicht erlaubt, aber nicht strafbar und sie war nicht sittlich verwerflich, da die Unfruchtbarkeit einer Frau oder das Nichtgebären von männlichem Nachwuchs als Rechtfertigung durch die Gesellschaft für die Vielehe herangezogen werden konnte.[529]

Begründet wurde die Strafbarkeit des Ehebruches damit, dass mit der Untreue die Institution der Familie gefährdet sei und gerade die Einheit der Familie die Grundlage der türkischen Gesellschaft sei. Die ungleiche Definition der Untreue zeigt die Wertung der Gesellschaft zum sexuellen Verhalten von Eheleuten, woraus sich wieder die Frau als Trägerin der männlichen Ehre erwies, deren sexuelles Verhalten nicht nur gesellschaftlich durch die soziale Kontrolle überwacht und bestraft wurde, sondern auch gesetzlich. Die Sexualität außerhalb der Ehe war ausgeschlossen. Die Einheit der Familie war aber erst gefährdet, wenn der Mann eine eheähnliche Gemeinschaft gründete.[530] Abgesehen davon, dass der Schutz der Familie und Ehe durch diese Norm nicht erreicht werden konnte, weil die Entscheidung nach anderweitiger sexueller Orientierung auf einen Bruch in der Entscheidung der ehelichen Gemeinschaft deutete, konnte es sich auch nicht um den Schutz der Ehe handeln, da dann beide gleichermaßen geschützt worden sein müssten. Offensichtlich wurde die Ehre des Mannes, die bei einmaliger Untreue der Frau verletzt war, für schützenswerter erachtet.[531]

Prozessual musste sich die Frau einer Genitaluntersuchung[532] unterwerfen, wenn der Verdacht der Untreue vorlag.[533]

Die Strafbarkeit des Ehebruchs des Mannes, Art. 441 tStGB, wurde 1996 durch das Verfassungsgericht wegen Verstoß gegen den Gleichheitssatz für nichtig erklärt. Der Gesetzgeber musste das Gesetz innerhalb eines Jahres nach Veröffentlichung der Entscheidung ändern.[534] Weil bis Dezember 1997 keine

---

529 Ähnlich Tellenbach, 1996, S. 159 f.

530 Ähnlich Keinert, 2006, S. 33; Rumpf, 1999/2003, S. 5.

531 Rumpf, 2000, S. 166.

532 Genitaluntersuchungen wurden auch erzwungen, um die Jungfräulichkeit festzustellen. Legitimiert waren sie, um Sexualstraftaten nachweisen zu können. In Wirklichkeit wurde bei jeglichem Verdacht der Angehörigen ein solcher Test auf die Jungfräulichkeit durchgeführt, vgl. Keinert, 2006, S. 40.

533 Keinert, 2006, S. 32.

534 Verfassungsgerichtsentscheidung vom 23.09.1996 E.1996/15 K.1996/34, Resmi Gazete (Amtsblatt) 27.12.1996, zitiert in Tellenbach, 2001, Art. 440-441 tStGB, S. 214.

neue Regelung geschaffen wurde, war das Gesetz nichtig und der Ehebruch des Mannes straflos. Auf Antrag stellte das Verfassungsgericht einige Monate später im Mai 1998 die Nichtigkeit des Art. 440 tStGB fest,[535] den Ehebruch der Frau, wegen Verletzung des Gleichheitssatzes.[536]

1.4.7 Art. 447 tStGB, Strafmilderung bei Verbrechen gegen den Personenstand zur Rettung der Ehre

Abschließend regelte das achte Kapitel als letzten Abschnitt in den Art. 445-447 tStGB die Verbrechen gegen den Personenstand. Der Tatbestand des Art. 445 tStGB umfasste das Verstecken oder Vertauschen eines Neugeborenen, um den Personenstand des Kindes zu unterdrücken oder zu verfälschen. Zur Erfüllung des Tatbestandes war das Unterdrücken oder Fälschen des Personenstandes als strafrechtlich relevante Handlung erforderlich. Bestraft wurde der Täter mit Gefängnis von einem Jahr bis zu fünf Jahren. Art. 446 tStGB sanktionierte das Aussetzen des Kindes unter Verheimlichung der Personalien in einem Waisenhaus oder an einer öffentlichen Stelle, damit es von einem Wohltäter aufgenommen wurde. Der Strafrahmen betrug hier Gefängnisstrafe von drei Monaten bis zu zwei Jahren.[537] Der Art. 446 tStGB spiegelte die Ausweglosigkeit einer Frau wider, die ein uneheliches Kind bekam, es aber nicht behalten konnte, weil sie befürchtete, als Ehrlose in der Gesellschaft diffamiert zu werden. Unter dem gesellschaftlichen Druck, auch in der Sorge um das Kind, unterdrückte sie die Identität und hoffte, es werde von einem wohltätigen Menschen aufgenommen. Typische Aussetzungsorte waren auch Vorhöfe von Moscheen. Dieser Gegebenheit kam der Art. 447 tStGB entgegen. Strafmildernd wirkte sich gemäß Art. 447 tStGB aus, die eigene Ehre, die der Ehefrau, der Mutter, der Schwester oder die eines der Abkömmlinge oder der an Kindes statt angenommenen Tochter retten zu wollen.[538] Gemildert wurde die Gefängnisstrafe für diesen Täterkreis mit dem Motiv der Rettung der Ehre von einem Monat bis zu drei Jahren.[539]

535 Verfassungsgerichtsentscheidung vom 23.06.1998 E.1998/3 K.1998/28 zitiert in Tellenbach 2001, Art. 440-441 tStGB, S. 214.

536 Tellenbach, 2003, S. 200 f.

537 Demirbaş/Özbek/Eker, 2002, Art. 445, 446, S. 246.

538 Im Jahr 2004 wurden insgesamt sieben Personen wegen Verstoß gegen Art. 446 tStGB angeklagt und sieben von ihnen wurden verurteilt. Wegen Verstoß gegen Art. 447 tStGB wurden 13 Personen angeklagt und sechs verurteilt, die übrigen Verfahren wurden eingestellt, vgl. Justizregister: www.adli-sicil.gov.tr/istatistikler.htm (05.09.2007).

539 Tellenbach, 2001, Art. 447, S. 215.

1.4.8 Art. 453 tStGB, Strafmilderung für die Tötung des eigenen Kindes zur Rettung der Ehre

Die vorsätzliche Tötung wurde gemäß Art. 448 tStGB mit 24-30 Jahre Zuchthaus bestraft.[540]

Straferschwerungsgründe sah Art. 449 tStGB vor, wenn besondere Täter-Opfer-Beziehungen gegeben waren: Die Strafe betrug lebenslanges Zuchthaus, wenn Täter und Opfer Ehegatten, Geschwister, Adoptiveltern, Adoptivkinder, Stiefeltern, Stiefkinder, Schwiegereltern und Schwiegerkinder waren.[541] Tötete die Mutter gemäß Art. 453 tStGB ihr Neugeborenes mit der Absicht, ihre Ehre zu retten, so wurde sie mit Gefängnisstrafe von vier bis acht Jahren bestraft. Die Begründung des Gesetzgebers stammte aus 1933 und lautete, die Frau stehe aufgrund der verletzten Ehre unter erheblichem Druck und dieses müsse Berücksichtigung finden.[542]

Auf der einen Seite sah der Gesetzgeber ein besonderes Unrecht in der Tötung von Familienangehörigen und wollte dieses Unrecht mit lebenslangem Zuchthaus bestraft sehen, auf der anderen Seite aber war dasselbe Unrecht in Anbetracht der Milderung auf vier bis acht Jahre nur noch gering, wenn die Ehre bei der Begehung der Tat eine Rolle spielte.

Bei der Feststellung der Absicht des Täters war ausschlaggebend, welcher Wert der Geschlechtsehre in der Gesellschaft des Täters beigemessen wurde. Handelte es sich um ein aus einer Vergewaltigung entstandenes Kind, so wurde Art. 453 tStGB strafmildernd herangezogen. Abgelehnt wurde die Strafmilderung, wenn das Kind aus einem Untreueverhältnis stammte und die Mutter den Art. 440 tStGB verwirklicht hatte.[543] Möglicherweise wurde dieselbe Begründung herangezogen, die bei der Strafmilderung einer Vergewaltigung einer Prostituierten eine Rolle spielte: die untreue Ehefrau verhielt sich sittenwidrig und verwirklichte den Straftatbestand der Untreue, daher verdiente sie auch nicht den Schutz einer Frau, die die Tötung beging, um ihre Ehre zu retten. Diese Be-

540 Demirbaş/Özbek/Eker, 2002, Art. 448, S. 246. Im Jahr 2004 wurden insgesamt 12.333 Personen wegen Art. 448 tStGB angeklagt, 8.886 wurden verurteilt, 1.877 wurden freigesprochen, die übrigen Verfahren wurden eingestellt, vgl. Justizregister: www.adli-sicil.gov.tr/istatistikler.htm (05.09.2007).

541 Weitere Straferschwerungsgründe, die mit lebenslanger Zuchthausstrafe geahndet wurden, sah der Gesetzgeber gemäß Art. 449 Nr. 2 tStGB in dem Vergiften des Opfers und in Mord gemäß Art. 250 tStGB. Im Jahr 2004 wurden insgesamt 230 Personen wegen Art. 449 tStGB angeklagt, 135 wurden verurteilt, 43 freigesprochen, die übrigen Verfahren wurden eingestellt, vgl. Justizregister www.adli-sicil.gov.tr/istatist.htm (05.09.2007).

542 Rumpf, 2000, S. 169.

543 Erem/Toroslu, 2000, S. 376. Die Privilegierung galt auch nicht für Kinder aus einer Imam-Ehe. Begründet wurde dies mit der Anerkennung der Ehe im sozialen Umfeld und somit dem Fehlen des Motivs der Rettung der Ehre, vgl. Tellenbach, 2003, S. 214.

gründung dürfte sich spätestens mit der Nichtigkeit des Art. 440 tStGB erledigt haben, so dass der Anwendungsbereich dieser Norm bei unehelichen Kindern oder bei Kindern, die nicht aus der eigenen Ehe stammten, eröffnet sein durfte.

Bis 1990 konnte Täter der Kindestötung zur Rettung der Ehre nicht nur die Mutter des Kindes, sondern auch der Ehemann, die Kinder, Eltern, Großeltern, Stiefeltern oder Geschwister der Mutter sein. Entscheidend war das Motiv der Ehrrettung.[544] Diese Norm bestätigte die Abhängigkeit der Einzelnen in der Werteordnung seiner Familie, wobei Familie dem Familienverständnis der türkischen Gesellschaft angepasst war, also im weiteren Sinn verstanden werden musste. Sie zeigte den kollektiven Rahmen der Geschlechtsehre, denn die Ehre der genannten Personen konnte von dem Verhalten der Frau, ein außereheliches Kind zur Welt zu bringen, abhängig sein.[545]

1.4.9 Art. 462 tStGB, „Ehrenmord"

Diese Norm stellte für die türkische Justiz die juristische Handhabung des klassischen „Ehrenmordes" dar. Sie befand sich bei den gemeinsamen Bestimmungen zur Körperverletzung und Tötung und regelte einen Strafmilderungsgrund, der vor der Reform im Juli 2003 wegen den Beitrittsverhandlungen zur Europäischen Union gestrichen wurde. Nach dieser Norm wurde die festgesetzte Strafe auf ein Achtel herabgesetzt, wenn die Tötung oder Körperverletzung an dem Ehegatten, der Schwester oder einem Abkömmling auf frischer Tat beim Ehebruch oder unerlaubten Geschlechtsverkehr begangen wurde, dies galt auch für die Tötung oder Verletzung des Mittäters. Tatbestandsvoraussetzung war eine zeitliche Nähe[546] zu dem Ehebruch oder dem unerlaubten Geschlechtsverkehr: der Täter musste entweder den Geschlechtsverkehr beobachten („auf frischer Tat"), d.h. der Geschlechtsverkehr musste zweifelsfrei beabsichtigt oder bereits begangen sein.[547] Die lebenslange Zuchthausstrafe wurde zu einer vier

544 Tellenbach, 2003, S. 214.

545 Im Jahr 2004 wurden insgesamt 5 Personen wegen Art. 453 tStGB angeklagt, 2 wurden verurteilt, 3 freigesprochen, die übrigen Verfahren wurden eingestellt, vgl. Justizregister www.adli-sicil.gov.tr/istatist.htm.

546 Vgl. ausführlich zur zeitlichen Nähe Pohlreich, 2009, S. 167 ff.

547 Göztepe, 2005, S. 36; Erem/Toroslu, 2000, S. 381. Der Kassationsgerichtshof hatte in einem Fall die Anwendbarkeit des § 462 bejaht, in dem der Sohn dem Vater mitteilte, die Mutter würde sich morgens mit dem Liebhaber unter einem bestimmten Baum treffen und sexuelle Handlungen vornehmen. Der Vater wachte eines Morgens auf, sah die Ehefrau nicht neben sich liegen und eilte zu dem von dem Sohn benannten Ort. Zur selben Zeit eilte die Frau gerade in die Richtung der ehelichen Wohnung und der Liebhaber in die entgegengesetzte Richtung. Auf die Frage des Mannes, woher sie komme, entgegnete die Frau, dies gehe ihn nichts an. Daraufhin tötete er sie in der Annahme, sie habe soeben Ehebruch begangen, vgl. Y.C.G.K. 19.10.1981, 1-254/347 (Entscheidung des Kassationsgerichtshofes vom 19.10.1981, 1-254/347) zitiert in: Gülşen, 2003, S. 110.

bis acht jahrelangen Gefängnisstrafe und die Todesstrafe wurde zu einer fünf bis zehn jahrelangen Gefängnisstrafe gemildert.[548] Die Strafmilderung war so erheblich, dass deutlich wird, dass der Ehrverletzung mehr Bedeutung zukam als dem Leben des Opfers.[549] Sie verdeutlichte die Legitimation des Ehrverständnisses und belohnte den Täter mit geringerer Strafe, weil sie die Umstände der Tat mit Nachsicht würdigte.[550] Gerechtfertigt wurde die Strafmilderung mit dem tiefen und extremen Angriff auf die Familienehre des Täters, wenn er die in Art. 462 tStGB beschriebene Situation vorfand. Insgesamt lag der Schwerpunkt der Argumentation auf der seelischen Verfassung des Täters.[551]

Nachdem die Strafbarkeit des außerehelichen Geschlechtsverkehrs entfiel, war der Art. 462 tStGB spätestens 1998, als der uneheliche Geschlechtsverkehr der Frau aus dem Gesetz gestrichen wurde, überflüssig. Außerdem gab es die allgemeine Strafmilderungsnorm Art. 51 tStGB,[552] die für die Fälle der verletzten Ehre einen breiteren Anwendungsbereich öffnete und gerade auch für diese Fälle Strafmilderung vorsah.

In einem konkreten Fall, in dem der Bruder einer Frau, die unerlaubten Geschlechtsverkehr hatte, einen versuchten Totschlag und eine Körperverletzung begangen hatte, hatte das Strafgericht in Istanbul den Fall im Wege der konkreten Normenkontrolle dem Verfassungsgericht vorgelegt. Als Begründung wurde angegeben, der Art. 462 tStGB sei verfassungswidrig, weil er dem Schutz und Recht auf persönliche, körperliche und geistige Entwicklung widerspreche. In das Sexualleben einer urteilsfähigen und mündigen Person dürfe nicht eingegriffen werden, weil dies dem Rechtssystem der Türkei widerspreche. In einem Mehrheitsbeschluss (sieben pro, vier contra) lehnte das Verfassungsgericht am 16.07.1998 die Verfassungswidrigkeit des Art. 462 tStGB ab.[553] Es hat festgestellt, dass die vorherige Handlung der Schwester, der unerlaubte Geschlechtsverkehr, eine schwere Provokation i.S.d. Art. 462 tStGB darstellte und hat als Begründung herangezogen, der Täter sei in der Gesellschaft eine respektierte Person, der aufgrund der Handlung der Schwester einen tiefgehenden und schweren Angriff auf die Familienehre erfahren habe und zum Zeitpunkt der Tat daher in seiner Steuerungsfähigkeit stark beeinträchtigt gewesen sei. Der unerlaubte Geschlechtsverkehr, der hier als Tatalternative zum Ehebruch herangezogen wurde, wurde definiert als jeder außereheliche Geschlechtsverkehr.[554]

Obwohl der Tatbestand des Ehebruchs für beide Ehegatten zum Zeitpunkt der Entscheidung über die Verfassungsmäßigkeit bereits abgeschaffen war, ist die Norm der Strafmilderung im Falle eines „Ehrenmordes“ als verfassungsge-

548 Tellenbach, 2001, § 462, S. 223 f.
549 Rumpf, 1999/2003, S. 10.
550 Keinert, 2006, S. 43.
551 Gülşen, 2003, S. 103 ff.
552 Allgemeiner Strafmilderungsgrund, der im Folgenden erläutert wird.
553 AYMK, E.1997/45, K.1998/48, Resmi Gazete (Amtsblatt) 22.11.2003.
554 Göztepe, 2005, S. 37.

mäß beurteilt worden. Konsequenterweise musste nicht nur, wie im konkreten Fall, bei dem unerlaubten Geschlechtsverkehr eine Strafmilderung für die Körperverletzung und den versuchten Totschlag erkannt werden, sondern auch im Falle des Ehebruchs, der aber keinen Straftatbestand mehr darstellte.

Zwar entstammte diese Norm nicht islamischen Traditionen, sondern kam aus der Rezeption des italienischen Strafgesetzbuches und entstammt einer mittelalterlichen Tradition im katholischen Lebensraum, doch kam sie dem türkischen Ehrbegriff zur Gründungszeit bis zur Reform sehr entgegen.[555] Diese Norm war eine von vielen, die die gesetzliche Ungleichbehandlung von Mann und Frau unterstrich. Während dieser Milderungsgrund auf den Bruder, der seine Schwester wegen seines verletzten Ehrgefühls tötete, anwendbar war, konnte sich die Schwester im umgekehrten Fall nicht auf ihn berufen, da Inhaber der Ehre nur der Mann sein konnte.[556] Obwohl die Verfassung das Gleichheitsgebot vorsah, wurde eine entsprechende Auslegung in der Praxis nie vorgenommen.[557]

1.4.10 Art. 472 tStGB, Strafmilderung bei unerlaubtem Schwangerschaftsabbruch zur Rettung der Ehre

Die Art. 468-472 regelten den unerlaubten Schwangerschaftsabbruch. Danach war schuldig, wer ohne die Einwilligung der Schwangeren einen Schwangerschaftsabbruch durchführte und wurde mit sieben bis zwölf Jahren Zuchthaus bestraft. Mit zwei bis fünf Jahren Gefängnis wurde sowohl die Schwangere bestraft, die ihre Einwilligung nach der 10. Schwangerschaftswoche gab, als auch derjenige, der den Abbruch durchführte.[558] Aufgrund des Bevölkerungsplanungsgesetzes galt seit 1983 die Fristenlösung, bei der die schwangere Frau bis zur zehnten Woche ohne Vorliegen einer Indikation die Schwangerschaft abbrechen lassen konnte, zu einem späteren Zeitpunkt nur noch, wenn eine medizinische oder eugenische Indikation bestand.[559] Auch für diesen Abschnitt sah die Werteordnung in Art. 472 tStGB einen Strafmilderungsgrund vor. Wollte der Täter die eigene Ehre oder die eines Verwandten retten, so konnte die Strafe um die Hälfte bis um 2/3 gemildert werden.[560]

1.4.11 Art. 475 tStGB, Strafmilderung bei Verlassen oder Aussetzung von Kindern zur Rettung der Ehre

Der fünfte Abschnitt, die Art. 473-476 tStGB, behandelten das Aussetzen und Verlassen von Kindern oder hilflosen Personen. Der Strafrahmen für das Ver-

555 Rumpf, 2000, S. 170.
556 Gülşen, 2003, S. 111.
557 So auch Pohlreich, 2009, S. 161.
558 Demirbaş/Özbek/Eker, 2002, Art. 468, S. 256.
559 Tellenbach, 2003, S. 219 f.
560 Keinert, 2006, S. 45.

lassen von Kindern je nach Norm und Umstand betrug drei Monate Gefängnisstrafe bis zu zehn Jahren Zuchthausstrafe.[561]

Art. 475 tStGB sah jedoch auch für diesen Umstand eine Strafmilderung von 1/6 bis zu 1/3 vor, wenn ein außereheliches Kind innerhalb von fünf Tagen nach seiner Geburt verlassen oder ausgesetzt wurde, um die Ehre der Ehefrau, der Mutter, der Tochter, der Enkelin oder der Schwester zu retten.[562] Der Wortlaut des Gesetzes macht wieder deutlich, dass Träger der Ehre die weiblichen Familienmitglieder waren und ein männliches Familienmitglied die Bereinigung eben dieser Ehre als Motiv heranziehen konnte, um eine dieser Straftaten zu begehen. Fraglich erscheint auch hier die verfassungsrechtlich geschützte Institution der Familie, da dem Leben und der Gesundheit des Kindes weniger Wert beigemessen wurde als der Ehre. In einem Urteil des Verfassungsgerichts von 1998 wurde die Verfassungswidrigkeit der Norm abgelehnt und ein Verstoß gegen den Schutz der Familie und den Schutz der körperlichen Integrität und des Lebens verneint. Der Gleichbehandlungsgrundsatz wurde gar nicht angesprochen.[563]

1.4.12 Art. 49 tStGB, allgemeiner Rechtfertigungsgrund

Der allgemeine Rechtfertigungsgrund im Art. 49 tStGB regelte Notwehr und Notstand als Rechtfertigungsgründe. Gerechtfertigt waren das Handeln aufgrund einer gesetzlichen Vorschrift und das Handeln aufgrund einer pflichtgemäß auszuführenden Anordnung der zuständigen Behörde.[564]

Die in der Praxis relevante Notwehr lag gemäß Art. 49 Nr. 2 tStGB bei einer Verteidigung vor, die gegen den rechtswidrigen, gegenwärtigen Angriff auf ein personenbezogenes Rechtsgut des Angegriffenen oder eines Dritten erforderlich und verhältnismäßig war.[565] Nach dem Wortlaut des Gesetzes waren notwehrfähige Rechtsgüter lediglich die Person und die Geschlechtsehre.[566] In der Lehre und der Rechtsprechung bestand jedoch Einigkeit darüber, unter dem Begriff der Person nicht nur Angriffe auf Leben und körperliche Unversehrtheit zu verstehen, sondern in weiter Auslegung auch Angriffe auf die Sicherheit, Freiheit und Ehre mit einzuschließen.[567] Die Anerkennung des Schutzes der Geschlechtsehre als Rechtfertigung für eine Ohrfeige war z.B. gegeben, wenn ein Mann

---

561 Demirbaş/Özbek/Eker, 2002, Art. 473 f, S. 259.

562 Tellenbach, 2001, Art. 475, S. 229 f.

563 Urteil vom 22.09.1998, E. 1997/60, K. 1998/53, Resmi Gazete (Amtsblatt) Nr. 23770 vom 29.07.1999, zitiert in Rumpf, 1999/2003, S. 10.

564 Tellenbach, 2003, S. 24.

565 Großer Strafsenat vom 23.03.1999, 1-46/56, Malkoç, TCK 2002, 450 ff. zitiert in Tellenbach, 2003, S. 25.

566 Demirbaş/Özbek/Eker, 2002, Art. 49, S. 79.

567 Großer Strafsenat vom 28.12.1987, 8-524/695, Savaş/Mollamahmutoğlu, TCK'nun Yorumu (Kommentierung des tStGB), 925 f., zitiert in Tellenbach, 2003, S. 25.

seine Hand ausstreckte, um grundlos nach einer Frau zu fassen. Ein erheblicher Angriff auf die Geschlechtsehre, wie eine Vergewaltigung, war nicht erforderlich,[568] ausreichend war vielmehr jeglicher Angriff. Die Geschlechtsehre genoss denselben Schutz wie das Leben einer Person.

1.4.13 Art. 51 tStGB, ungerechtfertigte Provokation

Diese Norm war in der Praxis für die „Ehrverbrechen" die von größter Bedeutung. Art. 51 tStGB normierte einen Strafmilderungsgrund, der aufgrund einer ungerechtfertigten Provokation (oder Aufstachelung)[569] aus blinder Wut oder großem „Schmerz" begangen wurde.[570] In der Praxis fielen unter die Anwendung dieser Norm auch die Fälle, in denen der Täter sich durch eine Handlung einer Person in seiner Ehre verletzt fühlte und eine Straftat beging. Voraussetzung für die Eröffnung des Anwendungsbereichs der Norm war zunächst das Vorliegen einer provozierenden Handlung, das unrechtmäßig[571] sein musste. Erforderlich war nicht eine unrechtmäßige Handlung im Sinne des Strafrechts, gemeint war vielmehr das Vorliegen einer Handlung, dessen Rechtswidrigkeit durch den Richter anhand vorherrschender gesellschaftlicher und sozialer Werte festgestellt werden sollte.[572] Dabei konnte, aber musste sich die provozierende Handlung nicht gegen den Täter selbst richten. Die Straftat jedoch musste sich gegen die Provozierenden richten.[573] Die Wahrnehmung und Ausübung eines gesetzlichen Rechts konnte, treffender wäre jedoch sollte,, nie eine unrechtmäßige Handlung darstellen, so z.B. das Recht einer Frau, sich scheiden zu lassen. Der Kassationsgerichtshof lehnte in solch einer Entscheidung die unrecht-

568 Gülşen, 2003, S. 107.

569 Andere Übersetzungen sind ungerechtfertigte Aufreizung oder unerlaubte Provokation, vgl. Pohlreich, 2009, S. 169 f.

570 Demirbaş/Özbek/Eker, 2002, Art. 51, S. 80. Strittig war in der Lehre, ob es sich bei Art. 51 um Fälle von verminderter Schuld handelte, so Öztürk/Erdem/Özbek, 2002, S. 210, Demirbaş, 2002, S. 364 ff., oder um eine Strafzumessungsvorschrift (so Dönmezer/Erman, Ceza Hukuku II (Strafrecht II), S. 346 ff.; Centel, Giriş (Einleitung), S. 350 ff. zitiert in Tellenbach, 2003, S. 37).

571 Vgl. zum Unrechtmäßigkeitsmaßstab auch Pohlreich, 2009, S. 172 ff.

572 Demirbaş, 2002, S. 369.

573 Öztürk/Erdem/Özbek, 2002, S. 213; Der große Strafsenat hatte eine leichte Provokation angenommen, als der Getötete und seine Freunde junge Frauen belästigten (unrechtmäßige Provokation) und der Täter, der mit den Frauen im selben Bezirk wohnte, die Belästigung mit der Tötung eines Beteiligten abwehrte. Zur Begründung wurde angeführt, verbale und nonverbale Belästigungen widersprächen den Bräuchen, Gepflogenheiten und der moralischen Struktur der Gesellschaft und hätten zu der Zwangslage geführt, vgl. Großer Strafsenat vom 22.05.1989, E. 1/233, K. 192, zitiert in Gülşen, 2003, S. 116 f.

mäßige Provokation mit der Begründung ab, die Frau habe von ihrem Scheidungsrecht Gebrauch gemacht.[574]

Vorausgesetzt wurde außerdem, dass der Täter aufgrund dieser unrechtmäßigen Handlung in blinde Wut geriet oder großen Schmerz erlitt (psychisch) und ein Zusammenhang zwischen diesem psychischen Zustand und der Tat bestand.[575] Entscheidend für die Anwendung des Art. 51 tStGB war also der seelische Zwang, in dem sich der Täter befunden haben musste.[576] Bemerkenswert und der Unterschied zum Ehebruchstatbestand (Art. 462 tStGB) war das Fehlen einer zeitlichen Komponente für den Art. 51 tStGB. Vielmehr hing es vom Einzelfall ab, wie lange die Wut oder der Schmerz bei einer unrechtmäßigen Provokation anhalten konnte. Daher war der Anwendungsbereich des Art 51 tStGB weiter als der des Art. 462 tStGB, der den Strafmilderungsgrund für die Körperverletzung oder Tötung im Falle des Ehebruchs oder des unerlaubten Geschlechtsverkehrs nur unmittelbar vor und nach oder bei dem Betreffen auf frischer Tat vorsah.[577]

Bei der Provokation konnte es sich um eine einfache oder schwere handeln. Das Gesetz erläuterte nicht, in welchen Fällen welcher Grad der Provokation vorliegen sollte. Vielmehr sollte der Richter nach den Besonderheiten im Einzelfall unter Berücksichtigung der Beschaffenheit, Zeit und Form der unrechtmäßigen Handlung, traditionelle Bedingungen und Person des Provozierten und Provozierenden entscheiden, ob eine einfache oder schwere Provokation vor-

574 Entscheidung des Großen Strafsenats vom 19.03.1996, E. 1/37 K. 47. Trotz dieser und vergleichbarer Urteile gab es bei der Beurteilung des gesellschaftlich „Unrechtmäßigen" Diskrepanzen zwischen der Vorstellung der Gerichte und widersprüchliche Urteile, in denen die Wahrnehmung eines Rechts doch als rechtswidrige Provokation eingestuft worden war: In einer Entscheidung des Großen Strafsenats vom 09.07.1973 hatte der Senat einen Fall zu entscheiden, in dem eine 19-jährige Frau mit einem jungen Mann durchgebrannt war. Der Vater verfolgte das Paar und erschoss den Mann. Das erstinztanzliche Gericht nahm eine schwere Provokation an, weil es das Durchbrennen als unrechtmäßige Handlung qualifizierte. Der Kassationshof lehnte eine schwere Provokation mit der Begründung ab, das Mädchen sei mit 18 mündig gewesen und habe das Recht gehabt, zu heiraten, wen sie wollte. Der Kassationsgerichtshof nahm aber eine einfache Provokation mit der Begründung an, der Mann habe die traditionelle Form der Heirat (vermutlich das Handanhalten durch die Eltern des Bräutigams bei den Eltern der Braut) nicht eingehalten, vgl. Großer Strafsenat vom 09.07.1973, 1-324/537, zitiert in Tellenbach, 2003, S. 37.

575 Demirbaş, 2002, S. 368 ff.; Öztürk/Erdem/Özbek, 2002, S. 214; Dönmezer/Erman, 1999, S. 357.

576 Rumpf, 1999/2003, S. 10.

577 In einer Entscheidung des Großen Strafsenats lag die provozierende Handlung (ein Mann war in das Schlafzimmer der Mutter und der Ehefrau des Täters gedrungen) vier bis fünf Jahre zurück. Hier wurde eine leichte Provokation angenommen, Großer Strafsenat vom 09.12.1991, 1-316/346, zitiert in Gülşen, 2003, S. 123.

lag.[578] Entscheidend war, welchen Einfluss die provozierende Handlung auf die Tat hatte und welche Wirkung sie bei dem Täter auslöste.[579] Je traditioneller und patriarchalischer also der Täter war, desto schwerer war die Provokation und milder fiel die Strafe aus.

Bei einer einfachen Provokation[580] wurde die Todesstrafe auf lebenslange Zuchthausstrafe, die lebenslange auf eine 24 jahrelange Zuchthausstrafe und die sonstigen Strafen um ¼ gemildert.

Handelte es sich um eine schwere Provokation[581] wurde die Todesstrafe auf eine 24 jahrelange Zuchthausstrafe, die lebenslange auf eine 15 jährige Zuchthausstrafe und im Übrigen wurde die Strafe um die Hälfte bis um 2/3 gemildert.[582]

In „Ehrenmordprozessen" wurde den Tätern nahezu automatisiert der Strafmilderungsgrund des Art. 51 tStGB zuerkannt, da eine außereheliche Beziehung und die so notwendig eintretende Verletzung der Ehre den „seelischen Schmerz" darstellte und die vorherige untreue oder sexuelle Handlung die provozierende war.[583] Die seelische Zwangslage lag also nahezu immer vor, wenn eine ehrverletzende Handlung vorgeschaltet war. Im ehemaligen tStGB konnte nicht nur nicht von der Abschreckungsfunktion der Gesetze für „Ehrenmorde" gesprochen werden, der Täter profitierte sogar wegen gesellschaftlichen Drucks, gesellschaftlicher Strukturen, Tradition und Brauchtum von Strafmilderungsgründen, weil er „provoziert" oder „gereizt" wurde. Traditionelle Werte und Vorstellungen spielten bei der Anwendbarkeit der Norm eine große Rolle. Der Strafmilderungsgrund wurde daher auch herangezogen, wenn keine standesamtliche, sondern nur eine Imam-Ehe vorlag, obwohl dies einen Widerspruch zur bestandenen Rechtslage darstellte, weil der Imam eine religiöse Trauung nur vornehmen durfte, wenn er den Nachweis der standesamtlichen Ehe erlangte. Die Rechtsprechung behandelte die Imam-Ehen genauso wie die offiziellen Ehen und milderte die Strafe nach Art. 51 tStGB wenn die „Ehe" Frau „außerehelichen" Geschlechtsverkehr hatte.[584] Erforderlich, aber nicht zwingend, war der unerlaubte Geschlechtsverkehr oder der Ehebruch, jegliches

578 Urteil des großen Strafsenats vom 20.10.1998, E.1/250 K.325, zitiert in Demirbaş, 2002, S. 373.

579 Öztürk/Erdem/Özbek, 2002, S. 211.

580 Z.B. wurde das Beobachten der Ehefrau im Bad als eine einfache Provokation gewertet, vgl. Großer Strafsenat vom 20.11.1978, 1-262/410, zitiert in Tellenbach, 2003, S. 44.

581 Das Beobachten eines Paares beim Geschlechtsverkehr im ehelichen Schlafzimmer durch das Schlafzimmerfenster wurde als schwere Provokation eingestuft, vgl. Großer Strafsenat vom 06.04.1981, 1-5/117, zitiert in Tellenbach, 2003, S. 44.

582 Demirbaş/Özbek/Eker, 2002, Art. 51, S. 80.

583 Keinert, 2006, S. 43.

584 Gülşen, 2003, S. 118; Großer Strafsenat vom 23.09.1974, 16231/415, Großer Strafsenat vom 24.04.1989, 1-99/159.

Empfinden von Ehrverletzung des Täters war ausreichend.[585] In der Theorie ist der Anwendungsbereich nicht ausschließlich auf männliche Täter beschränkt, so können auch Opfer nicht nur Frauen sein, sondern auch untreue Ehemänner. Die Praxis zeigt jedoch, dass dies eher seltene Fälle sind, da in Gesellschaften, in denen „Ehrverbrechen" begangen werden, die Frauen der Überzeugung sind, sie seien die Trägerinnen der Familienehre. Sie tolerieren ein offeneres Sexualleben des Mannes und gestehen ihm Rechte zu, die sie selber nicht beanspruchen. Denkt man sich Fälle mit umgekehrter Konstellation, geht man von einem Eifersuchtsdelikt, aber nicht von einer Straftat aus verletzter Ehre aus. Nach der Definition der Geschlechtsehre würde die umgekehrte Konstellation auch einen Widerspruch darstellen, da nicht der Mann, sondern die Frau die Trägerin der Geschlechtsehre ist.[586]

1.4.13.1 Fallbeispiel 1

Besonders interessant ist die Entscheidung des Großen Strafsenats vom 06.06.1994, der zwar nicht die Strafmilderung wegen verletzter Ehre annahm, aber die Wertvorstellung der Gesellschaft gut verdeutlicht:

Nachdem ein junges Mädchen mit einem verheirateten Mann durchgebrannt war und einige Monate mit ihm in Antalya verbracht hatte, kehrte das Liebespaar mit Einverständnis der Ehefrau des Mannes in die eheliche Wohnung zurück. Der Haushalt wurde zu Dritt weitergeführt. Die „offizielle" Ehefrau beschimpfte und beleidigte die jüngere Imam-Ehefrau ständig, woraufhin die Jüngere sie eines Tages mit dem Jagdgewehr erschoss.

Die Strafmilderung des Art. 51 tStGB wurde mit folgender Begründung bejaht: die jüngere Frau habe eine unrechtmäßige Handlung begangen, weil sie bewusst mit einem verheirateten Mann durchgebrannt sei. Nachdem er sie aber entjungfert habe, sei ihr keine andere Wahl geblieben, als bei ihm zu bleiben. Die Ehefrau habe weder Scheidungsantrag, noch Strafantrag wegen Ehebruchs gestellt, sondern ausdrücklich zugestimmt, trotzdem aber die junge Frau ständig beschimpft. Daher müsse der Täterin eine einfache Provokation gemäß Art. 51 tStGB zugebilligt werden. (Das Minderheitenvotum lehnte die Strafmilderung mit der Begründung ab, die Imam-Ehefrau habe sich als erste rechtswidrig ver-

585 In einem Fall vor dem Kassationsgerichtshof wurde die Strafmilderung des § 51 zuerkannt, als die Frau mit den gemeinsamen Kindern von zu Hause ausgezogen war und der Mann sie mit anderen Männern gesehen haben wollte und sie bei der Begegnung in der Stadt zur Rede stellte. Sie habe ihn mit der Bemerkung weggeschickt, „das wüsste er wohl gerne". Wutentbrannt habe er spontan ein Messer gekauft und ihr den Schädel gespalten, Großer Strafsenat vom 13.05.1985, 608/268, zitiert in Tellenbach, 2003, S. 41.

586 Denkbar waren Konstellation, in denen die Geschlechtsehre von Personen verleumdet wurde, so auch in einem Fall des Kassationsgerichtshofes, in der eine Frau ihre Schwiegermutter tötete, weil sie ihr ständig Ehebruch vorwarf und sie beschimpfte, vgl. Großer Strafsenat vom 04.07.2000, 1-150/151, zitiert in Tellenbach, 2003, S. 43.

halten, indem sie mit dem verheirateten Mann durchgebrannt sei. Wer sich als erste rechtswidrig verhalte, könne sich nicht auf das Vorliegen einer Provokation berufen.)[587]

Das Fallbeispiel verdeutlicht den hohen Wert der Jungfräulichkeit. Die Täterin hatte die Strafmilderung also nur der Defloration zu verdanken.

Da die Imam-Ehefrau Geschlechtsverkehr mit dem Mann hatte, wurde davon ausgegangen, dass eine Situation entstanden war, die die jüngere Frau an den Mann gebunden hatte. In der Begründung geht der Senat davon aus, die Täterin hätte keinen anderen Mann mehr heiraten können, daher sei ihr nichts anderes übriggeblieben, als in Form einer Zweit-Ehefrau in dem Haushalt zu leben. In Anbetracht der Urteilsbegründung verliert die Betonung des Gerichts, der Imam-Ehe solle keinesfalls Gesetzlichkeit zugesprochen werden, an Gewicht.

1.4.13.2 Fallbeispiel 2

Im Frühjahr 1994 ereignete sich im Südosten der Türkei (Urfa) ein Vorfall, der für das 16-jährige Mädchen als Opfer eines „Traditionsmordes" tödlich endete. Alles begann damit, dass eine Freundin des Opfers, die in einem lokalen Radiosender arbeitete, ein Liebeslied für das Mädchen auflegen ließ. Das Opfer mochte moderne Kleidung und Accessoires, konnte ihre Vorliebe aber aufgrund der strengen Erziehung der Eltern nicht ausleben. Sie durfte nicht mit ihren Freunden telefonieren oder sich ihre Freizeit nach Belieben gestalten. Eines Abends fanden ihre Eltern neben dem Brunnen ihre Schuhe und einen Zettel, auf dem stand, sie habe sich in den Brunnen geworfen, die Eltern sollten nicht nach ihr suchen und nicht traurig sein. Örtliche Polizei und Feuerwehr fanden ihr Kleid in dem Wasser, stellten aber nach einiger Zeit fest, dass das Mädchen nicht im Brunnen war. Am nächsten Morgen wurde der Vater von der Polizei gerufen, um die Tochter abzuholen. Die Tochter hatte in Anwesenheit der Freundin vom Radio mitgeteilt, sie habe die Nacht bei ihr verbracht. In der Zwischenzeit hatte die Sippe von dem Ereignis Kenntnis erlangt und zwei der Onkel warteten vor dem Polizeirevier. Gemeinsam fuhren sie das Mädchen nach Hause und gaben ihr das Kleid zum Anziehen, welches tags zuvor aus dem Brunnen herausgeholt worden war. Acht Stunden später wurde das Mädchen nach der Entscheidung des Familienrats durch den 15 Jahre alten Bruder erschossen. Der Vater des Opfers, der noch während der Tat zur Polizei ging, sagte aus, der Sohn und vier Verwandte aus der nahen Verwandtschaft hätten zu Hause gewartet, bis er mit der Tochter aus der Polizeiwache kam. Er habe dem Rat mitgeteilt, der Tochter sei nichts passiert, keiner habe sie entführt und sie

587 Großer Strafsenat vom 06.06.1994, 1-140/163, Malkoç/Güler, TCK (Strafgesetzbuch), 359 f., zitiert in Tellenbach, 2003, S. 44.

sei noch Jungfrau.[588] Daraufhin habe der Rat geäußert, die Ehre der Familie sei beschmutzt, sie könnten niemandem mehr würdevoll ins Gesicht schauen und das Mädchen müsse umgebracht werden. Obwohl der Vater mehrmals geäußert habe, er vertraue seiner Tochter und glaube an ihre Unschuld und sie müsse nicht getötet werden, habe der Rat dies abgelehnt. Daraufhin seien die Beteiligten in das Zimmer gegangen, in dem die Tochter weinend auf den Tod wartete und hätten die Tochter gefragt, wer das Liebeslied für sie im Radio hätte spielen lassen. Die Täter vermuteten also eine Beziehung des Opfers. Der Jüngste von allen, der 15-jährige Bruder sei als Täter bestimmt worden, der die Tat in Anwesenheit der anderen ausgeführt habe. Nach dem ersten Schuss sei der Vater zur Polizeiwache gegangen, um sich den Tod der Tochter nicht ansehen zu müssen. Unmittelbar nach der Tat bestätigte der Täter die Aussage des Vaters. Alle anderen leugneten bei allen Vernehmungen die Mittäterschaft. Vor Gericht widerriefen Vater und Sohn ihre polizeilichen Aussagen. Der Täter schilderte die Tat als von ihm beschlossen und ausgeführt, weil die Schwester von zu Hause ausgerissen war und das Unrecht dieses Verhaltens nicht eingesehen habe und geäußert habe, sie wolle berühmt werden. Wegen mangelnden Beweisen wurden die Beteiligten freigesprochen. Der Täter wurde zunächst zu lebenslanger Zuchthausstrafe verurteilt, die aufgrund einer einfachen Provokation gemäß Art. 51 tStGB auf 24 Jahre gemildert wurde. Begründet wurde dies damit, dass der Täter wegen der traditionellen Lebensweise, der Bräuche und dem Moralverständnis in seiner Gesellschaft unter großem Druck stand und das Ausreißen der Schwester daher eine leichte Provokation darstellte. Aufgrund seines Alters zum Zeitpunkt der Tat wurde die Strafe gemäß Art. 54 tStGB[589] auf Gefängnisstrafe zu 12 Jahren herabgesetzt, die dann erneut aufgrund der guten Haltung des Täters vor Gericht auf zehn Jahre gemildert wurde. Wegen besonderer Umstände nach dem Strafvollzugsgesetz, die nicht nachvollziehbar waren, wurde der Täter nach zwei Jahren freigelassen.[590]

1.4.13.3 Fallbeispiel 3

In einer Entscheidung vom 15.12.1992 erkannte der 1. Strafsenat bei der Tötung der Schwester auch eine Strafmilderung wegen einer Ehrverletzung an. Die Frau hatte in ihrer Imam-Ehe, während der Mann seinen Militärdienst ablegte, Ehebruch begangen und wurde daher von dem Schwiegervater aus dem Haus geworfen. Sie lebte in Istanbul, als der Bruder erschien und sie aufforderte, mit

588 Der Vater stützte diese Information auf die Aussage der Tochter. Eine Genitaluntersuchung hatte er nicht verlangt.

589 Strafunmündig waren Kinder gemäß Art. 53 tStGB nur bis zum 11. Lebensjahr. Art. 54 tStGB sah eine Strafmilderung für Kinder vom 11. bis zum vollendeten 15. Lebensjahr und gemäß § 56 tStGB eine Milderung für Jugendliche vom 15. bis zum vollendeten 18. Lebensjahr vor, vgl. Demirbaş/Özbek/Eker, 2002, Art. 53 ff, S. 81 ff.

590 Faraç, 2004, S. 33 ff.

ihm zurück ins Dorf zu gehen. Sie weigerte sich mit den Worten, sie wolle sich an dem Vater rächen, weil er sie zwangsverheiratet habe, sie wolle in Istanbul umgehen, mit wem sie wolle und dem Vater Schande bereiten. Der Senat beurteilte die „Androhungen" der Frau als eine schwere Provokation.[591]

1.4.13.4 Fallbeispiel 4

Einem weiteren Mord im Jahr 1995 im Südosten (Urfa) der Türkei lag folgender Sachverhalt zugrunde: Das Opfer war eine 25 jährige junge Frau, die sich in einen Mann verliebte und ihn heiraten wollte. Weil der Vater mit der Heirat nicht einverstanden war, brannte die Frau durch und versteckte sich in der Nacht mit dem Geliebten auf dem Friedhof, wo sie Geschlechtsverkehr miteinander hatten und die Frau defloriert wurde. Als sie sich der Polizei stellten, gaben sie bei ihren polizeilichen Vernehmungen den Sachverhalt wahrheitsgemäß wieder. Der Vater versprach, sie mit ihm zu verheiraten, da sie ja nicht, wie befürchtet, entführt worden war, sondern freiwillig mit ihm gegangen war. Obwohl Polizeibeamte Kenntnis davon hatten, was in diesem Gebiet, das feudal und patriarchalisch war, mit den Frauen geschah, die von zuhause wegliefen, lieferten sie die Frau dem Vater aus. Zuhause angekommen, schlug der Bruder auf die Schwester mit der Begründung ein, sie habe die Familie entehrt.[592] Daraufhin plante der Bruder den Mord und führte ihn aus: unter dem Vorwand, die Schwester und die Mutter am nächsten Tag in die Stadt fahren zu wollen, ließ er sie in ein Auto einsteigen. Nachdem die Mutter aussteigen musste und das Opfer alleine im Wagen saß, hatte sie die Tötungsabsicht bemerkt. Sie gab jedoch die Hoffnung nicht auf, weil viele Menschen auf den Straßen waren. Nachdem jemand in den Wagen fuhr und einen Verkehrsunfall vortäuschte, stieg die junge Frau aus und schrie um Hilfe. Keiner der Beteiligten rührte sich. Sie lief in einen kleinen Laden, doch ein Verwandter und der Bruder fassten sie an den Haaren und zogen sie hinaus. Ein weiterer Verwandter saß auf seinem Traktor und beobachtete das Geschehen, während ein anderer Verwandter die junge Frau vor die Räder des Traktors stieß, woraufhin der Fahrer seine Maschine in Fahrt setzte und die Frau unter den riesigen Rädern zerquetschte. Ein beteiligter Verwandter holte daraufhin seine Pistole aus dem Gurt und feuerte einige Schüsse als Freudenzeichen in die Luft.[593]

---

591 1. Strafsenat vom 15.12.1992, 2409/2878, Savaş/Mollamahmutoğlu, S. 1032, zitiert in Tellenbach, 2003, S. 41.

592 In diesem Fall versuchte die Mutter den Sohn zu beruhigen und stellte sich zwischen das Opfer und ihren Sohn. Sie hatte bei dem Vorfall eine passive Rolle, die sie nach einem vergeblichen Versuch, den Sohn von den Schlägen abzubringen, zur Beobachterin machte.

593 Der Freudenschuss wird in einigen östlichen und südöstlichen Städten und den Städten am Schwarzen Meer auf Hochzeiten praktiziert.

In den ersten polizeilichen Vernehmungen gaben alle Täter an, es habe sich um einen Unfall gehandelt. Eine Gruppe in dem Vorort verfasste eine anonyme schriftliche Strafanzeige und teilte das Geschehen der Strafverfolgungsbehörde mit. Keiner der Zeugen traute sich jedoch, sein Zeugnis öffentlich abzulegen. Bei einer erneuten polizeilichen Vernehmung gaben sowohl der Bruder als auch die anderen Beteiligten zu, die Tat vom inszenierten Verkehrsunfall bis zum Überfahren mit dem Traktor begangen zu haben. Wie in nahezu allen „Ehrenmorden" leugneten vor Gericht alle die Tat. Das erstinstanzliche Urteil, das alle Beteiligten verurteilte, wurde in der Revisionsinstanz wegen prozessualer Fehler aufgehoben. In der zweiten Instanz wurde die Schuld der Täter trotz dessen festgestellt. Der Bruder der jungen Frau wurde wegen Mordes zu lebenslanger Zuchthausstrafe verurteilt, weil die Tat nach einer für den Täter schweren Provokation begangen wurde, wurde die Strafe auf 15 Jahre und wegen guter Haltung vor Gericht erneut auf zwölf Jahre und sechs Monate gemildert. Den übrigen Beteiligten wurde eine leichte Provokation zuerkannt, weswegen die Strafe von 20 Jahren[594] auf 15 und wegen guter Haltung vor Gericht auf zwölf Jahre und sechs Monate gemildert wurde. Der Richter begründete die Annahme einer unrechtmäßigen Handlung der Frau und somit einer Provokation der Täter mit falschen Vorstellungen in dieser Tradition, die davon ausgingen, die von zu Hause weggelaufene Frau müsse getötet werden. Er führte aus, selbst wenn diese Vorstellungen nicht zeitgemäß seien, hätten der Bruder und der Vater unter einem enormen gesellschaftlichen Druck gestanden und wären erniedrigt und ausgegrenzt worden, wenn sie die Tat nicht begangen hätten. Die Täter wurden nach vier Jahren im Jahr 2001 aufgrund einer neuen Gesetzeslage bezüglich der Aussetzung der Strafe zur Bewährung aus der Haft entlassen.[595]

1.4.13.5 Fallbeispiel 5

In einem weitereren Fall aus 1998 geht es um eine 21-jährige Frau, die in der modernen Stadt Antalya am Mittelmeer aufgewachsen war. Ihre Familie stammte aus Urfa aus dem Südosten und sie wurde mit jemanden aus der Heimatstadt zwangsverheiratet, obwohl die Tochter einen anderen Mann liebte und die Familie Kenntnis davon hatte. Nach kurzer Zwangsehezeit lief die junge Frau mit ihrem Geliebten weg. Nachdem die beiden aufgefunden wurden und der Geliebte geflohen war, beschloss der Familienrat mit der Begründung der Ehrverletzung durch das Weglaufen den Tod der Frau. Das Opfer wurde dann unter anderem von dem Ehemann und drei anderen Verwandten nach Urfa gefahren und in den Euphrat geworfen. Zunächst war die junge Frau von ihrem Ehemann solange gewürgt worden, bis sie ohnmächtig wurde und erst dann in

594 Zunächst wurden auch diese Täter zur lebenslänglichen Zuchthausstrafe verurteilt, die aber wegen den Umständen der Tat auf 20 Jahre gemildert wurde.

595 Faraç, 2004, S. 47 ff.

den Fluss geworfen worden. Nachdem der Fluss sie etwas abgetrieben hatte, wachte sie jedoch aufgrund der kalten Temperatur des Flusses wieder auf und konnte sich retten. Auch in dieser Verhandlung leugneten die Täter die Tat, nachdem sie bei der polizeilichen Vernehmung gestanden hatten. Die Täter wurden wegen versuchten Totschlags im Dezember 2000 zu 16 Jahren Zuchthausstrafe verurteilt, die Strafen wurden für jeden Beteiligten wegen dem Vorliegen einer schweren Provokation und guter Haltung vor Gericht zu vier Jahren, fünf Monaten und 20 Tagen gemildert und in Anbetracht der bisher verbüßten Strafe in der Untersuchungshaft wurden die Täter schließlich freigelassen. Die weiteren Beschuldigten, darunter auch der Vater der Frau, wurden freigesprochen.[596]

Es gibt noch unzählige Fallbeispiele, in denen vergleichbare Strukturen zeigen, dass junge Mädchen oder Frauen, bestimmt durch die vorherrschenden Traditionen, als Trägerinnen der Ehre der gesamten Familie und Sippe geschlagen, misshandelt oder getötet worden sind.

Das alte Recht hat mit einer inakzeptablen Begründung nicht nur die Ungleichbehandlung von Mann und Frau legalisiert, sondern den Tätern, wie anhand der Fallbeispiele nachvollzogen werden kann, enorme Strafmilderungen gewährt. Das Gesetz setzte zunächst, verglichen mit den Straffolgen im deutschen Strafrecht, den Strafrahmen für den Totschlag, vor allem in der Familie, und die Körperverletzung hoch an. Was bei den Verurteilungen schließlich ausgesprochen wurde, war präventiv nicht geeignet, vor der Begehung von „Ehrenmorden“ abzuschrecken. Allein die Auffassung, menschlich vernünftiges und gewöhnliches Handeln wie den Lebenspartner selbst auszusuchen, sich zu verlieben oder eine erzwungene Ehe nicht zu ertragen und wegzulaufen, juristisch als eine unrechtmäßige Handlung zu bezeichnen und für den Täter als Provokation zu qualifizieren, ist nicht nachvollziehbar. Selbst wenn für die Strafzumessung die Umstände der Tat und die Persönlichkeitsstruktur des Täters von Bedeutung sind und die Strafe gemildert wurde, weil sich der Täter in einer psychischen Zwangslage befand, der ihn extrem wütend machte oder ihm enormen psychischen Schmerz bereitete, ist nicht verständlich, wie die Justiz eines demokratischen Staates die Ungleichbehandlung von Mann und Frau derart legalisieren konnte und durch die Gesetze bis 2005 den „Ehrenmorden“ und allen anderen Verbrechen, die aufgrund einer verletzten Ehre begangen worden waren, den „Rücken stärken“ konnte.

2. Islamisches Recht

Im 19. Jahrhundert übernahmen fast alle muslimischen Staaten unter dem Einfluss europäischer Staaten Straf- und Strafprozessordnungen aus dem Westen.

596 Faraç, 2004, S. 99 ff.

Das heutige Saudi-Arabien war eines der wenigen Gebiete, in denen das islamische Recht angewandt wurde. In den 1970er Jahren entwickelte sich in vielen Ländern eine Re-Islamisierung, seitdem vor allem Iran, Sudan, Pakistan, Jemen, Libyen, Mauretanien, Afghanistan, Nigeria die Scharia ganz oder teilweise wieder zur Gesetzesgrundlage machten.[597]

Die Scharia ist die Gesamtheit der islamischen Gesetze und setzt sich zusammen aus dem Koran, der Überlieferung (Sunna), der Auslegung und Analogie[598] in frühislamischer Zeit. Gesetzgeber ist Gott selbst, daher ist die Scharia unveränderbar und stellt eine Richtschnur für alle Lebensbereiche dar.[599] Inhaltlich ist die Scharia eine religiöse Pflichtenlehre, die das Verhältnis des Menschen zu seiner Umwelt und gegenüber Gott in allen Lebensbereichen regelt.[600] Die wichtigste Quelle der Scharia ist der Koran, der nach islamischer Auffassung von Gott an den Propheten Muhammed herabgesandt ist und aus Gottes eigenen Worten besteht.[601] Ihm folgt die Überlieferung, die *Sunna*,[602] die aus Erzählungen und Mitteilungen, *Hadit*, über den Propheten Muhammed besteht. Diese enthalten Details zur Religionsausübung und zu Rechtsfragen, die sich aus den Handlungen, Aussprüchen und Duldungen, vor allem der Lebensweise des Propheten ergeben.[603] Erst durch Auslegung und Interpretation werden Koran und Überlieferung anwendbar. Die 3. Quelle der Scharia stellt daher der Konsens der Rechtsgelehrten dar.[604] Bis zur heutigen Zeit werden Abhandlungen von Theologen und Juristen aus frühislamischer Zeit als Grundlage herangezogen.[605] Die letzte, nicht unstreitige Quelle der Scharia, ist der Analogieschluss.[606]

---

597 Vgl. Tellenbach, 2001, S. 94 f.

598 Die Analogie als Bestandteil der Scharia ist unter islamischen Theologen strittig, vgl. Hosni, 1985, S. 612.

599 Schirrmacher/Spuler-Stegemann, 2004, S. 19 f.

600 Dilger, 1981, S. 1315.

601 Er besteht aus 114 Suren (Abschnitte) und insgesamt 6236 Versen, El Baradie, 1983, S. 23.

602 Arabisch, bedeutet: Usus, Gewohnheit, Tradition, vgl. El Baradie, 1983, S. 25.

603 Tellenbach, 2001, S. 94; Demirbaş, 2002, S. 83. Die Überlieferung wird in die Gewohnheiten des Propheten und die rechtlichen Bestimmungen aufgeteilt. Die Gewohnheiten Mohammeds sollen durch gläubige Muslime nachgeahmt werden, z.B. das Tragen eines Bartes, sind aber nicht zwingend. Rechtliche Bestimmungen müssen befolgt werden. Die Überlieferung berichtet, der Prophet Mohammed habe Abtrünnige des Islam zum Tode verurteilt. Der Koran selbst enthält keine Bestimmungen zur Bestrafung der Apostasie. Die Scharia fordert anhand der Überlieferung die Todesstrafe für Abgekehrte des Islam, vgl. Schirrmacher, 2005, S. 10.

604 Öztürk/Erdem/Özbek, 2002, S. 53.

605 Die Interpretation und Auslegung der Theologen differiert, weil es seit dem 10. Jahrhundert die sunnitische und die schiitische Rechtsschule gibt. Allein die sunnitische Rechtsschule unterteilt sich in 4 Rechtsschulen: die hanafitische (Türkei), malikitische, schafiitische (Türkei-Kurden) und hanbalitische. Eine einheitliche für alle Muslime geltende Scharia gibt es wegen der unterschiedlichen Rechtsschulen nicht. Praktisch

Für das islamische Strafrecht bedeutet dies, Verhaltensweisen durch Auslegung und Analogie zum Koran und den Überlieferungen unter Strafe zu stellen.[607]

Insgesamt regelt die Scharia die Religionsausübung, das Erb-, Ehe- und Familienrecht, das Vermögensrecht, das Strafrecht und die Gesetze zu den religiösen Stiftungen, also die Beziehung zu Gott, zu seiner Familie und zur Umwelt.[608] In den meisten islamischen Ländern wird in der Praxis ein Konglomerat aus Koran, Überlieferung, arabischem Gewohnheitsrecht, vorislamischen- persischen, römischen- oder sassanidischen Rechtselementen und aus europäischen Rechtskodifikationen, die aus der Kolonialzeit stammen, angewandt.[609]

2.1 Islamisches Strafrecht

Nach islamischem Strafrecht sind Verbrechen gesetzlich verbotene Taten, von denen Gott durch eine *Hudud- Qisas-* oder *Ta` zir* Strafe abhält.[610] Demnach gibt es drei Gruppen, in die die Straftaten aufgeteilt werden können.

2.1.1 Die Grenzdelikte (Hudud-Verbrechen) als Gottes-Recht

Grenzdelikte sind diejenigen Taten, die ausdrücklich im Koran oder der Überlieferung mit konkretem Strafmaß benannt sind.[611] Hadd (Plural: Hudud) ist arabisch und bedeutet Grenze, Hindernis, Schranke. Die Benennung einiger Straftaten mit *Hudud* werden als von Gott gesetzte Schranken verstanden.[612] Es handelt sich daher um die Verletzung von Gottes-Recht.[613] Eine außergerichtliche Einigung darf bei diesen Straftaten nicht erfolgen, die Rechtsfolge muss die des Korans oder der Überlieferung sein, eine Schärfung oder Minderung der Strafe ist nicht erlaubt.[614] Die Rechtsfolgen, die eingehalten werden müssen, sind im Koran oder der Überlieferung konkret benannt. Es handelt sich um dra-

---

zeigt sich die Differenz in der unterschiedlichen Gesetzgebung der islamischen Länder. Das heißt jedoch nicht, dass die Scharia ungenau und beliebig interpretierbar ist, sondern sie enthält einen festen Kern. Dies insbesondere im Ehe- Familien- und Strafrecht, vgl. Schirrmacher, 2005, S. 11.

606 Pro: Demirbaş, 2002, S. 83; Öztürk/Erdem/Özbek, 2002, S. 53 f.; Dönmezer/Erman I, 1997, S. 116 f.; Tellenbach, 2001, S. 93 f.; Hekimoğlu, 2000, S. 21; Contra: El Baradie, 1983, S. 23; näheres zur Begründung bei Hosni, 1985, S. 612 ff.

607 Hekimoğlu, 2000, S. 21.

608 Schirrmacher, 2003, S. 21.

609 Schirrmacher, 2005, S. 11 f.

610 Hosni, 1985, S. 611.

611 Dönmezer/Erman I, 1997, S. 116.

612 El Baradie, 1983, S. 96.

613 Demirbaş, 2002, S. 83.

614 Schirrmacher, 2005, S. 20.

konische Leib- und Lebensstrafen wie die Steinigung, die Auspeitschung und die Kreuzigung.[615]

Grenzverbrechen werden als Bedrohung für den Bestand der islamischen Gesellschaft und als Erschütterung ihrer fundamentalen Grundlagen begriffen.[616] Unstreitig werden lediglich der Diebstahl, der Alkoholgenuss, der außereheliche Geschlechtsverkehr und die Verleumdung wegen außerehelichem Geschlechtsverkehr als Grenzverbrechen qualifiziert, ein Teil der Lehre zählt auch die Apostasie, die Rebellion und die Wegelagerei zu den Grenzverbrechen.[617]

2.1.1.1 Ehebruch und unerlaubter Geschlechtsverkehr, Verleumdung

Aus dem Blickwinkel der Ehr-Verbrechen ist der unerlaubte Geschlechtsverkehr relevant. Dieser wird definiert als freiwilliger, im Bewusstsein des Verbotenseins ausgeübter Geschlechtsverkehr von zurechnungsfähigen, dem islamischen Recht unterworfenen Personen außerhalb von Ehe und Konkubinat.[618] Der Geschlechtsverkehr ist also nur unter Ehegatten erlaubt und wird in allen anderen Fällen als Unzucht begriffen und bestraft. Die Scharia sieht unterschiedliche Bestrafungen vor, die davon abhängen, ob der Täter verheiratet ist oder nicht. Der Geschlechtsverkehr von Unverheirateten ist der Grundtatbestand des Deliktes und fordert als Bestrafung die Auspeitschung.[619] Sure 24 Vers 2 und 3 konkretisieren 100 Peitschenhiebe als Rechtsfolge und warnen vor Mitleid mit den Tätern.[620] Die Überlieferung fordert die Todesstrafe durch Steinigung für Verheiratete.[621] Der Strafe können die Täter nicht entkommen. Denjenigen, gleichgültig, ob Mann oder Frau, die unerlaubten Geschlechtsverkehr vollzogen haben, ist die Ehe nur mit einer Person gestattet, die auch dieselbe Straftat begangen und gesündigt haben.[622] Der Koran sieht zudem eine Bestimmung vor, in der es heißt, Frauen, die eine Schandtat begehen, sollten im Haus eingesperrt werden, bis der Tod sie abruft oder Gott ihnen einen Ausweg schafft.[623] Als Schandtat wird in der Literatur der Verdacht des unerlaubten Ge-

---

615 El Baradie, 1983, S. 99. Der Diebstahl, der aufgrund der Irrelevanz für Ehr-Verbrechen nicht dargestellt wird, wird mit dem Abhacken der rechten Hand bestraft. Im Falle der Wiederholung soll der linke Fuß abgehackt werden. Diebstahl liegt vor, wenn es sich um die Wegnahme einer nicht geringwertigen Sache handelt, die durch ein Behältnis gesichert ist (strittig), vgl. Tellenbach, 2001, S. 95; El Baradie, 1983, S. 116; Koran, Sure 5, Vers 33 und 38.

616 Hosni, 1985, S. 622.

617 Öztürk/Erdem/Özbek, 2002, S. 53 f.; Demirbaş, 2002, S. 83; Dönmezer/Erman I, 1997, S. 116; Hekimoğlu, 2000, S. 24; El Baradie, 1983, S. 100; Hosni, 1985, S. 622.

618 Schirrmacher/Spuler-Stegemann, 2004, S. 37.

619 Tellenbach, 2001, S. 96.

620 Koran, Sure 24, Vers 2 und 3.

621 Hekimoğlu, 2000, S. 24 f.

622 Koran, Sure 24, Vers 3.

623 Koran, Sure 4, Vers 15.

schlechtsverkehrs oder der Verkehr einer ledigen Frau mit einem verheirateten Mann genannt.[624] Eine Bestrafung wegen der Verletzung des Gottes-Rechts stellt auch die Verleumdung wegen Unzuchts dar, die ihre Grundlage im Koran in Sure 24 Vers 4 findet, in der es heißt, diejenigen, die ehrbare Frauen wegen Unzucht beschuldigen und keine vier Zeugen beibringen können, müssen mit 80 Peitschenhieben bestraft werden.[625]

2.1.1.2 Beweisregeln

Als Ausgleich für die strengen Strafen fordert das islamische Strafrecht in einigen Fällen schwer zu erbringende Beweise, so auch bei dem Verbrechen des außerehelichen Geschlechtsverkehrs. Prozessual fordert die Scharia vier männliche Zeugen, die den außerehelichen Geschlechtsverkehr bestätigen oder das viermalige Geständnis der Täter. Das Geständnis kann jederzeit widerrufen werden. Nach Sure 2 Vers 282 des Koran wiegt das Zeugnis eines Mannes so viel, wie das zweier Frauen. Noch heute argumentieren muslimische Theologen, dies habe mit dem natürlichen Wesen der Frau zu tun, die emotional labil, irrational und intellektuell eingeschränkt sei.[626] Daher besteht im Iran die Möglichkeit, statt vier männlichen Zeugen auch drei männliche und zwei weibliche oder zwei männliche und vier weibliche Zeugen zuzulassen. Ein männlicher Zeuge und sechs weibliche Zeugen sind jedoch unzulässig.[627] Viele Theologen sind der Auffassung, Frauen seien bei Grenzverbrechen als Zeugen nicht zugelassen.[628] Beweiserleichterungen werden aber dem Mann gewährt, der seine Ehefrau wegen Ehebruchs bezichtigt. Er hat die Möglichkeit, in der Moschee in Gegenwart des Richters und vor 4 Zeugen einen formelhaften Schwur auszurufen.[629] Die erforderlichen 4 Zeugen muss er dann nicht erbringen. Folge des Schwures ist die Scheidung und keine Bestrafung wegen Verleumdung. Im umgekehrten Fall steht der Ehefrau die Möglichkeit des Schwures nicht zu, sie ist zudem wegen Verleumdung zu bestrafen, wenn sie die 4 erforderlichen Zeugen nicht erbringen kann.[630] Selbst wenn, wie oftmals vertreten wird, das Erfordernis der 4 Zeugen ursprünglich zum Schutz der Frauen gedacht war, die Frau vor Verleumdung zu schützen, ist sie eine negative Regelung für Opfer von Vergewaltigungen: Kann die Frau die Vergewaltigung nicht mit vier Zeugen nach-

---

624 Schirrmacher/Spuler-Stegemann, 2004, S. 38; Schirrmacher, 2005, S. 20 f.

625 El Baradie, 1983, S. 106; Dilger, 1981, S. 1317.

626 Schirrmacher, 2005, S. 20 f.

627 Die schafiitishe Rechtsschule der Sunniten verlangt unbedingt vier männliche Zeugen, vgl. Hekimoğlu, 2000, S. 28.

628 Schirrmacher/Spuler-Stegemann, 2004, S. 40.

629 Der lautet: „Ich rufe vor Gott zum Zeugen an, dass ich die Wahrheit spreche, in dem ich meine Frau der Unzucht mit N.N. bezichtige (und dass dieses Kind aus der Unzucht entsprossen und nicht von mir ist), vgl. Hekimoğlu, 2000, S. 25.

630 Hosni, 1985, S. 613.

weisen, ist sie einer Bestrafung wegen Verleumdung der Unzucht ausgesetzt und wird vom Opfer zum Täter.[631]

Diskutiert wird, ob im Falle der außerehelichen Schwangerschaft der Frau ein Indizienprozess zulässig ist. Streng genommen sind Indizienprozesse bei Grenzverbrechen unzulässig, weil die Beweisregeln gerade für den unerlaubten Geschlechtsverkehr streng vorgeschrieben sind. Zwei der vier sunnitischen Rechtsschulen befürworten einen Indizienprozess bei Ehebruch oder außerehelichem Geschlechtsverkehr. Einigkeit besteht aber darin, dass wegen der fehlenden vorgeschriebenen Beweise nicht die Rechtsfolgen der Grenzverbrechen verhängt werden dürfen, sondern nur Ermessenstrafen in Betracht kommen.[632]

In der Literatur wird vielfach die Meinung vertreten, Gott habe wegen der praktisch unmöglich zu erbringenden vier männlichen Zeugen, die den unerlaubten Geschlechtsverkehr bestätigen sollen, die Strafe nur androhen wollen und habe nicht wirklich die Anwendung dieser Strafe gewollt.[633] Dies widerspricht dem Frauenbild des Koran, wonach sich die Frau keusch und zurückhaltend zu verhalten habe und der Familie keine Schande bereiten soll. Allein durch die Platzierung des Ehebruchs und der „Unzucht" in den Grenzverbrechen, die gegen Gottes Recht verstoßen, wird die enorme Bedeutung der Keuschheit der Frau für die islamische Lehre deutlich.

Die strengen Beweisregeln führen lediglich dazu, den unerlaubten außerehelichen Geschlechtsverkehr in den meisten Fällen nicht vor Gericht zu verhandeln, sondern ihn intern in der Familie zu bestrafen. Überschreitet die Frau die moralischen Vorgaben der Gesellschaft und beschmutzt sie die Ehre der Familie, wird sie geschlagen, im Haus eingesperrt, rasch verheiratet oder ermordet. In einem islamisch regierten Land werden die Täter der Selbstjustiz nicht zur Verantwortung gezogen. Einigkeit besteht darüber, dass zwar einem gerichtlichen Prozess vorgegriffen wird, aber nicht, dass Unrecht begangen wird.[634]

2.1.2 Die Vergeltungsdelikte nach dem Talionsprinzip (Qisas-Verbrechen) als Menschen-Recht

Neben den Grenzverbrechen gibt es noch die sog. Vergeltungsdelikte, die die Tötung und die Körperverletzung und deren Bestrafung nach dem Talionsprinzip regeln. *Qisas* bedeutet die Zufügung eines Schadens gegenüber dem Täter, der dem Schaden entspricht, den dieser dem Opfer zugefügt hat.[635] Mord, Totschlag oder Körperverletzung verletzen im Vergleich zu den Grenzverbrechen

631 So auch Schirrmacher/Spuler-Stegemann, 2004, S. 43 f.
632 Vgl, Schirrmacher/Spuler-Stegemann, 2004, S. 43 f.
633 Tellenbach, 2001, S. 96.
634 Schirrmacher/Spuler-Stegemann, 2004, S. 43 f.
635 Hosni, 1985, S. 622 f.

nicht göttliches Recht, sondern menschliches Recht.[636] Um menschliches Recht handelt es sich, weil die Ausgangstat ein Verbrechen darstellt, das nach dem islamischen Recht die Rache durch Vergeltung erlaubt, weil es menschliches Recht verletzt.

2.1.2.1 Tötung und Körperverletzung

Das Recht zur Tötung gibt der Koran, in dem es heißt: „...Wenn jemand zu Unrecht getötet wird, dann geben wir seinem Beistand Ermächtigung (zur Blutrache)...“.[637] Daher darf die Tötung eines Menschen mit der Vergeltung[638] bestraft werden, wenn es sich nicht um eine berechtigte Tötung gehandelt hat. Berechtigt ist die Tötung, wenn Täter der Ehemann ist, der seine Frau auf frischer Tat beim Ehebruch ertappt.[639] Objektiv ist die Tötung eines anderen Menschen erforderlich, subjektiv muss der Todeserfolg gewollt sein.[640] Kann der Vorsatz der Tötung nicht nachgewiesen werden oder liegt Fahrlässigkeit vor, muss der Täter ein bestimmtes Blutgeld zahlen.[641] Bei Vergeltungsdelikten gilt das Prinzip der Gleichheit. Voraussetzung ist daher die Gleichwertigkeit von Täter und Opfer, d.h. Gleichwertigkeit muss nach Geschlecht und Status vorliegen.[642] Im Falle der Körperverletzung muss das Opfer dem Täter dieselbe Verletzung zufügen.

2.1.2.2 Prozessuale Besonderheiten der Vergeltungsdelikte

Das Beweisverfahren im *Qisas*-Prozess ist im Wesentlichen wie das des *Hudud*-Prozesses, mit der Abweichung, dass ein Geständnis unwiderruflich ist.[643] Sowohl die Vergeltungsstrafe als auch die Forderung des Blutgeldes müssen von dem Opfer oder den Erben gerichtlich geltend gemacht werden.[644] Die Vergeltung muss von dem nächsten männlichen Verwandten ausgesprochen und in Aufsicht des Richters vollstreckt werden.[645] Im Gegensatz zu den Grenzverbrechen haben das Opfer oder seine nächsten Angehörigen die Möglichkeit, zu

---

636 Dönmezer/Erman I, 1997, S. 116 f.

637 Koran, Sure 17, Vers 33.

638 „...Leben um Leben, Auge um Auge, Nase um Nase, Ohr um Ohr, Zahn um Zahn und bei Verletzungen Wiedervergeltung...“ vgl. Koran, Sure 5, Vers 45.

639 Schirrmacher/Spuler-Stegemann, 2004, S. 49.

640 Das menschliche Leben beginnt nach islamischen Vorschriften mit der Geburt und endet mit dem letzten Atemzug, vgl. El Baradie, 1983, S. 133.

641 Demirbaş, 2002, S. 86 f.

642 „... vorgeschrieben ist euch bei der Tötung die Wiedervergeltung: ein Freier für einen Freien, ein Sklave für einen Sklaven, eine Frau für eine Frau...“ vgl. Koran, Sure 2, Vers 178.

643 El Baradie, 1983, S. 132.

644 Dönmezer/Erman, 1997, S. 118 f.

645 Schirrmacher, 2005, S. 23.

verzeihen. In diesen Fällen entfällt das Recht auf die Vergeltung. Es entfällt auch dann, wenn das Opfer oder seine Angehörigen ein Blutgeld verlangen, das eigentlich nur für die Fälle der unvorsätzlichen Tötung oder Körperverletzung, dem Tod des Täters oder der Ungleichheit zwischen Täter und Opfer vorgesehen ist.[646] Theoretisch besteht so die Möglichkeit, den Täter des Totschlags von der Strafe zu verschonen, wenn die Angehörigen des Opfers verzeihen oder ein bestimmtes Blutgeld gezahlt wird. Um dem entgegenzukommen, haben einige islamische Länder einen staatlichen Strafanspruch nachgeschaltet, so dass nicht nur der private Ankläger über die Bestrafung entscheidet.[647] Das Blutgeld einer Frau beträgt nur die Hälfte des Blutgeldes eines Mannes.[648] Sowohl bei den Grenzdelikten als auch bei den Vergeltungsdelikten ist ein richterliches Ermessen oder eine Begnadigung durch den Staatsführer ausgeschlossen.[649]

2.1.3 Ermessensdelikte (Ta`zir Delikte)

Alle übrigen Straftaten fallen unter diese Rubrik und werden als Züchtigungsstrafen im Rahmen der islamischen Prinzipien bestraft.[650] Die Rechtsfolge liegt im Ermessen des Richters, weil es dazu weder im Koran noch in der Überlieferung Anhaltspunkte für die Bestrafung der Delikte gibt.[651] In den Folgen geben die Ermessensdelikte den islamisch regierten Staaten eine nahezu grenzenlose Strafgewalt.

2.2 Islamisches Ehe- und Familienrecht

Das Ehe- und Familienrecht hat im Hinblick auf den kollektiven Rahmen der Ehre eine große Bedeutung. Das Ehe- und Familienrecht stellt den Kern der islamischen Gesetze dar. Die Scharia regelt nahezu alle vorstellbaren Lebensbereiche im Familienleben. Dabei zeichnet sich insbesondere im Eheschließungsverfahren, den Regeln zur Polygamie, dem Erbrecht, dem Züchtigungsrecht in der Ehe, dem Sorgerecht und dem Scheidungsrecht eine ganz bestimmte Rolle und Funktion der Frau im islamischen Familienrecht ab. Im göttlichen Plan ist die Hauptaufgabe der Frau ihre biologische: das Gebären und Aufziehen von Kindern. Diesbezüglich gibt es auch zwischen den Rechtsschulen keine großen Unterschiede, die alle dieselbe Auffassung von der Funktion und Bedeutung der Familie vertreten.

646 Hosni, 1985, S. 622 f.
647 Tellenbach, 2001, S. 95.
648 Dönmezer/Erman, 1997, S. 118; Hekimoğlu, 2000, S. 26.
649 Hosni, 1985, S. 624.
650 Tellenbach, 2001, S. 93 f.
651 Schirrmacher/Spuler-Stegemann, 2004, S. 52.

2.2.1 Eheschließung

In islamischen Ländern hat die Eheschließung eine andere Bedeutung als in Kulturen westlicher Länder. Die Entscheidung, nicht zu heiraten, wird nur äußerst selten auftreten und ruft Unverständnis in der Gesellschaft hervor. Die Eheschließung ist nicht lediglich das Vereinen zweier Individuen zu einer Familie, Konsequenz ist vielmehr die Vereinigung zweier Familien, die der Braut und des Bräutigams.[652] Das Eherecht des Islam geht auf Bräuche und Ansichten des alten Arabien vor dem Islam zurück, welches das stark patriarchale Familiensystem mit sich brachte.[653] Die Eheschließung der Mädchen erfolgt nach der Scharia in sehr jungen Jahren,[654] weil das Mädchen nach Eintritt der Menstruation als fruchtbar und somit heiratsfähig gilt. Außerdem soll in jungen Jahren die Gefahr abgewendet werden, dass das Mädchen sich unmoralisch verhält. Sowohl die Moralvorstellungen, als auch der formale Akt der Eheschließung erlauben dem künftigen Paar keine Zusammenkunft vor der Ehe.[655] Zwingende Folge ist das Verheiratetwerden durch die Familien. Der Koran gibt hier lediglich vor, dass nur mit der Erlaubnis des Vormundes geheiratet werden darf.[656] Bei der Eheschließung, die unbedingt einen Ehevertrag beinhalten muss, muss die Braut nicht anwesend sein,[657] in der Regel wird sie durch einen männlichen Vormund vertreten, der die Vertragsverhandlungen wahrnimmt. Neben dem Vormund müssen bei Vertragsschluss noch zwei männliche volljährige Muslime anwesend sein.[658] Wesentlicher Bestandteil des Ehevertrags ist das Braut-

652 Seine koranische Grundlage hat diese Einstellung in Sure 24, Vers 32: „Verheiratet die Ledigen unter euch und die Rechtschaffenen unter euren Sklaven und Sklavinnen! ..."

653 So z.B. auch die Brautgabe, die vor dem Islam im arabischen Gebiet üblich war und der Familie oder der Sippe der Braut zufiel, vgl. Tilman, 2001, S. 66 f.; Hekimoğlu, 2000, S. 29.

654 Theoretisch müsste die Eheschließung mit einer 9-Jährigen möglich sein, weil der Prophet Mohammed seine Frau Aisha heiratete, als sie 9 Jahre alt war. Da in den Überlieferungen, die ein wichtiger Bestandteil der Scharia sind, die Handlungen des Propheten als richtungsweisend gelten, dürfte das Heiraten eines 9-jährigen Mädchens erlaubt sein. Islamische Staaten, die als Rechtsform die Scharia anwenden, haben jedoch inzwischen das Mindestheiratsalter auf 16-18 Jahre festgelegt, vgl. Schirrmacher, 2005, S. 17.

655 Arsel, 1995, S. 146 f.

656 Vgl. Koran, Sure 4, Vers 25; Nach der Überlieferung ist die Ansicht der Mädchen bzgl. ihrer Heirat irrelevant. Der Prophet Mohammed äußert in einer Überlieferung, ein Mann müsse bei dem Vormund eines Mädchens den Antrag auf die Verheiratung stellen. Wenn dieser antworte, er verheirate den Mann mit …, seien die Vereinbarungen zur Heirat abgeschlossen, vgl. al-Bokhari (1908) III, S. 571, zitiert in Arsel, 1995, S. 157.

657 Der Bräutigam muss bei der Eheschließung dabei sein. In den Staaten, die die Scharia praktizieren, schließt die Frau in Tunesien ihren Ehevertrag selber, vgl. Schirrmacher/ Spuler-Stegemann, 2004, S. 77 f.

658 Nagel, 2001, S. 70; Die Ehe kann nach dem Zeugenrecht im Islam auch in Gegenwart eines Mannes und zweier Frauen geschlossen werden, vgl. Hekimoğlu, 2000, S. 35.

geld, das die Braut im Falle der Trennung existenziell absichern soll.[659] Im Vertrag können zudem Regelungen zum Ausschluss der Mehrehe oder der Erlaubnis der Berufstätigkeit der Frau in der Ehe getroffen werden. In der islamischen Rechtswissenschaft wird die Ehe daher als Vertrag definiert, die mit den Willenserklärungen des Bräutigams, der Braut oder ihrem Vormund und der Zahlungsverpflichtung des Brautgeldes zustande kommt.[660] Die Höhe des Brautgeldes richtet sich nach dem Status und der gesellschaftlichen Stellung der Familie der Braut und ihrem Vermögen, ihrer Bildung, ihrem Alter, ihrer Schönheit, ihrem Ruf und ihrer Jungfräulichkeit. Eine geschiedene Frau erhält daher weniger Brautgeld.[661] Eine Gütergemeinschaft entsteht durch die Ehe nicht, die Eheleute bleiben Eigentümer der Güter, die sie in die Ehe eingebracht haben oder während der Ehe erworben haben.[662] Mit dem Ehevertrag löst sich die Verbindung der Frau von ihrer elterlichen Sippe, sie tritt in die Autorität, den Schutz und in die Kontrolle des Mannes ein.[663]

Solange der Ehemann die Grenzen des Koran nicht überschreitet, muss sie alles tun, was er von ihr verlangt. Er ist als Oberhaupt für alle Familienangelegenheiten zuständig und verantwortlich. Ohne seine Zustimmung darf sie das Haus nicht verlassen, auch nicht die Entscheidung treffen, zu arbeiten.[664] Folgt sie den Anweisungen des Ehemannes nicht, dann hat der Ehemann ein Züchtigungsrecht, das ihn dazu berechtigt, sie zunächst zu ermahnen, dann sexuell zu vernachlässigen und sie zuletzt zu schlagen.[665] Die Rechte und Pflichten innerhalb der Ehe sind konkret festgelegt. Von größter Bedeutung ist das Unterhaltsrecht der Frau in der Ehezeit. Nach einem Teil der Literatur darf die Frau nicht dazu aufgefordert werden, zum Unterhalt beizusteuern. Kommt der Ehemann seiner Unterhaltspflicht nicht nach, kann die Frau nach der Scharia ohne seine Erlaubnis arbeiten, sein Eigentum verkaufen, um sich zu unterhalten[666] oder vor

659 Falthauser, 2006, S. 23; Es besteht Uneinigkeit darüber, ob die Frau oder ihr Vater das Recht an dem Brautpreis hat.

660 Mir-Hosseini, 2003, S. 57 ff.

661 Schirrmacher/Spuler-Stegemann, 2004, S. 80.

662 Hekimoğlu, 2000, S. 37.

663 Mir-Hosseini, 2003, S. 57 ff.; Tilman, 2001, S. 69 f.; Ihre rechtliche Grundlage hat die Autorität des Mannes im Koran: „Die Männer stehen den Frauen vor, weil Gott die einen vor den anderen ausgezeichnet hat und weil sie von ihrem Vermögen ausgegeben haben. Die rechtschaffenen Frauen sind gehorsam und wahren das Verborgene, da Gott es wahrt…“ vgl. Koran, Sure 4, Vers 34.; „ … Die Männer stehen einen Rang über den Frauen.“ vgl. Koran, Sure 2, Vers 228.

664 Hekimoğlu, 2000, S. 38.

665 „Die, deren Widerwille ihr fürchtet, die ermahnt, meidet in den Betten und schlagt! Wenn sie euch dann gehorchen, dann geht nicht weiter gegen sie vor!“, vgl. Koran, Sure 4, Vers 34.

666 Hekimoğlu, 2000, S. 39 f.

Gericht klagen, woraufhin die Ehe in jedem Fall geschieden wird.[667] Der Mann hat im Gegenzug zum Unterhalt das Recht auf Gehorsam und sexuelle Ergebenheit. Nach Erhalt der Brautgabe darf die Frau den Geschlechtsverkehr nicht mehr verweigern.[668] Dies hat im Umkehrschluss die Folge, dass die Frau ihren Unterhaltsanspruch verliert, wenn sie den sexuellen Verkehr verweigert.[669] Unter Islamwissenschaftlern ist die alltägliche Lebenssituation der Ehefrau, insbesondere alle Handlungen für die sie Erlaubnis des Ehemannes benötigt,[670] nahezu lückenlos geregelt. Nach allen Regeln der Scharia nimmt die Ehefrau eine stark untergeordnete Rolle ein und ist in ihrer Bewegungsfreiheit eingeschränkt.[671] Begründet werden diese Einschränkungen mit der Abwendung einer Gefahr für die Geschlechtsehre.

2.2.2 Sexualität und Jungfräulichkeit

Nur die Eheschließung selbst berechtigt zum Geschlechtsverkehr, das Verlöbnis allein legitimiert den Geschlechtsverkehr auch nicht einen Tag vor der Ehe.

Nach islamischem Recht muss die Frau fruchtbar und jungfräulich sein, sie darf vor der Ehe keine Beziehung zu einem anderen Mann gehabt haben.[672] In einer Überlieferung nennt der Prophet Mohammed die Jungfräulichkeit einer Frau vor der Ehe als eine der wichtigsten Voraussetzungen.[673] Die meisten Juristen sehen den Zweck der Ehe in der Befriedigung der sexuellen Bedürfnisse und der Fortpflanzung.[674] Den Geschlechtsverkehr darf die Ehefrau nur in Ausnahmesituationen verweigern, z.B. bei Krankheit oder während der Menstruation.[675]

---

667 Schirrmacher/Spuler-Stegemann, 2004, S. 92 f.; Nagel, 2001, S. 71; Aydın, 2006, S. 189.

668 Schirrmacher/Spuler-Stegemann, 2004, S. 86.

669 Mir-Hosseini, 2003, S. 59; Falthauser, 2006, S. 23; Nagel, 2001, S. 71; Aydın, 2006, S. 193.

670 So darf sie nach der Überlieferung ohne die Erlaubnis des Ehemannes die Männer, mit denen eine Ehe nach islamischem Recht erlaubt wäre, weder in die eheliche Wohnung lassen noch mit ihnen reden, vgl. Aydin, 2006, S. 199.

671 „Die Ehefrauen lassen ihre Freiheit in euren Händen“ sagte der Prophet in einer Überlieferung zu den Männern, vgl. Arsel, 1995, S. 203.

672 Aydın, 2006, S. 166.

673 Der Prophet äußerte sich dazu, dass Jungfrauen fruchtbarer, freundlicher und seltener in der Lage seien, ihren Männern untreu zu werden, sie seien enthaltsamer in ihrer Sexualität, vgl. Çalışlar, 2005, S. 56. Außerdem sei die Jungfrau gehorsamer als die Witwe, vgl. Arsel, 1995, S. 170.

674 Mir-Hosseini, 2003, S. 59.

675 Arsel, 1995, S. 221.

2.2.3 Polygamie

Der Koran erlaubt den Männern unter der Voraussetzung, mit allen Frauen gleichberechtigt umzugehen, die Eheschließung mit insgesamt vier Frauen.[676] Dies wird als Einschränkung verteidigt, da vor dem Islam auf der arabischen Halbinsel eine unbeschränkte Polygamie herrschte und der Islam eine Einschränkung auf vier Ehefrauen vornahm sowie die Bedingung der Gleichbehandlung setzte. Außerdem sähen auch andere monotheistischen Religionen die Mehrehe vor, die etwa im Christentum bis ins 16. Jahrhundert praktiziert wurde.[677] Als Rechtfertigung für die Mehrehe werden u.a. Unfruchtbarkeit, Schwangerschaft, Stillzeit, Menstruation, unheilbare Krankheiten oder der fehlende Nachwuchs von Söhnen genannt.[678] Islamwissenschaftler vertreten die Ansicht, die Mehrehe habe viele Vorteile, so z.B. soziale, wenn die weibliche Bevölkerung wegen großen Kriegen und dem Verlust der Männer zunehme. Ein persönlicher Vorteil sei unter anderem die Unfruchtbarkeit der Frau, die dem Wunsch auf Nachwuchs nicht nachkommen könne, aber im Falle der Polygamie nicht geschieden werden müsse. Ein weiterer persönlicher Vorteil sei die Mehrehe im Falle einer berufsbedingten längeren Abwesenheit des Ehemannes von seiner Ehefrau. Denn der Ehemann, der ein stärkeres sexuelles Verlangen als die Frau habe, müsse untreu werden. Der außereheliche Geschlechtsverkehr sei aber strafbar, daher sei der legale Verkehr, der nur durch die Ehe möglich sei, der richtige Weg. Zuletzt könne der Mann, der mehrere Frauen heirate, mehr Kinder zeugen und so größeren Nachwuchs schaffen.[679] Dieselben Argumente gelten umgekehrt für die Frau nicht, wobei allein die Vorstellung als Ehrlosigkeit bezeichnet wird. In der Schariapraxis ist die Polygamie aufgrund der koranischen Einschränkung der Gleichbehandlung, die als wirtschaftliche begriffen wird, in der Regel in der wohlhabenden Bevölkerung, z.B. in der Oberschicht der Golfländer, anzutreffen. Theoretisch haben die Männer also das Recht, mit bis zu vier Frauen gleichzeitig verheiratet zu sein, praktisch haben heute viele islamisch regierten Länder erschwerte Bedingungen geschaffen, die die Zweitehe zulassen.[680]

---

676 „Wenn ihr fürchtet, den Waisen gegenüber nicht gerecht zu sein, dann heiratet an Frauen, was euch gut scheint, zwei, drei und vier. Doch wenn ihr fürchtet, nicht gerecht zu verfahren, dann nur eine oder was eure Rechte an Sklavinnen besitzt!", vgl. Koran, Sure 4, Vers 3. Der Koran selbst offenbart an anderer Stelle, auch mit Anstrengung werde die Gleichbehandlung der Frauen nicht möglich sein, vgl. Sure 2, Vers 129.

677 Vgl. Schirrmacher/Spuler-Stegemann, 2004, S. 112; Çalışlar, 2005, S. 45 ff.; Aydın, 2006, S. 118 ff.

678 Ähnlich Raddatz, 2004, S. 326.

679 So die Ausführungen des Islamwissenschaftlers Prof. Dr. Abdullah Ulvan, Lehrbeauftragter der Melik Abdülaziz Universität, zitiert in Çalışlar, 2005, S. 45 ff.

680 In Syrien, Irak, Libanon und Libyen prüft das Gericht die Gleichstellung der Frauen. In Libyen wird eine Bescheinigung des Mannes über seine Gesundheit gefordert. In Pakistan muss die Sache zunächst vor einem Vermittlergremium untersucht werden. In

2.2.4 Scheidung

Das Scheidungsrecht obliegt im islamischen Recht in der Regel den Ehemännern. Die Frau sei emotional und schnell erregbar, während die Handlungen und Entscheidungen des Mannes auf Vernunft und Logik basierten. Er könne aufgrund seiner Ausgeglichenheit die Konsequenzen seines Handelns und damit auch die Frage besser beurteilen, ob die Ehe gescheitert sei, was man aufgrund der Emotionaliät und Empfindlichkeit der Frauen nicht annehmen könne. Vielmehr müsse man bei einem Scheidungsrecht der Frauen eine Vielzahl der Ehen als gefährdet ansehen.[681]

Theoretisch kann der Mann nach der Scharia ohne Rechtfertigung und Begründung durch das dreimalige Aussprechen der Scheidungsformel „Ich verstoße dich" seine Frau scheiden.[682] Hierzu ist weder ein gerichtliches Scheidungsverfahren, noch eine andere durch eine Obrigkeit vermittelnde oder ausführende Stelle notwendig. Danach hat der Mann sowohl die Entscheidungsmacht, als auch die Vollziehungsgewalt der Scheidung. Spricht er die Verstoßung drei Mal aus, kann er die Scheidung nicht mehr widerrufen. Nach der Scheidung ist eine Versöhnung des Paares möglich. Vor dem Islam war eine unbegrenzte Verstoßung und Rückholung möglich. Die Möglichkeit wurde im Koran auf maximal zwei Verstoßungen begrenzt.[683]

Der Koran gibt dem Ehemann außerdem ein widerrufliches Scheidungsrecht.[684] Die Scheidung ist widerruflich, wenn er die Verstoßungsformel lediglich einmal ausspricht. Um die Scheidung endgültig zu machen, darf er drei Monate nach der Aussprache der Scheidungsformel keinen Geschlechtsverkehr mit ihr vollziehen. Vollzieht er in dieser Zeit den Geschlechtsverkehr oder nimmt er die Scheidung zurück, gilt sie als widerrufen.[685] Eine Möglichkeit der Scheidung durch beidseitige Handlungen ist das Freikaufen der Frau. Bei dieser Scheidungsalternative kann sie sich durch Zahlung eines bestimmten Betrages von der Ehe loskaufen. In der Regel soll diese Zahlung ihr Brautgeld nicht übersteigen. Als Gegenleistung zu der Zahlung eines Entgeltes muss der Mann die Scheidungsformel aussprechen, vorausgesetzt, er hält die Ehe auch für gescheitert und stimmt der Scheidung zu.[686]

Jemen muss der Mann den Nachweis über ausreichende finanzielle Mittel führen, vgl. Schirrmacher/Spuler-Stegemann, 2004, S. 116.

681 Çalışlar, 2005, S. 65 ff.; Gott habe die Frau unvollständig erschaffen, sowohl in religiöser Hinsicht, weil sie ihre Pflichten (Beten, Fasten usw.) während der Menstruation nicht ausführen könne, als auch in intellektueller Hinsicht, vgl. Arsel, 1995, S. 364.

682 Schirrmacher/Spuler-Stegemann, 2004, S. 129.

683 Koran, Sure 2, Vers 229; vgl. auch Aydın, 2006, S. 213 ff.

684 Koran, Sure 2, Vers 228-232; vgl auch Nagel, 2001, S. 72.

685 Schirrmacher/Spuler-Stegemann, 2004, S. 130.

686 Mir-Hosseini, 2003, S. 60; Çalışlar, 2005, S. 71 ff.

Weitere Möglichkeiten bestehen für die Frau nur unter besonderen Bedingungen, z.B. bei Impotenz des Mannes, fehlender Unterhaltszahlungen oder längerer Abwesenheit des Mannes.[687] Durch die Anrufung des Gerichts besteht die Möglichkeit, dass der Richter den Ehemann zur Verstoßung der Frau zwingt oder die Formel in seinem Namen ausspricht.[688] Zuletzt besteht die Möglichkeit, sich die Scheidung im Ehevertrag für bestimmte Fälle, z.B. für den Fall der Mehrehe, zu sichern. [689] Nachdem die Scheidung vollzogen ist, muss die Frau drei Reinheitsperioden[690] abwarten, um feststellen zu können, ob eine Schwangerschaft besteht. In dieser Zeit darf die Frau nicht heiraten, der Mann hat nach der Scheidung keine Wartezeiten.[691] In der Praxis der Scharia fordern viele islamische Länder gerichtliche Versöhnungsversuche oder andere Voraussetzungen, die die Scheidung rechtskräftig machen.[692]

2.2.5 Sorgerecht

Das Sorgerecht der Kinder trägt nach der Scheidung grundsätzlich der Vater. Selbst wenn das Kind noch durch die Mutter gestillt wird, muss es nach der Stillzeit an den Vater und seine Verwandtschaft übergeben werden.[693] Die Kinder können nur aufgrund der jungen Jahre bei der Mutter bleiben, die Vormundschaft hat trotz dessen immer der Vater.[694] Nachdem die mütterliche Sorge abgeschlossen ist, geht in der Praxis ab Erreichen einer bestimmten Altersstufe, die unterschiedlich bemessen wird, das Sorgerecht in jedem Fall auf den Vater über. Unabhängig davon, ob die Kinder aufgrund der jungen Jahre bei der Mutter bleiben oder bei dem Vater, bleibt die rechtliche Entscheidungsbefugnis

687 Falthauser, 2006, S. 23; Hekimoğlu, 2000, S. 41. Die längere Abwesenheit ist in Ägypten, Algerien, Irak, Jemen, Jordanien, Kuwait, Libyen, Marokko, Oman, Syrien, Tunesien und Sudan auf 1 Jahr festgelegt. In Pakistan darf die Frau erst nach 2 Jahren Abwesenheit klagen, vgl. Schirrmacher/Spuler-Stegemann, 2004, S. 137.

688 Mir-Hosseini, 2003, S. 60.

689 Nagel, 2001, S. 72.

690 Gemeint sind die Zeiten zwischen der Menstruation.

691 Raddatz, 2004, S. 325.

692 Irak und Somalia fordern die vorherige gerichtliche Scheidungserlaubnis, die erst nach mehreren Versöhnungsversuchen erteilt wird. In Jordanien, Libanon, Libyen, Marokko und Syrien muss das Gericht eine Bestätigung der Formel formulieren. Einige Länder schränken die Willkürgefahr des Mannes dadurch ein, dass sie die Scheidungsformel für ungültig erklären, wenn sie in Zorn, Trunkenheit, Krankheit, unter Zwang oder in unzurechnungsfähigem Zustand abgegeben wurde, vgl. Schirrmacher/Spuler-Stegemann, S. 129.

693 Aydın, 2006, S. 213.

694 Falthauser, 2006, S. 26.

bei dem Vater, der für den Unterhalt der Kinder bis zur Erwerbstätigkeit bzw. zur Heirat verpflichtet ist.[695]

2.2.6 Erbrecht

Zur Zeit des Propheten Mohammed waren die Frauen nach dem alt-arabischen Recht von dem Erbe ausgeschlossen,[696] die Annahme des Islam verbesserte theoretisch die erbrechtliche Stellung der Frau, nahm jedoch keine gleichberechtigte Verteilung vor.[697] Nach islamischem Recht erbt die Frau die Hälfte dessen, was der Mann als Erbe erhalten würde.[698] Die muslimische Apologetik begründet dies mit der erhöhten finanziellen Belastung des Mannes, der ja für den Unterhalt der Frau zuständig sei, während die Frau immer unterhaltsberechtigt sei. Außerdem müsse demjenigen, der den Nachnamen und somit den Stamm des Vaters fortführe, allein aus diesem Grund mehr Erbe zustehen.[699]

2.3 „Ehrenmorde" in anderen islamischen und nichtislamischen Ländern

Laut UN-Weltbevölkerungsbericht und Recherchen von Frauenrechtsorganisationen werden „Ehrenmorde" in islamischen und nicht nichtislamischen Ländern verübt. Bisher sind Taten aus Albanien, Marokko, Syrien, Ägypten, Irak, Iran, Saudi Arabien, Jordanien, Jemen, Libanon, den Palästinensischen Autonomiegebieten, Afghanistan, Pakistan, Bangladesch, Uganda, Indien, Ecuador, Brasilien, Schweden, Großbritannien, Niederlanden, Österreich, Schweiz, Frankreich, Spanien und Italien bekannt.[700]

2.3.1 Islamische Staaten

In den islamischen Staaten[701] sind „Ehrenmorde" bisher überwiegend im Nahen Osten (Syrien, Irak, Iran, Saudi Arabien, Jordanien, Jemen, Libanon, Palästinensische Autonomiegebiete) aufgetreten, die in Ausnahme zum Iran im arabischen Raum liegen. In Nordafrika sind „Ehrenmorde" in Marokko, Ägypten und

695 Die Altersstufe für den Übergang des Sorgerechts der Kinder auf den Vater variiert für Jungen zwischen 7-10 Jahren und für Mädchen zwischen 9-18 Jahren, vgl. Schirrmacher/Spuler-Stegemann, S. 160.

696 Gilt nicht für die türkische Frau vor dem Islam.

697 Hekimoğlu, 2000, S. 46.

698 Koran, Sure 4, Vers 11.

699 Çalışlar, 2005, S. 180 f.

700 Ausstellung von Terre des Femmes e.V. „Tatmotiv Ehre" in Düsseldorf vom 01.06.-15.06.2007; Tellenbach, 2003, S. 2.

701 Albanien 70 % Muslime, Marokko 98 %, Syrien 88 %, Ägypten 91 %, Sudan 70 %, Irak 97 %, Iran 99 %, Saudi Arabien 95,7 %, Jordanien 95 %, Jemen 99%, Afghanistan 99 %, Pakistan 96 %, Bangladesch 88 % und Palästinensische Autonomiegebiete 98,7 % Muslime, (Nigeria 50 % und Uganda 15 % Muslime).

Sudan geschehen, wo ebenfalls überwiegend die arabische Bevölkerung lebt. In Ostafrika sind Delikte aus Uganda und in Westafrika aus Nigeria bekannt geworden. Aus Mittel- und Südasien sind „Ehrverbrechen“ in Afghanistan, Pakistan und Bangladesch begangen worden. Es ist jedoch von weiteren „Ehrverbrechen“ auch in anderen Ländern auszugehen, da in vielen Ländern die physische Gewalt an Frauen anhand eines verletzten Ehrgefühls nicht als Verbrechen oder Vergehen empfunden und daher nicht publik gemacht wird. Eine genaue Erfassung ist nicht möglich, da insbesondere in keinem arabischen Staat, außer Jordanien, verlässliche Kriminalstatistiken bestehen, die auf das Vorliegen von „Ehrenmorden“ deuten. Erstinstanzliche Entscheidungen werden nicht veröffentlicht und Verfahren kommen selten zum Kassationshof, so dass lediglich Menschenrechtsorganisationen, Zeitungsberichte und selten Gerichtsentscheidungen als Informationsquellen dienen können.[702]

2.3.1.1 Jordanien

30 % der Morde in Jordanien sind solche aus verletztem Ehrverständnis.[703] Auch hier wird jedoch von einer hohen Dunkelziffer ausgegangen, weil scheinbar „tödliche Unfälle“ junger Mädchen von den Ermittlungsbehörden nicht weiter verfolgt werden. Ähnlich wie die „Traditionsmorde“ in der Türkei werden Umstände der Tat von dem Familienrat beschlossen und geplant. In ländlichen Gebieten sind Familien dem starken Druck der Gesellschaft ausgesetzt, wenn sich ein weibliches Familienmitglied nicht den gesellschaftlichen Werten entsprechend verhält. Selbst eine nicht erwiesene „Schuld“ des Mädchens kann zu einem Todesurteil führen, wenn sich ein unkeusches Verhalten durch Gerüchte verbreitet.[704] Um sich vor „Ehrverbrechen“ zu schützen, haben Frauen oftmals nur die Möglichkeit, sich in Schutzhaft zu begeben, von der sie sich mit ihrem Einverständnis nur entlassen können, wenn sie von einem männlichen Angehörigen abgeholt werden. In der Regel werden diese Frauen nach der Entlassung zu Hause im Namen der Ehre ermordet.[705] Die Gesetzeslage in der konstitutionellen Monarchie ist zum Nachteil der Frauen und Vorteil der Täter, die von einer Strafmilderung bei „Ehrenmorden“ profitieren. Bis 1980 wurden

---

702 Nach der Erklärung von Carol Bellamy zum internationalen Frauentag 2000, Executive Director bei Unicef, wurden zwischen 1996 und 1998 36 „Ehrenmorde“ in Libanon, 1997 400 „Ehrenmorde“ in Jemen, und 52 „Ehrenmorde“ für Ägypten geschätzt, zitiert nach Tellenbach, 2003, S. 2.

703 Andere Quellen gehen von durchschnittlich 23 „Ehrenmorden“ im Jahr aus, vgl. Tellenbach 2003, S. 2; Das sind etwa ¼ der begangenen Morde im Jahr. Zu diesem Ergebnis kommt auch eine Studie in Jordanien aus dem Jahr 1995, in dem es 98 Mordopfer gab, 23 von ihnen waren Opfer von Ehrenmorden, vgl. Jashan, 2005, S. 11.

704 Laut Gerichtsmedizinern sind 90 % der getöteten Mädchen Jungfrauen und somit Opfer von Gerüchten, vgl. Führing, 2004, S. 31.

705 Tellenbach, 2003, S. 6.

diese Delikte gänzlich tabuisiert. Erst mit Bekanntwerden des Problems in der Öffentlichkeit nach 1994 und dem Druck des Königshauses sollten die Milderungen in den §§ 340 und 98 jordanisches Strafgesetzbuch geändert werden. Bislang regelte das jord. Strafgesetzbuch in § 340 Absatz 1, dass ein Mann Straffreiheit erhielt, wenn er seine Ehefrau, eine weibliche Verwandte oder beteiligte Dritte tötet oder verletzt, nachdem er sie auf frischer Tat beim Ehebruch vorfindet. § 340 Abs. 2 gewährte dem Täter Strafminderung, wenn er seinen Ehegatten oder Verwandten mit einem anderen in einem „ungesetzlichen Bett" überraschte und sie oder den Beteiligten tötete oder verletzte. Der Absatz 2 regelt also alle Fälle außerhalb des Geschlechtsverkehrs.[706] § 98 jord. StGB sieht einen allgemeinen Strafmilderungsgrund für die Provokation vor, der gegeben ist, wenn sich das Opfer unehrenhaft verhalten hat und der Täter bedingt durch das Vorverhalten in Wut die Tat begangen hat.[707] Das Königshaus nahm eine Änderung des § 340 jord. Strafgesetzbuch, der seinen Ursprung nicht im Islam, sondern im französischen Recht hat,[708] und eine Verbesserung des Scheidungsrechts, vor. Im Jahr 2003 legte das neue Parlament jedoch gegen die „familienfeindlichen Gesetze" sein Veto ein, mit der Begründung, die Neuerungen würden zu einem moralischen Verfall führen, wenn die Frauen ihre Familien verlassen und die Männer die Frauen nicht mehr kontrollieren dürfen.[709]

2.3.1.2 Ägypten, Jemen, Syrien und Libanon

Im nordafrikanischen Ägypten, in dem für die Tötung eines Menschen die Talionsstrafe vorgesehen ist, sieht das Strafgesetzbuch in § 237 ägypt. StGB auch eine Milderung für den „Ehrenmord" vor: „Wer seine Frau beim Ehebruch überrascht und sie und ihren Liebhaber auf der Stelle tötet, wird statt mit den Strafen der §§ 234, 236 mit Gefängnis bestraft."[710] Ähnlich verhält es sich im Gesetz in Jemen, bei dem der privilegierte Täterkreis weiter gefasst ist: Gemäß § 232 jemenitisches Strafgesetzbuch kann von der Strafmilderung auch derjenige Gebrauch machen, der eine Verwandte auf- oder absteigender Linie oder seine Schwester bei der Straftat des Ehebruchs überrascht. Auch in diesem Fall ent-

706 Kirkland, 2004, S. 23 f.

707 Die Tötung eines Menschen sieht als Rechtsfolge 15 Jahre Freiheitsstrafe bis zur Todesstrafe vor. Bei Anwendung von § 98 wird die Strafe gemildert auf 6 Monate bis 2 Jahre Freiheitsentzug, vgl. Tellenbach, 2003, S. 11; In einer Studie aus 1995, in der 16 Strafakten ausgewertet wurden, wurden alle Täter wegen Mordes angeklagt, in sechs Fällen gab es Gefängnisstrafen zwischen 1-6 Monaten, in vier Fällen 1 Jahr Gefängnisstrafe, in vier Fällen wurden die Täter mit 5-7,5 Jahren und in einem Fall mit 10 Jahren Arbeitslager bestraft, in einem Fall war der Täter flüchtig, vgl. Jashan, 2005, S. 12.

708 Die Norm wurde ursprünglich aus dem französischen Recht übernommen und hat sich über Libanon in viele andere Länder verbreitet, vgl. Jashan, 2005, S. 10; Tellenbach, 2003, S. 7.

709 Führing, 2004, S. 32.

710 Tellenbach, 2003, S. 7.

fällt die Talionsstrafe, die mit einem Jahr Gefängnis oder Geldstrafe ersetzt wird.[711]

Noch weiter war das Gesetz bis 2009 in Syrien gefasst, das in § 548 syrisches Strafgesetzbuch gar keine Bestrafung für den Täter vorsah: „Ein Straffreistellungsgrund kommt demjenigen zugute, der seinen Ehegatten, einen seiner Verwandten auf- oder absteigender Linie oder seine Schwester bei der Straftat des Ehebruchs in flagranti ertappt oder bei einem illegalen Geschlechtsverkehr mit einem anderen überrascht und beide oder einen von ihnen ohne Vorbedacht tötet oder verletzt." Die staatliche Nachrichtenagentur „Sana" meldete im Juli 2009, der Präsident Asad habe den „Ehrenmord-Paragraphen" per Dekret geändert. Gemäß der neuen Fassung müsse der Täter für mindestens zwei Jahre ins Gefängnis. Der Justizminister begründete die Gesetzesänderung gegenüber der Nachrichtenagentur mit dem Anstieg der „Ehrenmorde" in Syrien.[712]

Die strafbefreiende Regelung galt bis 1999 auch im Libanon. Gemäß § 562 libanesischem Strafgesetzbuch kommt jetzt keine Strafbefreiung mehr in Betracht, jedoch bei Vorliegen der Tatbestandsmerkmale eine Strafmilderung.[713]

2.3.1.3 Irak, Iran

Frauenrechtsorganisationen schätzen die Anzahl der „Ehrenmorde" für die Folgemonate des Krieges auf ca. 400. Die vermehrten Verbrechen infolge des Krieges hängen mit Vergewaltigungen im Krieg zusammen, die die Ermordungen der Frauen durch die Familien zur Folge hatte. Wie in den übrigen arabischen Ländern begegnet auch das irakische Strafgesetzbuch dem Phänomen der „Ehrenmorde" mit Verständnis und Strafmilderung. Der § 409 irak. Strafgesetzbuch normiert: „Jede Person, die seine Ehefrau oder seine Freundin im Bett mit ihrem Liebhaber vorfindet und sie oder beide tötet oder angreift, so dass er oder sie stirbt oder dauerhaft invalid wird, ist mit Haft nicht über drei Jahren zu betrafen."[714]

Im arabischen Strafrecht ist umstritten, ob der Frau und dem Liebhaber ein Notwehrrecht zusteht. Das irakische Strafrecht schließt ein Notwehrrecht gesetzlich aus, während z.B. der jordanische Kassationshof ein Notwehrrecht mit der Begründung anerkennt, der Täter sei nicht straffrei, sondern werde schuldig

---

711 Tellenbach, 2003, S. 8.

712 www.nzz.ch/nachrichten/kultur/aktuell/syrien_ehrenmord_1.2879673.html (05.07.2009).

713 Sowohl das syrische, als auch das libanesische Strafrecht sehen die Strafmilderung wegen einer Provokation vor. Die Provokation wird bejaht, wenn jemand aus Zorn über einen rechtswidrigen Angriff auf der Stelle zu einer Straftat hingerissen wird. Selbst wenn nach der Formulierung der Bezug zu den Ehrverbrechen fehlt, wird das gesellschaftlich verwerfliche Verhalten der Frau als rechtswidrige Handlung subsumiert, das bei einer Straftat als Provokation gewertet wird, womit die Strafmilderung für den Täter zur Anwendung kommt, Tellenbach, 2003, S. 8 ff.

714 Vgl. Probst, 2004, S. 47; Schirrmacher, 2007, S. 22.

gesprochen und milder verurteilt. Daher erkennt der jordanische Kassationshof im Gegensatz zum Irak einen gegenwärtigen rechtswidrigen Angriff durch den Täter an.[715]

Im Iran wird der Ehebruch getreu der Scharia durch eine Steinigung bestraft. Obwohl in den Ländern Pakistan, Sudan, Saudi-Arabien, Vereinigte Arabische Emirate und vereinzelt in Indonesien, Malaysia und Nigeria, in denen sich das Strafrecht auf die islamischen Regeln stützt, für den Ehebruch die Steinigung vorgesehen ist, sind vorwiegend aus dem Iran Steinigungen bekannt geworden. In den übrigen genannten Ländern werden die theoretisch verhängten Steinigungen oftmals durch die Rechtsprechung in Haftstrafen oder Auspeitschungen umgewandelt. Nach der Einführung des islamischen Strafrechts wurden die Steinigungen zur Abschreckung auf öffentlichen Plätzen durchgeführt. Die Bevölkerung steht dem ablehnend gegenüber, daher werden sie heute in Gefängnissen durchgeführt.[716]

2.3.1.4 Pakistan, Afghanistan, Bangladesch

Obwohl Pakistan 1996 die Konvention der Vereinten Nationen über die Diskriminierung von Frauen unterschrieb und das Verbot der Diskriminierung und den Schutz von Frauen in die Verfassung aufnahm, reicht gegenwärtig der Verdacht aus, ein Mädchen habe durch ihr Verhalten die Familie oder Sippe in Verruf gebracht. Nach Angaben von Frauenrechtsorganisationen sterben in Pakistan jährlich 1000 Frauen im Namen der Ehre. Die Dunkelziffer ist hoch, denn sogenannte „Küchenunfälle", in denen die Frauen angezündet werden, sind an der Tagesordnung. Die Vorsitzende der Nationalen Kommission zum Status der Frau erklärte, man müsse eher von 10.000 Frauen in ganz Pakistan ausgehen.[717] Es sind Fälle aus Pakistan bekannt, in denen eine Frau ermordet wird, weil sie ein außereheliches Verhältnis gepflegt hat und der Mann zunächst flieht, bis durch die Stammesversammlung ein Urteil gefällt wird, der die Kompensation für die Ehrverletzung festlegt. Der „Ehebrecher" bezahlt eine bestimmte Summe, übergibt Land oder eine Frau aus seiner Familie (quasi als Schadensersatz)

715 Vgl. Tellenbach, 2003, S. 9.

716 Das Strafrecht legt genau fest, dass die Frau vor der Steinigung bis unter die Brust und der Mann bis unter den Gürtel vergraben werden. Die Annahme, die Absicht könnte darin liegen, die Frau solle wegen weniger freier Körperstellen vor dem Tod geringere Schmerzen als der Mann erleiden, geht fehl. Vielmehr soll derjenige, der nach einem Geständnis gesteinigt wird, die Möglichkeit zum Weglaufen haben, wenn er oder sie sich aus der Vergrabung befreien kann. Logische Folge ist, dass sich die Frau nicht befreien können soll, weil sie tiefer in der Erde vergraben ist, als der Mann, vgl. Kröhn, 2004, S. 55 ff.

717 Schirrmacher/Spuler-Stegemann, 2004, S.211 ff.; Nur in der Provinz Sindh gab es 1202 Mordfälle, 276 Fälle von Verletzungen und 126 Fälle, in denen Frauen geschlagen wurden. In Punjab wurden 3002 Mordfälle registriert, in 2924 Fällen wurden Frauen verletzt und in 2404 Fällen wurden Frauen geschlagen, vgl. Rizvi, 2005, S. 15.

und wird wieder in die Familie aufgenommen.[718] In Pakistan wurden 1979 Ehebruch und unerlaubter Geschlechtsverkehr unter Todesstrafe gestellt. Im Falle der Vergewaltigung musste die Frau die von der Scharia geforderten vier männlichen Zeugen erbringen.[719] Bis in die neunziger Jahre lautete § 300 des pakistanischen Strafgesetzbuches: „Schuldhafte Tötung gilt nicht als Mord, wenn der Täter den Tod des Opfers unter Verlust seiner Selbstbeherrschung, verursacht durch eine schwere und unerwartete Provokation seitens des Opfers, herbeiführt."[720] Nachdem das Gesetz 1990 abgeschafft wurde, verabschiedete die Regierung erst 2004 ein Gesetz, in dem der „Ehrenmord" jetzt als Mord eingestuft und dementsprechend bestraft wird. Allerdings besteht die Möglichkeit der Straffreiheit für den Täter, wenn ihm die Familie des Opfers vergibt.[721]

In Afghanistan sah § 398 afgh. Strafgesetzbuch eine leichte Strafe für den Ehemann vor, der seine Ehefrau mit einem Liebhaber ertappte und ermordete. Es handelte sich hierbei um ein Gesetz aus dem Jahr 1976, das in den vergangenen Jahren revidiert wurde, um es mit internationalen Verträgen und islamisch-humanistischen Werten in Einklang zu bringen. Trotz der Revision ist heute die Scharia an der Tagesordnung, die in ländlichen Gebieten nicht durch die Gerichte angewendet werden kann, weil es tatsächlich keine Möglichkeiten gibt, Gerichte also nicht vorhanden sind. Die Gerichte werden in diesen Gebieten durch Ratsversammlungen mit ausschließlich männlichen Mitgliedern ersetzt.[722] Menschenrechtsorganisationen wie Amnesty International berichten in der Talibanherrschaft von Auspeitschungen auf öffentlichen Straßen, wenn die Frau in der Öffentlichkeit Haut zeigte. Zwangsverheiratungen, Selbstmorde und Ermordungen im Namen der Ehre, wenn außerehelicher Geschlechtsverkehr stattfand, sind in Afghanistan auch heute nicht ungewöhnlich.

Im asiatischen Bangladesch, in dem teilweise auch islamisches Recht zur Anwendung kommt, treten Ehrverbrechen in Form von Säureattentaten auf. Die Täter töten die Frauen nicht immer, sondern wollen sie auf Dauer mit Schwefel oder Salpetersäure entstellen. Die Regierung reagiert seit dem Jahr 2000 mit der Todesstrafe für Täter von Säuretötung. Für die Verletzung mit Säure sieht das Gesetz sieben Jahre Gefängnisstrafe vor. In der Praxis werden diese Taten durch die Ermittlungsbehörden allerdings nicht immer ernstgenommen und eher als Privatangelegenheit betrachtet.[723]

---

718 Schirrmacher, 2007, S. 9.

719 Schirrmacher/Spuler-Stegemann, 2004, S.211 ff.

720 Kirkland, 2004, S. 25.

721 Rizvi, 2005, S. 13.

722 Probst, 2004, S. 48 f.

723 Vgl. Böhmecke, Studie Ehrenmord, S. 6 f.; Schirrmacher/Spuler-Stegemann, 2004, S. 215; Ausstellung von Terre des Femmes e.V. „Tatmotiv Ehre" in Düsseldorf vom 01.06.-15.06.2007.

2.3.1.5 Nigeria, Sudan

Nigeria ist ein föderaler Staat, in dem nicht überall die gleichen Rechtsgrundlagen gegeben sind. Im muslimischen Norden gilt überwiegend islamisches Strafrecht. Ehebruch und unerlaubter Geschlechtsverkehr sind in Nigeria unter Strafe gestellt. Im islamisch regierten Teil sind im Gegensatz zu anderen Ländern Indizienprozesse bei Ehebruch möglich. Allerdings dürfen dann die Rechtsfolgen, die nach der Scharia bei Verletzung von Gottes Recht anwendbar sind, nicht zugesprochen werden. Die Rechtsfolge liegt dann im Ermessen der Behörde. Im September 2000 wurde eine offiziell 17-Jährige (tatsächlich 13-Jährige) zu 180 Peitschenhieben verurteilt, weil sie die Vergewaltigung durch drei Männer angezeigt und die erforderlichen vier Zeugen nicht beibringen konnte. Nach der Geburt widerrief sie die Anzeige wegen Vergewaltigung, so dass sie „nur" noch mit 100 Peitschenhieben für den außerehelichen Geschlechtsverkehr bestraft wurde und die 80 Peitschenhiebe für die Verleumdung entfielen.[724]

Eine weitere Form, die zum Teil als „Ehrverbrechen" kategorisiert wird, sind im Sudan die Genitalverstümmelungen in Form von Mädchenbeschneidungen.[725]

Nach Schätzungen von Unicef werden jährlich in 28 von 54 afrikanischen Staaten[726] zwei Millionen Mädchen zwischen vier und zwölf Jahren beschnitten, ca. 150 Millionen Frauen sind bereits genitalverstümmelt. Begründet wird dieses Verbrechen, das im Sudan strafbar ist, mit der Gewährleistung der Keuschheit der Frauen in der Ehe. Unbeschnittene Frauen gelten als unrein und „leichtlebig" und hätten keine Heiratschancen. Der Eingriff im Kindesalter wird in unterschiedlichen Formen durchgeführt: angefangen von dem Einritzen der Klitoris bis zur Totalverstümmelung mit dem Vernähen der Vulva. Die sudanesische Beschneidung entfernt sowohl die Klitoris als auch die Schamlippen. Wenn die Frau in der Ehe physisch noch in der Lage ist, ein Kind zu gebären, dann wird vor der Geburt die Naht aufgeschnitten und nach der Geburt wird sie wieder in den vorigen Zustand versetzt.

Untersuchungen in Europa belegen das teilweise Festhalten an dem Brauch der Genitalverstümmelungen durch Migranten.[727]

724 Schirrmacher/Spuler-Stegemann, 2004, S. 45.

725 In der Türkei völlig unbekannt.

726 Nach anderen Quellen auch im Süden der Arabischen Halbinsel, Irak und in Teilen Asiens (Indonesien, Malaysia), vgl. Homepage des Bundesministeriums für Gesundheit und Frauen, NAHT (Network Against Harmful Traditions), www.naht.info/cms/naht/DE/einzel.html?channel=CH0398 (12.12.2008).

727 Schirrmacher/Spuler-Stegemann, 2004, S. 201 ff.; NAHT, www.naht.info/cms/naht/DE/einzel.html?channel=CH0398 (12.12.2008).

2.3.2 Nichtislamische Staaten

Ehrverbrechen an Frauen treten zwar überwiegend, aber nicht ausschließlich in islamischen Ländern auf, sondern werden von der eigenen Bevölkerung[728] auch im hinduistischen Indien oder katholischen Ecuador, Brasilien, Italien und Spanien begangen. Nicht in Form von Morden, sondern durch Ausschluss aus der Gesellschaft aufgrund eines Ehrverlustes, vergleichbar mit der thematisierten Geschlechtsehre, gab es im römisch-katholischen Irland bis 1996 die katholischen „Magdalenenheime", die „gefallene, gefährdete bzw. ehrlose" Mädchen und Frauen für den Rest ihres Lebens „in Gewahrsam" nahmen. Es handelte sich vorwiegend um Frauen, die vergewaltigt worden waren, ein uneheliches Kind geboren hatten, oder eine Bedrohung für die Männerwelt darstellten, weil sie zu hübsch waren.[729]

2.3.2.1 Indien

Im überwiegend hinduistischen Indien herrscht ein von dem bisher Dargelegten abweichendes und ungewöhnliches Verständnis von Ehre. Die untergeordnete Stellung der Frau innerhalb der Familie und der kollektiven Bedeutung der Ehre, führt zu den sogenannten Mitgiftmorden. Mitgiftmorde werden als die Tötung von Frauen definiert, deren Mitgift angeblich zu niedrig ist. Dabei stellt die Familie des Bräutigams als Bedingung zur Heirat eine lange Mitgiftforderung auf, die zu einer hohen Verschuldung der Familie der Braut führt. Mit der Heirat des Paares finden die Forderungen nicht immer ihr Ende, so dass über Jahre hinweg diese nicht selten zu dem Ruin der Brauteltern führen. Kann die Mitgift nicht gezahlt werden, wird die Braut durch die Familie des Ehemannes getötet. Nach dem Frauenverband Aidwa geschehen jährlich offiziell ca. 6800 Mitgiftmorde, die Dunkelziffer beträgt schätzungsweise 15.000 Fälle jährlich.[730] Seit 1961 sind Mitgiftforderungen gesetzlich verboten, können in der Praxis aber nicht verhindert werden. Oftmals zeigt sich die Habgier der Familie des Bräutigams erst nach der Hochzeit, nachdem es für die Frau bereits zu spät ist. Hier kann der Anknüpfungspunkt zu den klassischen „Ehrenmorden" gezogen werden: Eine Scheidung der Frau führt zu einem Ehrverlust in der Gesellschaft und scheidet daher aus. Trotz des wirtschaftlichen Ruins, den die Brauteltern

---

728 In der Schweiz, den Niederlanden, in Großbritannien, in Schweden, Österreich und Frankreich werden „Ehrenmorde" von Migranten begangen, dargestellt in der Ausstellung von Terre des Femmes e.V. „Tatmotiv Ehre" in Düsseldorf vom 01.06.-15.06. 2007.

729 Böhmecke, 2004, S. 13; thematisiert auch in dem Film: Die unbarmherzigen Schwestern, Regie: Peter Mullan, Großbrittanien 2002.

730 Ausstellung von Terre des Femmes e.V. „Tatmotiv Ehre" in Düsseldorf vom 01.06.-15.06.2007.

erleiden, ermahnen sie ihre Tochter, eine gute Ehefrau zu sein und alles zu erdulden, weil es als sozialer Makel gilt, nicht verheiratet zu sein.[731]

2.3.2.2 Brasilien

In Südamerika sind „Ehrenmorde“ im stark katholischen Ecuador und im römisch-katholischen Brasilien bekannt geworden. Vergleichbar mit den klassischen „Ehrenmorden“ sind in Brasilien die patriarchalischen Morde, die „Leidenschaftsmorde“ genannt werden. Es handelt sich bei diesem Verständnis von Ehre nicht um ein kollektives, in dem die Frau durch ihr keusches Verhalten die Ehre der Familie trägt, sondern um ein individuelles Verständnis, das aus dem Unterordnungsverhältnis der Frau in der Beziehung zum Mann resultiert.[732] Auch die vergangene und gegenwärtige rechtliche Situation deutet auf ein diskriminierendes Verhältnis zur Frau hin: die Macho-Gewalt in Brasilien wird mit der Verteidigung der Ehre gerechtfertigt.[733] Trotz der formalen Streichung der legitimen Verteidigung der Ehre im Strafgesetz und des Begriffs der „ehrbaren Frau“ werden laut „Special Rapporteur of the Commission on Human Rights on violence against women, its causes and consequences“ jedoch nach wie vor widersprüchliche Entscheidungen gefällt.[734]

2.3.2.3 Spanien

Nicht weit entfernt innerhalb von Europa sind „Ehrverbrechen“ aus Spanien bekannt. Dieses Phänomen hatte seinen festen Platz in der spanischen Bevölkerung, wie etwa durch die Änderung des Rechtsguts Ehre mit der Ratifizierung der Verfassung von 1978 deutlich wurde. Die spanische Gesellschaft ist nach wie vor eine machistisch orientierte, in einem patriarchalischen Modell verwurzelte Gesellschaft, in dem Rollen zugeschrieben und Mann und Frau nicht gleichberechtigt sind. Die Bedeutung der Ehre existiert in der spanischen Kultur noch immer. Im Gegensatz zu früher wird Gewalt in der Familie mehr in der Öffentlichkeit bekannt, während sie früher in dem häuslichen Raum blieb. Im Falle der Anzeige wird den Opfern von den Behörden jedoch noch immer Un-

---

731 Die hinduistische Gesellschaft ist in Kastensysteme aufgegliedert. Es wird zwar nur innerhalb der eigenen Kaste geheiratet, diese sind aber auch in eine Vielzahl von Unterkasten aufgeteilt. In der Regel heiratet sich eine Frau in eine höhere Unterkaste ein. Dass die Frau die höhere Unterkaste verdient, muss sie durch die Zahlung des hohen Mitgiftes beweisen, vgl. Becker, 2004, S. 51 ff.

732 Ausstellung von Terre des Femmes e.V. „Tatmotiv Ehre“ in Düsseldorf vom 01.06.-15.06.2007.

733 Mit der Begründung, die Ehefrau müsse ehrbar sein, kann sich der Mann in der Ehe das Recht nehmen, der Frau das Arbeiten und Verlassen des Hauses zu verbieten, vgl. Kızılhan, 2006, S. 71.

734 Vgl. NAHT (Network Against Harmful Traditions), www.naht.info/cms/naht/DE/ einzel.html?channel=CH0396 (12.12.2008).

verständnis entgegengebracht, weil Gerichte und Behörden die Misshandlung von Frauen als Teil des Ehelebens und als Maßregelrecht des Mannes begreifen.[735]

Die rechtliche Handhabung vor der neuen Verfassung spiegelte die Einstellung und Wertevorstellung der Gesellschaft wider: Der Ehebruch und die „wilde Ehe" waren Straftatbestände, die zu einem Ehrverlust in der Gesellschaft führten. Historisch betrachtet, erlaubte das Gesetz im Jahr 1870 gewissermaßen das Töten in § 438 spanisches Strafgesetzbuch, denn der Ehemann, der seine Ehefrau beim Ehebruch ertappte, sie oder den Liebhaber daraufhin im Affekt tötete oder ihnen Verletzungen zufügte, erhielt keine Strafe. 1928 wurde die Norm geschlechtsneutral formuliert und sah keine Strafbefreiung mehr, sondern eine Strafminderung vor (§ 523 spanisches Strafgesetzbuch).[736] Das Strafrecht von 1944 stellte einen Rückschlag dar und nahm Bezug auf das Familienrecht, auf die Moral, auf gute Sitten und auf die Ehre. Der Ehebruch verletze die Ehebeziehung und den sakramentalen Charakter im religiösen Sinn und die Ehre als abstrakten Wert. § 428 spanisches Strafgesetzbuch beschränkte den Ehebruch erneut nur auf die Frau und bestrafte den betrogenen Ehemann, der eine Tötung beging, mit der Verbannung und sah bei leichten Verletzungen Straffreiheit vor. Wiederholte Kritik führte erst 1961 zur Revision des Gesetzestextes.

Die geringe Bestrafung der wilden Ehe für den Mann, des Ehebruchs für die Frau und die Strafmilderung für den „Ehrenmord" wurde schließlich 1978 abgeschafft.[737]

Nach wie vor sind in der Gesellschaft tief verwurzelte Vorstellungen über die Unterordnung der Frau lebendig. Eine Entscheidungsfreiheit wie die Trennung als Konsequenz erlebter Gewalt wird der Frau nicht zugestanden.

2.3.2.4 Italien

Im katholisch geprägten und teilweise noch machistischen Italien gelten heute noch gebietsweise unterschiedliche Auffassungen über den Ehrbegriff. In Sizilien, Kalabrien oder Sardinien z.B. bestehen unterschiedliche Verhaltensregeln der Sittsamkeit für Mann und Frau. Während bei der Frau hinsichtlich ihrer Ehre über ihre sexuelle Unberührtheit gesprochen wird, spricht man bei dem Mann über Mut, Tapferkeit und Durchsetzungskraft.[738] Die historische Betrachtung der Gesetze zeigt ebenfalls die Grundlage für das in einigen Gebieten noch vor-

---

735 Vgl. Martin/Vega, 2003, S. 225 ff.

736 Obwohl nun eine geschlechtsneutrale Formulierung gewählt wurde, konnte der Ehebruch nur durch die Frau begangen werden, weil für den Mann die Regelung der wilden Ehe in § 602 span. Strafgesetzbuch Anwendung fand. In einem Fall, in dem ein Mann und eine Frau, beide verheiratet, ein Verhältnis miteinander hatten, beging nur die Frau Ehebruch, der Mann machte sich wegen wilder Ehe strafbar, vgl. Crespo, 2003, S. 216 f.

737 Crespo, 2003, S. 216 ff.

738 Cöster, 2009, 47 f.

herrschende Verständnis der geschlechtsbezogenen Ehre. Nicht nur im alten Rom war dem Familienältesten das Recht vorbehalten, eine unverheiratete, aber sexuell aktive Tochter oder ehebrüchige Frau zu töten. Das Zanardelli Gesetz von 1889 sah eine Strafmilderung von bis zu 1/6 der vorgesehenen Strafe für den „Ehrenmord" vor, der gegeben war, wenn ein außerehelicher Geschlechtsverkehr stattfand. In der Gesetzesbegründung wurde davon ausgegangen, der Täter begehe die Tat unter einer erheblichen Zwangslage (die von der Gesellschaft toleriert wurde).

Das Rocco Gesetz aus dem Jahr 1930 sah in § 587 italienisches Strafgesetzbuch eine Strafmilderung für den Täter vor, der seine Schwester, Tochter oder Ehefrau beim außerehelichen Geschlechtsverkehr vorfand, sie und/oder den Täter darauf tötete. Es lockerte zudem das Erfordernis des Betreffens auf frischer Tat, und stützte sich auch nicht mehr auf die psychische Zwangslage, in der sich der Täter befinden musste. Vielmehr war ausreichend, dass die Ehre in irgendeiner Form verletzt wurde. Der Ehebruch war in Italien bis 1968 strafbar. Trotz dessen waren die Spuren der Bedeutung der Ehre nicht aus dem Gesetz gelöscht. Die §§ 551, 578, 592 ital. Strafgesetzbuch schützten die Ehre für den Fall, dass das eigene Kind im Mutterleib oder unmittelbar nach der Geburt getötet wurde. Diese Normen wurden erst 1981 aufgehoben. Auch die Heranziehung des allgemeinen Strafmilderungsgrundes § 62 ital. Strafgesetzbuch war bis 1981 üblich, wonach die Strafe gemildert wurde, wenn der Täter aufgrund sozialer oder moralischer Werte handelte oder wenn er aufgrund einer ungerechtfertigten Provokation in Wut geraten war.[739] Seit 1981 sind „Ehrverbrechen" nicht mehr kriminalstatistisch von den übrigen Tötungs- oder Körperverletzungsdelikten getrennt ausgewiesen. Trotzdem hat die Polizei 47 „Ehrenmorde" bzw. „Leidenschaftsmorde" im Jahr 2000 erfasst.[740]

3. Türkei: Ausnahmestellung in islamischen Ländern

Die islamischen Traditionen und Gesetze, die im Osmanischen Reich jahrhundertelang galten, konnten von den religiösen Kräften nach Gründung der Republik nicht durchgesetzt werden und verloren mit der Rezeption des schweizerischen Zivilgesetzbuches 1926 ihre Geltung. Atatürk und seine Reformer dokumentieren den Bruch folgendermaßen: „Den Gewohnheiten, Bräuchen und Traditionen unbedingt treu bleiben zu wollen, ist eine Theorie, die so gefährlich ist, dass sie die Menschheit aus ihrem primitivsten Zustand nicht einen Schritt vorwärts bringen kann. Keine Kulturnation hat an diesem Dogma festgehalten und hat gezögert, von Zeit zu Zeit Bräuche und Gewohnheiten, die sie fesselten,

739 Ähnlich wie die ungerechtfertigte Provokation im ehemaligen türkischen Strafgesetz: das ehrlose Verhalten der Frau stellte eine ungerechtfertigte Handlung dar, die den Täter provozierte, zu einer Tat in Wut riss und daher die Strafe gemildert wurde.

740 Vgl. Donini, 2003, S. 261 ff.

zu zerreißen. Vor allem Revolutionen sind als wirksamstes Mittel hierfür gebraucht worden."[741]

Unmittelbar in den ersten Jahren nach der Staatsgründung wurde nicht damit gezögert, diese Vorstellung in die Tat umzusetzen. In den anderen islamischen Ländern ist, je nach Einfluss der europäischen Mächte, die Anwendung der Scharia lediglich durch teilweise Kodifizierung zurückgegangen. Mit der Säkularisierung der Türkei sollte aber ein radikaler Schnitt mit den islamischen Gesetzen gelingen. In der Praxis wurde zunächst das gesamte Erziehungswesen staatlicher Aufsicht unterstellt. Die geistlichen Schulen wurden mit der Einführung des Schulgesetzes 1924 geschlossen. Um den Islam aus dem öffentlichen Leben in das private Leben zu verdrängen, wurde im Laufe der Jahre der Religionsunterricht an Grundschulen und weiterführenden Schulen abgeschafft. Nachdem Atatürk 1938 starb, kamen Parteien und Bewegungen wieder zum Vorschein oder entwickelten sich neu, die die Religion erneut in Politik und Gesellschaft einführten: u.a. fand der Religionsunterricht wieder statt, Theologen wurden vermehrt ausgebildet, private Korankurse wurden erneut aufgenommen.[742]

3.1 Familien- und Erbrecht in der Türkei

Das Familien- und Erbrecht in der Türkei basiert im Vergleich zu den islamischen Ländern nicht auf der Scharia, sondern auf europäischem Recht. Bis zur Zivilrechtsreform, die am 01.01.2002 in Kraft trat und als Reformziel die Gleichberechtigung von Frauen und die Anpassung an europäische Standards verwirklichte, waren Spuren des Patriarchats im Familienrecht deutlich erkennbar. Der Mann war bis 2002 gesetzlich das Oberhaupt der Familie (Art. 152 I a.F. türkisches Zivilgesetzbuch[743]) und hatte das Recht, den Wohnort der Familie zu bestimmen (Art. 152 II a.F. tZGB).[744] Während der Ehe hatte der Ehemann umfangreiche Unterhaltspflichten zum wirtschaftlichen Erhalt der Familie, dem aber das gesetzliche Prinzip der Gütertrennung gegenüberstand, da das eigen erarbeitete auch in seinem Eigentum verblieb.[745] Dies brachte für die Ehefrau im Falle der Scheidung viele Nachteile mit sich, da sie für den Fall der Sorge für den Haushalt während der Ehe keine finanzielle Sicherheit nach der Scheidung hatte. Nicht mit der Reform, sondern durch die Nichtigkeitserklärung des Verfassungsgerichts 1990, wurde die Einschränkung der Ehefrau, nicht ohne die Zustimmung des Ehemannes einer Arbeitstätigkeit nachzugehen, aufge-

741 Hirsch E. E., Das Recht im sozialen Ordnungsgefüge, Beiträge zur Rechtssoziologie, 1966(a), zitiert in: Pasero, 1989, S. 52.

742 Wiethold, 1981, S. 123.

743 Im folgenden tZGB.

744 Ausführlicher Hekimoğlu, 2000, S. 162 ff.; Özyeğin, 2005, S. 61 f.

745 Rumpf, 2000, S. 19 f.

hoben.[746] Eine weitere Benachteiligung bestand bei der elterlichen Sorge, die zwar beiden Elternteilen das Entscheidungsrecht gab, aber der Vater des Kindes das letzte Wort hatte, wenn sich die Elternteile uneinig waren (Art. 262 a.F. tZGB).[747] Mit Änderungen im Laufe der Jahre und zuletzt der Reform im Jahr 2002 hat sich das tZGB von dem Patriarchat im Zivilrecht verabschiedet.

3.1.1 Eherecht

Das Ehefähigkeitsalter ist sowohl für den Mann, als auch für die Frau gemäß Art. 124 I tZGB die Vollendung des 17. Lebensjahres, also 18 Jahre. Ausnahmsweise kann eine nicht volljährige Person unter der Voraussetzung eines besonderen Grundes (z.B. Schwangerschaft) und der Erlaubnis der Erziehungsberechtigten frühestens mit Vollendung des 16. Lebensjahres, mit 17 Jahren, heiraten.[748] Die Eheschließung muss gemäß Art. 134, 141 tZGB durch übereinstimmende Willenserklärung von Mann und Frau vor dem zuständigen Standesbeamten und zwei geschäftsfähigen Zeugen erfolgen. Die Trauung ist ein höchstpersönliches Rechtsgeschäft, das nur durch die eigene Erklärung vor dem zuständigen Beamten zustande kommt.[749] Die religiöse Trauung wurde nicht verboten. Das Gesetz legt jedoch fest, dass sie nur nach standesamtlicher Trauung erfolgen darf, Art. 143 tZGB. Der Imam darf die Trauung gemäß § 143 II tZGB nur nach Vorlage des Familienbuches vornehmen. Da seit der Gründung der Republik nur die Einehe erlaubt ist, stellt die Tatsache, bereits verheiratet zu sein, ein Ehehindernis dar. In der Ehe bestimmen beide gemeinsam den Wohnort, Art. 186 I tZGB, treffen alle wesentlichen Entscheidungen, die das eheliche Zusammenleben betreffen, gemeinsam, Art. 185 tZGB und sind für die Gewährleistung des Unterhaltes ebenfalls gemeinsam zuständig.[750] In ihrer Wahl, ob und welchen Beruf sie ausüben möchten, sind die Ehegatten frei. Wenn es für den Unterhalt der Familie notwendig ist, haben beide die Pflicht, zu arbeiten.[751] In Geschäften des täglichen Lebens ist jeder Ehegatte vertretungsbefugt, darüber hinausgehende Geschäfte müssen in Zusammenwirkung vorgenommen werden.[752]

Eine Ungleichbehandlung hat der Gesetzgeber jedoch unverändert gelassen: Gemäß § 187 tZGB übernimmt die Frau mit Eheschließung den Nachnamen des Mannes, kann ihren Namen auf Antrag behalten, muss aber den des Mannes

---

746 Vgl. Özyeğin, 2005, S. 61 f.

747 Vgl. Hekimoğlu, 2000, S. 168.

748 Akıntürk, 2006, S. 65 ff.

749 Rumpf, 2004, S. 125 f.

750 Rausch, 2003, S. 165.

751 Eine Ausnahme besteht, wenn die Einheit der Ehe durch die Tätigkeit gefährdet wird, vgl. Havutçu, 2005, S. 239.

752 Rumpf, 2004, S. 129.

hinten anstellen.[753] Da das tZGB säkularisch geprägt ist, sind interreligiöse Ehen zulässig.[754]

Schließlich kann die Ehe wegen Nichtigkeit oder Anfechtung für ungültig erklärt werden.

3.1.2 Gesetz zum Schutz der Familie

Vergleichbar mit dem Gewaltschutzgesetz in Deutschland bietet das Gesetz zum Schutz der Familie seit 1998 im Falle der Gewalt innerhalb der Familie einstweiligen Rechtsschutz im Familienleben. In die eheliche Gemeinschaft kann eingegriffen werden, wenn physische oder psychische Gewalt an Familienangehörigen ausgeübt wird, die zu Angstzuständen führt. Maßnahmen sind u.a. das Rückkehrverbot, Betretungsverbot eines bestimmten Bereiches, Alkohol- oder Suchtmittelverbot. Antragsbefugt für eine solche Maßnahme ist die betroffene Person oder die Staatsanwaltschaft. Hält sich der gewalttätige Ehemann nicht an die richterliche Verfügung, kann er mit drei bis sechs Monaten Zwangshaft bestraft werden.[755] Vergleichbar mit den Fällen im Jahr 1998, als das Gesetz erlassen wurde, findet das Gesetz zunehmend Anwendung: Im Jahr 2005 wurden 9.132 Fälle wegen Verstoßes gegen das Gesetz zum Schutz der Familie verhandelt, in denen es zu einer Verurteilung kam.[756]

3.1.3 Scheidung

Ein einseitiges Scheidungsrecht des Mannes ist seit Einführung des tZGB nicht mehr vorgesehen. Im türkischen Scheidungsrecht gilt das Verschuldensprinzip, d.h. dass ein Ehegatte oder beide das Scheitern der Ehe verschuldet haben müssen. Demjenigen, der die Scheidungsklage einreicht, darf kein oder weniger Verschulden am Scheitern der Ehe zuzurechnen sein.[757] Im Gesetz sind begrenzte Scheidungsgründe festgelegt: Ehebruch, Art. 161 tZGB, Angriff auf das Leben (mit Tötungsvorsatz), Art. 162 tZGB, ehrenrührige und für den anderen beschämende Straftat des Ehegatten,[758] Art. 163 tZGB, ehr- und würdeloses Leben,[759] Art. 163, böswilliges Verlassen (mindestens 6 Monate), Art. 164 tZGB und Unzumutbarkeit der Ehe wegen Geisteskrankheit, Art. 164 tZGB. Der all-

753 Akıntürk, 2006, S. 121.
754 Rumpf, 2004, S. 125.
755 Ausführlicher Havutçu, 2005, S. 248 ff.
756 Vgl. Justizregister: www.adli-sicil.gov.tr.istatistikler.htm (05.09.2007).
757 Rausch, 2003, S. 166; Rumpf, 2004, S. 140.
758 Ob die von dem Ehepartner begangene Straftat beschämend ist und zu einer Unerträglichkeit im Zusammenleben führt, hängt vom Ermessen des Richters ab. Delikte wie Diebstahl, Betrug, Vergewaltigung u.ä. können bei Vorliegen der weiteren Voraussetzungen zu einem Scheidungsgrund führen, vgl. Havutçu, 2005, S. 280 f.
759 Z.B. Bordellführer, spielsüchtig, anormales Sexualleben, vgl. Havutçu, 2005, S. 280 f.

gemeine Scheidungsgrund, praktisch der von größter Bedeutung, ist der Auffangtatbestand der Zerrüttung der Ehe. Die Zerrüttung wird vermutet, wenn sich die Parteien einvernehmlich scheiden lassen möchten oder wenn die Ehepartner nach einer Mindestbestandszeit von einem Jahr dauerhaft getrennt leben.[760] Nach der Rechtskraft der Scheidung besteht für die Frau gemäß Art. 132 tZGB eine Wartefrist von 300 Tagen, in der ihr untersagt ist, erneut zu heiraten. Diese Frist ist bemessen, um festzustellen, ob ein Kind aus der geschiedenen Ehe entstanden ist, kann aber bei Erbringung von Beweisen, dass eine Schwangerschaft aus vorangegangener Ehe nicht vorliegt, verkürzt oder aufgehoben werden.[761] Die Eheschließung in der Wartezeit stellt jedoch kein absolutes Ehehindernis dar, so dass eine in dieser Zeit geschlossene Ehe nicht für ungültig erklärt werden kann.

3.1.4 Unterhalt nach der Scheidung

Die Verschuldensfrage bei der Scheidung spielt auch für den Ehegattenunterhalt nach der Scheidung eine Rolle. Der Ehegatte, den ein Verschulden an der Scheidung trifft, kann zwar Unterhalt von dem anderen verlangen, sein Verschulden darf aber nicht höher sein, als das Verschulden desjenigen, von dem der Unterhalt verlangt wird.[762] Gemäß Art. 175 tZGB kann die Sicherung des Lebensunterhaltes nur verlangt werden, wenn durch die Scheidung Bedürftigkeit eintritt. Eine weitere Möglichkeit sieht der Art. 174 tZGB vor, der einen materiellen Schadensersatz für durch die Scheidung eingetretene Einbußen vorsieht. Diese können verlorene Unterhaltsansprüche, verlorene Nutzungsmöglichkeiten am Vermögen des anderen und Verluste bei der Altersversorgung sein.[763] Zuletzt sieht Art. 174 tZGB einen Schmerzensgeldanspruch für einen immateriellen Schaden vor. Voraussetzung ist, dass den Beklagten ein Verschulden an der Scheidung trifft und der Kläger eine Verletzung des Persönlichkeitsrechts darlegen kann. Dies hängt in der Regel von dem Scheidungsgrund ab und ist z.B. gegeben, wenn die Scheidung wegen des Ehebruchs eines Ehegatten erfolgt und die Betroffene dadurch psychisches Leid erfährt.[764]

---

760 Ausführliche Darlegung der Scheidungsgründe bei Rumpf, 2004, S. 142 ff. und Akıntürk, 2006, S. 252 ff.; Die Zerrüttung der Ehe als Scheidungsgrund ist der von praktisch größter Bedeutung, weil 1998 92,95 % und 1999 93,64 % der Scheidungen als zerrüttet geschieden wurden, vgl. Akıntürk, 2006, S. 271.

761 Rumpf, 2004, S. 126.

762 Rausch, 2003, S. 167.

763 Die Konkurrenzen zwischen dem Bedürftigkeitsunterhalt und dem Schadensersatz ist insbesondere in der Rechtsprechung unklar. Die Literatur ist der Ansicht, der Schadensersatz gehe vor, da durch den Schadensersatz die Bedürftigkeit entfallen könnte. Wenn die Erlangung des Schadensersatzes nicht die Bedürftigkeit entfallen lässt, dürften beide Ansprüche nebeneinander bestehen, Rumpf, 2004, S. 152 f.

764 Ausführlicher Akıntürk, 2006, S. 309 ff.

3.1.5 Sorgerecht

Sind die Eltern des Kindes verheiratet, haben beide das Entscheidungsrecht über die Erziehung des Kindes, der Vater hat keine absolute Entscheidungsgewalt in Erziehungsfragen, sondern muss alle Entscheidung gemeinsam mit der Mutter treffen, Art. 336 tZGB. Ist das Kind unehelich, hat die Mutter gemäß Art. 337 tZGB das Sorgerecht für das Kind, wohingegen der Richter nach Anhörung der Parteien unter Berücksichtigung des Kindeswohls entscheidet und das Umgangsrecht des anderen Elternteils regelt, wenn die Ehe geschieden wird.[765]

3.1.6 Erbrecht

Im Gegensatz zum islamischen Recht sieht das Erbrecht im tZGB keine Unterschiede bei Mann und Frau vor. Die gesetzliche Erbfolge ist die Gesamtrechtsnachfolge. Das Erbe kann auch durch Testament, Erbvertrag und Vermächtnis übergehen. In der gesetzlichen Erbfolge ist für den Anteil des Erbes die Rangfolge der Blutsverwandten ausschlaggebend. Gesetzliche Erben erster Ordnung sind die Abkömmlinge, Erben zweiter Ordnung sind die Eltern und die Abkömmlinge der Eltern (die Geschwister des Erben) und dritter Ordnung sind die Großeltern und deren Abkömmlinge (Tanten und Onkel des Erben). Der Ehegatte erhält ¼ des Erbes neben den Erben erster Rangfolge, ½ neben den Erben der zweiten Rangfolge und ¾ neben den Erben der dritten Rangfolge.[766] Nimmt also der Rang der Verwandten ab, erhöht sich der Anteil an dem Erbe für den Ehegatten.

3.2 Theorie und Wirklichkeit

Die Türkei als islamischer Staat der Säkularisierung ist ein Staat zwischen Tradition und Moderne. Islamisten und Säkularisten stehen sich ständig gegenüber. Zur Gründungszeit der türkischen Republik herrschte die Annahme, dass mit der Einführung der Zivilgesetze, die Industrialisierung, der Bildungszuwachs und der Bildungsverbreitung vor allem die Modernisierung der türkischen Frau erreicht werden konnte. Die Reformen der jüngsten Zeit sowohl im Strafrecht, als auch im Zivilrecht zeigen die Bemühungen der Türkei, die Gleichstellung der Frau im gesellschaftlichen Leben zu erreichen und patriarchalische Wertvorstellungen wie die der Geschlechtsehre aus dem Alltag zu entfernen. Die Reformen des Strafrechts im Jahr 2005 haben bereits nach Verabschiedung und Einreichung des Entwurfs im Parlament die Kluft zwischen Theorie und Praxis verdeutlicht. Die bereits 1996 und 1998 aufgehobenen Straftatbestände zum au-

765 Akıntürk, 2006, S. 321 f.
766 Rumpf, 2004, S. 165.

ßerehelichen Geschlechtsverkehr sollten nach Forderung der islamisch konservativen Regierungspartei AKP[767] wieder eingeführt werden. Während einer Zeit, in der das Recht europäischen Standards angepasst werden sollte, und trotz des Verstoßes gegen die türkische Verfassung verteidigte der Ministerpräsident Erdoğan die Strafbarkeit des Ehebruchs damit, dass es dem Schutz der Familie und der Frau diene (weil es vor allem die betrogene Frau schütze) und nicht beabsichtige, sich in das Privatleben Einzelner einzumischen. Erst nach großem Widerstand der Öffentlichkeit und Gesprächen wegen der Beitrittsverhandlungen der Türkei in die Europäische Union hat der Ministerpräsident scheinbar eingesehen, dass die Vorbeugung der Untreue in der Ehe nicht Aufgabe des Staates ist.[768]

Es ist nicht ersichtlich, wie der Familienschutz durch die Strafanzeige des Ehemannes erreicht werden soll, der ja dann nach einer Verurteilung zur Freiheitsstrafe zunächst Gefängnisstrafe verbüßen müsste und nach der Entlassung kaum eine harmonischere Ehe vollziehen wird, als vor dem Ehebruch. Es erscheint eher unglaubwürdig, dass eine Familie nach einem Strafverfahren, das zudem die unmittelbare Beziehung der Eheleute betrifft, ihren Bestand bewahren können wird. Überzeugend ist das Argument des Familienschutzes des Ministerpräsidenten Erdoğan auch nicht in Anbetracht der aktuell gültigen familienrechtlichen Scheidungsgründe, da die wenigsten Ehen wegen Ehebruchs und die meisten wegen Zerrüttung der Ehe geschieden werden. Offensichtlich besteht also auch familienrechtlich kein Bedarf, den Ehebruch zu bestrafen.

In diesem Zusammenhang stellt nicht der Ehebruch als Scheidungsgrund selber das Problem dar, sondern wie ihr Inhalt begriffen wird: Der Ehebruch wurde in der Vergangenheit getreu dem Ehebruchverständnis des ehemaligen Strafrechts für Mann und Frau unterschiedlich verstanden. Zweifel an der ehelichen Treue einer Frau waren ausreichend, um die Ehe zu scheiden,[769] während im umgekehrten Fall keine Fälle bekannt sind, in denen ein Verdacht gegenüber

767 Islamisch-konservative Partei, die mit 34,26 % der Stimmen im Jahr 2002 als Regierungspartei gewählt wurde. Ob die Partei islamistisch oder islamisch-konservativ ist, ist nicht ganz klar. Der Außenminister der Partei kandidierte 2007 für das Präsidentenamt. Die Wahl scheiterte am Mindestquotum und wurde durch das Verfassungsgericht für ungültig erklärt. Bevor die Entscheidung des Verfassungsgerichts fiel, drohte das Militär im Falle einer Gefahr für den Laizismus, die mit der Wahl eines Präsidenten aus einer islamischen Partei befürchtet wurde, mit einem Putsch. Gleichzeitig bekundeten Großdemonstrationen mit Millionen Teilnehmern ihre negative Einstellung zu einem islamisch-konservativen Staatspräsidenten.

768 Zusammenfassung der Tagespresse am 24.09.2004 durch den Verband der Anwaltsvereine, www.barobirlik.org.tr/calisma/basinda_yargi/2004/09/24.htm (20.11.2007).

769 Şener, Boşanma (Scheidung), 1994, S. 445: Eine Frau ging abends mit Männern über die Straße und trieb im Cafe Glücksspiel (Urteil vom 15.09.1992); Şener, 1994, S. 440: Die Frau wurde nachts mit dem Landrat im Elektrizitätswerk gesehen (Urteil vom. 25.01.1983), zitiert in Odendahl, 2000, S. 465.

dem Ehemann ausreichend für eine Scheidung war.[770] Nach reformiertem Straf- und Zivilrecht und der Abschaffung eines geschlechtsspezifischen Ehebruchbegriffs, dürften diese Unterscheidungen nicht mehr auftreten. Dies bleibt jedoch äußerst zweifelhaft, da nur mit den Reformen die Erwartungen der Gesellschaft an das Sexualverhalten von Mann und Frau nicht umgewälzt werden können. Die Stellung der Frau im Osten und Südosten unter dem Einfluss der Gesetze, religiösen Regeln und den Traditionen stellt den größten Widerspruch zum Modernisierungsprozess der Frau in der Türkei dar. Dies zeigen auch die folgenden Ergebnisse der Studie von Ilkkaracan Pınar, die 599 Frauen zwischen 15 und 64 Jahren im Osten und Südosten befragt hat.[771]

3.2.1 Imam-Ehen

Kulturell besteht die Möglichkeit, sich nur religiös, nur standesamtlich oder sich sowohl standesamtlich, als auch religiös trauen zu lassen. Das Gesetz schreibt jedoch vor, dass eine Imam-Ehe nur durchgeführt werden darf, wenn das Familienbuch vorgelegt wurde und droht strafrechtlich mit einer Freiheitsstrafe von zwei bis sechs Monaten, wenn der Imam ohne Vorlage des Familienbuches die Trauung vornimmt.[772] Obwohl 92,9 % der befragten Frauen angaben, eine standesamtliche Ehe zu wollen, war jede fünfte Frau lediglich religiös getraut.[773] Die Imam-Ehe ist jedoch nicht nur im Osten weit verbreitet. Die Folgen sind fatal: Die Kinder gelten rechtlich als unehelich, die Frau kann den Mann nicht beerben und ein Anspruch auf Unterhalt ist ebenfalls ausgeschlossen. Bis 1991 wurden Amnestiegesetze erlassen, die diese Ehen zum Schutz der Kinder legalisiert haben.[774] Ein weiterer Grund für Imam-Ehen ist das Heiratsalter. Zum Zeitpunkt der oben genannten Studie betrug das Ehefähigkeitsalter 16 Jahre, trotz dessen waren 16,3 % der Befragten unter 16 Jahre alt, als sie geheiratet hatten, nur 2,6 % hatten eine richterliche Genehmigung eingeholt. Seit

---

770 Odendahl, 2000, S. 465.

771 In der Studie waren ¾ der befragten Frauen verheiratet, 46,2 % waren zwischen 15 und 35 Jahren, die übrigen über 35 Jahre alt. 62,2 % der Frauen hatten gar keine Schulbildung oder hatten die Grundschule abgebrochen, lediglich 9,8 % hatten eine weiterführende oder höhere Schulbildung. 62,7 % sprachen in ihrer Muttersprache kurdisch, 33 % sprachen türkisch, 4 % sprachen arabisch. Ihre ethnischen Gruppen waren zu 78,3 % sunnitisch, 11,5 % alevitisch, 2,8 % schiitisch und 7,4 % unbekannt, vgl. Ilkkaracan, 1998, S. 174.

772 Art. 230 Abs. 6 tStGB.

773 Nach den Justizregisterstatistiken wurden in der Türkei im Jahr 2005 wegen Verstoßes gegen Art. 230 tStGB 3.337 Personen (3.138 Männer und 199 Frauen) verurteilt. Der Art. 230 tStGB stellt nicht nur die Imam-Ehe ohne die vorherige standesamtliche Ehe unter Strafe, sondern auch die Polygamie und die Eheschließung unter Vorgabe einer falschen Identität, vgl. www.adli-sicil.gov.tr/istatistikler/1996/ac_cikkartur2005.htm (05.09.2007).

774 Rumpf, 2000, S. 20 f.

der Reform ist das Ehefähigkeitsalter auf 18 Jahre heraufgesetzt worden. Daher kann davon ausgegangen werden, dass seit 2002 sogar mehr als 16 % unter dem gesetzlich erlaubten Alter die Ehe schließen.

Die Imam-Ehe wird also unter anderem herangezogen, um das gesetzlich vorgeschriebene Mindestalter zu umgehen und die Eheschließung in jungen Jahren zu ermöglichen. Die Untersuchung hat zudem gezeigt, dass die ethnische Zugehörigkeit und der Bildungsstand ausschlaggebender Faktor für die Durchsetzung einer standesamtlichen Ehe waren. Der Anteil der nur religiös Getrauten ist bei denen, die eine weiterführende oder höhere Schulbildung haben, verschwindend gering. Die schiitischen Befragten waren alle sowohl standesamtlich, als auch religiös getraut. Unter den Aleviten waren lediglich 3,3 % nur religiös getraut, dagegen waren 45,4 % der Sunniten nur religiös getraut. Die große Mehrheit der Befragten hatte keine Kenntnis über die gesetzlichen Vorgaben der Eheschließung.[775]

3.2.2 Polygamie

Seit Einführung des Zivilgesetzes gilt das Prinzip der Einehe. Um diesem Prinzip Nachdruck zu verleihen und die auch zur Gründungszeit bewussten Probleme der Polygamie zu bekämpfen, sieht das Strafgesetz für eine Mehrehe eine Freiheitsstrafe von sechs Monaten bis zwei Jahren vor. Das Strafgesetz sieht sowohl eine Bestrafung des polygamen Ehemannes, als auch der Ehefrau vor, die bewusst mit einem bereits Verheirateten die Ehe schließt. Der Wortlaut des Gesetzes ist geschlechtsneutral formuliert, umgekehrte Fälle, in denen eine Frau polygam lebt, sind jedoch nicht bekannt.[776] Nach der Studie von Ilkkaracan leben 10,6 % der befragten Frauen, also jede zehnte in einer Mehrehe. 86,5 % der Männer lebten mit zwei Frauen, 11,6 % mit drei Frauen und 1,9 % sogar mit vier Frauen in der „Ehe“. 94,4 % der Polygamen Ehen waren sunnitisch, 5,6 % waren alevitisch und keine polygame Ehe war schiitisch. Dabei waren Frauen aus der Stadt und dem Land gleich vertreten.[777] Die Frauen akzeptieren die Mehrehe, weil die Scheidung gesellschaftlich nicht akzeptiert wird und ihnen daher sowohl gesellschaftlich, aber auch wirtschaftlich keine andere Möglichkeit bleibt.[778] Deutlich wurde die Abnahme der Mehrehen durch die höhere Bil-

---

775 Vgl. Ilkkaracan, 1998, S. 176.

776 Art. 230 Abs. 1 tStGB lautet: Wer eine Eheschließung vornehmen lässt, obwohl er bereits verheiratet ist, wird mit Freiheitsstrafe von sechs Monaten bis zwei Jahren bestraft. Art. 230 Abs. 2 tStGB: Wer nicht verheiratet ist und mit jemandem bewusst die Eheschließung vornehmen lässt, der verheiratet ist, wird nach Abs. 1 bestraft.

777 Ilkkaracan, 1998, S. 175, 179.

778 Eine Studie, die in Istanbul, Adana, Batman und Urfa mit der Befragung von 195 Personen durchgeführt wurde, ergab, dass die Polygamie mit einer zweiten Frau als normal betrachtet wurde, vgl. Türkiye´deki Namus Cinayetleri Dinamikleri (Die Dynamik der „Ehrenmorde“ in der Türkei), 2005, S. 21.

dung der Frauen. Alle in der Mehrehe lebenden Frauen hatten entweder keine oder nur eine Grundschulbildung. Keine in der Mehrehe lebende Frau hatte einen Abschluss einer weiterführenden Schule. Je höher also die Schulbildung, desto höher ist die Möglichkeit der Wehr gegen eine Mehrehe. Aus der Perspektive der ethnischen Gruppe betrachtet, neigen sunnitische Männer eher zur Polygamie als Aleviten oder Schiiten.

3.2.3 Eheschließung

Nach den zivilrechtlichen Vorgaben zur Eheschließung müssen beide Ehepartner vor dem zuständigen Beamten ihren freien Willen zur Bekundung der Eheschließung äußern. Werden sie zur Ehe gezwungen, besteht die Möglichkeit, die Ehe aufheben zu lassen, ohne ein Scheidungsverfahren durchführen zu müssen.[779] Die oben genannte Studie hat ergeben, dass 61,5 % der Ehen durch die Familien geregelt wurden. Lediglich jede vierte Ehe ist durch die Ehepartner selbst erfolgt, 5 % der Befragten sind durchgebrannt, um den Ehepartner zu heiraten, mit dem die Familie nicht einverstanden war und 4,7 % waren *Berdel*-Ehen, in denen eine Frau mit der Schwester des Bräutigams (um eine Ehe mit dem Bruder der Braut zu schließen) ausgetauscht wurde. Bei der Regelung der Ehe durch die Familie kann es sich sowohl um arrangierte, als auch um Zwangsverheiratungen handeln. Die weitere Frage, ob die Frau ihren Willen zur Eheschließung erklärt hat, ergab jedoch, dass 50,3 % ohne ihren Willen verheiratet wurden und 45,5 % von ihnen nicht einmal gefragt worden sind. 51,3 % der Befragten hatten ihren Ehemann vorher nie gesehen.[780] Selbst wenn also die gesetzliche Regel für die Eheschließung die freie Willensäußerung vorsieht, werden Frauen von Familien und Verwandten verheiratet, ohne dass sie gefragt werden oder sogar ihren Ehemann vorher gesehen haben. Die benötigte Erklärung vor dem Standesbeamten ist der letzte Schritt, der aber nicht der maßgebliche Zeitpunkt für die Zwangsheirat ist. Der Zwang findet weit vorher innerhalb der Familie statt. Vor dem Standesbeamten kann die genötigte Frau meist nicht mehr agieren. Trotz der Möglichkeit, eine unwillentlich geschlossene Ehe auflösen zu können, glaubten 85,7 % der Befragten, eine Zwangsheirat könne nicht annulliert werden.[781]

---

779 Art. 134, 141 tZGB.

780 Im Osten waren 34,3 % der Befragten mit Verwandten verheiratet (im Westen waren 14 % der Befragten in einer Verwandtschaftsehe). Diese Ehen haben wirtschaftliche Aspekte als Grundlagen: Das Eigentum sollte auch nach der Eheschließung innerhalb der Verwandtschaft bleiben, vgl. Ilkkaracan, 1998, S. 181.

781 Ilkkaracan, 1998, S. 180.

3.2.4 *Scheidung*

Die gesetzliche Lage sieht vor, dass die Frau sich bei einem Verschulden des Mannes, aber auch im Falle der Zerrüttung der Ehe, von ihm scheiden lassen kann. In Wirklichkeit ist die Entscheidung der Frau, sich von dem Ehepartner zu trennen, oftmals eine Frage der Ehre, die der Frau die Entscheidung von vornherein abnimmt. 92,9 % der befragten Frauen gaben an, das soziale Umfeld würde die Scheidung nicht akzeptieren. Unabhängig davon gab jede zehnte Frau an, sie würde eher sterben, als sich von ihrem Mann zu trennen. Die geäußerten Befürchtungen im Falle einer Trennung waren überwiegend wirtschaftliche Notlage, Druck durch das familiäre und soziale Umfeld und die eigenen Kinder nicht mehr sehen zu können.[782] Augenfällig ist das Unwissen der Frauen hinsichtlich der Scheidung: Auf die Frage, wonach eine Scheidung durchgeführt werde, antworteten 45,1 % der Frauen, sie müssten sich nach den Zivilgesetzen scheiden lassen, während 25,4 % die Traditionen für maßgeblich hielten und 20,9 % die Religion für entscheidend hielten. Erstaunlich ist, dass 37 % der standesamtlich Getrauten glaubten, sie müssten nach der Tradition oder der Religion geschieden werden.

3.2.5 *Ehebruch*

Der Ehebruch stellt nach wie vor einen Angriff auf die Ehre des Mannes dar, der Anlass zur Gewaltausübung und im Extremfall auch Anlass zur Tötung geben kann. Nach gegenwärtigem Recht stellt er lediglich einen familienrechtlichen Grund zur Scheidung dar und rechtfertigt keinerlei Gewaltausübungen innerhalb der Familie. Die Differenzen zwischen dem Gesetz und der Realität werden auch in der Studie von Ilkkaracan deutlich, in der 65,8 % der Frauen angaben, der Ehemann würde sie im Falle des Ehebruchs töten. Lediglich ¼ der Befragten ging davon aus, die Scheidung sei Folge des Ehebruchs. Augenfällig war auch hier, dass die Annahme, sie würde im Falle des Ehebruchs getötet werden, abnahm, je höher die Bildung des Paares war.[783]

Die Studie von Sır weist ähnliche Strukturen auf: Auf eine Fallfrage, ob eine zwangsverheiratete Frau mit zwei Kindern bestraft werden soll, die sich in den benachbarten Cousin verliebt und von dem Ehemann, der sich von der Nähe zum Cousin gestört fühlt, mehrmals ermahnt wird und sie eines Tages beim Ehebruch vorfindet, waren 83,7 % der Befragten für eine Bestrafung. Bei der Frage der Form der Bestrafung waren 37,4 % für eine Tötung, 25,8 % für eine Scheidung, 7,6 % für das zu Hause Einsperren, 3,3 % schlugen vor, sie zum

782 Die Studie in Istanbul, Adana, Batman und Urfa hat ergeben, dass die Trennung von dem Ehemann nach der Vorstellung der Befragten einen Angriff auf die Ehre darstellt und bestraft werden muss, vgl. Türkiye´deki Namus Cinayetleri Dinamikleri (Die Dynamik der „Ehrenmorde“ in der Türkei), 2005, S. 32.

783 Ilkkaracan, 1998, S. 189.

Selbstmord zu treiben. Andere Bestrafungsmöglichkeiten sahen die Befragten in der Vergiftung (1,9 %), dem Verhungern lassen (1,2%), ihr die Haare abzurasieren (0,5%), sie im Stall einzuschließen (0,5%), ihr die Nase abzuschneiden (0,5%). Die Bestrafung sollte nach Ansicht von 64,3 % der Befragten durch den Ehemann erfolgen. Nur 5,4 % hielten eine gesetzliche Bestrafung für die richtige, 3,3 % wollten eine Bestrafung nach der Scharia und 0,9 % meinten sogar, jeder könne die Bestrafung vornehmen.[784]

Selbst wenn der Ehebruch noch strafbar wäre, wäre ihre ehemals gesetzliche Folge nicht die Körperverletzung oder der Tod gewesen. Abweichend von der Norm haben die Befragten eine eigene Vorstellung von der Bestrafung des Ehebruchs. Über die Hälfte der befragten Frauen glaubt, mit dem Tod bestraft zu werden und nur ¼ der Befragten bei beiden Studien sieht als Folge des Ehebruchs die Scheidung. Dies schränkt sie folglich erheblich in ihrer Handlungsfreiheit ein, damit selbst eine Deutung eines Verhaltens als Ehebruch ausgeschlossen werden kann. Der außereheliche Verkehr des Mannes wird nicht nur toleriert, die religiösen und traditionellen Möglichkeiten legalisieren durch die Polygamie den außerehelichen Geschlechtsverkehr. Bei Ehrverbrechen scheinen die Justizapparate völlig zu versagen, da nur 5,4 % bei der zweiten Studie eine gesetzliche Bestrafung bei Ehebruch in Betracht zieht. Selbst wenn die Bildung für die Bestrafung des Ehebruchs ein ausschlaggebender Faktor zu sein scheint, ist nicht zu verkennen, dass beinahe die Hälfte der Frauen, die sowohl selbst eine weitergehende Schule besuchen oder höhere Bildung haben, als auch einen Ehemann mit derselben Bildung haben, davon ausgehen, sie würden im Falle des Ehebruchs getötet werden.

3.2.6 Erbe

Die erbrechtlichen Vorschriften im Zivilrecht sehen keine Unterschiede zwischen Mann und Frau vor. Die Anteile der Jungen und Mädchen sind identisch, neben den Kindern hat der überlebende Ehegatte einen Anspruch auf ein Viertel des Erbes. Über das Erbrecht herrscht unter den Frauen im Osten Unwissenheit, was dazu führt, dass sie ihr Erbrecht nicht geltend machen. Sie sind der Ansicht, es gebe ein differenziertes Erbrecht für Männer und Frauen.

Nur ¼ der Frauen waren in der Studie von Ilkkaracan der Ansicht, das Erbe der Mädchen richte sich nach dem Zivilrecht, während 40 % glaubten, für ihre Brüder sei das Zivilrecht maßgeblich. 61,1 % der Frauen leiteten das Erbrecht für Mädchen aus den Traditionen ab und 7,5 % waren der Ansicht, das Erbe für Mädchen regele die Religion. 45,5 % der Frauen glaubten, die Traditionen bestimmten die erbrechtlichen Regelungen der Jungen und 8,2 % der Frauen gingen davon aus, das Erbrecht für Jungen richte sich nach der Religion. Die Annahme der meisten Frauen, ihr Erbe würde sich aus den Traditionen ergeben,

784 Vgl. Sır, 2005, S. 4 f.

hängt sicherlich mit der allgemeinen traditionellen Lebensführung im Osten zusammen und der Anwendung des Erbrechts, die die Frau nahezu bei der Berücksichtigung des Erbes außen vor lässt. Auf die Frage, was die Tradition dem Mädchen an Erbe zuspricht, antworteten 78,7 %, dem Mädchen stehe gar kein Erbe zu.[785]

Diese den gesetzlichen Vorgaben entgegengesetzten Vorstellungen hängen mit der Strategie der Familien zusammen, zu Lebzeiten des Erblassers das Erbe den Söhnen zuzusprechen oder eine beglaubigte Verzichtserklärung der Frauen zu erwirken. Die Tradition und die Religion widersprechen sich bei der Frage des Erbes, da die Religion den Frauen in jedem Fall die Hälfte des Erbes zuspricht, die der Mann bekommen würde. Die Tradition aber gewährt den Frauen zum größten Teil gar kein Erbe.

3.2.7 Arbeit

Die Einschränkung des Rechts auf Berufstätigkeit wurde im Jahr 1990 für verfassungswidrig erklärt und aus dem Zivilrecht gestrichen. Bereits fünf Jahre zuvor im Jahr 1985 galt das Diskriminierungsverbot der Frauen im Beruf gemäß Art. 16 Abs. 1g der Konvention zur Abschaffung aller Diskriminierungen der Frauen[786] vom 03.09.1982, die seit 1985 in der Türkei als innerstaatliches Recht gilt. In der Präambel der Konvention erklären die Vertragsparteien die Gleichberechtigung von Frauen und Männern. Die traditionellen Rollen von Frauen und Männern sollen geändert und das Gleichberechtigungsprinzip in der Praxis realisiert werden, die Rechte der Frauen sind gesetzlich zu schützen und diskriminierende Rechtsvorschriften abzuschaffen.[787]

Abgesehen von den langwierigen Umsetzungsproblemen der inländischen Gesetze, sieht die Wirklichkeit anders aus. In der westlichen Stadt Ümraniye gaben über 50 % der Frauen an, der Mann würde entscheiden, ob sie arbeitet. In den östlichen Städten entschied der Mann bei 70 % der Befragten und in den östlichen Dörfern sogar bei über 80 % der Frauen über eine Erwerbstätigkeit. Positiv sind zumindest die Angaben über die Entscheidung des Selbstverdienten. 82,3 % der Frauen im Westen, 64,4 % der Frauen in den östlichen Städten und 63,3 % der Frauen in den östlichen Dörfern gaben an, alleine über den Verdienst zu verfügen und zu entscheiden. Andere Antwortmöglichkeiten waren die Entscheidung des Mannes oder die gemeinsame Entscheidung.[788] Die starke

---

785 Ilkkaracan/Ilkkaracan, 1998, S. 80. Diese Studie ergänzt zur oben genannten eine Befragung von 530 Frauen zwischen 12 und 64 Jahren in Ümraniye im Westen der Türkei und stellt die Ergebnisse zwischen dem Osten und Westen vergleichend dar.

786 Nach Art. 16 Abs. 1g müssen die Vertragsparteien für die Ehegatten gleiche persönliche Rechte schaffen, einschließlich der Wahl des Familiennamens, des Berufes und der Beschäftigung.

787 Kılıç, 1993, S. 1282 ff.

788 Ilkkaracan/Ilkkaracan, 1998, S. 83.

finanzielle Abhängigkeit der Frau für den Fall, dass ihr Mann eine Erwerbstätigkeit nicht erlaubt, schränkt sie in ihrem Entscheidungsrecht ein und verfestigt ihre Abhängigkeit gegenüber dem Mann. Diese Entscheidungsfreiheit erstreckt sich über alle Lebensbereiche. Die Studie von Ilkkaracan hat gezeigt, dass Frauen, die erwerbstätig sind, in vielen Lebensbereichen, die sowohl das Private als auch die Teilhabe am öffentlichen Leben betrafen,[789] ihre Entscheidungen im Vergleich zu den Frauen die nicht arbeiten, eher selber fällen.

3.2.8 Bildung

Die zunächst nur fünfjährige Grundschulpflicht der Kinder erhöhte sich erst im Jahr 1997 um die weiterführende Schule auf weitere drei Jahre, somit betrug die allgemeine Schulpflicht acht Jahre. In der Studie von Ilkkaracan gaben im Westen fast 30 % der Frauen an, sie hätten gar keine Schulbildung, mehr als die Hälfte der Frauen hatte eine Grundschule besucht und nur 13,8 % der Befragten eine weiterführende Schule oder höhere Schule besucht. Im Osten sind die Zahlen um einiges höher: Mehr als 60 %, also doppelt so viele Frauen wie im Westen, hatten gar keine Schulbildung, fast 30 % hatten nur die Grundschule besucht und knapp über 10 % hatten die weiterführende und eine höhere Schule besucht. 37 % der Frauen aus dem Westen gaben an, dass sie kein Entscheidungsrecht über ihre Schulbildung hatten. 71,7 % der Frauen im Osten erklärten, die (weitere) Schulbildung sei durch die Familie verhindert worden.[790] Sowohl die tatsächlichen Verhältnisse, die in einigen Orten des Ostens nicht einmal eine Grundschule anbieten, als auch patriarchalische Strukturen lassen die Bildung von Frauen nicht zu. Im Vergleich zu den Frauen haben die Männer eine höhere Schulbildung erlangt als die Frauen. Dies hängt mit den Erwartungen der Gesellschaft an die Ehemänner zusammen, dass sie ihre Familien in der Ehe ernähren müssen. Selbst wenn die Frau auch für den Familienunterhalt durch Erwerbstätigkeit beisteuern muss, darf nach den gesellschaftlichen Vorstellungen die Frau nicht allein mit ihrem Verdienst für den Unterhalt aufkommen.

Trotz 82-jähriger Zivilrechtsgeschichte seit der Gründung der Republik funktionieren die Modernisierungsbestrebungen und die Durchsetzung der Gesetze nicht oder nur unzureichend, insbesondere gibt es im Osten Nachholbedarf. Das diskriminierende Rollenverständnis der Frau konnte noch nicht nachhaltig verändert werden.

Das Durcheinander und Ineinandergreifen von Gesetzen, Traditionen und Religion führt zur Orientierungslosigkeit von Frauen und hindert sie an dem

789 Entscheidungen über Wohnort, Kleidungsstil, Freundschaften, Freizeit, Religion, Eltern, Verhütung, Urlaub, Selbständigkeit im Beruf, Entscheidung über den Eigenverdienst, Wahl der Parteien, Eintritt in eine Partei, Mitgliedschaft in Vereinen u.ä., vgl. Ilkkaracan/Ilkkaracan, 1998, S. 89.

790 Ilkkaracan/Ilkkaracan, 1998, S. 81

Bewusstsein und der Geltendmachung ihrer Rechte. Traditionelle und religiöse Vorschriften wahren als stärkere Einheit im Gegensatz zu den formellen Gesetzen die Herrschaft des Mannes in der Familie und der Gesellschaft.

4. Islam als Erklärungsansatz für Ehrenmorde

Überall im Nahen Osten, im arabisch sprechenden Raum und in einigen Teilen Afrikas, herrschen tief verwurzelte Vorstellungen über die Geschlechtsehre und verhindern ein selbstbestimmtes Leben einer Frau. Die Religion spielt im Leben aller gläubigen Muslime eine große Rolle und ist im Alltag präsent, da sie nicht nur als der Glaube an Gott existiert, sondern weil durch die Scharia, die keine Trennung von Geistlichem und Weltlichem vorsieht, alle Lebensbereiche geregelt werden. Selbst wenn Differenzen in der Lebensform zwischen den sozialen Schichten, dem Bildungsstand und der geographischen Zugehörigkeit auftreten, drängt sich die Frage auf, ob zwischen dem „Ehrenmord" und dem Islam ein ursächlicher Zusammenhang besteht.

Die keusche Jungfrau als Ideal für eine unverheiratete junge Frau bis zur Eheschließung war auch den Kulturen des Katholizismus in der Vergangenheit nicht fremd. Eine vor der Ehe schwangere Frau sorgte früher auch in der deutschen Gesellschaft für Entsetzen.[791] Heute ist von einem solchen Verständnis nichts mehr übrig geblieben. In der Gegenwart werden „Ehrenmorde" im katholischen Raum in Ecuador, Brasilien, Italien und Spanien begangen. Neben dem Islam und dem Katholizismus treten „Ehrenmorde" u.a. auch im yezidischen und hinduistischen Glauben auf, die identische Vorstellungen über ein ehrvolles Verhalten einer Frau haben. Auch die Mädchenbeschneidungen, die im islamischen Kontext diskutiert werden, sind kein islamisches Phänomen. Sie sind anderen islamischen Ländern, z.B. der Türkei oder Afghanistan völlig fremd und unbekannt und werden auch in einigen christlichen koptischen Stämmen in Oberägypten und von Stammesreligionen in Mittelafrika praktiziert.[792] Daher ist auszuschließen, dass es sich bei den „Ehrenmorden" um ein rein islamisches Phänomen handelt.[793] Die Analyse der Suren des Koran und der Überlieferung, die die Stellung der Frau im Islam beschreiben, haben ergeben, dass der „Ehrenmord" oder der Begriff der Geschlechtsehre in der Scharia nicht erscheint.[794] Die Scharia kennt auch keinen kollektiven Begriff der Ehre, die dem Mann anhand des Verhaltens der Frau einen Wert vermittelt. Somit hat weder der klassische „Ehrenmord" noch der „Traditionsmord" seine Wurzeln im

791 Antes, 2004, S. 21.

792 Schirrmacher/Spuler-Stegemann, 2004, S. 203.

793 Türkei, Jordanien, Ägypten, Jemen, Syrien, Libanon, Irak, Iran, Pakistan, Afghanistan, Bangladesch, Nigeria, Sudan.

794 So auch Antes, 2004, S. 19.

Islam.[795] Auch die Geschichte zeigt, dass „Ehrenmorde“ vor dem monotheistischen Glauben in Erscheinung getreten sind.[796] Bereits vor dem Islam haben die Gesetze der Hethiter 1300 v. Chr. den Ehebruch der Frau definiert, der bereits gegeben war, wenn sie in der ehelichen Wohnung vergewaltigt wurde. Hat der Ehemann die Bestrafung der Frau beantragt, so wurde sie mit dem Tode bestraft. In anderen Fällen blieb der Täter, der seine Ehefrau beim außerehelichen Geschlechtsverkehr auf frischer Tat ertappte und tötete, straffrei.[797] Die Praxis der „Ehrenmorde“ ist also wesentlich älter als der Islam. Zwar wird der Ehebruch im islamischen Strafrecht bestraft, allerdings ist er nicht auf ein kollektiv oder individuell zu begreifendes Ehrverständnis zurückzuführen.

4.1 Islam – Rechtfertigung und Bestärkung der Begehung von „Ehrenmorden“

Unverkennbar ist jedoch, dass diese Tötungen überwiegend in islamischen Ländern begangen werden. Selbst wenn also der „Ehrenmord“ kein islamisches Phänomen darstellt, bestärkt er dieses Vorgehen durch die Regeln der Scharia?

In nahezu allen islamischen Ländern ist die Scharia nicht nur theoretisch, sondern auch praktisch eine wesentliche oder sogar die einzige Grundlage des Familienrechts.[798] Diese räumt dem Mann unbegrenzte Entscheidungsgewalt hinsichtlich der Scheidung ein, in dem er ohne Begründung die Ehe durch dreimaliges Aussprechen der Verstoßungsformel scheiden kann. Selbst wenn viele Länder bemüht sind, die Scheidung zu erschweren und nicht der Willkür des Mannes überlassen, wird in der Regel nur ihm dieses Recht eingeräumt. Auch die Scharia gestattet dem Ehemann das gleichzeitige Verlangen nach mehreren Ehefrauen als eine natürliche und biologische Tatsache. Umgekehrt stellt allein der Gedanke der Ehefrau an mehrere Ehemänner bereits eine Ehrlosigkeit dar. Selbst wenn die Polygamie kein Produkt des Islams ist, rechtfertigt sie die Mehrehe und legalisiert den Wunsch nach sexueller Abwechslung in der Ehe, die den Frauen auch im ledigen Familienstand versagt ist. Die Gestattung der Mehrehe im Falle der Unfruchtbarkeit zeigt die Doppelmoral der Scharia: Einerseits

---

795 So auch Tellenbach, 2003, S. 80 und Schirrmacher, 2007, S. 16.

796 So auch T.C. Başbakanlık Kadının Statüsü Genel Müdürlüğü (Türkische Republik, Generaldirektion für den Status der Frau im Ministerpräsidium), 2006, S. 23; Kızılhan, 2006, S. 67.

797 Nach Babylonischem Recht war die Bestrafung des Ehebruchs für beide Beteiligte das Ertrinken im Gewässer. Nach den Gesetzen der Esnunna (ca. 3. Jahrtausend v. Chr.) war die Entjungferung einer Verlobten mit dem Tode zu bestrafen, die Entjungferung einer Sklavin hatte die Zahlung eines Schadensersatzes zur Folge. Die Assyrischen Gesetze, die 1450-1250 v. Chr. galten, sahen die Bestrafung durch den König oder die Richter im Namen des Täters vor. Der Täter, der seine Ehefrau beim Ehebruch ertappte und beide tötete, blieb jedoch straflos. Ähnlich verhält es sich auch im antiken griechischen und israelischen Recht, in dem der Täter eines Ehrenmordes straflos blieb, vgl. ausführlicher Avcı, 2003, S. 18 ff.

798 Schirrmacher, 2003, S. 21.

wird eine medizinische Begründung zur Gestattung der Mehrehe gesucht, die andererseits aber der Frau nicht gewährt wird, wenn der Mann in der Ehe zur Zeugung von Kindern nicht fähig ist. Vielmehr wird im Falle der Trennung der Gedanke unerträglich sein, die Ehefrau könne mit einem anderen Mann Geschlechtsverkehr haben. Das Züchtigungsrecht des Ehemannes, das der Koran in Sure 4 Vers 34 gewährt, verdeutlicht eindeutig die Stellung des autoritären Mannes in der Familie, der bei Ungehorsam der Ehefrau Gewalt anwenden darf, dies gilt auch für den sexuellen Ungehorsam. Da das Züchtigunsrecht im Koran verankert ist, gilt sie als göttliche Erlaubnis, die nicht hinterfragt werden darf, weil Gottes Wort weder in Frage gestellt, noch kritisiert werden darf.[799]

Der Koran selbst legitimiert lediglich den ehelichen Geschlechtsverkehr und begreift alle anderen Fälle als Unzucht, die er mit der Auspeitschung bestraft.[800] Die Überlieferung fordert die Todesstrafe durch Steinigung für Verheiratete.[801] Bei diesen Delikten nach islamischem Strafrecht handelt es sich sogar um die Verletzung von Gottes-Recht, weil diese Verbrechen als Bedrohung für den Bestand der islamischen Gesellschaft begriffen werden.[802] Durch ihren Stellenwert im Koran wird die enorme Bedeutung der Keuschheit der Frau in der islamischen Lehre deutlich. Im Gegensatz zur Unzucht verletzt der Mord oder Totschlag nicht göttliches, sondern menschliches Recht. Der Koran unterstützt also die Tötung von Personen,[803] die jede Art von außerehelichen Geschlechtsverkehr haben, gleichgültig, ob es sich um eine vergewaltigte Frau handelt oder um die Beziehung einer jungen Frau.

Das häufig vorgebrachte Argument in der Literatur, „der Islam sehe für den Ehebruch zwar die Tötung vor, verlange aber ganz strenge prozessuale Beweisregeln (4 männliche Zeugen oder ein Geständnis), daher sei die Todesstrafe von Gott nicht gewollt“ und würde praktisch nie gelten, stellt keine Rechtfertigung für die Existenz dieses Deliktes und ihre Rechtsfolge dar, da eindeutig die Moral vermittelt wird, dass der Ehebruch als eine Verletzung des Rechts Gottes mit der höchsten Strafe geahndet wird. Vielmehr sieht die Praxis der islamisch regierten Länder so aus, dass die Schande, die die Frau über die Familie gebracht hat, durch Selbstjustiz geahndet wird. Das Rollenverständnis der Täter stammt nicht selten aus der Orientierung an dem Islam.

Auch wenn die Praxis der islamischen Länder die rechtliche und gesellschaftliche Stellung der Frau differenziert zeigt, kristallisieren sich die Moralvorstellungen des Islam in der Scharia deutlich heraus. Die Unterdrückung der Frau und Regeln der Familie bzw. der Gesellschaft, in der sie lebt, die ihr das Selbstbestimmungsrecht gänzlich oder teilweise nehmen, werden durch den Islam legitimiert, der eine ganz bestimmte Vorstellung über die Rolle der islami-

799 Schirrmacher, 2005, S. 8.
800 Koran, Sure 24, Vers 2 und 3.
801 Hekimoğlu, 2000, S. 24.
802 Hosni, 1985, S. 622.
803 So auch Keinert, 2006, S. 67.

schen Frau hat.[804] Die Scharia bestimmt durch ihre Gesetze öffentliche und private Moral und setzt Wertvorstellungen fest. Sie definiert ganz klare Rollen für Mann und Frau. Tatsache ist, dass die Scharia unzweideutige und klare Inhalte in Bezug auf die gesellschaftliche Stellung der Frau hergibt und in der Praxis in den islamisch regierten Ländern die Ungleichbehandlung und Unterdrückung der Frau vor allem in Bezug auf ihre Sexualität im Alltag gelebt wird.[805] Selbst wenn also kein direkter ursächlicher Zusammenhang zwischen dem Islam und den „Ehrenmorden" besteht,[806] so legitimiert die Scharia die Anwendung der Gewalt, die durch die Rolle der Frau im Islam zumindest bestärkend und unterstützend zur Begehung der „Ehrenmorde" wirkt.[807]

4.2 Islam als Hemmnis für den Fortschritt

Die Rolle der Frau im Islam und das sexuelle Selbstbestimmungsrecht sind für den Fortschritt versperrt, da Gottes Worte unveränderbar sind. Im 10. Jahrhundert kam die Ansicht auf, niemand sei befugt, aufgrund selbständigen Bemühens eine eigene Meinung in Bezug auf die islamischen Regeln zu entwickeln. Für die Rechtsfortbildung war dies ein erhebliches Hemmnis, da ein Verbot gesetzt wurde, das Recht zwecks Ergänzung des von Gott gesetzten Rechts zu schöpfen. So erstarrte die islamische Wissenschaft gänzlich bis zum heutigen Tage.[808] Die Theorie des Islam zeigt ihre Wirkung nach 1400 Jahren in der Praxis, in der die männliche Dominanz abgeschwächt, aber unverändert geblieben ist. Reformen sind wegen der göttlichen Immunität nicht denkbar und Religionskritik ist nicht möglich und existiert nicht. Das einzig Diskutable sind Auslegungsfragen, jedoch nicht die Gültigkeit der göttlichen Gesetze.[809] So wurde z.B. in Lybien die Todesstrafe durch Steinigung für verheiratete Ehebrecher fallengelassen. Stattdessen werden sowohl Ledige als auch Verheiratete mit 100 Peitschenhieben bestraft.[810]

Als Fortschritt wird von Neo-Traditionalisten oder Reformisten oft über humane und zeitgerechte Auslegung der islamischen Gesetze gesprochen. Inwieweit sich ein so grundlegendes Rollenverständnis der Frau in der Ehe gänzlich umwälzen lässt, ist fragwürdig. Vielmehr ist eine Besserstellung der Frau in den islamisch regierten Ländern nur mit einer Säkularisierung möglich, die jedoch zum jetzigen Zeitpunkt unmöglich scheint, da die jüngste Geschichte eher eine Re-Islamisierung dokumentiert, als eine Säkularisierung.

804 So auch Baumeister, 2007, S. 70.
805 Antes, 2004, S. 16 ff.
806 So auch Cöster, 2009, S. 42.
807 Ähnlich Pohlreich, 2009, S. 46.
808 Dilger, 1981, S. 1316.
809 Schirrmacher, 2005, S. 5.
810 Dilger, 1981, S. 1322.

B. Das neue türkische Strafgesetzbuch vom 1. Juni 2005 Materiell-strafrechtliche Grundlagen und die Rolle der Ehre

I. Allgemeines zum türkischen Strafgesetzbuch

Das neue Strafgesetzbuch ist am 1. Juni 2005 in Kraft getreten[811] und hat das gesamte Strafrechtssystem reformiert, in dem auch das Strafvollzugsgesetz[812] und die Strafprozessordnung[813] erneuert wurden.

Das ehemalige Strafgesetz stammte von 1926 und wurde bislang über 70 mal geändert. Entwürfe einer Reform gab es in den jahrelangen Vorbereitungen in den Jahren 1987, 1989, 1997 und im Jahr 2003 die alle zunächst als zu konservativ zurückgewiesen wurden. Basierend auf dem Entwurf aus dem Jahr 2003, wurde ein fast vollständig neuer Entwurf erstellt, der dann vom Parlament mit großer Mehrheit verabschiedet wurde.[814]

1. Allgemeiner Teil

Das erste Kapitel des Allgemeinen Teils beginnt mit den Grundsätzen (Art. 1-5 tStGB), erklärt Begriffe (Art. 6 tStGB), und setzt den Anwendungsbereich (Art.7-19 tStGB) des tStGB fest. Das zweite Kapitel bestimmt die Voraussetzungen der strafrechtlichen Verantwortung (Art. 20-44 tStGB) und das dritte Kapitel beinhaltet die Sanktionen (Art. 45-75 tStGB).

Zweck des Strafgesetzes ist, die Rechte und Freiheiten von Menschen, die öffentliche Sicherheit und Ordnung, den Rechtsstaat, die öffentliche Gesundheit und die Umwelt, den gesellschaftlichen Frieden zu schützen und die Begehung von Straftaten zu verhindern, Art. 1, S.1 tStGB.[815] Als weiteres Prinzip legt das Strafgesetzbuch die Gesetzlichkeit fest, Art. 2 tStGB, die seit 1982 in der Verfassung verankert ist. Vor der Aufnahme in das Strafgesetzbuch hatte die Verwaltung die Praxis entwickelt, durch Verwaltungsvorschriften Strafen festzule-

811 Gesetz Nr. 5237 vom 26.09.2004, veröffentlicht in Resmi Gazete (Amtsblatt) Nr. 25611 vom 12.10.2004.

812 Gesetz Nr. 5275 vom 13.12.2004, veröffentlicht in Resmi Gazete (Amtsblatt) Nr. 25685 vom 29.12.2004.

813 Gesetz Nr. 5271 vom 04.12.2004, veröffentlicht in Resmi Gazete (Amtsblatt) Nr. 25673 vom 17.12.2004.

814 Sözüer, 2007, S. 91 f.

815 Diese Vorschrift ist wörtlich aus dem russischen Strafgesetzbuch übernommen, Tellenbach, 2005, S. 80.

gen. Durch die Aufnahme des Prinzips in das Strafgesetzbuch soll diese Praxis verhindert werden. Der Verhältnismäßigkeitsgrundsatz und das Gebot der Gleichheit aller Bürger vor dem Strafgesetz sind weitere Prinzipien, die der Gesetzgeber ausdrücklich zu Beginn der Strafgesetze platziert hat.[816]

Einer der augenfälligen Unterschiede zum deutschen Strafgesetzbuch ist die Vereinheitlichung der Rechtfertigungs- und Entschuldigungsgründe als „Gründe, die die strafrechtliche Verantwortung aufheben oder mindern“.[817] Eine Regelung der unechten Unterlassensdelikte ist im Allgemeinen Teil nicht vorgesehen, nur für die Tötungs- und Körperverletzungsdelikte hat der Gesetzgeber eine Gleichstellungsklausel eingebaut, Art. 83 Abs. 2, 88 Abs. 1 tStGB. Durch Unterlassen ist außerdem die Folter möglich, Art. 94 Abs. 5 tStGB. Im Bereich der Versuchsstrafbarkeit wird der untaugliche Versuch nicht unter Strafe gestellt, eine Unterscheidung zwischen beendetem und unbeendetem Versuch wurde im neuen Recht aufgehoben und findet nicht mehr statt.[818]

Die strafrechtliche Verantwortung beginnt nach der Vollendung des 12. Lebensjahres, d.h. mit 13 Jahren, Art. 31 Abs.1 tStGB. 13-15-jährige Personen müssen allerdings auf ihre Verantwortlichkeit überprüft werden. Wird eine strafrechtliche Verantwortlichkeit verneint, entfällt die Strafe, wird sie festgestellt, so beträgt die Strafminderung für eine erschwerte lebenslängliche Gefängnisstrafe 12-15 Jahre, für die lebenslängliche Gefängnisstrafe 9-11 Jahre und für die zeitige Gefängnisstrafe die Hälfte, Art. 31 Abs. 2 tStGB. Ist der Täter 16-18 Jahre alt, wird die erschwerte lebenslange Gefängnisstrafe gemindert auf 18-24 Jahre Freiheitsentzug, die lebenslange Gefängnisstrafe wird gemindert auf 12-15 Jahre Freiheitsentzug und die zeitige Gefängnisstrafe wird um 1/3 gemindert, Art. 31 Abs. 3 tStGB. Die volle Verantwortlichkeit setzt mit Vollendung des 18. Lebensjahres ein, eine Altersabstufung von Heranwachsenden sieht das Gesetz nicht vor.

Das Strafgesetz legt als Strafen die Geld- und die Freiheitsstrafen fest.

Gemäß Art. 46 tStGB sieht das Gesetz folgende Freiheitsstrafen vor: die erschwerte lebenslange Gefängnisstrafe, die lebenslange Gefängnisstrafe und die zeitige Gefängnisstrafe. Die erschwerte lebenslange Gefängnisstrafe unterscheidet sich von der lebenslangen Gefängnisstrafe darin, dass sie im Hochsicherheitsgefängnis vollstreckt wird, der Inhaftierte seine Strafe in Einzelhaft zu verbüßen hat, unter keinem Umstand außerhalb der Justizvollzugsanstalt arbeiten darf und eine Beurlaubung ausgeschlossen ist. Nach 30 Jahren Verbüßung der Strafe darf er bedingt freigelassen werden.[819] Bei guter Führung besteht bei der lebenslangen Gefängnisstrafe dagegen die Möglichkeit, nach 24 Jahren be-

816 Hakeri, Ceza Hukuku Temel Bilgiler (Grundwissen im Strafrecht), 2006, S. 31 f.

817 Allgemeiner Teil, 2. Kapitel, 2. Teil, Art. 24-34 tStGB, vgl. Toroslu/Feyzioğlu, 2006, S. 38 ff.

818 Sözüer, 2007, S. 107 f.

819 Hakeri, Ceza Hukuku Temel Bilgiler (Grundwissen im Strafrecht), 2006, S. 246.

dingt freigelassen zu werden.[820] Die zeitige Gefängnisstrafe unterteilt sich in kurzzeitige (bis 1 Jahr) und langzeitige Freiheitsstrafen, eine bedingte Entlassung besteht nach der Verbüßung von 2/3 der verhängten Strafe. Für kurzzeitige Gefängnisstrafen sieht Art. 50 alternative Sanktionen wie die Umwandlung in Geldstrafe, die Wiedergutmachung des Schadens, die freiwillige Verrichtung gemeinnütziger Arbeit usw. vor.[821]

Die Regelungen der Geldstrafen haben durch die Strafrechtsreform eine extreme Neugestaltung erfahren. Nunmehr werden die Geldstrafen gemäß Art. 50 tStGB in Tagessätzen verhängt, um die Leistungsfähigkeit des Täters zu berücksichtigen und den ungleichen wirtschaftlichen Verhältnissen gerecht zu werden. Dabei können mindestens fünf und maximal 730 Tagessätze verhängt werden, Art. 52 Abs. 1 tStGB.[822] Die Höhe des Tagessatzes beträgt gemäß Art. 52 Abs. 2 tStGB mindestens 20 und höchstens 100 Türkische Lira.[823]

Als Sicherungsmaßnahmen kann das Gericht den Entzug bestimmter Rechte, Art. 53 tStGB, die Einziehung von Gegenständen, Art. 54 tStGB, den Verfall, Art. 55 tStGB, die Unterbringung in einem psychiatrischen Krankenhaus, Art. 57 tStGB, schützende Maßnahmen für Jugendliche, Art. 56 tStGB, Maßnahmen gegen juristische Personen, Art. 60 tStGB, die Ausweisung, Art. 59 tStGB oder Wiedergutmachung bzw. gütliche Einigung anordnen.

2. Besonderer Teil

In der Strafrechtsreform wurde im Besonderen Teil der Aufbau des Strafgesetzbuches geändert, um zu verdeutlichen, dass dem Individuum nun Vorrang vor dem Staat gewährt wird: Vorn angestellt wurden die Straftaten gegen die Menschlichkeit, die Straftaten gegen den Staat wurden im Gegensatz zum ehemaligen Recht im letzten Kapitel angeführt.

Das erste Kapitel behandelt die internationalen Straftaten, Art. 76-80 tStGB und führt zum ersten Mal die Strafbarkeit des Völkermordes, die Verbrechen gegen die Menschlichkeit, den Migrantenschmuggel und den Menschenhandel in das Strafgesetzbuch ein und erfüllte die Verpflichtungen aus internationalen Verträgen.[824] Im zweiten Kapitel, Art. 81-169 tStGB, werden die Straftaten gegen die Person aufgeführt. Neben der Blutrache, die als Mordmerkmal schon

---

820 Öztürk/Erdem, 2005, S. 143.

821 Sözüer, 2007, S. 112.

822 Von dieser Regel bestehen Ausnahmen: das unerlaubte Abhören oder die unerlaubte Aufzeichnung eines Gespräches werden mit bis zu 1000 Tagessätzen bestraft, vgl. Art. 133 tStGB oder die illegale Einschleusung von Menschen wird neben der Gefängnisstrafe mit 10.000 Tagessätzen bestraft, vgl. Art. 79 Abs. 1a) und b).

823 Umgerechnet beträgt der Tagessatz ca. zwischen 9 und 46 Euro (Stand: September 2009).

824 Sözüer, 2007, S. 118.

lange Zeit als Qualifikationstatbestand Geltung hat, ist der „Traditionsmord" in die Qualifikationstatbestände aufgenommen worden. Im Rahmen der körperlichen Integrität sind der Versuch am Menschen und der Handel mit menschlichen Organen als völlig neue Tatbestände aufgenommen worden. Eine grundlegende Änderung der Tatbestände wird auch bei den Vorschriften der Folter deutlich, die den Strafrahmen erhöht haben und den Gedanken der Null-Toleranz zeigen.[825] Im selben Kapitel sind die Sexualdelikte nun Straftaten gegen die Person und nicht mehr Delikte gegen die Gesellschaft und die guten Sitten. Das dritte Kapitel regelt die Straftaten gegen die Allgemeinheit. Ganz neu aufgenommen wurden Umweltstraftaten, Art. 181-184 tStGB, die bisher lediglich durch Verwaltungsvorschriften geahndet wurden.[826] Neben den Straftaten gegen die öffentliche Gesundheit oder den öffentlichen Frieden, sind die Straftaten gegen die Sittlichkeit und die Familienordnung auch in diesem Kapitel geregelt. Das letzte Kapitel beinhaltet schließlich die Straftaten gegen das Volk und den Staat und endet mit den letzten Bestimmungen.

II. Einzelne Strafnormen im Besonderen Teil

Durch die Strafrechtsreform im Jahr 2005 hat sich insbesondere der Besondere Teil des tStGB durch Streichung oder Umgestaltung vieler Normen aus dem ehemaligen tStGB geändert. Vor allem die Normen, die sich auf das ehrvolle oder ehrenrührige Verhalten der Frauen in der Familie oder in der Gesellschaft bezogen, haben sich auf ein verschwindend geringes Ausmaß minimiert. Zu untersuchen bleibt, wie das Rechtssystem nun mit dem Wert der Geschlechtsehre umgeht, welchen Einfluss die Ehrvorstellung der Bevölkerung auf das Rechtssystem hat und welche Schwierigkeiten sich ergeben können.

1. Straftaten gegen das Leben

1.1 Vorsätzliche Tötung gemäß Art. 81 tStGB

Art. 81 tStGB stellt den Grundtatbestand der Tötungsdelikte dar. Danach wird mit lebenslanger Gefängnisstrafe bestraft, wer einen Menschen vorsätzlich tötet.[827] Schutzgut der Norm ist das Leben. Es beginnt mit Eintritt der Geburtswehen (bzw. bei dem Kaiserschnitt mit der Operation) und endet mit dem Hirntod. Objektives Tatbestandsmerkmal ist die Handlung eines anderen. Die

825 Tellenbach, 2005, S. 85.
826 Sözüer, 2007, S. 120.
827 Özgenç, 2005, Art. 81 tStGB, S. 785.

Tathandlung kann durch ein Begehen oder Unterlassen verwirklicht werden.[828] Subjektiv muss die Tat mindestens vorsätzlich sein und muss den Rahmen der Rechtsordnung überschreiten. Die Rechtswidrigkeit der Tat entfällt, wenn sie z.B. in Notwehr begangen wird.[829] Die Verwirklichung des Totschlags gemäß Art. 81 tStGB wird mit lebenslanger Gefängnisstrafe geahndet.[830]

1.2 Qualifikationsgründe gemäß Art. 82 tStGB

Einen Mord begeht, wer

a) durch einen Tatplan tötet,[831]
b) unmenschlich oder quälend vorgeht,
c) die Tötung durch einen Brand, eine Überschwemmung, eine Zerstörung, Versenkung oder ein Ausbomben oder unter Verwendung einer nuklearen, biologischen oder chemischen Waffe begeht,
d) einen Verwandten aufsteigender oder absteigender Linie, den Ehepartner oder Geschwister tötet,
e) ein Kind oder eine Person tötet, die sich physisch oder psychisch nicht wehren kann,
f) in Kenntnis der Schwangerschaft, eine schwangere Frau tötet,
g) eine Person im öffentlichen Dienst wegen dieser Eigenschaft tötet,
h) zur Verdeckung einer Straftat oder Vernichtung ihrer Beweise, die Begehung einer Straftat zu erleichtern oder einer Festnahme zu entgehen tötet,
i) aus Erbitterung tötet, weil eine Straftat nicht begangen werden konnte,
j) zur Begehung einer Blutrache tötet,
k) zur Begehung eines Traditionsmordes tötet.

Der Täter wird mit erschwerter lebenslanger Gefängnisstrafe bestraft.[832]

---

828 Öztürk/Erdem, 2005, S. 212 ff.

829 Wird eher selten angenommen bei den Tötungsdelikten, vgl. Hakeri, Ceza Hukuku Temel Bilgiler (Grundwissen im Strafrecht), 2006, S. 45 f.; ein anderer Grund, der die strafrechtliche Verantwortung aufheben lässt, ist in diesem Rahmen die Ausführung eines Befehls, Art. 24 Abs. 2 tStGB. Dabei stellt Abs. 3 klar, dass die Ausübung eines Befehls, deren Inhalt eine Straftat darstellt, nicht zu erfüllen ist. Wenn das Gesetz die Prüfung der Anordnung nicht zulässt, ist der Anordnende verantwortlich, im Übrigen der Anordnende und der Ausführende, vgl. Toroslu/Feyzioğlu, 2006, Art. 24, S. 38.

830 Toroslu/Feyzioğlu, 2006, Art. 81, S. 78.

831 Das Gesetz gibt keine weiteren Informationen darüber, wann der Tatbestand verwirklicht ist. Die Rechtsprechung folgt der „Kaltblütigkeitstheorie“ und erfordert für die Tatbestandverwirklichung: a) einen Tatentschluss b) dieser Tatentschluss muss kaltblütig gefasst worden sein c) der Täter muss auf seinen Tötungsentschluss beharren d) eine gewisse Zeit muss zwischen Tatentschluss und Tatverwirklichung vergehen, die die Kaltblütigkeit des Täters zeigt, vgl. Öztürk/Erdem, 2005, S. 218.

832 Şahin/Özgenç, 2005, Art. 82, S. 173.

1.2.1 Die Tötung eines Verwandten aufsteigender oder absteigender Linie, des Ehepartners oder der Geschwister gemäß Art. 82 d) tStGB

Der Ursprung der Strafbarkeit von Familienangehörigen und Verwandten liegt im römischen Recht. Für den anatolischen Raum stellte die Tötung eines Familienmitglieds auch im Osmanischen Reich einen Qualifikationstatbestand dar. Im deutschen Recht wurde ein vergleichbarer Tatbestand im Jahr 1941 aufgehoben. Die gegenwärtige Existenz in der Türkei verdeutlicht die Stellung der Familie und der Verwandtschaft und unterstreicht die höhere Verwerflichkeit.[833]

Die Qualifizierung der Tötung naher Angehöriger, insbesondere der Ehepartner oder der Geschwister als Mordmerkmale, wird einerseits mit erhöhter Kriminalität begründet, andererseits wird angenommen, das Opfer könne sich wegen verwandtschaftlicher Beziehung nicht gut schützen, d.h. die Tötungshandlung sei einfacher durchzuführen.[834]

Der „Ehrenmord" oder „Traditionsmord" wird in vielen Fällen auch unter diesen Tatbestand subsumiert werden können. Daher stellt sich die Frage, warum die „Traditionsmorde" in Art. 82 k) tStGB separat geregelt worden sind. Die Regelung als selbständiges Qualifikationsmerkmal umfasst mehr Tatalternativen als die des Art. 82 d). Opfer können in „Traditionsmorden" nicht nur Geschwister, Verwandte aufsteigender oder absteigender Linie oder Ehepartner sein, sondern auch entfernte Verwandte. Gerade in Regionen, in denen die Traditionen Vorrang vor dem Gesetz haben, ist die Lebensweise kollektiv und das Familienverständnis umfasst die Geschwister der Eltern und deren Familien mit. Hinzu kommt die Erweiterung des Personenkreises. Wenn im Gesetz von dem Ehepartner die Rede ist, dann ist lediglich von dem standesamtlich getrauten Ehepartner die Rede.[835] Nicht selten ist eine Imam-Ehefrau Opfer eines „Ehrenmordes", die im Auftrag der Traditionen getötet wird. Auch sie würde nicht in den Schutzbereich des Art. 82 d) tStGB fallen,[836] ist von dem Schutz des Art. 82 k) tStGB jedoch erfasst.

1.2.2 Tötung eines Kindes oder einer Person, die sich physisch oder psychisch nicht wehren kann gemäß Art. 82 e) tStGB

Nach damaligem Recht wurde gemäß Art. 453 altes tStGB der Mutter, die ihr neugeborenes Kind in der Absicht tötete, ihre Ehre zu retten, Strafmilderung gewährt. Die lebenslange Zuchthausstrafe wurde gemildert auf Gefängnisstrafe von vier bis acht Jahren. Diese Norm wurde vollständig aus dem Gesetz gestrichen.[837] Die Tötung eines Kindes stellt nun ein Mordmerkmal dar. Dabei ist

833 Hakeri, Kasten Öldürme Suçları (vorsätzliche Tötungsdelikte), 2006, S. 232.

834 Öztürk/Erdem, 2005, S. 220 f.

835 Tezcan/Erdem/Önok, 2007, S.149.

836 Dies hat der Kassationshof bestätigt: Großer Strafsenat vom 17.02.1930-53/45.

837 Hakeri, Kasten Öldürme Suçları (vorsätzliche Tötungsdelikte), 2006, S. 234.

nach Art. 6 b) tStGB Kind, wer das 18. Lebensjahr noch nicht vollendet hat.[838] Die Tötung des neugeborenen Kindes stellt nun sowohl nach Art. 82 d) als auch nach Art. 82 e) tStGB ein Mordmerkmal dar und wird mit erschwerter lebenslanger Haft bestraft. Sinn und Zweck der Qualifikation liegt in der besonderen Verwerflichkeit, insbesondere in der leichteren Begehungsmöglichkeit für den Täter.[839]

In der Literatur stellt sich die Frage, ob Art. 34 Abs.1 tStGB im Einzelfall zur Straffreiheit führen würde. Art. 34 tStGB stellt einen Strafaufhebungsgrund für die Fälle dar, in denen die Schuldfähigkeit wegen eines vorübergehenden Zustandes, wegen Alkohols oder Drogen fehlt. Der Zustand nach der Geburt müsste dann als ein vorübergehender Zustand definiert werden, der die Schuldfähigkeit aufhebt.[840] Es bleibt abzuwarten, wie die Rechtsprechung den vorübergehenden Zustand eingrenzen wird.[841]

Die Annahme, dass der „Ehrenmord“ an einer Frau auch unter Art. 82 e) tStGB fallen könnte, weil die Frau in der Regel physisch schwächer sein wird als der Mann, ist ausgeschlossen. Die körperliche Unterlegenheit aufgrund des Geschlechts begründet nicht den Qualifikationstatbestand. Vielmehr sind die Fälle gemeint, in denen der Täter die Tat vereinfacht begehen kann, weil das Opfer alt, krank oder behindert ist, schläft, unter Narkose steht oder alkoholisiert ist.[842]

1.2.3 Blutrache gemäß Art. 82 j) tStGB

Blutrache ist eine Form von Vergeltungstötungen, die in kollektiven Gesellschaften vorkommt und begangen wird, um sich aus Pflichtgefühl zu rächen.[843] Sie liegt vor, wenn in der Vergangenheit zwischen den verfeindeten Parteien eine oder mehrere vorsätzliche Tötungen begangen wurden und die letzte Tat die vergangene rächen soll. Dabei muss die Blutrache alleiniges Motiv für die Tötung sein.[844] Zwischen dem Täter und dem Opfer besteht in der Blutrache keine Beziehung, d.h. keine subjektive Bindung. Die Tötung muss als Pflichterfüllung empfunden werden. Auch wenn der Kassationshof nach Verwandtschaftsbeziehungen zwischen dem Opfer der Vortat und dem Täter der letzten Tat gesucht

838 Toroslu/Feyzioğlu, 2006, Art. 6 b), S. 27.

839 Tezcan/Erdem/Önok, 2007, S. 150.

840 Öztürk/Erdem, 2005, S. 221.

841 Seit der Lockerung der Schwangerschaftsabbrüche hatte der ehemalige Art. 453 tStGB geringe Relevanz. Im Jahr 2004 kam die Tötung eines neugeborenen Kindes zur Rettung der Ehre in fünf Fällen zur Anklage, vgl. Justizregister www.adli-sicil.gov.tr/istatist.htm. Daher ist auch für die Neuregelung eine geringe praktische Relevanz anzunehmen.

842 Öztürk/Erdem, 2005, S. 221; Centel/Zafer/Çakmut, 2007, S. 46 f.

843 Hakeri, Kasten Öldürme Suçları (vorsätzliche Tötungsdelikte), 2006, S. 244; vgl. auch unter A.III.8.

844 Meran, 2007, S. 399.

hat, hat er offenbart, dass diese nicht bestehen müssen. Es reicht aus, wenn der Täter sich eine dem Täter der Vortat nahe stehende Person aussucht, von der er weiß, dass er an dieser Person Rache üben kann.[845]

Weiteres Erfordernis ist, dass zwischen der Vortat und der letzten Tat eine nicht geringe Zeit liegen muss, in der sich der Täter von dem emotionalen Einfluss der Vortat befreit hat.[846] Die Qual, der Schmerz und der Zorn, die durch die Vortat hervorgerufen wurden, müssen bei dem Täter vergangen sein. Selbst wenn bereits langjährige Blutfehden zwischen den Sippen des Täters und des Opfers bestehen, wird der Blutrachemord verneint, wenn der Täter aus plötzlicher Wut aus der Situation heraus tötet.[847]

Der Kassationshof hat in mehreren Urteilen definiert, welche Voraussetzungen für eine Blutrache gegeben sein müssen:

a. Bei der Vortat, die Anlass für die letzte Tat sein muss, muss es sich um eine vollendete Tötung handeln.
b. Der Täter muss den Täter der Vortat oder ein Mitglied seiner Gruppe, mit Rache- und Pflichtgefühlen ermorden.
c. Zwischen dem Opfer der Vortat und dem Täter, der es rächen will, muss keine Verwandtschaftsbindung bestehen, das Motiv der Blutrache ist ausreichend.
d. Zwischen der Vortat und der letzten Tat darf nicht zu wenig Zeit liegen, damit der Täter nicht unter dem Einfluss von Wut, Schmerz und Trauer handelt. Anlass muss für ihn die Erfüllung einer Pflicht nach seinen Traditionen sein.[848]

Wie viel Zeit vergangen sein muss, kann nicht klar und einheitlich beantwortet werden. Dies hängt vielmehr von dem Einzelfall ab und liegt im Ermessen des Richters.[849] Erstaunlich ist diesbezüglich ein Urteil des Kassationshofes, das die Unüberschaubarkeit des zeitlichen Rahmens verdeutlicht:

Das Opfer hatte einen sieben Jahre alten Sohn, als es in einer Blutfehde getötet wurde. Der Täter wurde zwar zu 18 Jahren Haft verurteilt, jedoch nach sieben Jahren entlassen.[850] Drei Jahre nach der Entlassung ermordete der Sohn,

---

845 Kassationshof, Großer Strafsenat vom 10.12.1990-1-302/325.

846 Centel/Zafer/Çakmut, 2007, S. 53.

847 Meran, 2007, S. 399.

848 Kassationshof, Großer Strafsenat vom 18.02.1991 1/14; 11.03.1991 36/76; 14.10.1991 230/264.

849 Kassationshof, Großer Strafsenat vom 04.05.1999, 1-91/93.

850 Nach damaligem Strafvollzugsrecht war die Entlassung nach der Hälfte der Verbüßung der Gefängnisstrafe möglich. Zudem wurde dem Inhaftierten für jeden Monat im Gefängnis ein Straferlass von sechs Tagen gewährt. Die Strafrestaussetzung zur Bewährung nach der Verbüßung von 2/3 der Strafe wurde im Strafvollzugsgesetz vom 1. Juni 2005 eingeführt.

der nun 17 Jahre alt war, den Mörder seines Vaters. Es waren nun zehn Jahre nach der ersten Tat vergangen. Diese Zeit erachtete der Strafsenat nicht für ausschlaggebend und erheblich und lehnte die Blutfehde mit der Begründung ab, dass der Sohn im Kindesalter mit dem Tod seines Vaters nicht zurechtkam, den Tod nicht akzeptieren konnte, die Sehnsucht nach dem Vater immer größer wurde und diese Sehnsucht das Leid und die Trauer immer größer werden ließ. Der Senat nahm schließlich an, dass der Sohn den Täter der Vortat unter leichter Provokation tötete. Die Blutrache wurde abgelehnt.[851] Der Kassationshof schränkt somit den Anwendungsbereich der Norm enorm ein und trägt zu der Vorstellung des Täters bei, die Tötung aus Blutrache sei mit weniger Unrecht behaftet, wenn er eine leichte Provokation annimmt und sogar Strafmilderung gewährt. Das zeitliche Erfordernis ist in einer solchen Entscheidung nicht nachvollziehbar. Unter diesen Voraussetzungen scheint die Annahme der Blutrache äußerst schwierig zu sein. Dabei wäre dies ohne Aktenkenntnis, von Außen betrachtet ein klassischer Fall der Blutrache: Zwischen zwei Sippen herrscht eine Blutfehde, das Opfer der Tat hat einen noch jungen Sohn, der die Fehde fortführen kann, nach zehn Jahren im Alter von 17 Jahren rächt der Sohn seinen verstorbenen Vater. Die Tötung nach so langer Zeit deutet gerade darauf hin, dass ihn die Mutter wie in nicht seltenen Fällen, zehn Jahre lang mit dem Rachegefühl erzogen hat. Die Annahme von zehn Jahre lang anhaltendem Schmerz und Trauer ist wohl eher lebensfremd. Die zwingende Voraussetzung einer nicht zu kurzen Zeit zwischen der ersten und der zweiten Tat, die hier ganz offensichtlich gegeben ist, ist für die Bekämpfung dieser Tradition nicht zweckmäßig. Vielmehr sollte der zeitliche Rahmen als Indiz herangezogen werden, nicht als zwingende Voraussetzung. Die Vorgehensweise des Kassationsgerichtshofes im oben genannten Fallbeispiel lässt vermuten, dass die Richter den 17-jährigen Jungen nicht wegen Mordes verurteilen wollten und bei der Verurteilung die für sie richtig erscheinende Rechtsfolge mit einer Begründung versehen haben.

Die Qualifizierung als Mordmerkmal hat ihren Grund darin, eine in Gesellschaftsteilen tief verwurzelte negative Tradition bekämpfen zu wollen.[852] Die Praxis hat allerdings die fehlende präventive Wirkung der Bestrafung als Qualifikationstatbestand gezeigt. Dies hat seinen Grund in der Überzeugung der Täter, die Blutrache sei legitim, notwendig und sogar zwingend. Wichtig ist daher zunächst, diesen Traditionszwang umzuwälzen. Davor sind präventive Wirkungen des tStGB nicht zu erwarten.[853]

851 Es handelt sich zwar um eine Entscheidung, bei der das alte Recht angewandt wurde. Die Voraussetzung sind im neuen Recht allerdings dieselben, so wird auch nach der neuen Rechtslage das Vergehen einer bestimmten Zeit gefordert. Ob diese Voraussetzung gegeben ist oder nicht, liegt im Ermessen des Richters. Wird diese Voraussetzung verneint, besteht auch nach neuer Rechtslage die Möglichkeit, eine Strafmilderung wegen einer Provokation zu gewähren.

852 Öztürk/Erdem, 2005, S. 223.

853 Tezcan/Erdem/Önok, 2007, S. 154.

In der Literatur wird daher auch die Ansicht vertreten, in den Fällen von Blutrache werde in der Regel auch die kaltblütige Planung und Begehung der Tötung gemäß Art. 82 a) tStGB vorliegen und die Blutrache sei als gesonderter Qualifikationstatbestand daher überflüssig.[854]

Dem wird nicht zugestimmt. Es ist nicht nachvollziehbar, warum die Literatur beide Mordmerkmale miteinander gleichsetzt, da es sich bei Art. 82 a) tStGB um eine nach dem Kassationshof kaltblütige Vorbereitung der Tat handelt. Bei dem Blutrachemord dagegen ist Anlass der Tat eine vorher begangene Tötung und die Motivation der Rache. Bei der Blutrache besteht ein Abhängigkeitsverhältnis zu der vorherigen Tat, die die Willensfreiheit des Täters einschränkt, die aber für Art 82 a) tStGB notwendig und erforderlich ist. Beide Mordmerkmale können zwar, müssen aber nicht zusammentreffen.

Außerdem hat der Gesetzgeber auf das Erfordernis als gesondertes Mordmerkmal hingewiesen, weil die Tatplanung nach Art. 82 a) tStGB nicht immer festgestellt werden kann.[855] Insofern ist weder die Blutrache noch die kaltblütige Tötung als Qualifikationstatbestand überflüssig.

1.2.4 „Traditionsmord" gemäß Art. 82 k) tStGB

Eine wichtige Neuerung stellt im neuen tStGB das Motiv des „Traditionsmordes" dar. Der Gesetzgeber hat sich nicht zuletzt durch den Druck der Frauenvereine damit zufrieden gegeben, den „Traditionsmord" als Mordmerkmal ins Gesetz aufzunehmen, hat jedoch keinerlei Begründungen vorgenommen und will die Konkretisierung der Rechtsprechung überlassen. In der Literatur sind daher verschwindend geringe Ausführungen und Erläuterungen zum „Traditionsmord" vorhanden. Die Literatur kritisiert, dass ein Tatbestand geschaffen wurde, deren Merkmale ungewiss sind und so willkürlichen Entscheidungen Raum geschaffen wurde. In Anbetracht der höchsten Straffolge verstärkt sich dieses Argument.[856] Eine der wenigen Erläuterungen zum Begriff und den Tatbestandsmerkmalen der „Traditionsmorde" stellt die Basis der „Traditionsmorde" dar: kollektive Strukturen, Reduzierung der Frau als Objekt sexueller Befriedigung, Rollenerwartungen an die Frau und ihre Stellung in der Familie, eine Kultur der Armut und des Gehorsams, Ehre und Würde als besonders wichtige gesellschaftliche Werte, mangelnde Bildung.[857] Bei dem „Traditionsmord" muss der Tötungsentschluss durch einen Familienrat gefasst werden.[858] Anlass für den Mord ist der Bruch der traditionellen Verhaltensregeln der Frau, manchmal selbst die Ankündigung, sich nicht an die Regeln zu halten. Hakeri ist der Ansicht, der Qualifikationstatbestand umfasse die Fälle, in denen eine

854 So z.B Öztürk/Erdem, 2005, S. 223 f.
855 Centel/Zafer/Çakmut, 2007, S. 54.
856 Tezcan/Erdem/Önok, 2007, S. 157.
857 Hakeri, Kasten Öldürme Suçları (vorsätzliche Tötungsdelikte), 2006, S. 253.
858 Tezcan/Erdem/Önok, 2007, S. 157.

Frau ehelichen oder unehelichen Geschlechtsverkehr vollzieht, ohne Einwilligung heiratet oder von zu Hause wegläuft, so die Ehre der Familie verletzt, durch den Familienrat die Tötung beschlossen und von einem männlichen Familienmitglied vollzogen wird.[859] Er beschreibt also die klassischen Fälle des „Ehrenmordes" mit dem Unterschied, dass diese nicht individuell, sondern kollektiv entschieden werden. Das ist für die Fälle der „Traditionsmorde" zutreffend, in denen der „Traditionsmord" wegen einer Ehrverletzung begangen wird. Die „Traditionsmorde" sind viel umfassender und weitreichender als die „Ehrenmorde".[860] Auch die Blutrache ist ein Mord, der aus traditionellen Motiven begangen wird. Gerade bei „Traditionsmorden" ist es nicht die Ausnahme, dass auch männliche Liebhaber ermordet werden. Selbst die eigenen Statistiken des Parlaments weisen in den letzten Jahren in der Türkei mehr männliche als weibliche Opfer von „Ehrenmorden" bzw. „Traditionsmorden" aus. Vor der Gesetzgebung war die schwierige Beweisbarkeit der Beteiligung von Familienmitgliedern, die lediglich bei dem Tötungsentschluss beteiligt sind, klar. Trotz dessen und trotz Protestes der Frauenvereine hat der Gesetzgeber darauf verzichtet, den „Ehrenmord" als Mordmerkmal in das Gesetz aufzunehmen. Der „Ehrenmord" erfordert keinen Entschluss des Familienrates und ist individuell. Wäre statt des „Traditionsmordes" der „Ehrenmord" in das Gesetz aufgenommen worden, hätte der Familienrat im Wege der Mittäterschaft bestraft werden können. Anhand der Herkunft der Familie und einer örtlichen Untersuchung der Ermittlungsbehörde hätte festgestellt werden können, ob in feudalen Strukturen traditionell eine Tötung der Frauen bei sexueller Selbstbestimmung gegen die Regeln der Region in Betracht kommt. So wird ein individueller „Ehrenmord" nicht unter Art. 82 k) tStGB subsumiert werden können, weil der Familienratsentschluss fehlen wird. Der „Ehrenmord" ist somit nur als Mord zu qualifizieren, wenn er aufgrund eines Familienrates beschlossen wurde, also einen „Traditionsmord" darstellt, den es so nur in den östlichen Gebieten der Türkei gibt. Der individuelle „Ehrenmord" ist von dieser Norm ausgeschlossen.[861] Etwas anderes kann sich nur ergeben, wenn die Rechtsprechung auf das Tatbestandsmerkmal „Beschluss des Familienrates" verzichtet und alle Morde im Namen der Ehre unter diese Norm subsumiert.

Ein Teil der Literatur ist zunehmend der Ansicht, alle Tötungen im Namen der Ehre seien unabhängig von einem Familienratsentschluss als „Traditionsmorde" im Sinne des Art. 82 k) zu verstehen.[862] Der Mord aus traditionellen

859 Hakeri, Kasten Öldürme Suçları (vorsätzliche Tötungsdelikte), 2006, S. 254.

860 Vgl. Abgrenzung zwischen Traditionsmord und „Ehrenmord", A.III.1.2.

861 So auch Pervizat Leyla, Uluslararası Insan Hakları Bağlamında Namus Cinayetleri (Ehrenmorde im Kontext Internationaler Menschenrechte), 2005, S. 80 f., unveröffentlichte Dissertation, zitiert in Iskender, 2009, S. 22.

862 So z.B. Sözüer Adem, Tutanaklarla Türk Ceza Kanunu (Das türkische Strafgesetzbuch und ihre Protokolle), Adalet Bakanlığı Yayını (Veröffentlichung des Justizministeriums), 2005, S. 35, zitiert in Iskender, 2009, S. 22.

Motiven würde lediglich den Vorsatz konkretisieren, eine Mehrzahl von Tätern sei kein Tatbestandsmerkmal. Selbst der soziologische Begriff „Familienrat" könne juristisch nicht definiert werden. Daher sei der Zusammenschluss von mehreren Personen aus der Verwandtschaft oder dem Stamm und der gemeinsam gefasste Tötungsentschluss zwar ein starkes Indiz, jedoch keine zwingende Voraussetzung.[863] Der erste Strafsenat des Kassationshofes hat noch keine einheitliche Regelung gefunden. Er setzte in einigen Urteilen den „Familienratsentschluss" nicht voraus, in anderen dagegen verneinte er die Verwirklichung des Art. 82 k), weil kein Entschluss des Familienrats vorlag.[864]

1.2.4.1 Fallanalyse

Ein klassischer „Traditionsmord" ereignete sich im Jahr 2006 in Diyarbakır im Südosten der Türkei, in dem eine junge Frau durch Familienmitglieder ermordet wurde, weil Gerüchte über eine außereheliche Beziehung in dem Dorf entstanden waren, in dem sie mit ihrem Mann und ihrer Tochter lebte. Eine umfassende Darstellung ist anhand des Urteils, der Gespräche mit dem vorsitzenden Richter des Schwurgerichts und der vollständigen Akte der Nebenklagevertreterin (Ermittlungsakte inbegriffen) möglich. Das Schwurgericht urteilte zum ersten Mal über einen „Traditionsmord" und kam zu einem Schuldspruch. Gegen das Urteil wurden Rechtsmittel eingelegt. Die Entscheidung des Kassationshofes ist gegenwärtig noch nicht erfolgt.[865]

Hintergrund zu den Lebensumständen des Opfers

Das weibliche Opfer G.G. war laut Personalausweis im Juni 1986 geboren und lebte mit seiner Familie in einem Dorf in Diyarbakır. Aus den Aussagen ergibt sich, dass die zur Tatzeit angeblich 20-Jährige mit Sicherheit seit 13 Jahren verheiratet war und eine 12-jährige Tochter hatte. Die Frage, ob sie tatsächlich mit sieben Jahren verheiratet wurde, lässt sich anhand des Akteninhalts nicht beantworten. Nach den örtlichen Gewohnheiten liegt die Vermutung nahe, dass das Opfer nicht sofort nach der Geburt, sondern einige Jahre später in das Personenstandsregister eingetragen wurde. Es hat zwei jüngere Schwestern, die keine Zwillinge sind, aber beide nach dem Personenstandsregister am selben Tag im Jahr 1989 geboren sein sollen. Dies zeigt die Praxis in vielen Dörfern, in denen die Meldebehörde entfernt ist und den Dorfbewohnern kein Auto zur Verfügung steht, um die Geburt im Dorf am selben Tag anzumelden. Erst wenn sich eine Gelegenheit ergibt, werden die Kinder manchmal erst nach drei bis vier Jahren angemeldet. Die Imam-Ehe mit ihrem Mann wiederum legt nahe, dass die junge Frau das gesetzliche Alter zur Eheschließung nicht erreicht hatte,

---

863 Iskender, 2009, S. 26.

864 1. Strafsenat vom 21.02.2008, E. 2007/5621 K. – 2008/1197 (unveröffentlicht).

865 Stand: November 2009.

weil sie zu jung war. Die Autopsie des Arztes wiederum enthält in der ärztlichen Untersuchung die Vermutung, es handele sich bei der Toten um eine junge Frau von ungefähr 20 Jahren. Daher ist naheliegend, dass das Opfer bei der Verheiratung noch ein Kind gewesen ist. Ihr religiös getrauter Ehemann Ö.T. ist ihr Cousin, zum Tatzeitpunkt 37 Jahre alt und hat eine Behinderung am Fuß, die es erschwert, einer Tätigkeit nachzugehen. Die beiden wurden in Form des *Berdel* (Brauttausch) verheiratet. Der Bruder des Opfers, M.G., wollte die Schwester des Ö.T. heiraten. Die Eltern entschlossen sich zum Tausch: so heiratete das Opfer den Ö.T., damit sein Bruder die Schwester des Ö.T. heiraten konnte. Aus der „Ehe" entstand die 12-jährige Tochter. Die Schwiegereltern des Opfers wünschten sich einen Jungen als Enkelkind. Daher drängten sie ihren Sohn, sich von dem Opfer zu trennen und eine Frau zu heiraten, die ihm Söhne gebären konnte. Sowohl wegen der Behandlung des behinderten Fußes als auch wegen einer künstlichen Befruchtung reiste das Opfer mit Ö.T. und der gemeinsamen Tochter nach Istanbul. Weil eine Behandlung des Fußes nicht möglich war, fuhr die Familie kurze Zeit später zurück nach Diyarbakır. Auch in Diyarbakır fuhr die junge Frau aus demselben Grund oft in die Stadt. Der Mann konnte sie wegen seiner Gehbehinderung nicht begleiten. Im Dorf entstanden dann Gerüchte, das Opfer habe ein Verhältnis mit einem Mann. Der Besitz eines Mobiltelefons würde dies bestätigen, schließlich könne es weder schreiben noch lesen. Die Gerüchte führten dazu, dass die Frau mit ihrer Tochter ausgestoßen wurde. Die Cousins verhielten sich in der Schule schlecht zu der Tochter. Den psychischen Druck, die Verzweiflung und die nicht funktionierende „Ehe" konnte das Opfer kaum mehr ertragen. Es entschloss sich, nach Istanbul auszuwandern und seinen Lebensalltag dort zu bestreiten. Dieser Wunsch wurde sowohl von ihrem Vater, als auch von ihrem Ehemann abgelehnt. Eines Tages flüchtete die junge Frau trotz dessen mit ihrer Tochter nach Istanbul, fand Arbeit und Unterkunft und versuchte, sich ein neues Leben aufzubauen, bis sie mit ihrem Vater telefonierte und sich alles wendete. Der Vater bat sie, zurückzukehren, wenn sie nicht zu einem Mann weggelaufen sei und fragte sie, ob sie „rein"[866] sei. Sie sagte, sie sei rein, wolle aber in Istanbul arbeiten und Geld verdienen. Der Vater fragte sie dann, ob sie wolle, dass er mit gesenktem Kopf durch die Straßen läuft, weil er sich für sie schämen müsse und ob sie das ertragen würde. Er versprach ihr, finanzielle Hilfe in Form einer Wohnung für ihre Familie zu gewähren. Das Opfer akzeptierte die Rückkehr. Zurück im Dorf hielt der Vater seine Versprechungen. Er ließ sich auch von dem Familienältesten des Schwiegersohns bestätigen, dass ihr keine Sanktionen drohten. Die Ehe hielt trotzdem nicht und die Dorfbewohner hassten das Opfer, weil sich für sie das Gerücht der außerehelichen Beziehung mit der Flucht nach Istanbul bestätigt hatte. Mittlerweile schlief das Opfer nachts im elterlichen Haus und hatte Angst

866 Wörtlich fragt der Vater sie, ob sie „sauber" sei. Nach seinen traditionellen Vorstellungen ist sie so lange sauber, wie sie sich sexuell enthaltsam verhalten hat und keinen Kontakt mit einem anderen Mann hatte.

in der ehelichen Wohnung. Der Vater war nicht zu Hause, weil er sich wegen einer Saisonarbeit in einer entfernten Stadt in der Türkei aufhielt. Kurz vor der Ermordung hatte sich das Paar für die Trennung entschieden.[867]

Die Tat – „Traditionsmord"

An der Tat sind nach klassischem Muster für „Traditionsmorde" mehrere Familienangehörige beteiligt: Der Ehemann Ö.T., der Bruder des Ehemannes M.Ş.T., weitere Brüder H.T. und I.T., der Onkel des Ehemannes B.G., der Bruder des Opfers M.G., der Onkel des Opfers I.G., der Cousin des Vaters des Opfers, A.G.

Eine detaillierte Sachverhaltsdarstellung nimmt das Gericht in seinem langen Urteil nicht vor, vielmehr wird in den Urteilsgründen auf die Aussagen der Zeugen, die Berichte der Tatortbefunde und den Akteninhalt Bezug genommen. Daher wird der Sachverhalt aus der Anklageschrift entnommen, auf die das Gericht Bezug genommen hat.

Zum Tatzeitpunkt befand sich die junge Frau bei ihrer Mutter zum Abendessen, bei dem auch die Tochter und eine Schwester anwesend waren. Der Bruder des Opfers (30 Jahre alt) kam hinein und forderte die Schwester dazu auf, zu dem Ehemann in die eheliche Wohnung zu gehen, damit eine Trennung der ehelichen Güter erfolgen konnte und teilte mit, der Ehemann würde auf sie warten. Die Begleitung durch die Mutter verhinderte der Bruder unter einem Vorwand. Das Opfer ging gemeinsam mit der 13-jährigen Schwester und der 12-jährigen Tochter in die gegenüber liegende eheliche Wohnung. Nach Beginn der Gütertrennung zog der Ehemann Ö.T. eine Waffe, zielte auf das Opfer, traf es jedoch nicht, weil die kleine Schwester, ermutigt von der Behinderung des Ö.T., den Schwager gegen die Wand stieß. Nachdem Ö.T. die Waffe aus der Hand fiel, fiel auch er zu Boden, was die Beteiligten nutzten, um aus dem Fenster zu flüchten. Währenddessen kam der Bruder des Ö.T. in die Wohnung, hob die Waffe auf und zielte auf den Kopf des Opfers. Die junge Frau wurde sowohl am Arm als auch am Bein getroffen, trotzdem gelang ihr die Flucht. Vor der elterlichen Wohnung eilten ihr die Mutter und eine weitere Schwester zur Hilfe, die jedoch von dem Sohn M.G. und dem Onkel des Opfers I.G. daran gehindert wurden. Nachdem sich die Frauen losreißen konnten, halfen sie dem Opfer in die Wohnung und verschlossen alle Türen. Nach einer schnellen und provisorischen ersten Hilfe versteckten sie es in einer Truhe und verriegelten diese Truhe mit einem Schloss. Nachdem der Bruder des Ehemannes sich ein Langlaufgewehr von zu Hause geholt hatte, kam er mit zwei weiteren Verwandten in die elterliche Wohnung des Opfers zurück. Der Ehemann war im weiteren Geschehen nicht mehr anwesend. Sie suchten nach der jungen Frau, fanden sie nicht, gingen hinaus, weil sie sie mit der Vermutung, sie könnte zur

867 Die Informationen ergeben sich aus den Aussagen der Mutter, den beider Schwestern und den der Tochter bei der Staatsanwaltschaft am 25.07.2006.

Gendarmerie gegangen sein, in der Umgebung suchen wollten. Nach nicht geringer Zeit kamen die drei Täter mit den übrigen Beteiligten zurück. Während dieser ganzen Zeit versteckte sich das Opfer aus Angst um ihr Leben weiterhin in der Truhe. Jetzt waren abgesehen von dem Ehemann insgesamt sieben verwandte oder verschwägerte Männer in der Wohnung der Eltern des Opfers, um es zu töten. Schließlich wurden die Schwestern, die Mutter und die Tochter des Opfers festgehalten und in den Flur gebracht. Der Bruder des Ehemannes M.Ş.T. schoss etwa sieben bis acht Mal auf die Truhe, während ein anderer Bruder des Ehemannes und sein Onkel dabeistanden. Ohne die Truhe zu öffnen, entfernten sich alle Tatbeteiligten vom Tatort. Der 13-jährige Bruder, der das Geschehen beobachtet hatte, rief daraufhin seinen Vater an und schilderte ihm, was passiert war. Dieser benachrichtigte aus der entfernten Stadt, in der er sich aufhielt, unverzüglich die Gendarmerie.

Das Strafverfahren

Nachdem die Gendarmerie, die in diesem Gebiet gesetzlich die Pflichten der Polizei wahrnimmt, von der Tat Kenntnis erlangt hatte, ermittelte sie vor Ort und nahm im Laufe der nächsten Stunden alle Tatbeteiligten fest. Am 23.07.2006 gaben alle acht Verdächtigen eine Aussage ab, in der sie angaben, sie seien nicht vor Ort gewesen. Die Tatbeteiligung stritten sie ab. Bis auf den Ehemann der Getöteten, Ö.T., der angab, seine Frau sei zwischendurch von zu Hause weggelaufen und er habe eine außereheliche Beziehung vermutet. Einen Tag zuvor habe er beschlossen, sie zu töten, dies sei ihm aber nicht gelungen. Daraufhin sei sein Bruder M.Ş.T. gekommen und habe sie angeschossen. Auch in der elterlichen Wohnung habe der Bruder sieben bis acht Mal auf sie geschossen, als sie sich in der Truhe versteckt hielt. Sein anderer Bruder und sein Onkel seien dabei anwesend gewesen. Die Beschuldigten blieben nach ihren Aussagen weiterhin inhaftiert.

Nachdem am 23.07.2006 auch die Aussagen der Mutter, der Tochter und der drei Schwestern entgegengenommen wurden, mussten die Tatbeteiligten einen Tag später am 24.07.2006 eine Aussage bei der Staatsanwaltschaft abgeben. Alle Beteiligten, bis auf den Ehemann, stritten ihre Beteiligung weiterhin ab. Der Ehemann hatte seine Aussage bei der Gendarmerie widerrufen und sagte nun aus, er habe alleine auf seine Ehefrau geschossen, um seine Ehre wieder herzustellen. Bei der Gendarmerie habe er vor Aufregung falsch ausgesagt. Auch die Zeugen mussten bei der Staatsanwaltschaft erneut aussagen. Die Schwester S.G. (17 Jahre alt) bekundete in ihrer Aussage, die Beschuldigten hätten erreichen wollen, dass Ö.T. seine Frau tötete. Nur weil er das nicht geschafft habe, hätten die anderen Beschuldigten sie getötet. Kurz nach der Anordnung der Untersuchungshaft legten die Inhaftierten gegen die Untersuchungshaft Beschwerde ein. Sie beriefen sich in der Beschwerde darauf, es handele sich nicht um einen „Traditionsmord", sondern um einen „Ehrenmord".

Über die für sie ausschlaggebenden Unterschiede zwischen einem „Ehrenmord“ und einem „Traditionsmord“, sowie über die Vorteile der Behauptung eines „Ehrenmordes“, wussten die Beteiligten genau Bescheid. Vermutlich wurden sie über die Unterschiede, die nicht einmal die Literatur herausgearbeitet hat, von ihrem Verteidiger aufgeklärt. Die Beschwerde wurde zurückgewiesen und die im Oktober 2006 durchgeführte Haftprüfung ging für sie negativ aus.

In der Anklageschrift vom 12.12.2006 wurde

der Ehemann Ö.T. zur Anstiftung zum „Traditionsmord“ und wegen Verstoßes gegen das Waffengesetz angeklagt,
der Bruder M.Ş.T., der geschossen hatte, wurde wegen „Traditionsmordes“, Verstoßes gegen das Waffengesetz und wegen Hausfriedensbruchs mit Waffen angeklagt,
der weitere Bruder und der Onkel, die neben M.Ş.T. standen, wurden wegen Beihilfe zum „Traditionsmord“ und Hausfriedensbruch mit Waffen angeklagt,
der Bruder und der Onkel des Opfers wurden wegen Beihilfe zum „Traditionsmord“ und wegen Beihilfe zum Mord an der Schwester bzw. an einer nahen Angehörigen angeklagt,
zwei weitere Beteiligte wurden wegen Beihilfe zum „Traditionsmord“ und wegen Hausfriedensbruchs mit Waffen angeklagt.

Die Hauptverhandlung begann im Dezember 2006 mit der ersten Sitzung und endete im Juni 2007 mit dem neunten Sitzungstag. Die Mutter und der Vater des Opfers haben sich der Anklage mit einer Nebenklage angeschlossen. Die Angeklagten blieben bei ihren Aussagen, bis auf den Ehemann und seinen Bruder M.Ş.T., der alle Schüsse auf das Opfer abgegeben hatte. In der ersten Sitzung behauptete der Angeklagte Ö.T., er habe seine Frau getötet, weil sie sich bei der Gütertrennung gestritten hätten. Sie habe ihm einen Faustschlag verpasst, er habe zurückgeschlagen, sie habe ihn angespuckt, worauf er sich nicht mehr habe beherrschen können. Er habe auf sie geschossen und sei ihr zum Elternhaus gefolgt. Auf die Truhe habe ebenfalls er geschossen. Bei den Aussagen während der Ermittlungen habe er nichts anderes gesagt. Die Ermittlungsbehörden hätten seine Aussage falsch aufgeschrieben. Unterschrieben habe er, da er Analphabet sei und auf den richtigen Inhalt vertraut habe.

Vier Geschwister des Opfers machten von ihrem Aussageverweigerungsrecht Gebrauch und eine Schwester änderte ihre Aussage ab, so dass sie ihren Bruder und ihren Onkel nicht mehr belasteten. Lediglich die 12-jährige Tochter des Opfers blieb bei ihrer Aussage und belastete alle Beteiligten.[868] In der zweiten Verhandlung widerrief der Bruder des Ehemannes, M.Ş.T., seine bisherigen Aussagen und sagte aus, er habe auf das Opfer geschossen, nachdem er

868 Aussagen der Angeklagten und Zeugen von Dezember 2006.

seinen Bruder auf dem Boden liegen sah. Er habe in einer Krisensituation gehandelt. Er ergänzte jedoch, sie hätten viele Gerüchte über sie gehört und er habe so die Ehre seines Bruders wieder hergestellt. Ö.T. bestätigte die Aussage seines Bruders. Er habe die Tat auf sich genommen, weil der Bruder kleine Kinder habe.[869] In der dritten Sitzung bestätigten dann drei Zeugen die Aussagen des M.Ş.T. Sie erklärten, sie seien aufgrund der Lautstärke zum Tatort gestoßen und hätten nur ihn am Tatort gesehen.[870] In der vierten Verhandlung wurde dann ohne nähere Begründung für den Ö.T. seinen Bruder M.Ş.T. und die beiden weiteren Angeklagten, die bei der Erschießung im Elternhaus anwesend waren, Haftfortdauer beschlossen. Für die übrigen Angeklagten wurde die Untersuchungshaft aufgehoben.[871] In der neunten Verhandlung erfolgte schließlich elf Monate nach der Tat das Urteil.

Die Strategie des Strafverteidigers

Der Rechtsanwalt verteidigte in dem Verfahren alle acht Angeklagten. Ein Hindernis gemäß § 146 StPO, der einem Rechtsanwalt untersagt, mehrere Beschuldigte derselben Tat zu verteidigen, ist der türkischen Strafprozessordnung fremd. Art. 152 tStPO ermöglicht dem Rechtsanwalt ausdrücklich die Verteidigung mehrerer Angeklagter.[872] In der ersten Verhandlung konzentrierte sich der Verteidiger darauf, die Annahme des „Traditionsmordes" abzuschwächen. Dazu bediente er sich durch mediale Berichterstattungen vermittelter Ansichten und sagte, wenn es sich um einen „Traditionsmord" gehandelt hätte, dann wäre das Opfer unmittelbar nach der Rückkehr aus Istanbul, spätestens aber nach der Kundgebung der Trennungsabsicht ermordet worden.[873] Dabei war sich der Verteidiger im Klaren darüber, dass es sich beim „Traditionsmord" um eine geplante Tat handelt, die nicht auf die erste, sondern auf die beste Gelegenheit wartet, um die Tat gegenüber den Ermittlungsbehörden möglichst als Unfall oder Selbstmord darstellen zu können.

Der Rechtsanwalt beharrte in seiner Verteidigung darauf, alle müssten sich eingestehen, dass das Opfer ihren Ehemann betrogen habe. Verwirklicht habe die junge Frau die Untreue immer während ihren Aufenthalten in der Stadt in Diyarbakır. Bei dem Opfer handele es sich um eine Frau, die nach Belieben in die Stadt gefahren sei, so lange in der Stadt geblieben sei, wie sie wollte und ihren Mann beschimpft habe, wenn er nach Rechenschaft gefragt habe. Er führte seine Beschreibungen fort, in dem er sagte, sie sei eine Frau gewesen, die nicht lesen und schreiben konnte, jedoch ein Mobiltelefon besessen und viel Verkehr

869 Aussagen der Angeklagten von Januar 2007.
870 Aussage der Zeugen von Februar 2007.
871 Vierter Sitzungstag im März 2007.
872 Toroslu/Feyzioğlu, 2006, Art. 152 tStPO, S. 346.
873 Verteidigung in der Sitzung von Dezember 2006.

auf diesem gehabt habe. Die Angeklagten hätten wegen ihr nicht mehr in ihrem Dorf leben können.[874]

Der Verteidiger stellte das Opfer bewusst als „schlechte" Ehefrau dar, in dem er eine leichtlebige Frau beschrieb und an die traditionellen Wertvorstellungen aller Verhandlungsteilnehmer appellierte. Er stellte die Lebensform des Opfers in einer Weise dar, wie sie von keinem der Beteiligten toleriert worden wäre, vermutlich auch nicht von dem Staatsanwalt und dem Richter. Seine Strategie war es, das Verhalten des Opfers wie nach damaliger Rechtslage als schwere unrechtmäßige Provokation darzustellen, damit die Angeklagten Ö.T. und sein Bruder M.Ş.T. von der Strafmilderung des Art. 29 tStGB profitieren konnten und die übrigen Angeklagten freigesprochen werden konnten. Um dies zu bestärken, fügte er hinzu, es handele sich nicht um einen Mord, der in den Gesetzen der Traditionen der Angeklagten feststand, sondern um eine Bestrafung, die überall auf der Welt erfolgen würde, wenn eine Frau ihren Ehemann betrügen würde. Er verteidigte, es gäbe Menschen, denen ihre Ehre wichtiger sei als das Leben. Das Opfer sei keineswegs unschuldig gewesen.[875] Am letzten Verhandlungstag plädierte der Verteidiger auf das Vorliegen einer unrechtmäßigen Provokation durch das Opfer. Es habe die Pflichten der Ehe nicht erfüllt. Das Verhalten der jungen Frau stelle nach dem Familienrecht einen Scheidungsgrund dar. Die Anwendbarkeit des Art. 29 tStGB schlösse die Annahme eines „Traditionsmordes" aus.[876]

Während der gesamten Hauptverhandlung nahm der Verteidiger eine Position ein, die für alle Angeklagten vorteilhaft war. Seine Strategie baute auf der alten Rechtslage vor der Reform auf: Die Frau verhielt sich nicht den gesellschaftlichen und traditionellen Normen entsprechend, der Mann fühlte sich in seiner Ehre verletzt und tötete sie. Hätte die Frau den Mann durch ihr Verhalten nicht provoziert, hätte der Mann die Tat auch nicht begangen. Daher sei ihm Strafmilderung zu gewähren.

Gerade diese Situation sollte mit dem neuen Gesetz verhindert werden.[877]

Das Urteil

Das Gericht verurteilte den Bruder des Ehemannes M.Ş.T. gemäß Art. 82 k) tStGB wegen „Traditionsmordes" zu erschwerter lebenslanger Gefängnisstrafe, wegen guter Haltung während des Prozesses gemäß Art. 62 Abs. 1 tStGB wurde die Strafe auf lebenslange Gefängnisstrafe gemildert. Für diese Zeit werden ihm

874 Verteidigung in der Sitzung von Januar 2007.

875 Verteidigung in der Sitzung von April 2007.

876 Verteidigung in der Sitzung von Juni 2007.

877 Ob tatsächlich alle Fälle des „Ehrenmordes" durch das neue Gesetz gedeckt und von der Strafmilderung des Art. 29 tStGB ausgeschlossen sind, zeigen die Ausführungen zu Art. 29 tStGB, vgl. B.II.2.

die Rechte aus Art. 53 tStGB aberkannt.[878] Wegen unerlaubten Waffenbesitzes wurde er gemäß Art. 13 Abs. 2 des Waffengesetzes, Gesetz Nr. 6136, zu weiteren fünf Jahren Gefängnisstrafe und 450 YTL[879] verurteilt. Wegen guter Haltung wurde diese Strafe auf vier Jahre Gefängnisstrafe und 375 YTL[880] Geldstrafe gemildert. Welchen Tagessatz und welche Tagessatzhöhe das Gericht für die Geldstrafe bestimmt hat, hat es im Urteil nicht gesondert ausgewiesen.[881] Für die Zeit der Gefängnisstrafe werden dem Angeklagten die Rechte aus Art. 53 tStGB aberkannt. Er wurde außerdem wegen gemeinschaftlichen Hausfriedensbruchs mit Waffen zu einer Gefängnisstrafe von vier Jahren verurteilt. Wegen guter Führung bei dem Prozess wurde diese Strafe auf drei Jahre und vier Monate gemildert. Für die Zeit der Gefängnisstrafe werden ihm die Rechte aus Art. 53 tStGB aberkannt. Eine Gesamtstrafe wurde nicht gebildet.[882]

Der Ehemann des Opfers Ö.T. wurde gemäß Art. 82 k), 38 tStGB wegen Anstiftung zum „Traditionsmord“ zu erschwerter lebenslanger Gefängnisstrafe verurteilt. Wegen guter Haltung während des Prozesses gemäß Art. 62 Abs. 1 tStGB wurde die Strafe auf lebenslange Gefängnisstrafe gemildert. Während dieser Zeit werden ihm die Rechte aus Art. 53 tStGB aberkannt. Wegen unerlaubten Waffenbesitzes wurde er gemäß Art. 13 Abs. 1 des Waffengesetzes, Gesetz Nr. 6136, zu einem Jahr Gefängnisstrafe und 450 YTL Geldstrafe verurteilt. Wegen guter Haltung wurde diese Strafe auf zehn Monate Gefängnisstrafe und 375 YTL Geldstrafe gemildert. Während der Gefängnisstrafe werden ihm die Rechte aus Art. 53 tStGB aberkannt. Eine Gesamtstrafe wurde nicht gebildet.

Ein weiterer Bruder H.T. und der Onkel des Ehemannes, die bei dem Erschießen in der elterlichen Wohnung des Opfers dabeistanden, wurden gemäß Art. 82 k), 39 tStGB wegen Beihilfe zum „Traditionsmord“ zu 20 Jahren Gefängnisstrafe verurteilt. Wegen guter Haltung während des Prozesses wurde ihre Strafe auf 16 Jahre und 8 Monate gemildert.

Ein weiterer Bruder I.T. des Ehemannes und der Cousin des Vaters vom Opfer, die während des Erschießens in einem Nebenraum waren, wurden gemäß

878 Es handelt sich bei diesen um Beamtenrechte, Wahlrechte, Sorgerechte, Vorstandsrechte usw.

879 Entsprach zum Urteilszeitpunkt ca. 265 Euro.

880 Entsprach zum Urteilszeitpunkt ca. 220 Euro.

881 Dabei normiert Art. 52 Abs. 3 tStGB die gesonderte Darlegung der zugrundegelegten Tage und des Tagessatzes.

882 Grundsätzlich muss gemäß Art. 99 türkisches Strafvollzugsgesetz jede Strafe einzeln vollstreckt werden. Das neue Strafvollzugsgesetz sieht die Möglichkeit einer Gesamtstrafenbildung bei mehreren rechtskräftigen Verurteilungen vor. Diese muss beim erkennenden Gericht beantragt werden. Allerdings ist eine Gesamtstrafenbildung bei einer lebenslangen und einer zeitigen Gefängnisstrafe wie im vorliegenden Fall nicht möglich. In diesem Fall kann der Antrag auf Strafrestaussetzung, der bei lebenslanger Gefängnisstrafe in der Regel nach 24 Jahren gestellt wird, nach einer Verbüßung nach 30 Jahren gestellt werden, vgl. Art. 107 Abs. 3 d) türkisches Strafvollzugsgesetz.

Art. 82 k), 39 tStGB wegen Beihilfe zum „Traditionsmord“ zu 18 Jahren Gefängnisstrafe verurteilt. Wegen guter Haltung im Prozess wurde ihre Strafe auf 15 Jahre gemildert.

Allen vier Verurteilten werden für die Zeit des Strafvollzugs die Rechte aus Art. 53 tStGB aberkannt.

Außerdem wurden sie gemäß Art. 116 IV, 119 a) und c) wegen gemeinschaftlichen Hausfriedensbruchs mit Waffen zu vier Jahren Gefängnisstrafe verurteilt. Wegen guter Haltung wurde ihre Strafe auf drei Jahre und vier Monate gemildert. Ihnen werden die Rechte aus Art. 53 tStGB für die Zeit des Strafvollzugs aberkannt. Eine Gesamtstrafe wurde nicht gebildet.

Der Bruder M.G. und der Onkel I.G. des Opfers wurden gemäß Art. 82 k), 39 tStGB wegen Beihilfe zum „Traditionsmord“ zu 18 Jahren Gefängnisstrafe verurteilt. Wegen guter Haltung im Prozess wurde ihre Strafe auf 15 Jahre Freiheitsentzug gemildert. Die Rechte aus Art. 53 tStGB werden ihnen für die Haftdauer aberkannt.[883]

Urteilsbegründung

Aufgrund der Zeugenaussagen, des Tatortbefundes und des Akteninhaltes kam das Gericht entgegen der Aussagen der Angeklagten zu der Überzeugung, alle Angeklagten hätten die Tötung des Opfers zu verantworten und das Motiv des „Traditionsmordes“ habe bei allen vorgelegen.

Es beantwortete zunächst die wichtigste Frage nach dem „Traditionsmord“, in dem es eine Definition vornahm. Danach sind Traditionen sittliche Verhaltensformen, im weiteren Sinne der Zusammenschluss von Verhaltens- und Lebensformen, Normen, Gewohnheiten und Bräuchen, die von einer Gemeinschaft verinnerlicht wurden und sich verfestigt haben. Aus diesem Zusammenschluss ergeben sich die angemessenen Verhaltensweisen, die eine Gemeinschaft eines Gebiets allgemein nach ihren ethischen Normen akzeptiert hat.

Nach der Definition von Traditionen überprüfte das Gericht, ob die Angeklagten und das Opfer in einem Gebiet lebten, in denen Traditionen gültig sind. Es stellte fest, dass alle Beteiligten aus einem Gebiet stammten, in denen das menschliche Verhalten danach aufgeteilt wird, ob es den Traditionen entsprechend ist oder nicht. Nach diesen Traditionen wird dasselbe Verhalten von Mann und Frau unterschiedlich bewertet. Während für den Mann keinerlei Sanktionen zu befürchten sind, kann dasselbe oder ähnliche Verhalten der Frau im Wege der Selbstjustiz mit dem Tode bestraft werden.

Das Gericht stellte nach einer Beurteilung des Sachverhalts fest, das Opfer habe keine Beziehung zu einem anderen Mann gehabt oder sich nach den Traditionen inakzeptabel verhalten. Es lebte lediglich unter ungeeigneten Bedingungen, weil es mit dem Partner Probleme hatte, entgegen der Vorstellung des

883 1. Strafgericht Diyarbakır, Urt. v. 22.06.2007, E. 2006/447, K. 2007/325.

Partners in einer anderen Stadt leben wollte, ein Mobiltelefon besaß, obwohl es Analphabetin war und ohne das Einverständnis des Partners zwischendurch in die Stadt Diyarbakır fuhr. Diese Umstände wurden durch die Menschen der Region, in der das Opfer lebte, im Sinne der ethischen Normen als negativ eingestuft. Als Folge sollte es durch die Angeklagten bestraft und getötet werden. Das Gericht gelangt zu dem eindeutigen Ergebnis, dass das Opfer getötet wurde, weil es sich nach den Traditionen inadäquat verhalten hatte.

Nachdem das Gericht einen „Traditionsmord“ festgestellt hatte, ging es auf eine weitere Voraussetzung ein: Nach der Gesetzesbegründung darf bei Vorliegen eines „Traditionsmordes“ keine unrechtmäßige Provokation gemäß Art. 29 tStGB gegeben sein. Eine unrechtmäßige Provokation liegt gemäß Art. 29 tStGB vor, wenn der Täter die Straftat aufgrund einer unerlaubten Handlung unter Wut oder heftigem Schmerz begangen hat.[884] Unter Bezugnahme auf den gesamten Akteninhalt stellte das Gericht fest, dass von einem provozierenden Verhalten des Opfers nicht die Rede sein konnte. Die Täter hatten in der Vorstellung gehandelt, das Opfer habe sich gegen die regionalen Verhaltensnormen, also gegen die Traditionen verhalten. Diese Würdigung wurde einstimmig vorgenommen. Über die Frage, ob der Ehemann des Opfers, Ö.T., als Anstifter und die anderen Täter als Gehilfen zum Mord oder als Täter anzusehen waren, musste diskutiert werden, weil keine Einstimmigkeit erzielt werden konnte. Die Mehrheit hat eine Mittäterschaft der Beteiligten abgelehnt. Sie vertrat die Ansicht, die Täter wären sich über die Tötung des Opfers einig gewesen. Sie hätten also einen gemeinsamen Tatentschluss gehabt. Erst als Ö.T. die Tathandlung nicht verwirklichen konnte, weil sein Schuss fehlgegangen ist, sei sein Bruder M.Ş.T eingeschritten und habe das Opfer getötet. Die übrigen Beteiligten wären in irgendeiner Form bei der Verwirklichung des Tatbestandes durch M.Ş.T. anwesend gewesen, hätten jedoch weder geschossen noch in einer anderen Weise die Tötung herbeigeführt. Daher hätten sie die Tatbestandsverwirklichung des M.Ş.T. erleichtert und ihn bei der Tötungshandlung bestärkt. Einigkeit habe nur darin bestanden, dass das Opfer sterben musste, nicht darin, gemeinsam als Täter zu agieren.

Die rechtliche Würdigung der Tatbeteiligung von Ö.T. und seinem Bruder M.Ş.T. ergab eine Anstiftungshandlung des Ö.T. Das Gericht war der Auffassung, erst als Ö.T. die Tötung seiner Frau nicht vollenden konnte, habe M.Ş.T. eingegriffen und das Opfer zunächst zweimal angeschossen und schließlich erschossen, nachdem es sich lange Zeit in der Truhe versteckt gehalten habe. Warum Ö.T. als Anstifter bestraft wurde, begründete das Gericht in einem Satz: Da es sich bei dem Opfer um die Ehefrau des Ö.T. handelte, habe M.Ş.T. den Tötungsbefehl von seinem Bruder Ö.T. bekommen.

Mit dieser Begründung verurteilte das Gericht den Ö.T. hinsichtlich der Tötung an seiner Ehefrau wegen Anstiftung zum „Traditionsmord“, seinen Bru-

884 Toroslu/Feyzioğlu, 2006, Art. 29 tStGB, S. 40.

der M.Ş.T. wegen „Traditionsmordes“ und alle übrigen Beteiligten wegen Beihilfe zum „Traditionsmord“.[885]

Kritische Würdigung

Das Gericht geht zunächst von einem gemeinsamen Tatentschluss aus, der die Tötung des Opfers vorsieht, das sich nach den Traditionen unangemessen verhalten hatte. In seiner Beweiswürdigung verdeutlicht das Gericht mehrfach, dass es in der Entscheidungsfindung auf die Ermittlungsakte Bezug genommen hat und somit den übereinstimmenden Aussagen der Zeugen, der Geschwister und Mutter des Opfers Glauben geschenkt hat.

Danach wurde das Opfer unter einem Vorwand zu der ehelichen Wohnung gelockt, wo der Ehemann es anschoss, aber verfehlte. Der Bruder M.Ş.T., der höchstwahrscheinlich planmäßig vor der Tür wartete, holte das Misslingen nach, in dem er zweimal auf das Opfer schoss. Nachdem das Opfer in die elterliche Wohnung geflohen und sich versteckt hatte, drangen der Großcousin des Opfers, M.Ş.T. und ein weiterer Bruder des Ehemannes durch das Fenster der Wohnung ein. Während M.Ş.T. sich vergeblich auf die Suche nach dem Opfer machte, hielten die anderen Beteiligten die Zeugen fest. Der Bruder des Opfers zog eine seiner Schwestern an den Haaren hinaus, drohte, auch sie umzubringen, wenn sie die Wohnung nicht verlassen würde. Außerhalb der Wohnung suchten sie überall in der Umgebung nach der jungen Frau, fanden sie nicht und kamen alle außer Ö.T. erneut in die elterliche Wohnung. Während der jüngste Bruder des Opfers versuchte, die Gendarmerie telefonisch zu erreichen, hinderte sein angeklagter Bruder ihn daran. Alle Beteiligten kamen gegen den Willen der Mutter des Opfers erneut durch das Fenster in die Wohnung und organisierten sich. Während Bruder und Onkel des Opfers die Zeugen im Flur festhielten, stellten sich zwei weitere Beteiligte an die Tür, zwei weitere standen neben dem M.Ş.T., als dieser auf die Truhe schoss.

Alle Angeklagten hatten sich an der Tatbestandsverwirklichung also aktiv beteiligt. Die Begehung der Tat zeigt eindeutig einen gemeinsamen Tatentschluss, der für die Verwirklichung des „Traditionsmordes“ zwingende Voraussetzung ist, da es sich sonst um einen individuellen „Ehrenmord“ handeln würde.

Aufgrund des gemeinsamen Tatentschlusses hatten die Beteiligten arbeitsteilig den Tatbestand des „Traditionsmordes“ verwirklicht. Mit an Sicherheit grenzender Wahrscheinlichkeit hatten sie bei dem Tatentschluss die Aufgaben untereinander aufgeteilt und bei der Verwirklichung dementsprechend ihren Part erfüllt. Der Sachverhalt zeigt eindeutig, dass sich die Täter insgesamt ergänzt hatten, indem einige die Zeugen an der Gefährdung der Tatbestandsverwirklichung hinderten, die anderen vor der Tür des Raumes standen, in dem

---

885 1. Strafgerichts Diyarbakır, Urt. v. 22.06.2007, E. 2006/447, K. 2007/325.

sich die Truhe befand, um einen reibungslosen Ablauf zu gewährleisten und M.Ş.T. die Tötung realisiert hatte.

Die Täter handelten also arbeitsteilig aufgrund eines gemeinsamen Tatentschlusses. Der Tatbeitrag jedes einzelnen Täters war für die Verwirklichung des Tatbestandes nicht wegzudenken. Daher ist nicht nachvollziehbar, warum sechs Beteiligte als Teilnehmer eingestuft wurden. Ein enorm wichtiges Merkmal des „Traditionsmordes“ ist gerade die subjektive Komponente, der gemeinsame Entschluss von Familien- bzw. Stammesangehörigen zur Tötung des Opfers. Dabei wird zwar festgelegt, wer die Tat vollenden soll, d.h. sie tatsächlich ausführen soll, jedoch trägt im Ergebnis jeder für den Taterfolg Verantwortung. Dem Familienrat ist es gleichgültig, wie die Tötung herbeigeführt wird, wichtig ist, dass sie erfolgt. Im vorliegenden Fall waren alle Beteiligten am Tatort anwesend und haben zur Verwirklichung der Tat beigetragen. Angefangen von dem Bruder der jungen Frau, der sie aus dem elterlichen Haus gelockt hatte, bis hin zu der Aufstellung in der elterlichen Wohnung, als das Opfer nach 1-2 Stunden in der Truhe erschossen wurde, hatte jeder eine bedeutende Rolle eingenommen. Da der Entschluss von allen gemeinsam gefasst wurde und somit allen etwas an der Tötung des Opfers lag, kann ausgeschlossen werden, dass die Handlungen der Beteiligten von dem Erschießen des M.Ş.T. abhängig waren. Wenn er die Aufgabe nicht auf sich genommen hätte, hätte ein anderer Beteiligter die Tathandlung vorgenommen. Daher hatte jeder von ihnen Tatherrschaft, was das erkennende Gericht nicht gesehen hat.

Nach der Auffassung des Gerichts könnte ein „Traditionsmord“ dann ja nur begangen werden, wenn alle Beteiligten, die im Familienrat den Entschluss gefasst hatten, nacheinander oder gleichzeitig auf das Opfer geschossen hätten. Die Natur des „Traditionsmordes“ ist aber gerade, dass ein Tötungsentschluss durch einen Familienrat gefasst werden muss, bei dem in der Regel auch die Tatbestandsverwirklichung festgelegt wird und eine, gleichgültig wie geartete, Tötung begangen wird. Nur in diesem Zusammenschluss kann von einem „Traditionsmord“ gesprochen werden. Der Gesetzgeber sah gerade in dem Entschluss eines Familienrates die erhöhte Strafwürdigkeit und verzichtete auf die Aufnahme als „Ehrenmord“.

Nicht nachvollziehbar ist auch die Bestrafung des Ö.T. wegen einer Anstiftung zum „Traditionsmord“. Dazu führt das Gericht lediglich an, es handele sich ja um den Ehemann des Opfers. Es meint damit sicherlich, der Ehemann sei für die Ehre seiner Frau zuständig und bei Fehlverhalten auch verantwortlich, um seine Ehre wieder herzustellen. Wie nach deutschem Recht wird gemäß § 38 tStGB wegen Anstiftung bestraft, wer einen anderen zur Begehung einer Straftat anstiftet. Voraussetzung ist, dass die angestiftete Person zuvor keinen Tatentschluss gefasst haben darf, sonst ist ein Hervorrufen des Tatentschlusses nicht möglich. Geht man davon aus, dass hinsichtlich des M.Ş.T., den der Ö.T. nach gerichtlicher Auffassung angestiftet haben soll, keine sukzessive Täterschaft vorliegt, dann muss der Tatentschluss des M.Ş.T zum „Traditionsmord“

bereits vorgelegen haben. Das Gericht geht nämlich davon aus, dass der Tötungsentschluss von allen Beteiligten gefasst wurde, auch von dem M.Ş.T. Daher ist nicht verständlich, warum bei ihm ein quasi „neuer" Tatentschluss hervorgerufen werden konnte, obwohl gerade dieser Tatentschluss zur Tötung der Ehefrau des Bruders bereits gefasst war.

Wenn das Gericht die Täterschaft oder die Teilnahme nach dem Tatbeitrag bemessen hat und daher den M.Ş.T. wegen „Traditionsmordes" und die übrigen Beteiligten wegen Beihilfe zu seiner Tat verurteilt hat, weil diese nach gerichtlicher Auffassung nur unterstützenden Charakter hatten, dann hätte es den Ö.T. auch wegen versuchten „Traditionsmordes" verurteilen müssen, da Ö.T. seine Ehefrau angeschossen und verfehlt hatte, bei der übrigen Tatausführung aber nicht mehr anwesend war. Das konnte durch alle Zeugen bestätigt werden. Trotzdem hat das Gericht ihn wegen Anstiftung zum „Traditionsmord" verurteilt. Insofern ist die Argumentation des Gerichts auch nach türkischer Rechtslage nicht nachvollziehbar.[886]

1.3 Verleiten zum Selbstmord gemäß Art. 84 tStGB

Wer jemanden zum Selbstmord anstiftet, ermutigt, den Entschluss bestärkt oder die Selbsttötung in jeglicher Form unterstützt, wird mit Gefängnisstrafe von zwei bis fünf Jahren bestraft. Gemäß Abs. 2 wird die Strafe auf vier bis zehn Jahre erhöht, wenn die Selbsttötung verwirklicht wird. Abs. 3 normiert die Bestrafung des Täters mit drei bis acht Jahren, wenn die Anstiftung öffentlich erfolgt. Abs. 4 regelt schließlich, dass der Täter wegen vorsätzlicher Tötung bestraft wird, wenn das Opfer nicht die Einsichtsfähigkeit hat, sein Handeln und die Folgen der Handlung zu verstehen oder zur Durchführung der Tat Gewalt oder Drohung angewendet und so zum Suizid gezwungen wird.[887]

Die Untersuchungen für die Zeit nach der Reform haben stichhaltige Anhaltspunkte dafür ergeben, dass es sich bei einigen der registrierten Suizide tatsächlich um Nötigungen zum Selbstmord oder gar um verdeckte Morde handelt.[888]

Daher stellt die Lösung im neuen tStGB, den „Ehrenmord" aus traditionellen Motiven mit erschwerter lebenslanger Gefängnisstrafe zu ahnden, auch eine Verlagerung des Problems dar.[889] Um der erschwerten lebenslänglichen Gefängnisstrafe zu entkommen, werden Opfer eingesperrt, damit sie sich selbst erhängen. In diesen Fällen erwartet den Täter, der für die Selbsttötung des Opfers verantwortlich ist, eine Bestrafung in Höhe von zwei bis fünf Jahren Gefängnis-

886 Ähnlich auch das Minderheitsvotum, das alle Beteiligten als Täter i.S.v. Art. 37 tStGB sieht, eine Beihilfe bei allen ablehnt und die Strafbarkeit des Ö.T. wegen versuchten Traditionsmordes begründet, vgl. 1. Strafgericht Diyarbakır, E. 2006/447, K. 2007/325.

887 Toroslu/Feyzioğlu, 2006, Art. 84, S. 80.

888 Ertürk, 2006, S. 3.

889 Vgl. ausführlicher A.III.1.3.3.

strafe. Im Vergleich mit einem Mordfall nach Art. 82 tStGB fällt die Strafe erheblich geringer aus. Zwar wird der Täter gemäß Absatz vier wegen vorsätzlicher Tötung bestraft, wenn er das Opfer zu der Selbsttötung nötigt, dies wird jedoch in den wenigsten Fällen prozessual zu beweisen sein.

2. Grundlagen der strafrechtlichen Haftung: die unrechtmäßige Provokation gemäß Art. 29 tStGB als Aufhebungs- oder Minderungsgrund

Art. 29 tStGB ist ein allgemeiner Strafmilderungsgrund, der bei allen Delikten je nach Rechtsnatur, angewendet werden kann, bei den Tötungsdelikten aber besondere Bedeutung im Hinblick auf die „Ehrenmorde" gewinnt.

Ob Art. 29 einen Rechtfertigungs- oder Entschuldigungsgrund darstellt, geht aus dem Gesetz selbst nicht hervor, da Rechtfertigungs- und Entschuldigungsgründe nicht deutlich getrennt werden, sondern in dem Abschnitt „Gründe, die die strafrechtliche Verantwortung aufheben oder mindern" zusammengefasst werden. Vielmehr müssen weitere Anhaltspunkte wie die Gesetzesbegründung herangezogen werden, um festzustellen, ob eine Norm einen Rechtfertigungs- oder Entschuldigungsgrund darstellt.[890] In der Literatur wird Art. 29 tStGB überwiegend bei den Gründen, die die Schuld des Täters mindern, dargestellt.[891]

Art. 29 tStGB ist das Äquivalent zum ehemaligen Art. 51 tStGB. Danach wird dem Täter ein Strafmilderungsgrund zuerkannt, wenn er aufgrund einer unerlaubten Handlung unter Wut oder heftigem Schmerz eine Straftat begangen hat. Die höchstrichterliche Rechtsprechung beschäftigte sich im Zusammenhang mit Art. 51 tStGB oft mit Ehrenfragen und Verhaltensweisen von Frauen. Nicht selten gewährte sie einen Strafmilderungsgrund für den Mann, der seine Frau oder Schwester tötete, weil diese sich unehrenhaft verhalten hatte. Dabei war die Tötung nicht immer bedingt durch das Verhalten einer Frau. Gerüchte im sozialen Umfeld oder eine Vergewaltigung und der Verlust der Jungfräulichkeit konnten auch Anlass für die Begehung eines „Ehrenmordes" und die Gewährung einer Strafmilderung sein, weil der Täter in heftigem Schmerz und Zorn handelte, seine Ehre verloren zu haben. Aktive Frauenvereine forderten, den Strafmilderungsgrund für Ehrverletzungen gänzlich aus dem Gesetz zu streichen.

Das stark umstrittene Gesetz sorgte für lange Diskussionen. Schließlich fand der Gesetzgeber den Kompromiss, nicht mehr jegliche unrechtmäßige Provoka-

---

890 Sözüer, 2007, S. 97.

891 Z.B. Centel/Zafer/Çakmut, 2005, S. 444; Soyaslan, 2005, S. 460; Özgenç, Art. 29, 2005, S. 412 f.

tion als Grundlage für die Strafmilderung anzunehmen, sondern nur noch eine unerlaubte Handlung.[892]

2.1 Voraussetzungen für die Strafmilderung

Die neue Rechtslage erfordert eine unerlaubte Handlung des Opfers, die den Täter in eine psychische Verfassung versetzt hat, die ihn die Tat begehen ließ. Begründet wird die Strafmilderung mit der psychischen Situation und der Gefühlslage des Täters, die durch die unerlaubte Handlung des Opfers bedingt ist und zu einer Reduktion der Willensfreiheit bei dem Täter geführt hat.[893]

Grundvoraussetzung ist zunächst eine provozierende Handlung.[894] Diese Handlung muss unerlaubt sein. Der Gesetzgeber geht von einer unerlaubten Handlung aus, wenn diese von der Rechtsordnung nicht gebilligt oder toleriert wird. Grundlage der Rechtsordnung können nicht subjektive Moralvorstellungen oder Bräuche sein. Eine rechtmäßige Handlung kann daher auch keine Grundlage für eine Provokation sein.[895]

Wann eine Handlung provokationsfähig ist, muss das erkennende Gericht anhand der Umstände und Besonderheiten der Personen und der Tat, auch anhand regionaler Besonderheiten bewerten.[896] Der Kassationshof hat dazu in einer Entscheidung festgelegt, dass Handlungen gegen gesellschaftliche Werte, gegen die Moral, gegen Bräuche und Gewohnheiten mit Handlungen gegen das geschriebene Recht gleichzusetzen sind und daher als Grundlage für die unerlaubte Provokation herangezogen werden können.[897] Ob die Rechtsprechung an dieser Definition aus dem Jahr 1980 nach der Reform festhält, bleibt abzuwarten. Die Frage stellt sich, weil der Gesetzgeber in der Begründung des Art. 82 k) tStGB die Anwendbarkeit des Art. 29 tStGB nicht ausgeschlossen hat. Die unerlaubte Handlung muss keine strafbare Handlung im Sinne des Strafrechts darstellen.[898] Sie muss objektiv von der Rechtsordnung missbilligt werden. Verstößt eine Handlung nur gegen Bräuche und gesellschaftliche Werte, kommt ein Verstoß gegen die Rechtsordnung nicht in Betracht.[899]

Eine weitere Voraussetzung ist das Entstehen einer extremen psychischen Lage des Täters, die mit blinder Wut und Schmerz eingegrenzt werden kann und durch die unerlaubte Handlung hervorgerufen wurde. Zudem muss zwischen der psychischen Situation und der Tat des Täters Kausalität bestehen.[900] Die uner-

---

892 Tellenbach, 2007, S. 649.
893 Centel/Zafer/Çakmut, 2005, S. 444.
894 Soyaslan, 2005, S. 464.
895 Hakeri, Ceza Hukuku Temel Bilgiler (Grundwissen im Strafrecht), 2006, S. 185.
896 Öztürk/Erdem, 2005, S. 113; Meran, 2007, Art. 29, S. 171.
897 Kassationshof, 1. Strafsenat 1.4.1980-41/1453.
898 Soyaslan, 2005, S. 464.
899 Iskender, 2009, S. 36.
900 Özgenç, 2005, S. 415; Öztürk/Erdem, 2005, S. 113; Soyaslan, 2005, S. 466.

laubte Handlung muss sich nicht gegen den Täter richten, sie kann auch gegen eine nahe stehende Person gerichtet sein.[901] Die Tat muss sich allerdings gegen die provozierende Person richten.[902] Sie muss nicht in einem engen zeitlichen Rahmen erfolgen, also als Reaktion auf die unerlaubte Handlung. Vielmehr kann die Tat unter der Voraussetzung der psychischen Situation auch nach Ablauf einer gewissen Zeit begangen werden.[903] Dies führt zu einer weiten Anwendung des Art. 29 tStGB. Bei Vorliegen der Voraussetzungen wird die erschwerte lebenslange Gefängnisstrafe gemindert auf 18 bis 24 Jahre Gefängnisstrafe, die lebenslange Gefängnisstrafe wird gemindert auf 12 bis 18 Jahre Gefängnisstrafe. In den übrigen Fällen wird von der vorgesehenen Strafe auf ein Viertel bis drei Viertel gemindert.[904]

2.2 Strafmilderung für Blutrache gemäß Art. 82 j) tStGB

Der Qualifikationstatbestand der Blutrache und die unrechtmäßige Provokation gemäß Art. 29 tStGB können ihre Existenz nicht nebeneinander begründen.

In der Literatur ist unklar, ob eine Strafbarkeit wegen Mordes ausgeschlossen ist, wenn eine unrechtmäßige Provokation vorliegt[905] oder bei Vorliegen eines Mordmerkmals die unrechtmäßige Provokation verneint wird.

In der Praxis scheint die theoretische Erklärung keine Bedeutung zu haben, Einigkeit besteht lediglich darüber, dass für einen straferschwerenden Grund wie die Blutrache nicht gleichzeitig eine Strafmilderung in Betracht kommen kann. Die Vortat der Blutfehde kann also keine Provokation im Sinne des Art. 29 tStGB darstellen.[906] Ein Umstand, der gerade den Tatbestand der Qualifikation bestimmt, kann nicht gleichzeitig einen Strafmilderungsgrund darstellen.[907]

Bei der Überprüfung der Strafbarkeit wegen Blutrache wird inzident geprüft, ob ein Strafmilderungsgrund nach Art. 29 tStGB in Frage kommt. Wird dies bejaht, scheidet eine Strafbarkeit wegen Blutrache aus.[908]

Die Problematik wird durch folgendes Urteil des Kassationshofes deutlich:

Der Sohn des Täters fiel einer Blutfehde zum Opfer. Ein Jahr und zehn Monate später gab es eine Auseinandersetzung zwischen dem Vater und dem Täter der Vortat, in dem der Vater den Täter der Vortat verletzte. Zunächst wurde für

---

901 Meran, Art. 29, 2007, S. 170.

902 Centel/Zafer/Çakmut, 2005, S. 448; Der Kassationshof hatte in einem Fall Art. 29 tStGB verneint, in dem Kind A mit Kind B eine tätliche Auseinandersetzung hatte und der Vater des verprügelten Kindes, den Vater des Kind B beleidigte, vgl. Hakeri, Ceza Hukuku Temel Bilgiler (Grundwissen im Strafrecht), 2006, S. 186.

903 Öztürk/Erdem, 2005, S. 113.

904 Soyaslan, 2005, S. 466.

905 So z.B. Meran, Art. 82, 2007, S. 398.

906 Kassationshof, Großer Strafsenat vom 04.06.1973, 332/458.

907 Tezcan/Erdem/Önok, 2007, S. 157; Kassationshof, Großer Strafsenat vom 18.02.1991-1-1/41.

908 Özgenç, 2005, S. 419.

beide die Untersuchungshaft angeordnet, aus der der Vater vor der Verhandlung entlassen wurde. Daraufhin kaufte er sich eine Waffe und ging mit ihr in die Verhandlungen. In der zweiten Verhandlung schoss er dann viermal auf den Täter aus der Vortat. Es waren vier Monate nach der Entlassung aus der Untersuchungshaft vergangen. Der große Strafsenat verneinte die Blutrache mit der Begründung, der Täter habe weder den Tod seines Sohnes verarbeitet noch die eigene körperliche Auseinandersetzung. Daher würde sowohl das zeitliche Erfordernis fehlen, als auch das Handeln unter dem Pflichtbewusstsein, den Sohn zu rächen. Der Täter wurde daher wegen Totschlags verurteilt und bekam eine Strafmilderung wegen einer schweren unrechtmäßigen Provokation (die Tötung des Sohnes).[909]

Hat der Täter sich also gefühlsmäßig von der ersten Tat losgelöst, kommt Blutrache in Frage. Hat er sich nicht losgelöst und steht emotional unter dem Einfluss der Vortat, kommt die Strafmilderung gemäß Art. 29 tStGB in Betracht. Die Anwendbarkeit des Art. 29 tStGB muss allerdings in den Fällen, in denen unzweifelhaft eine Blutfehde zwischen Täter und Opfer besteht, selbst wenn ein weiteres Tatbestandsmerkmal nicht gegeben ist, ausgeschlossen sein. Sinn und Zweck der Strafbarkeit der Blutrache ist die Bekämpfung eines traditionellen Phänomens, deren Erreichung unrealistisch ist, wenn bei tatsächlichem Vorliegen eine unrechtmäßige Provokation durch das Opfer angenommen wird und Strafmilderung gewährt wird, weil ein Tatbestandsmerkmal der Blutrache fehlt.

2.3 Strafmilderung für „Traditionsmorde“ gemäß Art. 82 k) tStGB und „Ehrenmorde“

Die Änderung des Gesetzestextes von unrechtmäßiger Provokation, in „unerlaubte Handlung“ hatte nach dem Willen des Gesetzgebers die Intention, einer falschen Anwendung der Strafmilderung bei den „Traditionsmorden“ vorzubeugen. Ganz klar verbietet der Gesetzgeber in seiner Begründung die Anwendung der Norm, wenn das Opfer der Tat vorher Opfer einer Straftat wie z.B. einer Vergewaltigung wurde.[910] Diese Handlung stellt keine unerlaubte Handlung des Opfers dar. Daher wird ein Vater oder ein anderer männlicher Täter, der nach einer Vergewaltigung seine Tochter oder Schwester zur Wiederherstellung seiner Ehre tötet, keine Strafmilderung mehr bekommen, wie es nach ehemaliger Rechtslage möglich war.[911] Selbst wenn die höchstrichterliche Rechtsprechung in den nach der Reform gefällten Urteilen die unrechtmäßige Provokation ausschließen würde, steht fest, dass lediglich die „Ehrenmorde“ davon erfasst sind, die im Rahmen der Traditionen begangen werden, da nur diese als Mordmerkmal erfasst sind.

---

909 Kassationshof, Großer Strafsenat vom 08.02.1991, 1-1/41.

910 Meran, Art. 29, 2007, S. 170; Özgenç, 2005, S. 412.

911 Sözüer, 2007, S. 106.

Wie die rechtliche Handhabung in den übrigen Fällen sein wird, ist sowohl in der Literatur, als auch in der Rechtsprechung unklar. Eine Literaturansicht vertritt die Meinung, die Anwendbarkeit des Strafmilderungsgrundes sollte immer ausgeschlossen sein, wenn es sich bei der Tat um die Verteidigung der Geschlechtsehre handelt, gleichgültig ob ein Traditions- oder „Ehrenmord" vorliegt.[912] Eine weitere Literaturansicht vertritt die Meinung, außer in den Fällen der Gesetzesbegründung (Vergewaltigung des Opfers) stehe in den übrigen Fällen einer Anwendbarkeit des Art. 29 tStGB nichts entgegen. Dies sei z.B. der Fall, wenn eine verheiratete Frau aus der ehelichen Wohnung zu einem anderen Mann weglaufen würde. Würde der Ehemann mit oder ohne Familienrat nun seine Frau töten, käme für ihn eine Strafmilderung aus Art. 29 tStGB in Betracht, weil die Ehefrau gegen familienrechtliche Vorschriften verstoßen würde und somit eine unerlaubte Handlung begehen würde, die gegen die Rechtsordnung verstößt. Für eine ledige junge Frau sei in diesem Fall jedoch die Anwendbarkeit des Art. 29 tStGB ausgeschlossen.[913]

Irrt sich der Täter über das Vorliegen einer unerlaubten Handlung, kommt es auf die Vermeidbarkeit des Irrtums an. Handelt der Täter z.B. in der Vorstellung, seine Ehefrau betrüge ihn in einer außerehelichen Beziehung, obwohl dies nicht den Tatsachen entspricht, irrt er sich über die Tatbestandsmerkmale des Art. 29 tStGB. Sei der Irrtum unvermeidbar, käme Art. 29 tStGB in Betracht. Sei er vermeidbar, sei eine Strafmilderung wegen einer unrechtmäßigen Provokation nicht in Betracht zu ziehen.[914] Die Befürworter der Anwendbarkeit des Art. 29 tStGB verkennen, dass die Unterscheidung von verheirateten und unverheirateten Frauen im Strafgesetzbuch mit der Reform bewusst abgeschafft wurde. Die Unterscheidung erscheint hier völlig willkürlich und hat keinen gesetzlichen Halt.

Nach dem Gesetzeswortlaut des Art. 29 tStGB muss eine unerlaubte Handlung vorliegen. Die außereheliche Beziehung stellt nach dem Familienrecht einen verschuldeten Scheidungsgrund dar und somit ein Verhalten der Frau, das von der Rechtsordnung nicht gebilligt wird. In den Fällen des individuellen „Ehrenmordes", die nicht von der Qualifikation des „Traditionsmordes" erfasst sind, stellt sich die Frage der Anwendbarkeit der Strafmilderung neben dem Mord erst gar nicht. Wenn die Frau ein Verhalten an den Tag legt, das, wie im Falle des Ehebruches, von der Rechtsordnung nicht gedeckt ist, steht der Anwendung des Art. 29 tStGB für den Täter bei der Bestrafung wegen Totschlags nichts entgegen. Nach der zweiten Literaturansicht wäre Art. 29 tStGB anwend-

---

912 Centel/Zafer/Çakmut, 2005, S. 446; Meran, Art. 29, 2007, S. 170.

913 Hakeri, (Kasten Öldürme Suçları) vorsätzliche Tötungsdelikte, 2006, S. 254. So auch Prof. Dr. Füsun Sokullu und Prof. Dr. Timur Demirbaş im Expertengespräch am 31.05.2009 an der Kültür Universität in Istanbul. Anders Pohlreich, der davon ausgeht, das Verlassen des Ehepartners stelle nach türkischem Recht kein rechtlich relevantes Fehlverhalten dar, vgl. Pohlreich, 2009, S. 183.

914 Özgenç, 2005, S. 419.

bar, weil der Ehebruch eine unerlaubte Handlung darstellen würde, der nicht im Sinne des Strafrechts strafbar ist, aber einen Scheidungsgrund im Familienrecht darstellt.

Art. 104 tStGB stellt den sexuellen Verkehr von 15-18-Jährigen unter Strafe. Somit liegt im Falle des freiwilligen geschlechtlichen Verkehrs von Jugendlichen nicht nur eine unerlaubte Handlung im Sinne von Art. 29 tStGB vor, sondern eine strafbare Handlung. Wenn dieser Verkehr gegen die Ehrvorstellung der männlichen Familienmitglieder des Mädchens verstoßen würde und sie deswegen nach einer individuellen Entscheidung getötet werden würde, stünde theoretisch der Strafmilderung gemäß Art. 29 tStGB nichts entgegen.

Demnach hat sich an der Bekämpfung einer Ehrvorstellung, die abhängig ist von dem Sexualverhalten der weiblichen Familienmitglieder und die sexuelle Selbstbestimmung der Frau verhindert, bis auf wenige Ausnahmen im Bereich der Tötungsdelikte nicht viel geändert. Es wird weiterhin die Vorstellung vermittelt und bestärkt, die Tötung einer untreuen Ehefrau sei mit weniger Unrecht behaftet. Von einer präventiven Wirkung für alle „Ehrenmorde" kann nicht gesprochen werden.

Der Gesetzgeber hat nur die Fälle der „Traditionsmorde" abdecken wollen, in denen die Frau oder das Mädchen an der Ehrverletzung nicht aktiv mitwirkt bzw. die Ehrverletzung gegen ihren Willen geschieht und der Tötungsentschluss durch einen Familienrat gefasst wird. Was in der Vielzahl der Fälle geschieht, in denen Frauen getötet werden, weil sie vor der Ehe eine Beziehung haben oder ihr Leben selbst bestimmen wollen, ist unklar.

Die Definition des Kassationshofes zur provozierenden Handlung, die zwar aus dem Jahr 1980 stammt, in vielen Lehrbüchern jedoch zur Erläuterung des Begriffes auch nach der Reform herangezogen wird, zeigt, dass die Problematik nicht behoben wurde: Der Kassationshof hat in einer Entscheidung festgelegt, dass Handlungen gegen gesellschaftliche Werte, gegen die Moral, gegen Bräuche und Gewohnheiten mit Handlungen gegen das geschriebene Recht gleichzusetzen sind und daher als Grundlage für die unerlaubte Provokation herangezogen werden können.[915] So wird z.B. die uneheliche Beziehung zweier erwachsener Personen, die keine Ehe eingehen möchten, mit einer Ausnahme in wenigen Großstädten als unehrenhaft empfunden. Hält die Rechtsprechung nach der Reform an der Definition der provozierenden Handlung fest, ist den Ehrverbrechen in vielen Fällen weiterhin Tür und Tor geöffnet. Bräuche und Traditionen dürfen gerade nicht mit dem geltenden Recht gleichgesetzt werden. Einfacher wäre es gewesen, die Anwendbarkeit des Art. 29 tStGB ausnahmslos für alle Fälle der Ehrverletzung zu sperren.

915 Kassationshof, 1. Strafsenat vom 1.4.1980-41/1453.

3. Straftaten gegen die sexuelle Unversehrtheit

Im Vergleich zum damaligen Strafgesetz, stellen die Straftaten gegen die sexuelle Unversehrtheit nicht mehr Delikte gegen die Allgemeinheit, die die generelle Sittlichkeit und Moral der Gesellschaft angreifen, dar, sondern sind unter dem Teilabschnitt der Delikte gegen die Person und dort unter den Delikten gegen die sexuelle Integrität erfasst.[916] Das neue Strafrecht hat insbesondere auch aufgrund der aktiven Frauenrechtsorganisationen bewusst auf die vorherige Einstellung verzichtet und theoretisch das Schutzgut der körperlichen und sexuellen Integrität der einzelnen Person verankert.

Die Vorschriften über die Mädchenentführung wurden ersatzlos gestrichen. Von großer Bedeutung ist die Aufhebung des Strafverfolgungshindernisses, wenn eine Ehe zwischen Täter und Opfer im Falle einer Entführung oder Vergewaltigung geschlossen wurde. Auch die Strafmilderung bei Schwangerschaftsabbruch, Kindestötung und Aussetzung von Kindern aus Ehrengründen sind aus dem Gesetz gestrichen worden.[917] Die Diskriminierung im Gesetz zwischen verheirateten und ledigen, jungfräulichen und nicht jungfräulichen Frauen wurde aufgehoben.[918]

3.1 Sexuelle Nötigung gemäß Art. 102 tStGB

Art. 102 tStGB regelt im ersten Absatz die Bestrafung des Täters, der mit sexuellen Handlungen, die nicht von dem Einverständnis des Opfers gedeckt sind, die körperliche Integrität des Opfers verletzt.[919] Das Gesetz ist geschlechtsneutral formuliert, so dass Täter sowohl Mann als auch Frau sein kann. Geschützt sind in dieser Norm die Opfer ab dem 18. Lebensjahr. Opfer sexueller Angriffe bis zum 18. Lebensjahr werden gemäß Art. 103 tStGB (sexueller Missbrauch von Kindern) geschützt.[920]

Die Tat wird nur auf Antrag des Opfers verfolgt und sieht eine Bestrafung von zwei bis sieben Jahren Gefängnisstrafe vor. Eine Straferhöhung von sieben bis zwölf Jahren Gefängnisstrafe ist vorgesehen, wenn die Tat durch das Einführen eines Organs oder eines Gegenstandes begangen wird. Richtet sich das strafbare Verhalten gegen den Ehepartner, kann zum ersten Mal im türkischen Strafrecht auch der Ehepartner verfolgt werden. Die Tat wird jedoch gemäß Art. 102 Abs. 2 tStGB nur auf Antrag verfolgt.[921] Nach damaliger Rechtslage war die Feststellung einer Vergewaltigung in der Ehe nicht möglich, weil eine Ver-

916 Sözüer, 2007, S. 745.

917 Tellenbach, 2005, S. 87.

918 Centel, 2005, S. 6, www.humboldt-foundation.de/de/netzwerk/veranstalt/hoersaal/ 2006_istanbul/centel.pdf (05.08.2008).

919 Toroslu/Feyzioğlu, 2006, Art. 102, S. 94.

920 Tezcan/Erdem/Önok, 2007, S. 272.

921 Meran, Art. 102, 2007, S. 519.

gewaltigung einen Angriff auf die Ehre darstellte und nicht als Angriff auf die sexuelle Integrität verstanden wurde. Innerhalb der Ehe konnte durch den Ehemann keine Ehrverletzung begangen werden. Dies hatte zur Folge, dass das Schutzgut der Norm nicht betroffen war und eine Vergewaltigung nicht angenommen werden konnte.

Weitere Erschwerungsgründe sieht das Gesetz vor, wenn das Opfer physisch oder psychisch widerstandsunfähig ist, wenn die Tat durch das Ausnutzen einer Amtsstellung oder Arbeitsbeziehung begangen wird, wenn das Opfer bis zum dritten Grad verwandt oder verschwägert ist, wenn Waffen verwendet werden oder mehrere Personen beteiligt sind (in diesen Fällen werden die oben genannten Rechtsfolgen um die Hälfte erhöht). Wenn über das Widerstandsmaß des Opfers hinaus Gewalt angewandt wird, wird gemäß Art. 102 Abs.4 tStGB zusätzlich wegen Körperverletzung bestraft.

Erfolgt aufgrund der Tat eine bleibende Beeinträchtigung des psychischen oder physischen Wohlbefindens, wird der Täter gemäß Abs. 5 mit mindestens zehn Jahren Gefängnisstrafe bestraft.

Tritt aufgrund der Tat der Tod oder ein Dauerkoma ein, wird der Täter gemäß Abs. 6 mit erschwerter lebenslanger Gefängnisstrafe bestraft.[922]

Besondere Beachtung findet die Defloration durch den sexuellen Angriff. Nach dem ehemaligen Strafgesetzbuch stellte allein die Tatsache der Defloration einen Straferschwerungsgrund dar. Ein ausdrücklicher Straferschwerungsgrund für den Fall der Defloration ist nicht mehr vorgesehen. Vorausgesetzt wird, dass gemäß Art. 102 Abs. 5 tStGB durch die Defloration eine physische oder psychische Beeinträchtigung des Opfers eingetreten sein muss.[923] Während eine physische Beeinträchtigung anhand eines medizinischen Gutachtens leicht nachzuweisen sein wird, wird nach den gesellschaftlichen Wertvorstellungen und ihren Einfluss auf das Opfer auch eine psychische Beeinträchtigung des Wohlbefindens regelmäßig eintreten. Im konkreten Fall wird das durch den sexuellen Angriff deflorierte Opfer sich beschmutzt, verwundet, erniedrigt und aufgrund des fehlenden Hymens als unvollständig empfinden.[924] Die Literatur begründet eine in Deutschland hinausgehende psychische Beeinträchtigung des Opfers aufgrund der Bedeutung der Geschlechtsehre.

Da es sich bei diesem Delikt nicht um ein Antragsdelikt handelt, müssen eventuell in Betracht kommende Erschwerungsgründe von Amts wegen ermittelt werden. Daher wird auch nach der neuen Rechtslage die Defloration bei den Sexualstraftaten thematisiert werden müssen. Die Anwendung eines Erschwerungsgrundes aus einer verletzten Geschlechtsehre zeigt den Einfluss der Ehrvorstellung der Bevölkerung auf das Rechtssystem. Der Unterschied zur vorherigen Rechtslage ist, dass das Opfer selbst einen psychischen Nachteil erleiden muss, der unmittelbare Zusammenhang zwischen der Rechtsgutsverletzung

922 Şahin/Özgenç, 2005, § 102, S. 196 f.
923 Meran Art. 102, 2007, S. 523.
924 Malkoç, 2005, S. 79.

und der verletzten Person also gegeben sein muss. Dass die Defloration und die daraus resultierende Verletzung der Geschlechtsehre als Straferschwerungsgrund herangezogen werden kann, zeigt den indirekten Einfluss der Geschlechtsehre auf das Strafrechtssystem und die wenig veränderte Gesinnung der Gesetzgebung. Die Berufung auf eine psychische Beeinträchtigung konterkariert die rechtlichen Bestrebungen, weil nun die weiblichen Opfer das System stützen, das abgeschafft werden soll.

3.2 Sexueller Missbrauch von Kindern gemäß Art. 103 tStGB

Gemäß Art. 103 tStGB wird jegliche sexuelle Handlung an Kindern bis zum 15. Lebensjahr mit drei bis acht Jahren Gefängnisstrafe bestraft. Der Tatbestand ist auch erfüllt, wenn das Kind das 15. Lebensjahr vollendet hat und das juristische Unrecht und die Folgen der Tat nicht begreifen kann oder die sexuelle Handlung durch Zwang, Drohung, Täuschung oder anderweitig verwirklicht werden konnte. Straferschwerungsgründe sind in den vergleichbaren Fällen des Art. 102 tStGB gegeben.[925]

3.3 Geschlechtsverkehr mit minderjähriger Person gemäß Art. 104 tStGB

Der Geschlechtsverkehr ohne Gewalt, Drohung und List mit einem Kind ab 16 Jahren, wird auf Antrag mit Freiheitsstrafe von sechs Monaten bis zwei Jahren bestraft.[926]

Unverständlich bei diesem Delikt ist, was Schutzgut des Art. 104 tStGB ist, da er den freiwilligen sexuellen Verkehr zwischen zwei Minderjährigen erfasst. Tatbestand der Norm ist die sexuelle Beziehung von zwei Personen, die 16-18 Jahre alt sind, ohne Anwendung von Gewalt, Drohung oder List. Das Gesetz ist geschlechtsneutral formuliert, so dass Täter sowohl der weibliche als auch der männliche Teil der sexuellen Beziehung sein kann. Problematisch ist aber, dass nicht erkennbar ist, wer von den beiden Täter und wer Opfer des Deliktes ist.[927] Selbst wenn von einer „gewohnten Betrachtungsweise“ ausgegangen wird und wie bei diesen Deliktsstrukturen üblich, der Junge als Täter angesehen wird, stellt sich das Problem bei einer homosexuellen Beziehung von zwei Jungen, bei der der Täter nicht festgelegt werden kann.[928]

Abgesehen davon, dass dies zu völlig willkürlichen Ergebnissen führen würde, ist im Falle eines einvernehmlichen Sexualverkehrs von zwei Jugendlichen nicht nachvollziehbar, von einer Tätereigenschaft zu sprechen, wenn der Wille einer Person nicht gebrochen wird und beide Personen geistige Reife besitzen.

---

925 Şahin/Özgenç, 2005, Art. 103, S. 198 ff.
926 Şahin/Özgenç, 2005, Art. 104, S. 200 f.
927 Malkoç, 2005, S. 152.
928 Tezcan/Erdem/Önok, 2007, S. 305 f.

Aus prozessualer Sicht ist problematisch, dass die Tat nur auf Antrag verfolgt wird, der aber in der Regel nicht gegeben sein wird, wenn beide Beteiligten eingewilligt haben. Ein Antrag der Erziehungsberechtigten wird aufgrund der Einwilligung von einsichtsfähigen Jugendlichen aufgrund eines fehlenden Strafverfolgungsinteresses entfallen.[929]

Trotz der verbreiteten Annahme in der Literatur, es könne sich um einen Fehler der Gesetzgebung handeln, liegt der Schluss nahe, dass die Gesetzgebung die Jungfräulichkeit und Enthaltsamkeit, so auch die Geschlechtsehre wahren und kontrollieren wollte. Es wurde in der Norm darauf verzichtet, lediglich das Opfer als minderjährig festzulegen und den Täter altersmäßig ab der Volljährigkeit zu bestimmen. Ein Fehler lässt sich ausschließen, weil der Gesetzgebungskommission folgender Vorschlag als Alternative unterbreitet wurde: „überredet jemand ein Kind, welches das 15. Lebensjahr vollendet hat, zum Geschlechtsverkehr, wird er im Falle des Vollzugs des Geschlechtsverkehrs auf Antrag bestraft." Diesen Vorschlag hat der Gesetzgeber mit der Begründung abgelehnt, die ehemalige Rechtslage habe eine ähnliche Vorschrift wie die aktuelle enthalten, die Richter und Staatsanwälte würden diese Vorschrift so wie die ehemalige auch auslegen können.[930]

Trotz der juristischen Bedenken und Schwierigkeiten, die sich bei der Anwendung der Norm ergeben würden, hat der Gesetzgeber entschieden, den freiwilligen sexuellen Verkehr von Jugendlichen unter Strafe zu stellen. Ihre Wertvorstellung offenbaren die Gesetzgeber mit einem Vergleich zum aktuellen türkischen Zivilrecht, das in der Regel die Ehemündigkeit ab dem 18. Lebensjahr festlegt, eine Ausnahme ab der Vollendung des 16. Lebensjahres aber gemäß Art. 124 tZGB gestattet, wenn der Richter die Eheschließung vor der Volljährigkeit gestattet. Dies stellt insofern einen Widerspruch dar, dass der Geschlechtsverkehr im Falle der Eheschließung vor der Volljährigkeit nicht als verwerflich betrachtet wird, jedoch eine Straftat darstellt, wenn dieselben Personen ohne offiziellen Bund sexuellen Verkehr haben.

3.4 Sexuelle Belästigung gemäß Art. 105 tStGB

Wer eine Person mit sexueller Absicht belästigt, wird auf Antrag mit drei Monaten bis zwei Jahren Gefängnisstrafe oder Geldstrafe bestraft. Erschwerungsgründe werden gemäß Abs. 2 angenommen, wenn ein hierarchisches Verhältnis, ein Dienst-, Erziehungs- oder Lehrverhältnis besteht, die Tat innerhalb der Familie oder aufgrund der vereinfachten Möglichkeiten auf dem Arbeitsplatz begangen wird. In diesen Fällen wird die nach Abs. 1 zu verhängende Strafe um

929 Malkoç, 2005, S. 152 f.

930 Malkoç, 2005, S. 153. Der ehemalige Art. 416 tStGB stellte jedoch in Abs. 3 mit einer Rechtsfolge von sechs Monaten bis zu drei Jahren Gefängnis unter Strafe, wer mit einer unmündigen Person mit deren Einwilligung den Beischlaf vollzog, vgl. Tellenbach, Art. 416, 2001, S. 203.

die Hälfte erhöht. Muss das Opfer aufgrund der Tat den Arbeitsplatz, die Schule oder die Familie aufgeben, darf die Tat nicht unter einem Jahr bestraft werden.[931]

Interessant ist diese Norm aus dem Aspekt der Geschlechtsehre, weil sie die Grenzen für das Sexualverhalten einer Person zu einer anderen zieht. Schutzgut der Norm ist ein erhöhter Schutz der sexuellen Selbstbestimmung. Da das Gesetz geschlechtsneutral formuliert ist, können beide Geschlechter Täter und Opfer sein. Objektiver Tatbestand der Norm ist das Belästigen einer Person mit sexuellem Motiv. Der Gesetzgeber erläuterte in der Gesetzesbegründung, dass jedes sexuelle Verhalten, das nicht die Unversehrtheit des Körpers verletzt (und somit nicht unter sexuelle Nötigung gemäß Art. 102 tStGB fällt), aus sexueller Sicht gegen die Reinheit der Sittlichkeit verstößt und das Opfer belästigt, eine sexuelle Belästigung im Sinne dieser Norm darstellt.[932] Die sexuelle Belästigung ist also konzipiert für Handlungen, in denen der Täter mit dem Opfer nicht in Berührung kommt. Diese sollen von Art. 102 tStGB erfasst werden. Der Gesetzgeber geht nicht auf die Erfordernisse der „Reinheit der Sittlichkeit" ein, so dass diese wiederum auslegungsfähig bleiben und zeitlichen, insbesondere aber örtlichen Veränderungen ausgesetzt sind. Die Verwirklichung des objektiven Tatbestandes kann unter der Voraussetzung einer sexuellen Motivation angenommen werden bei Verwendung von obszönen Begriffen, bei Augenzwinkern, beim Kratzen, Anfassen oder Streicheln der eigenen Geschlechtsorgane, beim Zeigen oder Zusenden von entsprechenden Bildern,[933] beim Hinterherpfeifen, bei dem Anbieten von Geschlechtsverkehr, bei telefonischer Belästigung etc.[934] Es kann sich also um irgendein Verhalten handeln, das an sexuelles Verlangen anknüpft und das Opfer negativ in seiner sexuellen Selbstbestimmung beeinträchtigt. Eine abschließende Aufzählung ist daher nicht möglich.

Subjektiv muss der Täter Vorsatz auf alle objektiven Tatbestandsmerkmale und eine sexuelle Motivation haben.[935]

Die Beispiele zeigen deutlich, dass die Schwelle zur sexuellen Belästigung schnell erreicht werden kann. Dies hängt nicht zuletzt mit dem sehr engen Begriff des Wertes der Geschlechtsehre zusammen. In jeglichem Verhalten, das eine Gefahr für die Zurückhaltung darstellt, kann je nach Interpretation ein sexueller Angriff liegen.

931 Şahin/Özgenç, 2005, Art. 105, S. 201 f.
932 Tezcan/Erdem/Önok, 2007, S. 310.
933 Malkoç, 2005, S. 163.
934 Meran, 2007, S. 547.
935 Tezcan/Erdem/Önok, 2007, S. 313.

4. Straftaten gegen die Freiheit

Die Straftaten gegen die Freiheiten sind in den Art. 106 – 124 geregelt. Aus diesem Abschnitt ist Art. 106 tStGB darzustellen, der die Bedrohung unter Strafe stellt. Danach ist mit einer Gefängnisstrafe von sechs Monaten bis zu zwei Jahren strafbar, wer einem anderen oder einer nahestehenden Person des Opfers mit einem Angriff auf das Leben, die körperliche Integrität oder die sexuelle Integrität ernsthaft droht. Bedroht der Täter ernsthaft das Eigentum, so dass ein erheblicher Schaden zu befürchten ist, ist auf Antrag eine Bestrafung bis zu sechs Monaten oder Geldstrafe vorgesehen.[936] Erschwerungsgründe, wie z.B. die gemeinschaftliche Begehung oder die Verwendung einer Waffe erhöhen die Gefängnisstrafe auf zwei bis fünf Jahre.[937] Die sexuelle Integrität wird in diesem Delikt gleichgesetzt mit dem Leben und der körperlichen Unversehrtheit. Nur wenn sich die Bedrohung auf diese Rechtsgüter bezieht, ist eine Ermittlung von Amts wegen ohne Strafantrag möglich. Ein Strafantrag ist für die Fälle erforderlich, in denen eine Bedrohung das Eigentum betrifft, jedoch nur, wenn sich die Rechtsgutsverletzung auf einen großen Schaden bezieht.[938] Dabei müssen nicht die Rechtsgüter des Opfers bedroht werden. Es reicht, wenn sich die Bedrohung auf eine nahe stehende Person richtet.[939] Versetzt der Täter das Opfer vorsätzlich in Angst, in dem er eine Bedrohung gegen die sexuelle Integrität einer nahe stehenden Person ausspricht, ist der Tatbestand des Art. 106 tStGB verwirklicht.[940] Die 2. Strafkammer hatte eine Strafbarkeit wegen Art. 106 tStGB überprüft, weil die Angeklagten den Schuldner angeblich nötigten, einen Schuldschein zu unterzeichnen. Nach der Anklage hatten sie ihm gedroht, ihn für den Fall der Weigerung zu töten und der Tochter, deren Wohnsitz sie kannten, (sexuell) „etwas anzutun".[941] Ob der Täter seine Bedrohung tatsächlich in die Tat umsetzen will, spielt bei der Verwirklichung des Tatbestandes keine Rolle.[942]

5. Straftaten gegen die Würde

Die Straftaten gegen die Würde bilden im tStGB den 8. Abschnitt im Besonderen Teil. Schutzgut der Normen ist die Ehre im Sinne von Würde und Achtung. Geschützt werden die personale Würde des individuellen Menschen und der so-

936 Şahin/Özgenç, 2005, Art. 106, S. 202 f.
937 Toroslu/Feyzioğlu, 2006, Art. 106, S. 97.
938 Tezcan/Erdem/Önok, 2007, S. 329.
939 Özgenç, 2005, Art. 106, S. 827.
940 Meran, 2007, Art. 106, S. 553.
941 Die Angeklagten wurden mangels Beweisen freigesprochen, vgl. 2. Strafkammer, 11.9.2006, 4144/14193, zitiert in Meran, 2007, Art. 107, S. 561.
942 Tezcan/Erdem/Önok, 2007, S. 334.

ziale Achtungsanspruch.[943] In der Literatur wird als weiteres Schutzgut der Norm ausdrücklich auch die Geschlechtsehre genannt.[944]

5.1 Beleidigung gemäß Art. 125 tStGB

Art. 125 tStGB regelt die üble Nachrede und die Beleidigung. Objektiv ist der Tatbestand erfüllt, wenn jemand durch den Vorwurf einer konkreten Handlung oder durch Tatsachen, die Würde, das Ansehen und den Respekt einer Person kränken kann oder durch Beschimpfungen die Würde, das Ansehen und den Respekt einer Person angreift.[945] Subjektiv muss nach herrschender Meinung Vorsatz vorliegen, Motivation zur Tat muss die Ehrverletzung sein.[946] Wann eine Äußerung das Ausmaß einer Ehrverletzung erreicht, bestimmt sich nach den durchschnittlichen Werten, den Sitten und Bräuchen der türkischen Gesellschaft und der sozialen Stellung des Opfers.[947] Die Verwirklichung der Beleidigung muss also im Einzelfall durch den Richter festgestellt werden. Als Rechtsfolge sieht das Gesetz Gefängnisstrafe von drei Monaten bis zu zwei Jahren oder Geldstrafe vor. Wird die Handlung in Abwesenheit des Beleidigten begangen, ist gemäß Art. 125 Abs. 1 S.2 tStGB für eine Bestrafung wesentliche Voraussetzung, dass die Beleidigung drei weiteren Personen zugänglich gemacht wird. In den weiteren Absätzen sieht das Gesetz Erschwerungsgründe, z.B. für die Beleidigung im Amt oder die öffentliche Beleidigung, vor.[948] Der Wahrheitsgehalt ist für die Tatbestandsverwirklichung nicht von Bedeutung.[949] Das Gesetz hat lediglich in den Fällen des Art. 127 tStGB den Wahrheitsbeweis zugelassen: wenn der Vorwurf eine Straftat darstellt und durch rechtskräftiges Urteil bewiesen ist, bleibt der Angeklagte straffrei.[950]

Im Rahmen der Beleidigungsdelikte werden die Kollektivität der Gesellschaft und ihre Erstreckung auf den strafrechtlichen Schutz durch die Möglichkeit einer indirekten Beleidigung deutlich:

Eine üble Nachrede gegen die Ehefrau in einem Brief an den Ehemann stellte gleichzeitig eine Beleidigung des Ehemannes dar.[951] Der unbeteiligte Ehepartner hat in den Fällen der indirekten Beleidigung ein eigenständiges

943 Öztürk/Erdem, 2005, S. 251.
944 Şahin/Özgenç, 2005, Art. 125, S. 220.
945 Toroslu/Feyzioğlu, 2006, Art. 125, S. 107.
946 Tellenbach, 2007, S. 629.
947 Tezcan/Erdem/Önok, 2007, S. 418.
948 Yalvaç, 2008, Art. 125, S. 102.
949 Meran, 2007, Art. 125, S. 645.
950 Hakeri, Ceza Hukuku Temel Bilgiler (Grundwissen im Strafrecht), 2006, S. 291.
951 4. Strafsenat vom 01.10.1991, 3841/5422, Malkoç, S. 4275; ähnlich 4. Strafsenat vom 29.09.1993, 5681/6446, Malkoç, S. 4225; 4. Strafsenat vom 01.03.1990, 654/1138, Malkoç, S. 4278, vgl. auch weitere Nachweise zitiert in Tellenbach, 2007, S. 631, Fußnote 44.

Strafantragsrecht, so auch in dem Fall, in dem einem Ehepartner eine außereheliche sexuelle Beziehung vorgeworfen wird.[952]

Im Hinblick auf die Geschlechtsehre ist der Vorwurf eines Verhaltens mit sexuellem Bezug ehrenrührig, wenn das Verhalten nach den Sitten und Bräuchen als unehrenhaft eingestuft wird.[953] Die Defloration vor der Ehe gilt weitläufig als Ehrlosigkeit. 1991 entschied der 2. Strafsenat in einem Fall, in dem der Ehemann seine Frau 20 Tage nach der Hochzeit ins Elternhaus zurückschickte. Dabei äußerte der Ehemann, seine Frau sei nicht als Jungfrau zu ihm gekommen und wer wüsste, wo sie ihre Jungfräulichkeit verloren habe. In einem gerichtsmedizinischen Gutachten wurde die Jungfräulichkeit der Frau festgestellt. Der Kassationshof verurteilte den Mann wegen übler Nachrede, weil diese Worte in einer Gesellschaft geäußert worden seien, in der die Jungfräulichkeit wesentliche Bedeutung habe. Bei Berücksichtigung von Ort und Zeit und Werturteilen der Umgebung sei davon auszugehen, dass diese Äußerung mit dem Vorsatz der üblen Nachrede erfolgt sei.[954]

Nach dem neuen Strafrecht ergibt sich keine Änderung für die Beleidigungsdelikte, weil die Wertevorstellung hinsichtlich der Geschlechtsehre in der Gesetzesbegründung nicht in Frage gestellt wird.

Weitere Äußerungen, in denen die Geschlechtsehre tangiert wurde und eine Beleidigung bejaht wurde, waren: „Du begehst Ehebruch“,[955] „Das erwartete Baby ist nicht von mir, sondern von anderen Männern, mit denen sie eine Beziehung hat.“ (eine Äußerung des Ehemannes über seine Ehefrau),[956] „Wir waren wie Mann und Frau und hatten eine sexuelle Beziehung.“ (wurde als Beleidigung einer unverheirateten Frau angenommen).[957]

5.2 Beleidigung nach unerlaubter Handlung oder gegenseitige Beleidigung gemäß Art. 129 tStGB

Wird die Beleidigung als Reaktion auf eine unerlaubte Handlung begangen, kann die Strafe auf ein Drittel gemindert oder von der Verhängung einer Strafe ganz abgesehen werden.

Nach Abs. 2 wird von der Verhängung einer Strafe ganz abgesehen, wenn die Beleidigung die Reaktion auf eine vorsätzliche Körperverletzung darstellt.

Nach Abs. 3 erfolgt eine Strafmilderung auf ein Drittel der vorgesehenen Strafe oder ein Absehen von der Bestrafung, wenn die Beleidigung gegenseitig

952 Tezcan/Erdem/Önok, 2007, S. 417.

953 Tellenbach, 2007, S. 633.

954 2. Strafsenat vom 05.11.1991, 10357/11147, Malkoç, S. 4274, zitiert in Tellenbach, 2007, S. 633, Fußnote 56.

955 4. Strafsenat vom 16.12.2002, 15691/18445, zitiert in Meran, 2007, S. 659.

956 4. Strafsenat vom 23.12.2002, 15677/18895, zitiert in Meran, 2007, S. 659.

957 4. Strafsenat vom 17.02.1993, 8415/1182, zitiert in Meran, 2007, S. 664.

erfolgt.[958] Art. 129 tStGB stellt einen besonderen Strafmilderungsgrund dar und ist eine Sondervorschrift zu Art. 29 tStGB. Voraussetzung ist, dass eine unrechtmäßige Provokation des Opfers erfolgt ist, die Anlass für die Beleidigung war.[959] Im Gegensatz zu Art. 29 tStGB muss der Täter nicht unter dem Einfluss von Wut und Schmerz handeln. Ausreichend ist, wenn sich der Täter nach der Provokation nach den örtlichen Sitten und Bräuchen zu einer Reaktion verpflichtet fühlt.[960]

Beinhaltet die Provokation eine Aussage, die die Geschlechtsehre der weiblichen Familienmitglieder berührt, wird sich der Täter vermutlich je nach Ort und Zeit und den vorherrschenden Sitten, zu einer Reaktion verpflichtet fühlen und mindestens auch auf gleicher Ebene beleidigen. So wird es nach Abs. 3 zu einer erheblichen Strafmilderung oder zu einer Straffreiheit kommen.

6. Straftaten gegen die allgemeine Sittlichkeit

Die Straftaten gegen die allgemeine Sittlichkeit sind im dritten Kapitel geregelt, welches die Straftaten gegen die Allgemeinheit regelt. Eine grundlegende Änderung im reformierten Strafrecht stellen die im siebten Teil geregelten Straftaten gegen die allgemeine Sittlichkeit dar. Im ehemaligen Recht war die Geschlechtsehre Schutzgut der Straftaten gegen die sexuelle Integrität. Sexualdelikte sind systematisch nicht mehr strafbare Handlungen gegen die Gesellschaft und die guten Sitten, sondern Handlungen gegen die Person gemäß Art. 102 ff tStGB. Der sexuelle Angriff steht nicht mehr im Zusammenhang einer gesellschaftlichen Ehre.

Dennoch zeigt die detaillierte Regelung der Straftaten gegen die allgemeine Sittlichkeit und ihre Platzierung als Straftat gegen die Allgemeinheit den Stellenwert der Sexualität in der Gesellschaft.

6.1 Schamlose Handlungen gemäß Art. 225 tStGB

Wer in aller Öffentlichkeit sexuelle oder exhibitionistische Handlungen vornimmt, wird gemäß Art. 225 tStGB mit Gefängnisstrafe von sechs Monaten bis zu einem Jahr bestraft.[961] Mit der Geschlechtsehre hat diese Norm keine direkte Verbindung.

Schutzgut der Norm ist vielmehr das Schamgefühl der Gesellschaft.[962]

---

958 Şahin/Özgenç, 2005, Art. 129, S. 226.
959 Tezcan/Erdem/Önok, 2007, S. 435.
960 Tellenbach, 2007, S. 637.
961 Yalvaç, 2008, Art. 225, S. 145.
962 Artuk/Gökçen/Yenidünya, 2007, S. 493.

6.2 Unsittlichkeit gemäß Art. 226 tStGB

a) Wer einem Kind unsittliche Produkte überlässt, die Bilder, Schriften oder Äußerungen enthalten oder diese Inhalte vorführt, liest, vorlesen lässt oder hören lässt;
b) diese Inhalte an Orten, der Kindern zugänglich ist oder von ihnen gesehen werden kann, öffentlich vorführt, einsehbar ausbreitet, vorliest, lesen lässt, spricht, sprechen lässt;
c) diese Produkte in der Weise zum Kauf oder zum Verleih anbietet, dass ihr Inhalt von Außen einzusehen ist;
d) diese Produkte, außerhalb der dafür vorgesehenen Verkaufsorte, zum Kauf anbietet, verkauft oder verleiht;
e) diese Produkte, neben sonstiger Ware oder Dienstverkäufen umsonst anbietet oder verteilt;
f) für diese Produkte wirbt,
wird mit Gefängnisstrafe von sechs Monaten bis zwei Jahren und Geldstrafe bestraft.

Abs. 2 regelt eine Straferschwerung für denjenigen, der die unsittlichen Bilder, die Schriften oder die Äußerungen durch die Presse oder Veröffentlichungen überträgt oder die Veröffentlichung vermittelt. In diesen Fällen sieht das Gesetz eine Gefängnisstrafe von sechs Monaten bis drei Jahren und eine Geldstrafe bis zu 5.000 Tagessätzen vor. Nach Abs. 3 wird mit Gefängnisstrafe von fünf bis zehn Jahren und Geldstrafe bis zu 5.000 Tagessätzen bestraft, wer in der Produktion unsittlicher Erscheinungen, Schriften oder Äußerungen von Kindern Gebrauch macht. Mit zwei bis fünf Jahren Gefängnisstrafe und Geldstrafe bis zu 5.000 Tagessätzen wird bestraft, wer diese Produkte in das Land einführt, vermehrt, dem Kauf zuführt, verkauft, transportiert, lagert, exportiert, vorrätig hält oder anderen zum Gebrauch anbietet.

Wer über gewalttätiges, sexuelles Verhalten an Tieren, an Leichen oder durch anderweitiges unnatürliches sexuelles Verhalten Schriften, Töne oder Erscheinungen beinhaltende Produkte produziert, diese Produkte in das Land einführt, dem Kauf zuführt, verkauft, transportiert, lagert, anderen zum Gebrauch anbietet oder vorrätig hält, wird mit Gefängnisstrafe von einem Jahr bis vier Jahren und Geldstrafe bis zu 5.000 Tagessätzen bestraft.

Einen weiteren Straferschwerungsgrund beinhaltet Abs. 5, der regelt, dass derjenige, der die in Abs. 3 und 4 benannten Inhalte der Produkte durch die Presse oder Veröffentlichungen überträgt oder die Veröffentlichung vermittelt oder dafür sorgt, dass Kinder diese sehen, hören oder lesen, mit Gefängnisstrafe von sechs bis zehn Jahren und mit Geldstrafe bis zu 5000 Tagessätzen bestraft wird.

Nach Abs. 6 werden juristische Personen wegen diesen Straftaten zu eigenen Sicherheitsmaßnahmen verurteilt.

Gemäß Abs. 7 finden diese Delikte keine Anwendung auf wissenschaftliche Arbeiten, die künstlerische und literarische Werte besitzen, ausgenommen des Abs. 3 und der Voraussetzung, dass verhindert wird, dass Kinder diese Werke erreichen.[963]

Art. 226 tStGB regelt sehr detailliert, wann eine Unsittlichkeit gegeben ist und legt Wert darauf, Kinder besonders in den Schutzbereich einzubeziehen.

Der Begriff der Unsittlichkeit ändert sich nicht nur von Gesellschaft zu Gesellschaft, sondern auch unter Volksgruppen innerhalb einer Gesellschaft. Gerade in der Türkei, wo viele unterschiedliche Volksgruppen leben, muss zur Feststellung des Tatbestandes das soziale und kulturelle Niveau und der Vorsatz bzw. die Absicht beachtet und festgestellt werden, ob eine Verletzung der sexuellen Gefühle beabsichtigt war.[964]

6.3 Prostitution gemäß Art. 227 tStGB

Nach Abs. 1 wird bestraft, wer ein Kind zur Prostitution verleitet, den Weg dahin vereinfacht, mit dieser Absicht ein Kind versorgt oder unterbringt oder die Prostitution eines Kindes vermittelt. Die Rechtsfolge beträgt vier bis zehn Jahre Gefängnisstrafe und bis zu 5.000 Tagessätzen Geldstrafe. Vorbereitungshandlungen zu dieser Tat werden wie eine vollendete Tat bestraft. Wer jemanden zur Prostitution verleitet, unterstützt, oder die Prostitution vermittelt oder die Unterkunft zur Prostitution gewährt, wird nach Abs. 2 mit Gefängnisstrafe von zwei bis vier Jahren oder 3.000 Tagessätzen Geldstrafe bestraft. Die Verleitung zur Prostitution gilt als gegeben, wenn der Unterhalt teilweise oder ganz durch den Verdienst der Prostituierten gewährleistet wird. Abs. 3 wurde aufgehoben.[965]

Verwendet jemand gemäß Abs. 4 Zwang, Drohung oder Täuschung oder führt jemanden durch die Ausnutzung der Ausweglosigkeit der Prostitution zu oder veranlasst die Prostitution, wird die Strafe um die Hälfte bis auf das Doppelte erhöht.

---

963 Toroslu/Feyzioğlu, 2006, Art. 226 tStGB, S. 157 f.

964 Der Strafsenat musste im Jahr 1996 über einen Fall entscheiden, in dem eine Tageszeitung zwei freizügige Bilder einer Frau abgedruckt hatte, die auch in der Zeitschrift Playboy veröffentlicht wurden. Die Geschlechtsorgane der Frau waren nicht sichtbar. Es stellte sich die Frage, ob diese Fotos obszön waren und negativen Einfluss auf die Moral von Kindern hatten. Der Strafsenat verneinte diese Frage und erläuterte, dass die Bilder nicht geeignet seien, das Schamgefühl der Leser zu kränken. Eine Ausbeutung des sexuellen Verlangens sei durch den Verleger nicht beabsichtigt gewesen. Eine schädliche Beeinflussung von Kindern sei ebenfalls nicht gegeben, vgl. Kassationshof, Großer Strafsenat vom 19.03.1996, 5-27/45, zitiert in Meran, 2007, Art. 227, S. 1121 f.

965 Der Gesetzestext lautete: „Wer mit der Absicht der Prostitution jemanden in das Land einführt oder aus dem Land ausführen lässt, wird nach den obigen Absätzen bestraft.“, vgl. Yalvaç, 2008, Art. 227, S. 147.

Gemäß Abs. 5 wird die Strafe um die Hälfte erhöht, wenn die in den obigen Absätzen genannten Straftaten durch den Ehepartner, den Verwandten und Verschwägerten aufsteigender Linie, die Geschwister, die Adoptiveltern, den Vormund, den Erzieher, den Lehrer, den Pfleger oder andere Personen, die die Pflicht der Beschützung und Aufsicht hatten, begangen worden ist oder wenn die Tat durch den Missbrauch des durch das öffentliche Amt oder das Arbeitsverhältnis verliehenen Einflusses geschehen ist. Nach Abs. 6 wird die Strafe, die nach den obigen Absätzen verhängt werden soll, um die Hälfte erhöht, wenn diese Delikte in den Aktivitäten einer kriminellen Organisation begangen worden sind. Nach Abs. 7 werden juristische Personen wegen diesen Straftaten zu eigenen Sicherheitsmaßnahmen verurteilt.

Die zur Prostitution verschleppte Person kann gemäß Abs. 8 einer Behandlung oder psychologischen Therapie unterzogen werden.[966]

Zur Bekämpfung der Prostitution hat der Gesetzgeber die internationalen Abkommen herangezogen. Er hat detailliert, wenn auch nicht so detailliert wie im deutschen Recht,[967] die Förderung und Ausbeutung der Prostitution geregelt. Im Gegensatz zum deutschen Recht stellen diese nicht Straftaten gegen die sexuelle Selbstbestimmung, sondern Straftaten gegen die Allgemeinheit dar.[968]

7. Straftaten gegen die Familienordnung

Mit der Reform hat der Gesetzgeber eingesehen, dass Sexualstraftaten nicht die Institution der Ehe und der Familie schützen müssen, sondern die individuelle Person selbst. Der höhere Schutz für verheiratete Frauen ist entfallen. Vor allem die menschenrechtswidrige Regelung der Strafaufhebung für den Täter einer Vergewaltigung, der sein Opfer geheiratet hat und die Ehe fünf Jahre Bestand

966 Toroslu/Feyzioğlu, 2006, Art. 227, S. 158 f.

967 Vgl. § 180 StGB Förderung sexueller Handlungen Minderjähriger, § 180a StGB Ausbeutung von Prostituierten, § 180b StGB Menschenhandel, § 181 StGB Schwerer Menschenhandel, § 181a StGB Zuhälterei, § 184a Ausübung der verbotenen Prostitution, § 184b StGB Jugendgefährdende Prostitution.

968 In diesem Abschnitt hat der Gesetzgeber als Abschluss noch das Ermöglichen von Glücksspielen gemäß Art. 228 tStGB, und das Betteln gemäß Art. 229 tStGB unter Strafe gestellt. Das Glücksspiel selbst (Spiele, die Zwecks Erzielung von Einnahmen durchgeführt werden und deren Gewinn oder Verlust von dem Glück abhängig ist, vgl. Legaldefinition in Art. 228 Abs. 4 tStGB, Toroslu/Feyzioğlu, 2006, Art. 228, S. 160) stellt keine Straftat, sondern eine Ordnungswidrigkeit dar. Das Zurverfügungstellen von Örtlichkeiten oder das anderweitige Ermöglichen von Glücksspielen stellt allerdings eine Straftat gegen die Allgemeinheit dar, vgl. Meran, 2007, Art. 228, S. 1130.
Der letzte Artikel in diesem Abschnitt, Art. 229 tStGB stellt das Ausnutzen von Kindern oder Personen mit physischen oder psychischen Mängeln als Mittel zum Betteln unter Strafe (ein bis drei Jahre Gefängnisstrafe, Straferhöhung für Familienmitglieder), Toroslu/Feyzioğlu, 2006, Art. 229, S. 160.

hatte, ist mit der Reform gestrichen worden. Die Straftaten gegen die Familienordnung werden den kulturellen Wirklichkeiten gerecht, in dem sie z.B. die Polygamie oder die Imam-Ehe unter Strafe stellen. Die Institutionen der Ehe und der Familie haben weiterhin eine enorm große Bedeutung für die Gesellschaft. Daher werden die Straftaten gegen die Familienordnung dargestellt, obwohl sie (mit Ausnahme des Art. 230 tStGB) primär keine Bedeutung mehr für die Geschlechtsehre haben.

7.1 Polygamie, arglistige Eheschließung, religiöse Trauung gemäß Art. 230 tStGB

Art. 230 Abs. 1 tStGB regelt die Bestrafung für denjenigen, der eine Eheschließung vornimmt, obwohl er bereits verheiratet ist. Der Strafrahmen beträgt Gefängnisstrafe von sechs Monaten bis zwei Jahren. Nach Abs. 2 wird auch der Ledige mit derselben Strafe sanktioniert, der bewusst mit einer verheirateten Person die Eheschließung vornehmen lässt.[969] Nach dem deutschen StGB ist gemäß § 172 die Doppelehe ebenfalls strafbar und wird mit Gefängnisstrafe bis zu drei Jahren oder mit Geldstrafe bestraft. Obwohl dieses Delikt kaum oder gar nicht begangen wird und in der deutschen Gesellschaft von geringerer Bedeutung ist,[970] ist die Strafandrohung höher als im türkischen Recht. Dabei ist die Polygamie in der Türkei seit der Gründung der Republik ein gesellschaftliches Problem, das der Gesetzgebung bekannt ist und bekämpft werden soll.

Gemäß Abs. 3 wird mit Gefängnisstrafe von drei Monaten bis zu einem Jahr bestraft, wer eine Eheschließung vornimmt und dabei seine wahre Identität verheimlicht. Die Verjährung der genannten Delikte beginnt mit der Rechtskraft der Aufhebung der Ehe, Art. 230 Abs. 4 tStGB. Nach Abs. 5 werden diejenigen, die eine religiöse Trauung vornehmen lassen, obwohl sie standesamtlich nicht verheiratet sind, mit zwei Monaten bis sechs Monaten Gefängnisstrafe bestraft. Wird daraufhin eine zivile Ehe geschlossen, wird die öffentliche Klage eingestellt und die verhängten Strafen mit all ihren Folgen aufgehoben.

Schließlich wird nach Abs. 6 derjenige, der eine religiöse Trauung vornimmt, ohne die Dokumente der gesetzlichen Eheschließung gesehen zu haben, mit Gefängnisstrafe von zwei bis sechs Monaten bestraft.[971] Die religiöse Trauung, ohne vorher eine standesamtliche Ehe zu schließen, ist also gemäß Abs. 5 und 6 strafbar. Beabsichtigt ist damit die Abschaffung dieser jahrhundertealten Tradition und damit auch der sexuellen Angriffe, dem Beischlaf zwischen Verwandten und dem Ehebruch, die alle unter dem Deckmantel einer legalen Ehe erfolgen. Ein generelles Verbot der religiösen Trauung erfolgt nicht

969 Yalvaç, 2008, Art. 230, S. 148 f.

970 In der polizeilichen Kriminalstatistik von 2005 bis 2008 sind keine Fälle erfasst.

971 Toroslu Feyzioğlu, 2006, Art. 230, S. 161.

mit dieser Normierung, nach der standesamtlichen Eheschließung kann sie noch immer erfolgen.[972]

Täter dieses Deliktes können sowohl Frauen, als auch Männer sein.[973] Die Praxis zeigt, dass nur Männer Mehrehen eingehen. Eine Ehe einer Frau mit mehreren Ehemännern ist unvorstellbar und würde dem Ehrverständnis der Gesellschaft widersprechen. Bei einer zwangsverheirateten Frau, die als Zweitehefrau verheiratet wird, werden nach dieser Vorschrift der Mann und der Imam bestraft. Für den Ehemann wird außerdem bei Durchführung des sexuellen Verkehrs und der Minderjährigkeit des Mädchens eine Strafbarkeit wegen sexuellen Missbrauchs von Kindern gemäß Art. 103 tStGB oder die sexuelle Beziehung mit minderjähriger Person gemäß Art. 104 tStGB in Betracht zu ziehen sein. Im Gegensatz zum damaligen Recht sind Eltern, die ihre Kinder als Zweitehefrauen zwangsverheiraten, nicht von dieser Norm erfasst. Sie können lediglich nach den Regeln der Teilnahme als Anstifter oder Gehilfen bestraft werden.[974]

7.2 Veränderung der Stammesverbindung des Kindes gemäß Art. 231 tStGB

Wer die Abstammung eines Kindes verändert oder unterdrückt, wird mit Gefängnisstrafe von einem Jahr bis zu drei Jahren bestraft. Nach Abs. 2 wird mit einer Gefängnisstrafe bis zu einem Jahr bestraft, wer entgegen seiner Sorgfaltspflicht in einer Gesundheitseinrichtung die Verwechslung von Kindern verursacht.[975] Wird der Stamm eines Kindes verändert, indem der zuständigen Stelle keine oder falsche Angaben gemacht werden, wird der Tatbestand des Art. 231 tStGB verwirklicht.[976] Schutzgut der Norm ist das vom Persönlichkeitsrecht umfasste Recht, seinen genetischen Stamm und seine Vorfahren zu kennen. Außerdem wird die Gesamtheit der Familie (ohne Durchbrechung der Familienbindung) geschützt.[977] Die damalige Vorschrift, die eine Strafmilderung für die Fälle gewährte, in denen die Mutter das eigene Kind aussetzte, weil sie ihre Ehre retten wollte,[978] ist nicht mehr in das Gesetz aufgenommen worden.

7.3 Misshandlung, Art. 232 tStGB

Gemäß Art. 232 Abs. 1 tStGB wird mit zwei Monaten bis einem Jahr Gefängnisstrafe bestraft, wer jemanden misshandelt, mit dem er im selben Wohnsitz

972 Tezcan/Erdem/Önok, 2007, S. 659 f.
973 Özgenç, 2005, Art. 230, S. 986 f.
974 Tezcan/Erdem/Önok, 2007, S. 656.
975 Yalvaç, 2008, Art. 231, S. 149.
976 Özgenç, 2005, Art. 231, S. 232.
977 Tezcan/Erdem/Önok, 2007, S. 662.
978 Z.B. wenn es sich um ein uneheliches Kind handelte.

zusammenlebt.[979] Sinn und Zweck der Normierung war der Schutz der Familienangehörigen vor Gewalt innerhalb der Familie. Der Anwendungsbereich der Norm ist dabei sowohl bei körperlicher Gewalt als auch bei psychischer oder sexueller Gewalt eröffnet.[980] Gemeint ist jede Form von schlechter Behandlung.[981] Ihre Grenzen findet sie bei einem Zustand, der nicht mit einem leichten medizinischen Eingriff behoben werden kann, dann muss wegen vorsätzlicher Körperverletzung bestraft werden.[982]

Diese Norm wurde innerhalb der Strafbarkeit gegen die Familienordnung platziert, weil in der Türkei in der Regel die Familie in einem Haushalt lebt. Die Existenz einer Familie ist jedoch nicht Voraussetzung, vielmehr reicht auch eine Gemeinschaft in einem Haushalt (z.B. Wohngemeinschaft) aus.[983] Wer darüber hinaus die Autorität über einen Menschen hat oder verpflichtet ist, diesen zu erziehen, schulisch zu erziehen, zu versorgen, in die Obhut zu nehmen, mit der Berufsausbildung oder einer künstlerischen Bildung verpflichtet ist und die sich aus dem Erziehungsrecht ergebende Züchtigungsbefugnis missbraucht, wird nach Absatz 2 mit bis zu einem Jahr Gefängnisstrafe bestraft.[984] Dieses Disziplinierungsrecht darf nicht dazu führen, dass die „Erzogene" einen psychischen oder physischen Schaden erleidet oder sich diesbezüglich einer Gefahr aussetzt.[985]

7.4 Verletzung der Pflichten aus dem Familienrecht, Art. 233 tStGB

Gemäß Art. 233 Abs. 1 tStGB macht sich auf Antrag mit bis zu einem Jahr Gefängnisstrafe strafbar, wer die sich aus dem Familienrecht ergebenden Pflichten zur Fürsorge, Erziehung und Unterstützung nicht erfüllt.[986] Darunter fällt insbesondere die Pflicht der Eltern, die Schulpflicht der Kinder zu beachten. Viele Mädchen werden jedoch insbesondere im Osten entweder aus tatsächlichen Gründen wie der Entfernung zur nächstgelegenen Schule oder wegen strenger Wertvorstellungen nicht zur Schule geschickt. Dies kann durch die örtlichen Personenstandsregister in Verbindung mit den Schulanmeldungen einfach kontrolliert werden. Eine Ermittlungstätigkeit der Strafverfolgungsbehörden diesbezüglich bleibt jedoch aus, so dass eine Präventivwirkung der Norm ausbleibt.

---

979 Toroslu/Feyzioğlu, 2006, Art. 232, S. 162.

980 Tezcan/Erdem/Önok, 2006, S. 599.

981 Meran, 2007, Art. 232, S. 1141.

982 Als Beispiele werden genannt: zeitweise keine Nahrungsmittel geben, nicht schlafen lassen, unter erschwerten Bedingungen arbeiten lassen, vgl. Özgenç, 2005, Art. 232, S. 233.

983 Tezcan/Erdem/Önok, 2007, S. 665.

984 Toroslu/Feyzioğlu, 2006, Art. 232, S. 664.

985 Özgenç, 2005, Art. 232, S. 233.

986 Yalvaç, 2008, Art. 233, S. 149.

Gemäß Abs. 2 wird mit Gefängnisstrafe von drei Monaten bis zu einem Jahr bestraft, wer bewusst seine schwangere Ehefrau oder die unverheiratete schwangere Frau, mit der er zusammen lebt und von der er weiß, dass sie von ihm schwanger ist, in einer hilfslosen Lage verlässt.[987] Offensichtlich soll hier nicht nur die Ehefrau, sondern indirekt auch die rechtlich eigentlich nicht tolerierte, sogar unter Strafe gestellte Imam-Ehefrau (vgl. Art. 230 tStGB) geschützt werden. Zwar lassen sich in den Begründungen zu diesem Gesetz keine Hinweise darauf finden, jedoch kann aufgrund der kulturellen Wertevorstellungen der Bevölkerung und der Bedeutung der Ehe und Familie davon ausgegangen werden, dass die religiös getraute Ehefrau gemeint ist. Selbst die Partnerschaft in einer unehelichen Lebensgemeinschaft ist derart außergewöhnlich (auch für die modernen Gebiete der Türkei), dass ein uneheliches Kind oftmals indiskutabel erscheint. Daher sind Kinder, die aus einer freiwilligen unehelichen Lebenspartnerschaft ohne religiöse oder standesamtliche Eheschließung stammen, äußerst selten und bilden eher die Ausnahme.

Nach Abs. 3 wird die Mutter oder der Vater eines Kindes mit drei Monaten bis zu einem Jahr Gefängnisstrafe bestraft, wenn er oder sie durch Trunksucht, durch Einnahme von Betäubungsmittel oder Aufputschmittel oder aufgrund des ehrenrührigen Benehmens und Verhaltens, durch materielle und immaterielle Sorgfaltsmängel, die Sittlichkeit, Sicherheit und Gesundheit des Kindes in große Gefahr bringen. Dies gilt auch, wenn das Sorgerecht entzogen worden ist.[988]

In dieser Norm, die den Schutz der Familie bezweckt, speziell den Schutz des ungeborenen und des geborenen Kindes, wird die Sittlichkeit des Kindes mit der Sicherheit und der Gesundheit auf derselben Ebene eingestuft.

7.5 Entführung und Vorenthaltung des Kindes gemäß Art. 234 tStGB

Die Straftaten gegen die Familienordnung enden mit der Normierung des Art. 234 tStGB, der das Sorge- und Vormundschaftsrecht schützt. Danach wird mit einer Gefängnisstrafe von drei Monaten bis zu einem Jahr verurteilt, wenn der Vater, die Mutter oder ein Verwandter bis zum 3. Grade, dem das Sorgerecht entzogen wurde, ein Kind unter 16 Jahren von den Erziehungsberechtigten, dem Vormund oder von einem anderen zur Fürsorge und Obhut Berechtigten, ohne Gewalt oder Drohung angewendet zu haben, entführt und vorenthält.[989] Nach Abs. 2 wird die Strafe verdoppelt, wenn sie durch Anwendung von Gewalt oder durch Drohung begangen wird oder das Kind unter 12 Jahren ist.[990]

987 Toroslu/Feyzioğlu, 2006, Art. 233, S. 163.
988 Yalvaç, 2008, Art. 233, S. 150.
989 Artuk/Gökcen/Yenidünya, 2007, S. 449.
990 Toroslu/Feyzioğlu, 2006, Art. 234, S. 163.

8. Genitaluntersuchung gemäß Art. 287 tStGB

Unter der Überschrift „die Straftaten gegen das Volk und den Staat" im vierten Kapitel des tStGB werden in untergliederten Teilabschnitten unter anderem die Funktion der Verwaltung, die Sicherheit, die Staatsgewalt und die Achtung dieser Organe, die verfassungsmäßige Ordnung und die nationale Verteidigung geschützt.

Bei den Straftaten gegen die Rechtspflege wird auch die unbefugte Genitaluntersuchung gemäß Art. 287 tStGB unter Strafe gestellt. Von Bedeutung ist diese Norm unter dem Aspekt, dass junge Frauen vor der Reform von Schulen oder Internaten zu Jungfräulichkeitstests geschickt wurden. Nicht selten führte diese seelische Belastung zu Selbstmorden. Aktive Frauenorganisationen forderten vor der Reform daher die Strafbarkeit solcher Genitaluntersuchungen, um dem Missbrauch vorbeugen zu können. Um Beweissicherungszwecken im Falle des Vorliegens von Sexualdelikten gerecht werden zu können, ist nun lediglich die Genitaluntersuchung durch Anordnung von Staatsanwaltschaft oder Gericht erlaubt.[991]

Gemäß Art. 287 Abs. 1 wird derjenige, der eine Person zur Genitaluntersuchung schickt, ohne dass die Untersuchung von dem zuständigen Richter oder dem zuständigen Staatsanwalt angeordnet wurde oder der diese Untersuchung selbst durchführt, mit Gefängnisstrafe von drei Monaten bis einem Jahr bestraft.

Nach Abs. 2 findet Abs. 1 keine Anwendung bei Untersuchungen wegen ansteckenden Krankheiten zwecks Schutz der öffentlichen Gesundheit, die nach den Gesetzen und Rechtsverordnungen durchgeführt werden.[992]

Frauengruppen sind mit der Forderung gescheitert, dass Genitalkontrollen nur mit Einwilligung der Frau zulässig sein sollten.[993] Gefordert wurde also, in allen Fällen die Einwilligung der zu untersuchenden Frauen einzuholen, gleichgültig, ob ein Sexualdelikt vorliegt. Nach der Reform werden nicht nur die Eltern bestraft, die ihre Töchter zur Genitaluntersuchung zwingen, um feststellen zu lassen, ob die Tochter bereits vor der Ehe Geschlechtsverkehr hatte, sondern auch der Arzt, der diese Untersuchung ohne die Einwilligung der zu untersuchenden Person durchführen soll. Eine Einwilligung zur Genitaluntersuchung schließt eine Strafbarkeit aus.[994] Ob diese Maßnahme die jungen Mädchen und Frauen wirklich vor einem Jungfräulichkeitstest schützen wird, bleibt abzuwarten. Es erscheint nicht außerhalb der Lebenserfahrung, dass potenzielle „Ehrenmörder" bei Verdacht einer Defloration und so einer Entehrung durch die Tochter, diese Untersuchung herbeizwingen werden und die Töchter der Situation hilflos ausgeliefert sein werden, weil sie unter dem Druck der Familie die Einwilligung zur ärztlichen Untersuchung abgeben werden müssen. Theoretisch

---

991 Tellenbach, 2005, S. 86 f.

992 Yalvaç, 2008, Art. 287, S. 173.

993 Hibbeler, 2005, S. 8, www.boell-tr.org/docs/Hibbeler_son.doc (01.08.2008).

994 Meran, 2007, Art. 287, S. 1356.

könnte die Genitaluntersuchung schließlich auch im Falle des Geschlechtsverkehrs zwischen 16-18-Jährigen und somit bei einer Verwirklichung des Art. 104 tStGB, Geschlechtsverkehr zwischen Minderjährigen,[995] durch die Staatsanwaltschaft zu Beweiszwecken angeordnet werden. Durch die Regelung des Art. 104 tStGB sind den „Jungfräulichkeitstests“ prozessual Tür und Tor geöffnet.

Im Ganzen betrachtet, handelt es sich im Ergebnis bei der Reform im Vergleich zum ehemaligen Recht trotz allem um ein moderneres Strafrecht, das in seinen Vorstellungen Europa als Ziel anvisiert hat. Hinsichtlich der Ehrverbrechen ist entscheidend, wie sich die Rechtsprechung insbesondere im Hinblick auf die unrechtmäßige Provokation gemäß Art. 29 tStGB im Bereich der Gewalt gegen Frauen im ganzen Land entwickeln wird.

Die neueste Statistik im Bericht der Menschenrechtsinstitution[996] hat statistisch festgehalten, dass sich die „Ehrenmorde“ und „Traditionsmorde“ nach dem neuen Gesetz nicht verringert haben. Im Vergleich zum Jahr 2003 (159 Opfer von „Ehrenmorden“) hat sich die Zahl der Opfer im Jahr 2006 auf 233 und im Jahr 2007 auf 231 „Ehrenmordopfer“ erhöht.[997]

Auf traditionelle Besonderheiten bei Bevölkerungsteilen zu achten und dementsprechende verwurzelte tief sitzende Werte der Täter nicht zu ignorieren und in die Entscheidungsfindung einzubeziehen, wird den Weg zur Demokratisierung nicht auf allen Ebenen öffnen. Wichtig ist vielmehr, dass die Gesetze in das reale Leben integrierbar sind und Menschenrechtsverletzungen hinsichtlich der Frauen im ganzen Land verhindern können.

Ob das neue Strafrecht diese Kapazitäten aufbringen wird, bleibt unter Beobachtung der Rechtsprechung abzuwarten.

995 Siehe in diesem Kapitel unter 3.3.

996 Es handelt sich um eine staatliche Institution des Ministerpräsidiums.

997 Bericht der Menschenrechtsinstitution für 2007, 2008, S. 38.

C. Analyse der Rechtsprechung in Deutschland – Tötungsdelikte im Kontext der Ehre

I. Ehre und kulturelle Hintergründe im deutschen Strafrecht

1. Begriff Ehre

Eine dem Türkischen verwandte Begriffserklärung und Begriffsvielfalt ist dem deutschen Ehrbegriff fremd. Selbst wenn dem deutschen Ehemann aus ethischen Gründen nicht gleichgültig ist, ob seine Ehefrau außerehelichen Geschlechtsverkehr hat, verletzt dieses Verhalten der Frau nicht seine Ehre. Der Brockhaus stellt bei der Begriffserklärung auf das Individuum ab und definiert die Ehre als „die dem Menschen zustehende Achtung." Auch wenn ein kollektiver Bezug hergestellt wird, so bezieht sich auch dieser auf die Person selbst und wird nicht auf andere Familienmitglieder übertragen: „im gesellschaftsbezogenen Rahmen die Wertschätzung der eigenen Person (die zur Einhaltung gesellschaftlicher Normen und Konventionen verpflichtet)."[998] Andere Quellen erklären die Ehre ebenfalls in direkter Verbindung mit dem Individuum selbst: Ehre ist demnach

- die einer Person aufgrund ihres Menschseins und der damit verbundenen Würde von Natur aus zukommende, durch Worte und Handlungen bekundete Achtung;
- die innere, auf der Selbstachtung beruhende Haltung (sittliche Würde);
- das Ansehen einer Person aufgrund ihrer gesellschaftlichen Stellung, ihrer Lebensführung oder hoch bewerteter Leistungen.[999]

Die auf die gesellschaftliche Position abstellende Ehre betrifft die Person in ihrem Ruf nach Außen und ist nicht auf andere übertragbar. Ein ehrloses Verhalten, z.B. das Begehen einer Straftat, tangiert nach den Definitionen lediglich den Ehrträger selbst.

Weil das Rechtsgut der Ehre untrennbar mit der Persönlichkeit individueller Menschen verbunden ist, ist die Beleidigungsfähigkeit von Personengemeinschaften und Verbänden umstritten. Die heute herrschende Meinung erkennt eine „Kollektivehre" an.[1000] Einschränkend müssen die Personengemeinschaften

---

998 Der Brockhaus, 2003, S. 219.

999 Meyers Lexikon Online, www.lexikon.meyers.de/wissen/Ehre+%28Sachartikel%29 (25.09.2008).

1000 BGHSt 6, 186; Kindhäuser, 2009, S. 177; Rengier, 2009, S. 211; Schönke/Schröder-Lenckner, 2006, Vor § 185, Rn. 3 f.; Tenckhoff, 1988, S. 457 ff.; Geppert, 2005, S. 244 f.

und Verbände eine rechtlich anerkannte soziale Funktion erfüllen und einen einheitlichen Willen bilden können.[1001] Beleidigungsfähig sind danach z.B. die Gewerkschaften, Arbeitgeberverbände, politische Parteien oder die Bundeswehr.[1002] Von der Beleidigung von Personengemeinschaften zu unterscheiden ist die Beleidigung Einzelner unter einer Kollektivbezeichnung. Hier bezieht sich der Täter mit seiner beleidigenden Äußerung auf einen bestimmten Personenkreis, z.B. die Frankfurter Polizei. In diesem Fall ist jeder Einzelne, der der Frankfurter Polizei angehört, in seiner Ehre verletzt. Strafbarkeitsvoraussetzung ist die klare Umgrenzung, die Überschaubarkeit des Personenkreises und das Hervortreten dieses Personenkreises aus der Allgemeinheit.[1003] Eine weitere Form der Kollektivbeleidigung wird verwirklicht, wenn der Beleidigende einen Angehörigen der von ihm genannten Gruppe nennt, ohne zu offenbaren, um wen es sich handelt. Im Ergebnis könnte jedes Mitglied der Gruppe gemeint sein (z.B. „im Vorstand der XY-Fraktion sitzt ein Landesverräter").[1004] Auch hier muss der Personenkreis deutlich umgrenzt, überschaubar und bestimmt sein.

2. Kurzer historischer Rückblick

Die Geschichte hat in den unterschiedlichen Jahrhunderten und Jahrzehnten die Vielseitigkeit der Ehre gezeigt. In der Vergangenheit hatte Ehre mehrere Bedeutungen und spielte im 19. Jahrhundert im Leben der Ritter und Offiziere eine nicht unbedeutende Rolle. In Europa herrschte das Verständnis, eine verletzte Ehre könne nur mit Blut reingewaschen werden. Bis ins 20. Jahrhundert gelang es dem feudalen Staat nicht, in bestimmten Kreisen (wie den Adeligen oder Offizieren) die Duelle mit Waffen abzuschaffen, obwohl harte Strafen angedroht wurden.[1005] Denn traditionell wurde die Ehre unter Männern im Duell verteidigt. Ein Verlust der Ehre hatte z.B. den Verlust der Dienststelle und des Offizierstitels zur Folge.[1006] Umgekehrt wurden Offiziere aus dem Dienst entlassen, wenn sie sich einem Duell entzogen hatten.[1007] Im Volke führte eine Beleidigung ohne Reaktion zu einem Ansehensverlust und zu gesellschaftlicher Ächtung.[1008]

1001 BGHSt 6, 186; BayObLG NJW 1990, 1742; ablehnend Fischer, 2008, Vor § 185, Rn. 12 ff.

1002 BGHSt 36, 83.

1003 Rengier, 2009, 212.

1004 Winter, 2007, 121.

1005 Ehmann, 2000, S. 2, www.uni-trier.de/fileadmin/fb5/prof/eme001/ehre.pdf (25.09.08).

1006 Winter, 2007, S. 101.

1007 Ehmann, 2000, S. 5, www.uni-trier.de/fileadmin/fb5/prof/eme001/ehre.pdf (25.09.08).

1008 Winter, 2007, S. 101.

Verwandt mit dem thematisierten Begriff der Geschlechtsehre ist in der Geschichte die lang verteidigte, vom Bürgertum akzeptierte „Frauenehre“. Gegen „gefallene Mädchen“ wurden Sanktionen wie Ausstoßung aus der Familie und der Lebensumwelt verhängt, oftmals mit der Folge der Abtreibung, dem Kindsmord und der Selbsttötung.[1009] Auch die Rechtsprechung praktizierte ein heute überholtes und für Deutschland kaum vorstellbares Verständnis von Ehre: § 213 StGB regelt den minder schweren Fall des Totschlags. Der minder schwere Fall wird auch heute angenommen, wenn das Opfer dem Täter eine schwere Beleidigung zufügte und der Täter dadurch zum Zorn gereizt und zur Tat hingerissen wurde. Schwere Kränkungen fielen auch unter die Beleidigung im Sinne des § 213 StGB. Eine schwere Kränkung nahmen die Gerichte unter Umständen bei einem Ehebruch an.[1010] Seit Ende der 1970er Jahre wird der § 213 StGB in diesen Fällen abgelehnt.[1011] Unabhängig von der Strafminderung beim Totschlag, stellte der Ehebruch in einigen Fällen eine schwere Beleidigung des betrogenen Ehegatten durch den „Nebenbuhler“ dar.[1012] Eine rufschädigende Handlung gegenüber der Ehefrau stellte auch dann eine Beleidigung des Ehemannes dar, wenn die Ehefrau sich die Handlungen gefallen ließ. Dazu führte das Reichsgericht im Jahr 1936 aus, dass nicht nur die gegenseitige Treue zur Ehre des Ehegatten gehöre, sondern nach Außen hin alles vermieden werden müsse, was berechtigte Zweifel an ihrer ehelichen Treue hervorrufen könne. Wer die Ehre einer Frau auch mit ihrem Einverständnis antaste, verletze zugleich die des Ehemannes. Diese Auffassung wurzele in der deutschen Auffassung der Familie. „Der Schimpf, den ein Mitglied erleidet, trifft die Gemeinschaft. Ihn abzuwehren sind die männlichen Familienmitglieder und besonders der Ehemann als das Haupt der Familie berufen.“[1013] Prozessual wurde diese Wertvorstellung unterstrichen und bestärkt, in dem dem Ehemann ein von der Ehefrau völlig unabhängiges Strafantragsrecht und das Recht zur Erhebung der Privatklage verliehen wurde.[1014] Die Annahme einer Beleidigung im Sinne von § 185 StGB des betrogenen Ehegatten durch den Geschlechtsverkehr oder anderen unsittlichen Handlungen der Ehegattin scheidet heute aus und ist nicht mehr vertretbar.[1015]

Früher tendierte die Rechtsprechung dazu, sexuelle Angriffe auch als Verletzung der Ehre zu werten. Heute ist sie der Ansicht, in einer Handlung gegen die sexuelle Selbstbestimmung sei nicht zwingend eine Ehrverletzung zu sehen. Damit haben die Gerichte die Praxis, § 185 StGB als Auffangtatbestand für

---

1009 Vgl. für den Kindsmord z.B. RGSt 74, 84 (85); Ehmann, 2000, S. 7, www.uni-trier.de/fileadmin/fb5/prof/eme001/ehre.pdf (25.09.08).

1010 NK-Neumann, 2005, § 213, Rn. 10.

1011 Tellenbach, 2007, S. 787.

1012 Winter, 2007, S. 136; BGH NJW 1952, 476, RGSt 70, 94; RGSt 75, 257 ff.

1013 Vgl. ausführlich zur ehemaligen Wertvorstellung der Ehre RGSt 70, 94 (96 f).

1014 RGSt, 70, 94 (97).

1015 Schönke/Schröder-Lenckner, 2006, § 185, Rn. 4a; Fischer, 2008, § 185, Rn. 11 f.

„kleinere Sexualdelikte“ heranzuziehen, gänzlich aufgegeben.[1016] Manche Ausführungen des Reichsgerichts erinnern an die in der Türkei heute herrschenden Auffassungen über das ehrvolle Verhalten der Frau und den damit verbundenen Vorstellungen über die Familie und insbesondere den Ehemann. Im Laufe der Jahre hat die Ehre ihren absoluten, über dem Leben stehenden Charakter verloren. Die Sanktionen haben an Härte abgenommen.[1017]

3. Ehre im deutschen Strafrecht

Im Strafrecht kann die Ehre u.a. verletzt werden durch eine Beleidigung gemäß § 185 StGB, d.h. durch die Kundgabe eigener Nichtachtung oder Missachtung;[1018] durch die üble Nachrede gemäß § 186 StGB oder die Verleumdung gemäß § 187 StGB. Die üble Nachrede und die Verleumdung erfassen das Ermöglichen fremder Missachtung durch das Behaupten oder Verbreiten von ehrenrührigen Tatsachen über den Betroffenen gegenüber Dritten.[1019] Rechtsgut dieser Normen ist nach ganz herrschender Meinung die Ehre.[1020] Es ist allerdings umstritten, was unter Ehre zu verstehen ist. Unterscheidungsmerkmal der umstrittenen Ehrbegriffe ist, ob Ehre eine innere Angelegenheit ist, mit dem Begriff der Würde verwandt, die durch äußere Einflüsse nicht beeinträchtigt werden kann, oder ob die Ehre gerade durch äußere Einflüsse negativen Beeinträchtigungen ausgesetzt sein kann und den Ruf einer Person darstellt.[1021]

In Anbetracht der Meinungen in Literatur und Rechtsprechung ist die Aussage: „Die Ehre ist das subtilste, mit den hölzernen Handschuhen des Strafrechts am schwersten zu erfassende und daher am wenigsten geschützte Rechtsgut unseres Strafrechtssystems“[1022] wohl zutreffend.

3.1 Der faktische Ehrbegriff

Der faktische Ehrbegriff erklärt die Ehre mit einer äußeren und inneren Ehre. Die äußere Ehre definiert sich nach diesem Ehrbegriff in dem Ansehen einer Person, d.h. seiner Anerkennung durch die Umwelt.[1023] Die innere Ehre dagegen beschreibt das Ehrgefühl eines Menschen. Mit der begründeten Kritik, das An-

1016 Winter, 2007, S. 131 f.
1017 Ehmann, 2000, S. 13, www.uni-trier.de/fileadmin/fb5/prof/eme001/ehre.pdf (25.09.08).
1018 NK-Zaczyk, 2005,§ 185, Rn. 2.
1019 Schönke/Schröder-Lenckner, 2006, § 186, Rn.1.
1020 Schönke/Schröder-Lenckner, 2006, Vor §§ 185 ff, Rn.1.
1021 Tellenbach, 2007, S. 705.
1022 Maurach/Schröder/Maiwald, 2003, S. 247.
1023 Tellenbach, 2007, S. 732.

sehen einer Person könne unverdient sein und das Ehrgefühl gar nicht vorhanden bzw. übersteigert sein, wird dieser Ehrbegriff kaum noch vertreten.[1024]

3.2 Der normativ-faktische Ehrbegriff

Der normativ-faktische Ehrbegriff teilt die Ehre ebenfalls in zwei Elemente: die innere und die äußere Ehre. Die innere Ehre wird bei dieser Ansicht nicht in dem Gefühl gesehen, sondern in dem Wert eines Menschen.[1025] Hinsichtlich der äußeren Ehre ändert sich nichts zum faktischen Ehrbegriff, sie stellt den guten Ruf des Ehrträgers dar. Die innere Ehre wird z.T. dem § 185 StGB, die äußere Ehre den §§ 186, 187 StGB zugeordnet.[1026] Der normativ-faktische Ehrbegriff wurde auf der Grundlage einer Entscheidung des Bundesgerichtshofs oft der Rechtsprechung zugeschrieben. In der Entscheidung definierte der BGH die Ehre als „die dem Menschen als Träger geistiger und sittlicher Werte zukommende innere Ehre, außerdem seine darauf beruhende Geltung, sein guter Ruf innerhalb der mitmenschlichen Gesellschaft".[1027] Die Kritik bleibt dieselbe wie die des faktischen Ehrbegriffs: der gute Ruf kann unverdient sein. Schutz verdient nur das tatsächlich begründete Ansehen.[1028] Abgesehen von dieser Kritik hat die Rechtsprechung an dieser Definition des Ehrbegriffs nicht festgehalten und die Ehre mit dem Geltungswert der Person gekennzeichnet.[1029]

3.3 Der normative Ehrbegriff

Die wohl herrschende Meinung versteht unter dem Ehrbegriff einen normativen Begriff:[1030] „Der auf der Personenwürde gründende, einem Menschen berechtigterweise zustehende Geltungswert, sowie der aus diesem Geltungswert resultierende Anspruch, nicht unverdient herabgesetzt zu werden.[1031]

Ein Angriff auf die Ehre liegt vor, wenn der ethische, moralische oder soziale Wert durch eine Kundgabe missachtet oder nicht geachtet wird.[1032] Den ethischen Wert hat eine Person unabhängig von seiner sozialen Anerkennung, der moralische Wert kennzeichnet die äußere Anerkennung sittlichen Verhal-

---

1024 Winter, 2007, S. 102; Fischer, 2008, Vor § 185, Rn. 3; NK-Zaczyk, 2005, Vor §§ 185, Rn. 4.

1025 Schönke/Schröder-Lenckner, 2006, Vor §§ 185 ff, Rn.1.

1026 Schönke/Schröder-Lenckner, 2006, Vor §§ 185 ff, Rn. 1.

1027 BGHSt 11, 70/71.

1028 Winter, 2007, S. 102 f.

1029 BGHSt 35, 76.

1030 Die Grundlage für diesen Ehrbegriff hat Hans Joachim Hirsch in seiner Habilitationsschrift gesetzt, vgl. Hirsch, Hans Joachim, Ehre und Beleidigung. Grundfragen des strafrechtlichen Ehrenschutzes, Karlsruhe 1967.

1031 BGHSt 36, 145 (148); Schönke/Schröder-Lenckner, 2006, Vor §§ 185 ff, Rn. 1; Winter, 2007, S. 103.

1032 Winter, 2007, S. 103.

tens und der soziale Wert stellt die Anerkennung von Leistungen und Eigenschaften für die Erfüllung sozialer Rollen dar.[1033] Strafrechtlicher Schutz wird also dem Anspruch auf Achtung der Persönlichkeit gewährt.

Kritisiert wird der rein normative Ehrbegriff mit der Begründung, ein Geltungswert, der sich aus der Personenwürde ergibt, könne nicht durch andere verletzt werden, sondern nur durch die Person selbst beeinträchtigt werden. Somit könne auch der daraus resultierende Achtungsanspruch nicht verletzt werden.[1034]

3.4 Alternative Ehrbegriffe

Alternativ wird ein interpersonaler Ehrbegriff genannt, der die Anerkennung zwischen den Personen in den Mittelpunkt stellt. Danach ist Ehre „das von der Würde des Menschen geforderte und seine Selbständigkeit als Person begründende Anerkennungsverhältnis mit anderen Personen.[1035] Die Ehre wird verletzt, wenn einer Person diese Anerkennung grundlos verweigert wird.[1036]

Weiterhin ist von einem funktionalen Ehrbegriff die Rede, der die Ehre als Kommunikationsvoraussetzung charakterisiert. Ehre sei „die Fähigkeit eines Menschen, den normativen Erwartungen gerecht zu werden, denen er gerecht werden muss, um als ebenbürtiger Partner von Kommunikation gerecht zu werden.“[1037] Die Bestrafung wird aus dem Allgemeininteresse an der zutreffenden Verständigung über die Bedingungen sozialer Kommunikation abgeleitet.[1038]

3.5 Die Familienehre

Beleidigungsfähig ist jeder Mensch[1039] oder mehrere Einzelpersonen als Angehörige einer Personenmehrheit unter einer Kollektivbezeichnung.[1040] Eine Familienehre wird nicht geschützt,[1041] da sie nach herrschender Meinung nicht beleidigungsfähig ist.[1042]

Begründet wird dies damit, dass die Familie ein interner korporativer Verband ist, der nicht nach Außen handelt. Daher kann die Familie weder durch eine ehrenrührige Kundgabe insgesamt beleidigt werden, noch durch die Herab-

---

1033 Fischer, 2008, Vor § 185, Rn. 3.
1034 NK-Zaczyk, 2005, Vor §§ 185, Rn. 5.
1035 NK-Zaczyk, 2005, Vor § 185, Rn. 1.
1036 Kindhäuser, 2009, S. 176.
1037 Amelung, Die Ehre als Kommunikationsvoraussetzung, 2002, 18 ff., S. 38, zitiert in Kindhäuser, 2009, S. 176.
1038 Fischer, 2008, Vor § 185, Rn. 3.
1039 Winter, 2007, S. 118.
1040 Fischer, 2008, Vor § 185, Rn. 9.
1041 Winter, 2007, S. 124.
1042 BGH JZ 1951, 520; Tenckhoff, 1988, S. 459.

setzung eines einzelnen Mitglieds.[1043] Ob eine Familienehre gemäß § 185 StGB geschützt war, war früher für den Sachverhalt entscheidend, wenn ein Dritter mit einem Kind eine sexuelle Beziehung aufnahm oder an einem Kind ein Sexualdelikt beging. In diesen Fällen wurde die Beleidigung angenommen, nicht weil die persönliche Ehre der Eltern verletzt war, sondern weil darin eine Beeinträchtigung des Erziehungsrechts angesehen wurde.[1044]

4. Ehre im Vergleich zur Menschenwürde im Sinne des deutschen Grundgesetzes

Gemäß Art. 1 Abs. 1 S. 1 GG ist die Würde des Menschen unantastbar. Sie ist oberstes Gut der Verfassung und jeglicher Disposition entzogen.[1045]

Es ist schwierig, Menschenwürde zu definieren, weil dieser Begriff durch zweieinhalbtausend Jahre Philosophiegeschichte gegangen ist und in verschiedenen philosophischen Traditionen verschiedene Gestalt gewonnen hat.[1046] In einer früheren Entscheidung stellte das Bundesverfassungsgericht fest, eine Verletzung der Würde liege vor, wenn der Betroffene im Staat zum Objekt entwertet werden würde.[1047] Konkretisiert wurde die Entscheidung, in dem eine Verletzung der Würde in einer verächtlichen Behandlung angenommen wurde, d.h. wenn die Subjektsqualität prinzipiell in Frage gestellt wurde.[1048] Nach dem Bundesverfassungsgericht definiert sich die Menschenwürde mit dem Eigenwert des Menschen, der ihm kraft seines Personseins zukommt.[1049]

Die Leistungstheorie sieht in der Würde eine Qualität, die erst durch eigene Leistungen hergestellt wird.[1050] Diese Theorie ist allerdings bedenklich, da sie handlungs- und willensunfähige Menschen nicht umfasst.[1051] Vielmehr steht die Würde jedem Menschen jederzeit zu und muss auf den Eigenwert des Menschen abstellen (Mitgifttheorie).[1052] Sie kann nicht abgesprochen werden, wenn der Mensch nicht würdevoll lebt.[1053]

Die Unantastbarkeit der Würde beinhaltet den Schutz der Menschenwürde vor Angriffen, d.h. gemäß Art. 1 S. 2 GG ist die gesamte Staatsgewalt zum

---

1043 Schönke/Schröder-Lenckner, 2006, Vor §§ 185 ff., Rn. 4.
1044 Stuttgart MDR 51, 244; BGHSt 7, 129; RGSt 70, 248.
1045 Schmidt, 2008, S. 97.
1046 Pieroth/Schlink, 2007, S. 81.
1047 Seidel, 1996, S. 26 f.
1048 Sachs, 2000, S. 174.
1049 BVerfGE 87, 209 (228); NK-Antoni, 2007, Art. 1, Rn. 4; Epping, 2007, S. 224; Jarass/Pieroth, 2007, Art. 1, Rn. 6.
1050 Sachs, 2000, S. 173; Schmidt, 2008, S. 97.
1051 Pieroth/Schlink, 2007, S. 81.
1052 Schmidt, 2008, S. 97; Sachs, 2000, S. 173.
1053 Jarass/Pieroth, 2007, Art. 1, Rn. 7.

Schutz auch vor nichtstaatlichen Angriffen verpflichtet.[1054] Die Menschenwürde beinhaltet auch die Gleichheit aller Menschen trotz der vorhandenen Unterschiede.[1055]

Ehre ist ein Teil des allgemeinen Persönlichkeitsrechts und wird aus Art. 2 Abs. 1 i.V.m. Art. 1 Abs. 1 GG abgeleitet.[1056] Die enge persönliche Lebenssphäre und die Erhaltung ihrer Grundbedingungen werden durch die Menschenwürde gesichert.[1057] Daraus leitet sich das Recht auf individuelle Selbstbestimmung, d.h. neben der Privatsphäre und Intimsphäre auch die persönliche Ehre ab,[1058] die gerade bei „Ehrenmorden" missachtet wird.

Ein Ehrbegriff im Sinne der türkischen Geschlechtsehre, der sich auf das Sexualverhalten bzw. Verhalten von weiblichen Familienmitgliedern konzentriert, hat keinen Zusammenhang zu einer globalen Menschenwürde.

Ganz im Gegenteil: Die Geschlechtsehre steht im Widerspruch zur Menschenwürde.

II. Entwicklung der Rechtsprechung und ihre Auswertung

Im Falle einer Tötung eines Menschen wird unproblematisch zunächst an § 212 StGB gedacht und überprüft, ob der Tatbestand erfüllt ist und der Täter wegen Totschlags zu bestrafen ist. Um hingegen einen Mord zu verwirklichen, der die lebenslange Freiheitsstrafe nach sich zieht, muss eines der im Gesetz genannten Mordmerkmale erfüllt sein und eine sich vom Totschlag abgrenzende gesteigerte Verwerflichkeit vorliegen.

Auf den ersten Blick scheint dies für die Fälle der „Ehrenmorde" nahezuliegen, da ein Entscheidungsanspruch über das Leben der weiblichen Familienangehörigen, insbesondere über ihr Sexual- bzw. Liebesleben mit der Folge einer Tötung aus Menschenrechtsaspekten besonders verwerflich ist. Gemäß § 211 Abs. 2 StGB sind Mordmerkmale verwirklicht, wenn die Tötung aus Mordlust, zur Befriedigung des Geschlechtstriebes, aus Habgier, aus sonst niedrigen Beweggründen, heimtückisch, grausam, mit gemeingefährlichen Mitteln, um eine andere Straftat zu ermöglichen oder zu verdecken erfolgt.

Für den „Ehrenmord" kommt zunächst das Mordmerkmal der niedrigen Beweggründe in Betracht.

1054 NK-Antoni, Art. 1, Rn. 8.
1055 Jarass/Pieroth, 2007, Art. 1, Rn. 6.
1056 Winter, 2007, S. 106.
1057 BVerfGE 72, 170.
1058 NK-Antoni, 2007, Art. 1, Rn. 11.

1. Mord aus niedrigen Beweggründen

Ein niedriger Beweggrund liegt vor, wenn das Tötungsmotiv nach allgemein sittlicher Wertung auf tiefster Stufe steht, mithin in deutlich weiterreichendem Maße als bei einem Totschlag als verwerflich und deshalb als besonders verachtenswert erscheint.[1059] Dies wird anhand einer Gesamtwürdigung beurteilt, welche die Umstände der Tat, die Lebensverhältnisse des Täters und seine Persönlichkeit einschließt.[1060]

Hier bietet sich zunächst die Grundlage für die Einbeziehung der Wertvorstellungen des Täters an, da diese bei der Gesamtwürdigung der Tat zu berücksichtigen sind.

Im Falle eines Ehrenmordes handelt der Täter, um seine eigene Ehre oder die Ehre seiner Familie wiederherzustellen. Es geht also um seine Achtung bzw. um die seiner Familie.

Dieses (egoistische) Motiv wird über das Lebensrecht des Opfers gestellt. Ursache des Motivs ist in der Regel die Tatsache, dass dem Opfer kein Selbstbestimmungsrecht zuerkannt wird, insbesondere kein sexuelles Selbstbestimmungsrecht.

In Anbetracht der Definition des BGH zum niedrigen Beweggrund deutet alles darauf hin, dass dieses Mordmerkmal im Falle eines „Ehrenmordes" erfüllt ist, zumindest nach deutschen Wertmaßstäben. Problematisch ist jedoch, dass die Tötung für den Täter nicht besonders verwerflich, ganz im Gegenteil ethisch sogar besonders wichtig ist. In der Türkei und bei den in Deutschland lebenden türkischen Migranten bestehen stärkere kollektive Strukturen, die im Vergleich zu deutschen Wertmaßstäben einen höheren Stellenwert genießen. Die Geschlechtsehre und die damit verbundene sexuelle Zurückhaltung der Mädchen und Frauen haben einen für deutsche Wertvorstellungen unbegreiflichen Stellenwert. Wie die deutsche Rechtsprechung mit dieser für sie fremden Wertvorstellung und der darauf basierenden Tötung eines Menschen umgegangen ist, kann nicht einheitlich beantwortet werden. Die unterschiedlichen Ansichten des BGH können in drei Phasen eingeteilt werden.[1061]

1.1 Die erste Phase: subjektive Phase

Die ehemalige Rechtsprechung, die gegenwärtig gänzlich aufgegeben wurde, hat die heimatlichen Wertvorstellungen berücksichtigt und einen niedrigen Beweggrund als Mordmerkmal ausgeschlossen.

1059 BGH 5 StR 538/01, StV 2003, 21; BGHSt 3, 132 (133); 42, 226 (228); BGH 5 StR 711/79, NJW 1980, 537; BGH 1 StR 195/05, NStZ 2006, 285.

1060 BGHSt 47, 128 (130); 35, 116 (127); BGH 5 StR 711/79, NJW 1980, 537; BGH NJW 1981, 1382; BGH NJW 2006, 1011.

1061 So auch Erbil, 2008, S. 177 ff.; Valerius, 2008, S. 915 ff.; Saliger, StV 2003, S. 22 f.

In dem ersten Urteil zu fremden Wertvorstellungen im Jahr 1966, in dem ein Mann seine Vermieterin tötete, weil die Vermieterin mit dem Ehebruch der Ehefrau einverstanden gewesen sei, beschloss der BGH, die Annahme niedriger Beweggründe sei ungerechtfertigt. Als Begründung wurde vorgebracht, der Täter sei von den Anschauungen und Vorstellungen seiner Heimat befangen und habe sich zur Tatzeit von diesen nicht lösen können. In diesem Urteil wird die Wertvorstellung des ausländischen Täters mit Persönlichkeitsmängeln einer psychopathologischen Persönlichkeit gleichgesetzt, die bei der Gesamtbewertung der Tat zu berücksichtigen seien.[1062] Ähnlich entschied der BGH zehn Jahre später, in einem Fall, in dem ein 22-jähriger Italiener aufgrund einer gescheiterten Liebesbeziehung vier Personen tötete. Durch die Trennung und die Beleidigungen durch die Gruppe habe sich der Täter in seiner Mannesehre verletzt gefühlt und einen Vernichtungswillen empfunden. Der BGH verlangte hier für niedrige Beweggründe ein Bewusstsein des Täters über die Wertung der Beweggründe als niedrig. Persönlichkeitsmängel könnten die Wertungsfähigkeit aufheben, so auch bei Ausländern, die das besonders Verwerfliche ihrer Tat nicht erkennen könnten, weil sie kulturellen Denkweisen verhaftet seien.[1063] Die Täter wurden also gewissermaßen pathologisiert.[1064] Ein Ausländer, der zur Einschätzung und Wertung seiner Beweggründe nicht imstande war, hatte keinen Vorsatz hinsichtlich der Niedrigkeit seiner Beweggründe.

1.2 Die zweite Phase: objektive Phase

In weiteren Fällen sieht der BGH von der Pathologisierung des Täters ab und zieht zur Problemlösung die besonderen Anschauungen und Wertvorstellungen, denen der Täter aufgrund seiner Bindung an eine fremde Kultur verhaftet ist, heran. Es sei unerheblich, ob das Tötungsmotiv nach deutschen Wertvorstellungen unverständlich und missbilligenswert sei.[1065] Entscheidend seien vielmehr die tatsächlichen Beweggründe. Die Lösung des Problems, ob niedrige Beweggründe vorliegen oder nicht, wurde nicht mehr im Vorsatz, sondern auf der objektiven Ebene gesehen.[1066]

1062 BGH 5 StR 122/66, GA 1967, 244.

1063 BGH 4 StR 665/76, bei Holtz, MDR 1977, 809.

1064 Saliger, StV 2003, S. 22; Erbil, 2008, S. 178.

1065 BGH 4 StR 180/97, StV 1997, 566; BGH 3 StR 228/82, NJW 1983, 56; BGH 5 StR 711/79, NJW 1980, 537; BGH StV 1981, 399.

1066 Pohlreich bezeichnet diese Phase als „Gesamtwürdigungslösung“, vgl. Pohlreich, 2009, S. 216.

1.2.1 Fallbeispiel des BGH, 1979

In einem klassischen[1067] versuchten „Ehrenmord“ aus dem Jahr 1979 waren der Vater, der Bruder und ein Bekannter des Bruders wegen versuchten Mordes angeklagt, weil das Opfer die Tochter bzw. Schwester der Angeklagten geschwängert hatte, sie nicht heiraten wollte und daher getötet werden sollte. Für die Angeklagten war die Ehre der Familie verletzt, insbesondere weil das Opfer trotz mehrfacher Aufforderung die Ehe mit der jungen Frau ablehnte. Der Vater sah sich dem Spott seiner Landsleute ausgesetzt und drängte seinen Sohn, die Ehre als ältester Sohn wiederherzustellen. Nach einem gemeinsamen Tatplan versuchten die Angeklagten, das Opfer durch Messerstiche zu töten. Die Angeklagten wurden vom Landgericht wegen versuchten Mordes verurteilt. Die eingelegte Revision führte zur Aufhebung des Urteils und Zurückweisung an das Landgericht. Der BGH begründete die Aufhebung mit der Berücksichtigung der besonderen Anschauungen und Wertvorstellungen, denen der Täter wegen der Bindung an eine fremde Kultur verhaftet sei. In die Gesamtbetrachtung könne die Bindung des Täters an die besonderen Ehrvorstellungen seines Lebenskreises einbezogen werden und den Ausschlag dafür geben, dass die Beweggründe nicht als niedrig eingestuft werden können. Im Fall der Angeklagten läge dies nahe, weil sie einen Zwang zur Tötung empfunden hätten, der Bruder des Mädchens habe zusätzlich den Druck der Familie spüren müssen.[1068]

Bemerkenswert ist die Begründung des BGH, den Angeklagten sei die Strafbarkeit ihrer Handlungen sowohl nach deutschem als auch nach türkischem Recht bekannt gewesen. Dies sei für die Annahme eines niedrigen Beweggrundes nicht maßgeblich. Auch im deutschen Kulturkreis habe es Fälle gegeben, in denen die rechtliche Bewertung und die soziale Verhaltenserwartung auseinanderfielen. Die heimatliche Rechtsordnung und die deutschen Wertvorstellungen hält der BGH in diesem Fall für irrelevant und betont, nur die tatsächlichen Beweggründe seien maßgeblich. Er stellt die (türkische) „soziale Verhaltenserwartung“ gewissermaßen über die türkische Rechtsordnung, weil eine beidseitig freiwillige sexuelle Beziehung nach türkischen Wertvorstellungen eine Ehe herbeizwingen sollte und nicht erfolgt ist.

1067 Es handelt sich um einen klassischen Fall des „Ehrenmordes“, weil männliche Familienangehörige den für die Verletzung der „Geschlechtsehre“ Verantwortlichen bestrafen wollten. Dieses Fallbeispiel stellt keinen Ausnahmefall dar, weil das für die vermeintliche Ehrverletzung verantwortliche Opfer männlich ist, so aber Erbil, 2008, S. 179. In Deutschland war im Zeitraum von 1996-2005 (Untersuchung des BKA) fast die Hälfte der Opfer männlich, vgl. ausführlich unter A.III.5.1. In der Türkei gab es für den Zeitraum von 2000-2005 (Untersuchung der Kommission des türkischen Parlaments) sogar erheblich mehr männliche als weibliche Opfer, vgl. ausführlich unter A.III.5.2.

1068 BGH 5 StR 711/79, NJW 1980, 537.

Im Hinblick auf die Ehre nimmt der BGH keine Erläuterungen vor. Er lässt es ausreichen, dass die Angeklagten äußerten, sie seien in ihrer Ehre verletzt gewesen. Aus dieser Aussage resultierend begründet er lediglich die Einbeziehung „fremder Wertvorstellungen“ in die Entscheidung, ob diese für das Vorliegen niedriger Beweggründe ausschlaggebend waren oder nicht. Diesen Lösungsweg überträgt er auf alle fremden Wertvorstellungen, somit auch auf Fälle der Blutrache.

1.2.2 Fallbeispiel des BGH, 1981

Die auf objektiver Ebene berücksichtigten fremden Wertvorstellungen haben in einem Fall zur Strafaufhebung des Strafausspruchs geführt, weil das Landgericht sich bei der Zumessung der Strafe nicht mit ihnen auseinandergesetzt hatte. Die Ehefrau des Angeklagten hatte sich von diesem getrennt. Der Täter sei in der Türkei auf dem Land aufgewachsen und sei von alten Sitten und Bräuchen beherrscht. In Deutschland habe er keine Änderung der Wertvorstellungen erfahren. Ein intimes Verhältnis seiner Ehefrau zu einem anderen Mann sei ein Angriff auf seine Ehre. Vor diesem Hintergrund lauerte der Angeklagte seiner Ehefrau auf, packte sie und stach mit Tötungsabsicht mit einer Stechahle auf sie ein. Das Landgericht verurteilte den Angeklagten wegen versuchten Totschlags zu zehn Jahren Freiheitsstrafe. Die Revision führte zur Aufhebung des Strafausspruchs, weil das Landgericht bei der Strafzumessung die Gesichtspunkte, die es bei der Ablehnung der niedrigen Beweggründe herangezogen habe, bei der Strafzumessung nicht bedacht habe.[1069] Der BGH bejahte hier nicht nur die Entscheidung des Landgerichts, niedrige Beweggründe seien objektiv nicht gegeben, weil der Täter auf Grund seiner Erziehung und seiner kulturellen Prägung nicht in der Lage gewesen sei, sich von diesem Wertgefüge zu distanzieren.[1070] Er hob sogar den Strafausspruch auf, weil das Landgericht im Hinblick auf einen minder schweren Fall des Totschlags gemäß § 213 2. Alt StGB die Wirkung fremdländischer Wertvorstellungen auf die Strafe nicht berücksichtigt hatte.

1.2.3 Fallbeispiel des BGH, 1997

In einer Entscheidung aus dem Jahr 1997 hat der Senat die Grundsätze für die Annahme niedriger Beweggründe gewahrt. Es ging um einen Iraner, der mit seiner Ehefrau und seinen zwei Kindern im Jahr 1994 aus dem Iran nach Deutschland einreiste und Asyl beantragte. Nach einiger Zeit trennten sich die Eheleute und die Ehefrau ging eine Beziehung mit einem Tamilen ein. Der traditionell erzogene Ehemann drohte seiner Ehefrau mit dem Tod, falls sie die eheliche Gemeinschaft nicht wieder aufnahm. Nach seiner Moralauffassung und

---

1069 BGH 3 StR 342/81, NStZ 1982, 115.
1070 BGH 3 StR 342/81, NStZ 1982, 115.

den Ehrvorstellungen seines Lebenskreises war das Verhalten seiner Frau ehewidrig, skandalös und todeswürdig. Er empfand die Beziehung mit dem Tamilen als Provokation, die er nicht mehr hinzunehmen bereit war. Er verschaffte sich nach Tatplan Zutritt in die Wohnung seiner Ehefrau. Nach einem Kampf zwischen den Eheleuten tötete der Mann seine Ehefrau mit etwa 54 Stich- und Schnittverletzungen.

Das Landgericht verurteilte den Täter wegen Mord aus Grausamkeit. Die eingelegte Revision führte zur Änderung des Schuldspruchs von Mord auf Totschlag. Die Grausamkeit der Tötung verneinte der BGH mit der Begründung, der Täter habe bei dem ersten Stich bereits mit Tötungsvorsatz gehandelt und das Abwehrverhalten seiner Frau habe zu den weiteren Stichen geführt. Die Feststellungen des Schwurgerichts seien nicht geeignet, die grausame Tötung darzulegen. Eine Tötung aus niedrigen Beweggründen habe das Schwurgericht fehlerfrei abgelehnt, da die besonderen Anschauungen und Wertvorstellungen, denen ein in Deutschland lebender ausländischer Täter wegen seiner fortdauernden Bindungen an die heimatliche Kultur verhaftet sei, berücksichtigt werden müssten.[1071] Der BGH geht auf die „besonderen Anschauungen und Wertvorstellungen“ nicht näher ein und lässt es ausreichen, dass der Angeklagte starke Bindungen an die besonderen religiösen und moralischen Leitbilder seines Heimatlandes kundtut. Er privilegiert den Täter, der in der Verhandlung äußerte, die Beziehung zu einem anderen Mann nach der Trennung sei in seinem Ehrverständnis skandalös und todeswürdig. Der Täter verdeutlichte durch seine Äußerung einen extremen Besitzanspruch gegenüber seiner Frau und sprach ihr jegliche Selbstbestimmung ab.[1072]

In dieser Phase hat der BGH also bereits objektiv die niedrigen Beweggründe abgelehnt, weil der Maßstab sich an die individuellen Wertvorstellungen des Täters orientierte.

1071 BGH 4 StR 180/97, StV 1997, 566. Die Rechtsprechung zu den „Ehrenmorden“ hatte sich im Jahr 1994 geändert. Es war nicht mehr nur die fremde Wertvorstellung ausschlaggebend, sondern auch, ob der Täter so sehr in seinen heimatlichen Anschauungen verhaftet war, dass er die Bewertung als niedrig nicht nachvollziehen konnte, vgl. BGH 2 StR 319/94, NJW 1995, 602 f. und die folgenden Darstellungen unter C.II.3. Trotzdem hat der BGH hier im Jahr 1997 die Grundsätze der objektiven Phase angewandt.

1072 In einem weiteren Fall bestätigte der BGH im Jahr 1993 das Urteil des Landgerichts, indem es das Vorliegen niedriger Beweggründe ablehnte, weil der jugendliche Angeklagte glaubte, durch die Tötung die Familienehre retten zu müssen. Es handelte sich bei dem Fall allerdings nicht um die Geschlechtsehre, sondern um die Ehre im Sinne der Beleidigungsdelikte. Es ging um eine Streitigkeit zwischen einzelnen Familienmitgliedern zweier Familien, die nach einer Beleidigung dermaßen eskalierte, dass es zu einer Tötung kam. Der BGH verwendete zwar Begriffe wie die Familienehre und stützte auch die Ablehnung der niedrigen Beweggründe darauf, allerdings ging weder das Landgericht noch der BGH darauf ein, warum die Ehre des Angeklagten verletzt war, sondern stützte sich ohne weitere Erläuterung auf die Aussage des Angeklagten, vgl. BGH 3 StR 476/93, StV 1994, 182.

1.3 Die dritte Phase: zweite subjektive Phase

Heute hat die Rechtsprechung davon Abstand genommen, bei Vorliegen besonderer Anschauungen und Wertvorstellung bereits objektiv die niedrigen Beweggründe abzulehnen. Die aktuelle Rechtsprechung stellt zunächst fest, die objektive Bewertung des Beweggrundes der Tat sei den Vorstellungen der deutschen Rechtsgemeinschaft zu entnehmen und stellt sich sodann die Frage, ob der nichtdeutsche Täter die Umstände verstehen konnte, weswegen die Beweggründe als niedrig zu bewerten waren oder ob er den heimatlichen Wertvorstellungen so sehr verhaftet war, dass er die Bewertung als niedrig nicht nachvollziehen konnte.[1073]

1.3.1 Fallbeispiel des BGH, 1994

Die erste Entscheidung der aktuellen Rechtsprechung beginnt mit einem Urteil des 2. Strafsenats im Jahr 1994. Der aus Ostanatolien stammende Täter wurde von seiner Familie auserwählt und gedrängt, Blutrache auszuüben und die Familienehre wieder herzustellen. Streng genommen lag durch die Tat kein klassischer „Ehrenmord" vor, bei dem es um die Geschlechtsehre ging, sondern ein „Traditionsmord". Denn der Täter wurde von der Motivation geleitet, als Angehöriger der Sippe des zuvor Getöteten, Selbstvergeltung und Blutrache zu üben. Das Landgericht verurteilte den Täter wegen Totschlags zu 13 Jahren Freiheitsstrafe. Die von der Staatsanwaltschaft eingelegte Revision wegen Verneinung des Mordes hatte keinen Erfolg.[1074] Der Senat legte hier fest, dass deutsche Wertvorstellungen den Maßstab für die Bewertung der Beweggründe bilden. Die Blutrache stellt nach dieser Entscheidung regelmäßig eine Tötung aus niedrigen Beweggründen dar, weil das Motiv der Blutrache besonders verwerflich und sozial rücksichtslos sei, da der Täter wegen der Familienehre zum Vollstrecker einer Blutrache werde und sich über die Rechtsordnung und das Opfer erhebe. Die niedrigen Beweggründe könnten jedoch verneint werden, wenn dem Täter die Umstände der Tat nicht bewusst waren, die die Niedrigkeit seiner Beweggründe ausmachten oder ihm nicht möglich war, seine gefühlsmäßigen Regungen, die für sein Handeln ursächlich waren, gedanklich zu beherrschen und willensmäßig zu steuern. Bei Blutrache könne auch Totschlag in Frage kommen, wenn der Täter, der einem fremden Kulturkreis entstammt, in der Blutrache gefordert oder geduldet wird, so stark von seinen heimatlichen Wertvorstellungen beherrscht wird, dass er sich zur Tatzeit aufgrund seiner Persönlichkeit und den Lebensumständen von seinen Wertvorstellungen nicht lösen konnte.[1075] Der BGH greift nun wieder auf die Persönlichkeit und die Steuerungsfähigkeit des Täters zurück und verneint die niedrigen Beweggründe,

1073 Tellenbach, 2007, S. 791.

1074 BGH 2 StR 319/94, NJW 1995, 602.

1075 BGHR StGB, § 211 Abs. 2, niedrige Beweggründe, 29.

wenn der Täter sich gewissermaßen „nicht mehr in der Hand hatte“[1076] und sich nicht beherrschen konnte. Dieser Weg über die Einsichts- und Steuerungsfähigkeit müsste in der Praxis allerdings für die meisten Fälle der „Traditions- und Ehrenmorde“ günstige Prognosen einbringen, da die Täter tatsächlich dermaßen von ihren Wertvorstellungen nahezu besessen sind, dass sie diese jahrhundertealte Tradition in ihrer Wertewelt aufrechterhalten, in dem sie diese von Generation zu Generation weitergeben.[1077] Die türkische Rechtsprechung der alten Rechtslage ging nahezu in allen „Ehrenmordfällen“ entsprechend der Wertestruktur der Bevölkerung von einem heftigen Schmerz und Zorn aus, in dem sich der Täter bei Begehung der Tat befunden haben musste.

Unabhängig von der extremen Gefühlslage des Täters muss es allerdings darauf ankommen, dass archaische Traditionen, die in der Kultur wurzeln, durch die Gesetzgebung bekämpft werden müssen, gleichgültig ob die theoretische Rechtslage dem Täter eine günstigere Position durch die Rechtsprechung einräumen kann. Der BGH geht fälschlicherweise davon aus, dass der fremde Kulturkreis „die Blutrache duldet oder gar fordert“. So verkennt der BGH in seiner Argumentation, dass es sich bei der Blutrache um eine archaische Tradition handelt, die seit 1953 im türkischen Recht die Tötung zum Mord qualifiziert. Es ist also nicht ganz klar, welche Wertvorstellung der BGH für die „Vorstellungen seiner Heimat“ hält und schützt. Er stuft in diesem Fall von Mord auf Totschlag ab, obwohl die heimatliche Rechtsordnung von Totschlag auf Mord qualifiziert. Allein aus diesem Grund hätte der Täter die besondere Verwerflichkeit seiner Tat erkennen können, gleichgültig, ob er eine einfach strukturierte Persönlichkeit ist oder nicht.[1078]

1076 Der BGH grenzt diese Fälle ein und bejaht die niedrigen Beweggründe, wenn unbeteiligte Personen getötet werden. So z.B. in einem Fall, in dem nach einer vermeintlichen Vergewaltigung und einem darauffolgenden Suizid der Frau zwei unbeteiligte Personen durch den Ehemann und den Bruder der Frau getötet wurden, weil sie den Aufenthaltsort des vermeintlichen Vergewaltigers nicht preisgeben wollten, vgl. ausführlich BGH 2 StR 550/99, NStZ-RR 2000, 168.

1077 In einem Urteil aus dem Jahr 2002 bestätigte der BGH ohne weitere Erläuterungen des Ehrbegriffs und Erläuterungen zur Steuerungs- und Einsichtsfähigkeit das Vorliegen niedriger Beweggründe und ging somit von der Verwirklichung des Mordes aus. Allerdings tötete der Täter hier nicht das Opfer, weil es den gesellschaftlichen Anforderungen nicht entsprach, sondern weil er befürchtete, dass sein Fehlverhalten durch das Opfer bekannt werden würde. Es handelte sich bei dem Opfer um die Schwägerin des Täters, mit der er Geschlechtsverkehr hatte. Der niedrige Beweggrund lag in der Tötung der Schwägerin, damit die durch ihn verursachte Schwangerschaft nicht bekannt, seine persönlichen Lebensumstände nicht bedroht und seine Ehrhaftigkeit nicht in Frage gestellt wurde. Auf die fremden Wertvorstellungen wird kaum eingegangen. Lediglich, dass die Einsichts- und Steuerungsfähigkeit des Angeklagten weder aufgehoben noch eingeschränkt war, selbst wenn die Tat von kulturellen Vorstellungen geprägt war, vgl. BGH 5 StR 139/02, NStZ 2003, 146 ff.

1078 In einem Beschluss des BGH aus dem Jahr 2001 bestätigt der Strafsenat das Urteil des Landgerichts, das den Angeklagten wegen versuchten Totschlags verurteilt hatte, weil er

1.3.2 Fallbeispiel des BGH, 2006

In einem weiteren Blutrachefall führte die Revision der Angeklagten, die vom Landgericht wegen Mordes verurteilt wurden, zur Aufhebung der niedrigen Beweggründe. Die Ehefrau, der Sohn und der Neffe des durch die Vortat Getöteten verfolgten den vermeintlichen Täter mit dem Auto und töteten ihn. Bei der Ehefrau und dem Sohn wurde die Verurteilung des Landgerichts wegen des Vorliegens niedriger Beweggründe aufgehoben. Bei dem Neffen wurde die Tötung des vermeintlichen Täters wegen Blutrache als niedriger Beweggrund eingestuft. Bei der Ehefrau und dem Sohn käme Mord nicht in Betracht, weil der Schmerz über Tod des Ehemannes bzw. Vaters noch gegenwärtig gewesen sei und eine starke emotionale Betroffenheit vorgelegen habe. Der Neffe hingegen könne durch den Tod des Onkels nicht so betroffen gewesen sein, da er in einer anderen Stadt gelebt habe und eine räumliche und wirtschaftliche Distanz zu dem getöteten Onkel hatte. Zwar bestätigte der BGH, der Maßstab für die Beweggründe sei der deutschen Rechtsordnung zu entnehmen und das Motiv der Blutrache sei auch besonders verwerflich.[1079] Allerdings bevorzugte der BGH hier eine verwunderliche Betrachtungsweise:

Er differenzierte in diesem Fall die Vergeltung an einer Person, die als schuldig an dem Tod einer anderen Person erachtet wurde und richtete sein Augenmerk darauf, dass gerade bei dem Verlust naher Angehöriger durch eine Gewalttat rachemotivierte Tötungen nicht ohne weiteres als Mord aus niedrigen Beweggründen zu bewerten sind.[1080] Der BGH hält richtigerweise die Fälle auseinander, in denen der Täter aus einer besonderen Belastungssituation heraus die Tötung des vermeintlichen Täters begeht und stellt klar, dass die Ausübung der Vergeltung gegenüber dem vermeintlichen Täter nicht zwingend eine besonders verwerfliche Blutrache darstellt, nur weil der Täter vermutlich aus einem Kulturkreis stammt, in dem die Blutrache noch heute ausgeübt wird. Er legt jedoch nicht dar, ob das Motiv der Blutrache zumindest „auch" ausschlaggebend war.[1081] In den ethnischen Gruppen, in denen die Tradition der Blutra-

---

wegen Festhaltens an seinen Wertvorstellungen einen Tötungsversuch begangen hatte. Das Landgericht hatte allerdings im Rahmen der Strafbemessung das objektive Vorliegen des Mordmerkmals berücksichtigt, vgl. BGH 1 StR 122/01.

1079 BGHR § 211 Abs. 2, niedrige Beweggründe, 46.

1080 In einem weiteren Fall der Blutrache verurteilte das Landgericht den Angeklagten wegen Mordes aus niedrigen Beweggründen. Der BGH verwarf die Revision des Angeklagten, weil die niedrigen Beweggründe sowohl objektiv als auch subjektiv vorgelegen haben. Die Bindung an kurdische Wertvorstellungen ändere nichts daran. Eine andere Entscheidung wäre nur gerechtfertigt gewesen, wenn der Angeklagte bei Ausübung der Tat unter dem Eindruck des Anschlags gegen seinen Bruder gestanden habe und dies Anlass für die Tat gewesen wäre. Dies wurde allerdings ausgeschlossen, vgl. BGH 4 StR 9/04.

1081 Vgl. ausführlich zum Sachverhalt BGH 5 StR 341/05, NStZ 2006, 286 ff.

che aufrechterhalten wird, handeln die Täter immer aus einer außergewöhnlichen Gefühlsregung wie Rachsucht und Wut heraus, die sich zu einer Pflicht zum Töten entwickelt und z.T. über Jahre hinweg im Haushalt des zuletzt Getöteten latent vorhanden ist. Aus der Türkei wird in Blutrachefällen nicht selten von Müttern berichtet, die das blutige Hemd des getöteten Vaters aufbewahren und den Söhnen dieses im Laufe der Erziehung vorhalten und die Rachsucht hervorrufen. Zur Feststellung der Blutrache wäre für die Rechtsprechung die Erkenntnis wichtig gewesen, ob in der Tradition des Täters oder des Opfers die Blutrache vorgeschrieben war.

Wurde diese Tradition praktiziert, so wäre zu untersuchen gewesen, ob es sich bei der Tat um das Endglied einer (oft jahrelangen) Kette gehandelt hat. Neben der besonderen Belastungssituation wegen des Verlustes eines Familienmitglieds wäre dann zumindest auch die Blutrache das Motiv der Tötung gewesen. Dies hätte ausreichen müssen, um die niedrigen Beweggründe anzunehmen.

1.3.3 Fallbeispiel des BGH, 2003

In dem nächsten Fall ging der BGH von dem Vorliegen niedriger Beweggründe aus.

Das Opfer war die in Deutschland geborene Ehefrau des Angeklagten und war mit ihrem Cousin aus der Türkei verheiratet. Aufgrund der Familienzusammenführung reiste der Angeklagte im Jahr 2002 in Deutschland ein. Kurze Zeit später übte der Angeklagte Gewalt an seiner Frau aus, kontrollierte und beaufsichtigte sie und behandelte sie wie seinen Besitz. Das Einwirken von Familienangehörigen änderte nichts an seinem Verhalten, bis das Opfer den Entschluss fasste, sich von ihm zu trennen. Kurze Zeit später lief die Aufenthaltserlaubnis des Angeklagten ab, die im Falle einer Trennung nicht verlängert werden konnte. Im Fall der Trennung musste er also in die Türkei abreisen. Dieser Umstand stellte für ihn eine Demütigung dar, die ihn zu der Drohung veranlasste, er werde „eine Leiche mitnehmen", falls er in die Türkei müsse. Nach einem erneuten Streit aufgrund der Verweigerung, die Aufenthaltsverlängerung zu veranlassen, schlug der Angeklagte zunächst auf seine Ehefrau ein und tötete sie sodann mit 48 Messerstichen.

Das Landgericht verurteilte den Angeklagten wegen Totschlags zu 13 Jahren und sechs Monaten Freiheitsstrafe. Es hat zu Unrecht das Mordmerkmal der niedrigen Beweggründe verneint. Der BGH hat die Tat zwar als objektiv auf niedrigster moralischer Stufe bewertet, weil der Angeklagte seiner Ehefrau das Lebensrecht aufgrund ihrer Trennungsabsicht abgesprochen hatte. Bei dieser Prüfung hat das Landgericht nicht wie die frühere Rechtsprechung auf den fremden Kulturkreis abgestellt, die die besonderen Wertvorstellungen berücksichtigt hat, sondern für die objektive Bewertung des Beweggrundes die Vorstellungen der Rechtsgemeinschaft der Bundesrepublik herangezogen.[1082] Die Erwägungen des Landgerichts zu den subjektiven Erfordernissen, die zur Verneinung der niedrigen Beweggründe herangezogen wurden, hat der BGH verworfen. Der BGH setzte voraus, dass der Täter die Umstände erkannt hat und mit seinem Bewusstsein erfasst hat, welche die Bewertung seines Handlungsantriebs als niedrig begründen. Das Schuldprinzip setze nämlich voraus, dass Motive und Absichten nur berücksichtigt werden dürfen, wenn sie dem Täter bewusst geworden sind. Dabei käme es auf eine rechtliche Bewertung des Täters nicht an. Er müsse aber in der Lage sein, eine zutreffende Wertung vornehmen zu können. Diese Fähigkeit könne bei einem Ausländer fehlen, der den in seiner Heimat gelebten Anschauungen derart intensiv verhaftet sei, dass er deswegen die in Deutschland gültigen Abweichungen und sozialethischen Bewertungen seines Motivs nicht in sich aufnehmen und daher auch nicht nachvollziehen könne.[1083] Der BGH begründet die Annahme der niedrigen Beweggründe mit fehlenden Feststellungen des Landgerichts zu den Vorstellungen des Angeklagten, ob er sich nach anatolischen Wertvorstellungen für berechtigt halten durfte, seine Ehefrau ständig zu misshandeln und schließlich zu töten. In den Urteilsgründen fehlten außerdem Anhaltspunkte zu der Frage, ob der Angeklagte anatolischen Wertvorstellungen so verhaftet war, dass er die deutsche Bewertung als niedrig nicht nachvollziehen könne. Einschränkungen seiner Steuerungs- und Einsichtsfähigkeit seien nicht dargelegt. Unabhängig von der geographischen Lage der Heimat in der Türkei und dem Bildungsstand des Angeklagten wird der Täter sich nach der heimatlichen Rechtsordnung nicht für berechtigt halten dürfen, seine Ehefrau zu misshandeln. Das Misshandeln in der Ehe stellt im türkischen Zivilrecht einen durch den Ehemann verschuldeten Scheidungsgrund dar und ist nach dem türkischen Strafrecht strafbar. Insofern ist an alle Bürger, die sich dem türkischen Zivil- und dem Strafrecht unterworfen haben, der Anspruch zu stellen, das Zivilrecht und das Strafrecht zu kennen und zu wissen, ihre Frauen nicht misshandeln, geschweige denn töten zu dürfen.

1.3.4 Fallbeispiel des BGH, 2003

Die Ehe zwischen der Geschädigten und dem Angeklagten lief seit längerer Zeit nicht mehr gut, weil der Angeklagte größere Geldbeträge verspielte und seine Ehefrau schlug. Zum Trennungsentschluss der Geschädigten kam es, als neue Spielschulden des Angeklagten durch den Verkauf einer ihr gehörenden Wohnung beglichen werden sollten. Ein folgender Termin beim Rechtsanwalt, um

1082 In einem Urteil des BGH, in dem ein kurdischer Mann Blutrache ausübte und wegen Mordes verurteilt wurde, verwarf der BGH die Revision des Angeklagten und stellte fest, dass vom deutschen Recht abweichende Wertvorstellungen eines fremden Kulturkreises die Annahme niedriger Beweggründe nicht beeinflussen könnten, vgl. BGH 4 StR 466/03.

1083 BGH 2 StR 452/03 NJW 2004, 1467.

über die Scheidung zu sprechen, veranlasste den Angeklagten zu weiteren Gewalthandlungen auf der gemeinsamen Arbeitsstätte. Nach Schichtende, nachdem der Angeklagte einige Flaschen Bier getrunken hatte, erblickte er seine Frau auf dem Weg zur Bushaltestelle und fuhr mit dem gemeinsamen Auto auf sie zu. Die Trennungsabsicht seiner Frau wollte er nicht hinnehmen und entschloss sich, sie für ihr Verhalten zu bestrafen. Daher beschleunigte er sein Fahrzeug und fuhr die Geschädigte von hinten an. Es kam zu erheblichen Verletzungen.

Das Landgericht hat den Angeklagten u.a. wegen versuchten Mordes zu einer Freiheitsstrafe von zehn Jahren verurteilt. Auf die Revision des Angeklagten wurde das Urteil mit den Feststellungen aufgehoben und an das Landgericht zurückverwiesen. Der Grund für die Aufhebung des Urteils waren allerdings nicht die Feststellungen zum versuchten Mord, sondern die Begehung von Straftaten im Straßenverkehr.[1084] Die Revision wurde u.a. damit begründet, der Angeklagte habe die Verwerflichkeit seiner Motive nicht erkannt, weil er archaischen Wertvorstellungen eines Teils der türkischen Gesellschaft über Ehe und Familie verhaftet sei. Der BGH lehnte dies zutreffend als fernliegend ab, weil der Angeklagte mittlerweile deutscher Staatsangehöriger sei und seit 1980 in Deutschland lebe.

Sowohl das Landgericht als auch der BGH haben objektiv auf deutsche Wertvorstellungen abgestellt, um die Niedrigkeit der Beweggründe festzustellen und haben zutreffend die Kenntnis der Niedrigkeit seiner Beweggründe als gegeben erachtet.[1085]

1.3.5 Fallbeispiel BGH, 2004

Der pakistanische Angeklagte wurde vom Landgericht wegen versuchten Totschlags verurteilt, weil er den Zeugen R töten wollte. Ursache des Motivs war, dass R im Besitz von sechs Portraitfotos der Tochter des Angeklagten war, die sie ohne Kopftuch zeigten. Zwei Tage vor der Tat forderte der Angeklagte eine öffentliche Entschuldigung des Opfers und drohte, ihn im Falle des Verweigerns zwei Tage später umzubringen. Zum vorgewarnten Zeitpunkt rief der Angeklagte mit einer Blutalkoholkonzentration von 2.37 Promille zunächst bei dem Opfer an, kündigte sich an und beschimpfte diesen. Mit einem Handbeil und einem Messer bewaffnet verlangte er an der Sprechanlage nach dem Opfer. Dieser sollte nach unten zur Haustür kommen, damit der Angeklagte ihn töten könne. Mangels Reaktion lief der Angeklagte dann bis zur Wohnungstür im dritten Stockwerk, klingelte und schlug gegen die Wohnungstür. Das ebenfalls

1084 Der Angeklagte fuhr die Geschädigte auf dem Betriebsgelände der Arbeitsstätte an. Es stellte sich daher die Frage, ob das Werksgelände in den Schutzbereich des § 315b StGB fiel.

1085 BGH 4 StR 377/03.

pakistanische Opfer befand sich während dieser Zeit mit seiner Familie auf dem Balkon, bis der Angeklagte von der Polizei festgenommen wurde.

Der BGH hob das Urteil des Landgerichts wegen versuchten Totschlags auf, weil das unmittelbare Ansetzen zur Tat fehlerhaft festgestellt worden war. Er geht jedoch ausführlich darauf ein, dass der neue Tatrichter sich mit der Frage der niedrigen Beweggründe vertieft auseinandersetzen muss. Das Landgericht habe lediglich die Feststellung getroffen, dass die Motive des Angeklagten nicht als auf niedriger Gesinnung beruhend zu werten seien. Eine Würdigung fehle gänzlich. Dabei habe es nahe gelegen, sich mit dieser Thematik auseinander zu setzen, da es um die Absicht ginge, jemandem mit dem Beil zu erschlagen, weil er Portraitfotos von der Tochter besessen habe.[1086] Ein solches Ehrverbrechen steht nach der Bewertung des Senats außerhalb der in Deutschland anerkannten Bewertungsverhältnisse. Wie in den übrigen Urteilen der aktuellen Rechtsprechung, stellt der BGH klar, dass etwas anderes nur gelten könne, wenn der Angeklagte wegen soziokultureller Prägung diese Wertungen nicht oder nur wesentlich eingeschränkt gekannt hat und daher nicht nachvollziehen konnte. Dies hat der BGH allerdings wegen des bereits elfjährigen Aufenthalts in Deutschland ausgeschlossen. Der Täter war also auch in diesem Fall strengen Ehrvorstellungen verhaftet, von denen er sich während des Aufenthaltes in Deutschland nicht lösen konnte. Allein die Tatsache, dass ein fremder Mann ein unverhülltes Bild seiner Tochter in Besitz hatte, war für die Motivation zur Tötung ausschlaggebend. Aus dem Sachverhalt ergibt sich, dass typischerweise auch das soziale Umfeld eine große Rolle spielte, da der Täter eine öffentliche Entschuldigung verlangte. Dass die geforderte Entschuldigung nicht erfolgte, führte mit großer Wahrscheinlichkeit zu einer zusätzlichen Demütigung, da in patriarchalischen Gesellschaften dies ein Zeichen für fehlende Ernstnahme darstellt und gewissermaßen den Stolz des Mannes verletzt. Maßgeblich für die Ansicht des BGH war auch die Aussage des Angeklagten vor dem Haftrichter „In Pakistan wäre das Opfer schon längst umgebracht worden“. Der BGH zog diese Aussage heran, um das Bewusstsein des Täters über die Bewertungsunterschiede klar zu stellen. Eine Feststellung, wie die Tat in Pakistan beurteilt werden würde, ob sie gerechtfertigt oder milder zu bestrafen wäre, sei nicht erfolgt.[1087]

1.3.6 Fallbeispiel BGH, 2007

Ein 47-jähriger türkischer Imam lebte seinen heimatlichen Wertvorstellungen eng verbunden und streng religiös in Deutschland. Im Sommer 2006 schickte er seine Tochter in die Türkei und veranlasste die religiöse Trauung zwischen seiner Tochter und seinem Neffen, den die Tochter nicht kannte. Bevor es zu einer

1086 BGH 2 StR 281/04.
1087 BGH 2 StR 281/04.

standesamtlichen Trauung kam, wurde die religiöse Trauung wieder aufgelöst. Der Vater drohte seiner Tochter mit dem Tod, falls diese in die Eheschließung nicht einwilligte. Darauf floh die Tochter in die Türkei zu ihrem Lebensgefährten, den sie auch heiraten wollte. Der Angeklagte forderte seinen minderjährigen Sohn dazu auf, der Schwester in die Türkei zu folgen und diese zu töten. Der Sohn erzählte seinem Lehrer von den Geschehnissen, der die Ermittlungsbehörden einschaltete.

Das Landgericht verurteilte den Angeklagten unter anderem wegen versuchter Anstiftung zum Mord aus niedrigen Beweggründen zu einer Gesamtfreiheitsstrafe von fünf Jahren und sechs Monaten. Die eingelegte Revision hatte keinen Erfolg. Objektiv wurde das Tötungsmotiv nach deutschen Wertmaßstäben als besonders verwerflich eingestuft. Der streng religiöse Glaube und die enge Verbundenheit an die heimatlichen Wertvorstellungen veranlassten zutreffend weder das Landgericht noch den BGH zur Ablehnung der Kenntnis über die Niedrigkeit seiner Beweggründe.[1088]

1.3.7 Fallbeispiel BGH, 2007

Nicht um einen „Ehrenmord" sondern um ein Ehrverbrechen geht es in dem nächsten Fall, in dem anhand eines BGH-Urteils die Strukturen der Ehre noch einmal verdeutlicht werden können. Der kurdisch-yezidische Täter sollte durch die Eltern arrangiert seine 20-jährige Cousine heiraten. Das Opfer wollte ihn nicht heiraten, weil es heimlich einen Freund hatte. Der Vater des Täters finanzierte eine große Verlobungsfeier mit 200 Gästen. Nach der Verlobung äußerte die junge Frau ihren Wunsch, nicht heiraten zu wollen. Zwei Monate nach der Verlobung im September 2005 entführten der Täter, sein Bruder und sein Cousin das Opfer nach Belgien in den Haushalt von Bekannten. Falls die junge Frau ihren Entschluss, ihn nicht heiraten zu wollen, nicht umändern würde, sollte sie sterben. Schließlich kamen auch ihre Angehörigen nach Belgien und redeten auf sie ein. In der Hoffnung, nach Hause gebracht zu werden, war sie mit der Eheschließung einverstanden. Für die Ehewilligkeit wollten die Angehörigen allerdings einen Beweis, und zwar in Form des Geschlechtsverkehrs. Täter und Opfer waren dann alleine im Schlafzimmer. Das Opfer schlug vor, den Geschlechtsverkehr nur vorzutäuschen, der Täter lehnte dies ab. Aus Angst, nicht mehr nach Hause zu kommen, gab das Opfer den Widerstand auf und ließ den Geschlechtsakt über sich ergehen. Als es das Blut nach der Entjungferung sah, brach es den Geschlechtsverkehr ab, da der Beweis erbracht war. Damit war der Angeklagte einverstanden, obwohl er keinen Samenerguss hatte. Den Angehörigen wurde das blutige Tuch gezeigt, diese gratuliertem dem Zwangspaar und brachten das Opfer zurück nach Deutschland. Das Landgericht verurteilte den Täter wegen eines minder schweren Falles der Geiselnahme in Tateinheit mit

---

1088 BGH 2 StR 421/07.

Vergewaltigung und verhängte eine milde Strafe von zwei Jahren, die zur Bewährung ausgesetzt wurde. Auf die Revision der Staatsanwaltschaft billigte der BGH die milde Strafe des Landgerichts. Das Landgericht hatte mildernd berücksichtigt, dass der Angeklagte geständig war, dem Opfer daher die Vernehmung erspart wurde, er Reue und Einsicht gezeigt hatte, sich entschuldigt hatte, sich in den zerstrittenen Familien wegen der fehlgeschlagenen Ehe für das Opfer einsetzen wollte, er dem Erwartungsdruck der Familie genügen wollte, das Opfer eigentlich nicht vergewaltigen wollte, sondern die Idee von der Familie entstammte und es ihm nicht um die sexuelle Befriedigung ging. Zu Lasten des Angeklagten wurden die Lebensumstände des Opfers während des Strafverfahrens berücksichtigt. Das Opfer musste in ein Zeugenschutzprogramm aufgenommen werden und hat erhebliche Einbußen an seiner Lebensqualität erlitten.

Der BGH stellte keine Rechtsfehler fest und stellte klar, dass die Gesamtwürdigung rechtsfehlerfrei war. Das Landgericht habe das deutsche Strafrecht und seine Wertvorstellungen nicht in Frage gestellt. Es habe lediglich berücksichtigt, dass der Täter und das Opfer aus einem anderen Kulturkreis stammen und dass der Angeklagte unter dem Erwartungsdruck der Familie eine geringere Hemmschwelle zu überwinden hatte.[1089]

Die Entscheidung des BGH ist im Hinblick auf die aktuelle Rechtsprechung und der Maßgabe deutscher Wertvorstellungen nicht zufriedenstellend: Gerade in „Traditionsmorden“ ist es immer die Familie, die den Täter unter Druck setzt und zur Tötung verleitet. Selbst wenn die Familie der „geistige Urheber“ der Vergewaltigung war und die sexuelle Befriedigung des Täters nicht im Vordergrund stand, hat er den Geschlechtsakt mit dem Opfer gegen dessen Willen vollzogen. In dem Kulturkreis des Täters ist dieser sich bewusst gewesen, dass dies einen erheblichen „Schaden“ für das Mädchen darstellte, wenn es ihn nicht heiraten würde. Der Täter allein hat im Ergebnis das sexuelle Selbstbestimmungsrecht des Opfers verletzt. Er war mit dem Opfer allein im Schlafzimmer und hat sich auf den Vorschlag, den Geschlechtsverkehr nur vorzutäuschen, nicht eingelassen. Das Blut auf dem Tuch als Nachweis für die Ehewilligkeit hätte auch durch Selbstverletzung am Finger erbracht werden können. Zumal dies eine allgemein bekannte Praxis für die Fälle ist, in denen in der Hochzeitsnacht wegen fehlender Virginität kein Blut gezeigt werden kann und der Bräutigam eine Lösung für seine traditionelle Familie schafft. Der Täter hat aber den Weg des Geschlechtsverkehrs bevorzugt. Selbst wenn das Opfer einen Monat nach der Tat den Freund geheiratet hat und mit einer milden Strafe zur Befriedigung der Situation einverstanden war, ist die Strafzumessung aus generalpräventiven Aspekten nicht zufrieden stellend.[1090]

1089 BGH 4 StR 514/06.

1090 In zwei weiteren Fällen hat der BGH seine aktuelle Rechtsprechung bejaht: 1. Das Landgericht Bremen verurteilte die Täter wegen gemeinschaftlichem Totschlag zu 13 und 15 Jahren Freiheitsstrafe, weil sie zwei PKK-Mitglieder töteten, die heimlich gegen den Willen des Vaters der jungen Frau geheiratet hatten. Der Vater verlangte von der

2. Heimtückischer Mord

Neben dem Mord aus niedrigen Beweggründen spielt auch der heimtückische Mord für Ehrverbrechen eine nicht unbedeutende Rolle. Heimtückisch handelt, wer mit feindlicher Willensrichtung die Arg- und Wehrlosigkeit des Opfers bewusst zur Tat ausnutzt.[1091] Arglos ist das Opfer, wenn es sich im Zeitpunkt der Tat keines Angriffs von Seiten des Täters versieht.[1092] Wehrlos ist das Opfer, wenn es aufgrund seiner Arglosigkeit keine oder nur eine reduzierte Möglichkeit zur Verteidigung besitzt.[1093] Der Täter darf dem Opfer nicht in offen feindseliger Haltung entgegentreten.[1094]

2.1 Fallbeispiel des BGH, 1981

Ein klassischer „Ehrenmord" ereignete sich im Jahr 1981, den das Schwurgericht als heimtückischen Mord verurteilte. Nach Revisionseinlegung legte der Senat die Sache dem Großen Senat für Strafsachen vor, weil nach seiner Auffassung die Fortbildung des Rechts eine Entscheidung des Großen Senats erforderte.

Dem Fall lag folgender Sachverhalt zugrunde: Der Täter war der Neffe des Opfers, der mit vorgehaltener Pistole die Ehefrau des Neffen vergewaltigte. Die Ehefrau erzählte dem Ehemann zunächst nichts von der Vergewaltigung, distanzierte sich allerdings von dem Ehemann, weil der Vergewaltiger sein Onkel war. Erst als sie sich zur Scheidung entschloss, offenbarte sie auch die Vergewaltigung. Fünf Monate später, als der Angeklagte seinen Onkel traf, sprach er ihn zunächst auf ein nicht zurückgezahltes Darlehen an. Dieser habe darauf ge-

---

PKK die Wiederherstellung seiner Ehre. Das Landgericht hatte das Vorliegen niedriger Beweggründe verneint. Die Revision der Staatsanwaltschaft, die die Verurteilung wegen Mordes begehrte, hatte Erfolg. Maßgeblich zur Feststellung der Niedrigkeit eines Beweggrundes waren deutsche Wertvorstellungen. Nur ausnahmsweise kommt eine Bestrafung wegen Totschlags in Betracht, wenn der Täter die Niedrigkeit nicht erkannt hat oder sie nicht nachvollziehen konnte, vgl. BGH 5 StR 538/01, StV 2003, 21 f.

2. In einem weiteren Fall, in dem es bei einer versuchten Tötung nicht um die Geschlechtsehre, sondern um die Ehre im Sinne der Beleidigungsdelikte ging, hat der BGH auch auf die bisherige Bewertung abgestellt, indem er klargestellt hat, dass der Maßstab für die Bewertung der Beweggründe der deutschen Rechtsgemeinschaft zu entnehmen ist und nur ausnahmsweise der Mord ausscheidet, wenn der Täter die Bewertung seiner Handlungsantriebe nicht nachvollziehen kann. Der BGH bestätigte die Revision der Staatsanwaltschaft in dem Punkt, dass die Annahme einfacher Beleidigungen, die Tötung von Menschen zu einer Ehrensache machen würde, auch in fremden Kulturkreisen durchaus fernliegend sei, da zwischen Anlass und Tat ein eklatantes Missverhältnis bestehen würde, vgl. BGH 1 StR 195/05, NStZ 2006, 284 ff.

1091 BGHSt 2, 60; 3, 183, 186; 329, 331; 8, 216, 218; 11, 139, 144.

1092 BGHSt 27, 324.

1093 Schönke/Schröder-Eser, 2006, § 211, Rn. 24a.

1094 BGHSt 20, 301 (302).

antwortet, „er habe schon die Frau des Angeklagten gevögelt und werde auch ihn vögeln und ihn töten“, er solle verschwinden. Möglicherweise habe der Onkel dem Angeklagten noch eine Waffe vor das Gesicht gehalten und ihm gedroht, er habe nicht mehr lange zu leben. In seiner Ehre fühlte sich der Angeklagte gröblichst verletzt. Nach Tatplan begab sich der Angeklagte in ein Lokal, wo er seinen Onkel vermutete, setzte sich an die Theke und feuerte 14-16 Schüsse auf den Onkel, der sich keines Angriffs versah.

Das Landgericht verurteilte den Angeklagten wegen heimtückischen Mordes zu einer lebenslangen Freiheitsstrafe. Die Revision des Angeklagten führte letztendlich zur Vorlage der Sache beim Großen Senat für Strafsachen.[1095] Dazu führte der Senat an, das BVerfG erfordere eine besonders strenge Prüfung am Maßstab des Verhältnismäßigkeitsgrundsatzes, weil die lebenslange Freiheitsstrafe einen außerordentlich schweren Eingriff in die Grundrechte des Betroffenen darstelle.[1096] Zum Mordmerkmal Heimtücke habe das BVerfG auf die Möglichkeit einer einschränkenden Auslegung hingewiesen. Danach können Fälle erfasst werden, die nicht besonders verwerflich seien und daher eine lebenslange Freiheitsstrafe unverhältnismäßig erscheine.[1097] Im vorliegenden Fall war der Senat der Ansicht, der Angeklagte sei ohne eigene Schuld von dem Onkel schwer beleidigt worden, das Opfer habe seine Frau vergewaltigt und zu Dritten darüber gesprochen, er habe den Angeklagten gekränkt und mit dem Tode bedroht. Daher könne seine Tat nicht als besonders verwerflich gewertet werden. Im Hinblick auf die Grundsätze des BVerfG sei auch die Verhängung der lebenslangen Freiheitsstrafe nicht gerechtfertigt.[1098] Dem Großen Senat für Strafsachen legte der 4. Strafsenat die Rechtsfrage vor, ob das Mordmerkmal der Heimtücke zu verneinen ist, wenn der Täter zur Tat dadurch veranlasst worden ist, dass das Opfer ihn oder einen nahen Angehörigen schwer beleidigt, misshandelt und mit dem Tode bedroht hat, und die Tatausführung über die bewusste Ausnutzung der Arg- und Wehrlosigkeit des Opfers hinaus nicht besonders verwerflich ist. Der Große Senat hielt bei seiner Entscheidung an einer Verurteilung wegen heimtückischen Mordes fest, auch wenn außergewöhnliche Umstände vorliegen würden, auf Grund welcher die Verhängung lebenslanger Freiheitsstrafe als unverhältnismäßig erscheine. Es sei allerdings der Strafrahmen des § 49 Abs. 1 Nr. 1 StGB anzuwenden. Wann ein außergewöhnlicher Umstand vorliege, der das Ausmaß der Schuld erheblich mindere, könne nicht abschließend definiert werden. Ein außergewöhnlicher Umstand könne vorliegen, wenn

- eine Tat durch eine notstandsnahe, ausweglos erscheinende Situation motiviert war,

1095 4 StR 430/80.
1096 BVerfGE 45, 187, 223 ff.
1097 BVerfGE 45, 187, 226.
1098 4 StR 430/80.

- sie in großer Verzweiflung begangen wurde,
- sie aus tiefem Mitleid, aus gerechtem Zorn, auf Grund einer schweren Provokation begangen wurde,
- sie in einem vom Opfer verursachten und ständig neu angefachten, zermürbenden Konflikt geschehen ist,
- oder in schweren Kränkungen des Täters durch das Opfer, die das Gemüt immer wieder heftig bewegen, begründet war.[1099]

Im vorliegenden Fall führte der kulturelle Hintergrund des Täters zur Annahme eines außergewöhnlichen Umstands und zur Aufhebung des Strafausspruchs.[1100] Die Annahme eines außergewöhnlichen Umstands bei einer Tat „aus gerechtem Zorn auf Grund einer schweren Provokation" erinnert an die Argumente der türkischen Rechtsprechung, die bei einer Verletzung der Geschlechtsehre angenommen wurde. Der gerechte Zorn oder die schwere Provokation kann allerdings nach deutscher Rechtsprechung im Gegensatz zur türkischen Rechtslage nicht in der sexuellen Selbstbestimmung des weiblichen Familienmitglieds liegen.

Auf das Vorliegen niedriger Beweggründe geht der BGH in seinem Urteil nicht ein.

2.2 Fallbeispiel des BGH, 1982

Die Bindung an fremde Wertvorstellung führte in der Rechtsprechung nicht immer zur Strafmilderung gemäß § 49 Abs. 1 Nr. 1 StGB und dem Ausschluss der lebenslangen Freiheitsstrafe, wie dieser Fall aus dem Jahr 1982 verdeutlicht. Der Angeklagte kam mit 13 Jahren aus Griechenland nach Deutschland und heiratete 1975 die griechische Mitangeklagte S. Nach der Hochzeitsnacht vermutete er, seine Ehefrau sei nicht jungfräulich in die Ehe gegangen. Dies belastete ihn lange Jahre, bis die Ehefrau mitteilte, dass sie vor der Ehe eine intime Beziehung zu dem Opfer hatte. Der Angeklagte fühlte sich in seiner Ehre tief gekränkt und teilte seiner Ehefrau mit, sie oder ihr ehemaliger Geliebter müssten sterben. Er plante schließlich, den ehemaligen Geliebten M zu erstechen. Ein zufälliges Antreffen des M in der Folgezeit führte zu einem Gespräch über die ehemalige Beziehung, in dem das Opfer angab, auch nach der Eheschließung geschlechtlichen Verkehr mit der Ehefrau gehabt zu haben. Das Gespräch endete in einer Auseinandersetzung. Entsprechend dem gemeinsamen Tatplan

---

1099 BGH GSSt 1/81.

1100 In einem weiteren Fall aus dem Jahr 1981 hob der BGH den Strafausspruch der lebenslangen Freiheitsstrafe auf. Der türkische Angeklagte, der seinen Wertvorstellungen verhaftet geblieben war, tötete das Opfer, weil dieser Geschlechtsverkehr mit seiner Ehefrau hatte. Durch den Ehebruch war der Angeklagte tief in seiner Ehre verletzt. Zudem beleidigte ihn seine Ehefrau als ehrlos und drohte ihm mit dem Tod. Außerdem war der Angeklagte davon überzeugt, das Opfer werde ihn töten. Der BGH sah das Vorliegen außergewöhnlicher Umstände als möglich an, vgl. BGH 3 StR 35/81, NStZ 1982, 69.

lockte die Ehefrau das Opfer unter dem Vorwand, der Ehemann befinde sich im Urlaub, in die eheliche Wohnung. Nach Annäherungsversuchen versetzte der Angeklagte dem Opfer aus dem Hinterhalt mit einem Beil wuchtige Schläge, bis das Opfer verstarb.

Das Landgericht verurteilte die Angeklagten wegen heimtückischer Tötung zum Mord.[1101] Die Frage, ob eine lebenslängliche Freiheitsstrafe unverhältnismäßig erscheinen würde, wenn außergewöhnliche Umstände[1102] vorlägen, hat das Schwurgericht verneint. Die Revision der Angeklagten blieb erfolglos. Auf die Ablehnung der niedrigen Beweggründe geht der BGH nicht ein. Dies hat den Grund darin, dass die Revision mit der Sachrüge allein auf die Rechtsfolge beschränkt war. Der BGH zieht allerdings eine Parallele zu den niedrigen Beweggründen, in dem er argumentiert, dass die besonderen Anschauungen und Wertvorstellungen des Täters nicht nur bei der Bewertung der niedrigen Beweggründe, sondern auch bei der Frage, ob die Verhängung der lebenslangen Freiheitsstrafe unverhältnismäßig wäre, von Bedeutung ist. Dies wäre der Fall, wenn außergewöhnliche Umstände vorlägen.[1103] Dann müsste es sich bei der vorliegenden Tat um einen „Grenzfall" gehandelt haben, in dem die Verhängung der lebenslangen Freiheitsstrafe trotz der Schwere des begangenen Unrechts wegen erheblich geminderter Schuld unverhältnismäßig gewesen wäre.[1104] Im Einzelfall könnten fremdkulturelle Anschauungen den Täter in seelische Bedrängnis oder Erregung bringen, die ihn aus seiner Sicht zwingend zur Tat veranlassen würden. In den Fällen sei eine Schuldminderung angebracht. Bei diesem heimtückischen Mord sei dies allerdings nicht der Fall gewesen. Der Angeklagte habe sich zwar in der fehlenden Virginität einer Täuschung ausgesetzt gesehen, seine Herkunft und Erziehung ermögliche ihm nur schwer die Hinnahme dieser Tatsache. Allerdings habe der Täter mit seiner Frau fünf Jahre zusammengelebt und die Beziehung sei zu einer Zeit vor der Ehe gewesen.[1105] Der BGH argumentiert hier ähnlich wie die ehemalige türkische Rechtsprechung, in dem er den Mord tatbestandlich annimmt und auf der Rechtsfolgenseite die Wertvorstellung zu berücksichtigen sucht. Argumentiert die türkische Rechtsprechung für die Strafmilderung mit einer seelischen Zwangslage, einem heftigen Schmerz und Zorn, so begründet dies die deutsche Rechtsprechung hier mit „schwerer seelischer Bedrängnis oder Erregung".

Geht man von der Wertewelt des Angeklagten aus, so lag die „schwere seelische Bedrängnis oder Erregung" unzweifelhaft vor. Bei der Bewertung der Schuld und Ablehnung der Strafmilderung argumentiert die Rechtsprechung

---

1101 BGH 3 StR 228/82, NJW 1983, 55.
1102 Im Sinne der Entscheidung des Großen Senats für Strafsachen BGH GSSt 1/81.
1103 Vgl. BGH NStZ 1982, 69.
1104 BGHSt 30, 105 (118).
1105 BGH 3 StR 228/82, NJW 1983, 56.

allerdings wie auch in der objektiven Ebene[1106] mit deutschen Wertvorstellungen: Er begründet die Verneinung dieser Zwangslage mit dem fünf jahrelangen Fortbestand der Ehe, trotz Kenntnis des gesamten Umstandes. Für die Ehrverletzung war nicht maßgeblich, dass die sexuelle Beziehung der Ehefrau zeitlich vor der Ehe lag und somit keine Gefahr für die eigene Ehe bestand oder befürchtet werden musste, dass das Opfer die eheliche Gemeinschaft stört. Maßgeblich war allein, dass die Ehefrau vor der Ehe Geschlechtsverkehr mit einem anderen Mann hatte und nicht jungfräulich in die Ehe gegangen war. Der Einwand, der Täter habe fünf Jahre mit der Frau zusammengelebt, ist zwar ein nachvollziehbarer Einwand, ein Einwand der allerdings nur auf die auf Individualität gerichtete westliche Perspektive abstellt. Für den Täter wäre es höchst wahrscheinlich ein größeres Übel gewesen, sich von der Ehefrau zu trennen, da dies durch Angehörige missbilligt worden wäre. Auch nach dem Vergehen mehrerer Jahre hätte der Angeklagte den Mangel der Ehrverletzung nach seiner Wertvorstellung beseitigen müssen und sich in seelischer Bedrängnis befunden.

2.3 Fallbeispiel des BGH, 2005

Der aus Anatolien stammende Angeklagte erschoss den Mann, den er für den Geliebten seiner Frau hielt. Hintergrund der Tat war die Mitteilung einer Bekannten vor einigen Jahren, die Frau des Angeklagten habe mit dem Opfer Tee getrunken, als der Täter nicht zuhause war. Einige Wochen vor der Tat sei das Opfer aus seiner Wohnung gegangen und habe ihn beim Vorbeilaufen geschubst. Zuhause habe er auf dem Tisch zwei Teegläser gesehen. Von einem Verhältnis zwischen dem Opfer und seiner Frau ging der Angeklagte sicher aus. Vor diesem Hintergrund handele es sich um eine Sache der Ehre. Das Landgericht verurteilte den Angeklagten wegen eines heimtückischen Mordes zu einer lebenslangen Freiheitsstrafe. Der BGH hob das Urteil wegen Überschreitens der Urteilsabsetzungsfrist auf. Das Landgericht nahm dann außergewöhnliche Umstände an und verurteilte den Täter zu einer Freiheitsstrafe von 13 Jahren. Die Staatsanwaltschaft legte Revision ein und beschränkte das Rechtsmittel auf den Strafausspruch. Die Revision hatte Erfolg. Die niedrigen Beweggründe hat das Landgericht nicht nachvollziehbar abgelehnt. Obwohl der Angeklagte in der Hauptverhandlung äußerte, er habe die Tat um seiner Ehre Willen begangen, kommt das Landgericht zu dem Entschluss, eine sichere Aufklärung der Motivation sei nicht möglich gewesen. Es sei von dem Motiv auszugehen, „der Angeklagte sei subjektiv auf Grund einer überwertigen Idee von einem ehewidrigen Verhältnis zwischen seiner Ehefrau und dem Opfer überzeugt gewesen“.[1107]

1106 Dieses Urteil fällt in die zweite objektive Phase: Niedrige Beweggründe wurden bereits tatbestandlich ausgeschlossen, weil die besonderen Anschauungen und Wertvorstellungen des Angeklagten, der seiner heimatlichen Kultur verhaftet war, besondere Berücksichtigung fand, vgl. BGH 3 StR 228/82, NJW 1983, 56.

1107 BGH 1 StR 30/05.

Gerade dieser Sachverhalt (das ehewidrige Verhalten der Ehefrau), ist objektiv betrachtet ein Fall des klassischen „Ehrenmordes“. Im Hinblick auf die subjektive Ebene äußerte der Angeklagte, es habe sich um eine Sache der Ehre gehandelt. Das Landgericht hätte hierauf näher eingehen müssen. Stattdessen stellt das Landgericht auf das Vorliegen außergewöhnlicher Umstände ab, um die Strafe entsprechend mildern zu können. Die außergewöhnlichen Umstände sieht das Landgericht in der „überwertigen Idee“ einer außerehelichen Beziehung zwischen seiner Ehefrau und dem Opfer. Diese Idee habe sich bei dem Angeklagten so verfestigt, dass sich die Gesundheit des Angeklagten einige Wochen vor der Tat massiv verschlechtert habe. Die eingetretene Krankheit habe zu einer Überforderung des Angeklagten geführt, er sei mit ihr nicht mehr fertig geworden und sie habe auch seine berufliche Tätigkeit beeinflusst. Folge sei die Verunsicherung seiner männlichen Rolle gewesen, die zu einer persönlichen Krise geführt habe. Zur Begründung der außergewöhnlichen Umstände zieht das Landgericht die Herkunft und die Prägung des Angeklagten heran, die ihm keine Möglichkeit gegeben hätten, Abstand von der „überwertigen Idee“ zu gewinnen. In seiner Heimat sei die Rolle des Mannes besonders hervorgehoben. Bis heute habe sich der Angeklagte von diesen Wertvorstellungen nicht distanzieren können. Das Landgericht zieht also als Begründung für das Vorliegen außergewöhnlicher Umstände ein patriarchalisches Familiengefüge heran, um von der lebenslangen Freiheitsstrafe abzusehen. Zutreffend hat der BGH auf die normativen Anforderungen der Rechtsgemeinschaft der Bundesrepublik abgestellt und außergewöhnliche Umstände abgelehnt. Dies gelte selbst dann, wenn der Angeklagte in seinen anatolischen Wertvorstellungen noch befangen war und sich von diesen nicht lösen konnte.[1108]

Der BGH hat verdeutlicht, dass das Verhaftetsein in heimatliche Wertvorstellungen bei heimtückischen Tötungen nicht vorschnell zu einer Annahme außergewöhnlicher Umstände und einer Ablehnung lebenslanger Freiheitsstrafe führen darf.

Die Fallbeispiele des BGH zum heimtückischen Mord lassen die Schlussfolgerung zu, dass die fremdkulturelle Wertvorstellung Ehre in besonderen Ausnahmefällen die Annahme außergewöhnlicher Umstände begründen kann, mit der Folge der Unverhältnismäßigkeit der lebenslangen Freiheitsstrafe und einer Strafmilderung gemäß § 49 Abs. 1 Nr. 1 StGB.

3. Weitere Fallbeispiele

Die Rechtsprechungsauswertung der vergangenen Jahre zeigt einige Urteile, bei denen vorschnell bei Vorliegen fremdkultureller Wertvorstellungen von einer Ehrverletzung gesprochen wurde. Dies ist auf die bisherigen Unklarheiten im

---

1108 BGH 1 StR 30/05.

Hinblick auf den Ehrbegriff zurückzuführen. Dabei hat der türkische Ehrbegriff viele Facetten und kann Stolz, Achtung, gesellschaftliche Stellung, Würde u.ä. ausdrücken,[1109] wenn der Angeklagte in der Hauptverhandlung von einer verletzten Ehre spricht. Es kann sich in solchen Fällen vielmehr auch um Gewaltdelikte innerhalb der Familie handeln, wie sie von inländischen Wertvorstellungen umfasst sein können. Die Geschlechtsehre, die bei klassischen „Ehrenmorden" zwingend verletzt sein muss, ist leicht abzugrenzen, da ein Vergehen oder Verbrechen begangen wird, weil sich das weibliche Familienmitglied oder eine nahe Angehörige nach der Wertewelt des Täters „unkeusch" Verhalten hat.

3.1 Fallbeispiel des BGH, 2003

In einem Fall aus dem Jahr 2003 bemängelte der BGH die fehlenden Erläuterungen zur subjektiven Komponente der niedrigen Beweggründe. Die Revision des Angeklagten hatte teilweise Erfolg. Die Ehe des chinesischen Ehepaars, das im Jahr 1996 eingereist war, funktionierte nicht mehr. Die Ehefrau hatte sich daher von dem Ehemann entfremdet und wollte einen Deutschen heiraten. Nach einem Streit, in dem sich die Ehefrau gegen den Angeklagten aufgelehnt hatte, wollte er sie mit dem Tode bestrafen.[1110] Ob es sich tatsächlich um eine verletzte Ehre des Ehemannes handelte oder um Gewalt in der Ehe, angewandt von einem rückständigen gewaltbereiten Mann, ist äußerst fraglich. Weder das Landgericht, noch der BGH erläutern das Vorliegen fremder Wertvorstellungen, denen der Täter verhaftet geblieben ist. Diese scheinen auch nicht von der Verteidigung vorgetragen worden zu sein, da der BGH lediglich erwähnt, die Ablehnung einer Einschränkung der niedrigen Beweggründe mit Rücksicht auf den Kulturkreis, aus dem der Angeklagte stammt, sei zutreffend. In Anbetracht der geistig seelischen Befindlichkeit des Angeklagten bei der Tatbegehung sei dies allerdings unerlässlich gewesen.[1111]

3.2 Fallbeispiel des BGH, 2007

Um das Mordmerkmal der niedrigen Beweggründe handelt es sich auch im vorliegenden Fall aus dem Jahr 2007. Täter und Opfer entstammen einer afghanischen Familie, die seit mehreren Jahren in Deutschland leben. Zwei Angeklagte sind die Söhne der D.M. aus erster Ehe, ein Angeklagter ist der Neffe der beiden Angeklagten. Der Vater der zwei Angeklagten ist verstorben. Aus der zweiten Ehe entstanden zwei weitere Söhne, der jüngere dieser Söhne ist das Opfer der Tötungshandlung. Es kam in der Familie oft zu Streitigkeiten, worauf der Angeklagte K. Ka. von seiner Mutter die Übertragung ihres Erbanteils verlangte und mit der Tötung eines ihrer Söhne drohte. Trotz Hausverbots drangen

1109 Vgl. dazu die verschiedenen Ehrbegriffe unter A.II.
1110 BGH 5 StR 373/03.
1111 BGH 5 StR 373/03.

beide Angeklagte wegen dieser Forderung in die Wohnung der Mutter. K. Ka. tritt die Tür des Schlafzimmers ein, wohin die Mutter und ihr Ehemann geflüchtet waren. Der Ehemann der Mutter stach mit einem Dekorationsdolch in den Rücken des K. Ka., der erhebliche Verletzungen erlitt. Nach Entlassung aus der stationären Behandlung trafen sich die Angeklagten, tranken Alkohol und sprachen über die vorgefallenen Ereignisse. K. Ka. fühlte sich nach den Feststellungen des Landgerichts tief in seiner Ehre verletzt, worauf alle beschlossen, ein Familienmitglied aus der Familie der Mutter zu verletzen. Daraufhin fuhren die Angeklagten zur Wohnung der Mutter, versteckten sich draußen und töteten den jüngsten Sohn der Mutter, nachdem dieser versucht hatte, zu fliehen. Das Landgericht verurteilte die Angeklagten wegen mittäterschaftlichen Totschlags. Die niedrigen Beweggründe lehnte es ab, weil eine Spontantat vorgelegen habe. Auf die Revision der Staatsanwaltschaft und des Nebenklägers wurde das Urteil an das Landgericht zurückverwiesen. Der BGH stellt fest, dass die Begründung, mit der das Landgericht die niedrigen Beweggründe abgelehnt hat, rechtlicher Überprüfung nicht standhielt. Das Landgericht hat angenommen, K. Ka. habe das Opfer aus Rache und Wut getötet. Unklar sei, ob das Landgericht bereits objektiv das Vorliegen niedriger Beweggründe ablehnen wollte, weil der Angeklagte einem Kulturkreis entstamme, in dem der Stellenwert der Ehre besonders betont werde. Der BGH stellte klar, dass dieser Umstand objektiv nicht zu berücksichtigen sei. Subjektiv bleibe unklar, ob das Landgericht die Kenntnis der niedrigen Beweggründe verneinen wollte. Es sei nicht dargelegt worden, ob dem Täter die Fähigkeit fehlte, die in Deutschland gültigen abweichenden sozialethischen Bewertungen seiner Motive zu erfassen.[1112]

Das Problem der Definition einer „schwerwiegenden Ehrverletzung" ergibt sich auch in diesem Fall. Nicht ganz eindeutig und wenig nachvollziehbar ist, worauf der BGH abstellt, wenn von einer Ehrverletzung gesprochen wird und daraufhin das Vorliegen niedriger Beweggründe geprüft wird. Die Feststellungen des Landgerichts deuten vielmehr auf eine geplante Verletzungshandlung aus Rache zur Vortat, bei der K. Ka. mit einem Dolch verletzt wurde. Eine Ehrverletzung ist m.E. völlig abwegig, selbst wenn der Angeklagte K. Ka. dies in der Hauptverhandlung so behauptet hat und eher einen gekränkten Stolz seiner Männlichkeit meinte und den ein inländischer Täter ebenso verletzt sehen kann, wie ein ausländischer Täter.

Der BGH hat in einer anderen Entscheidung aus dem Jahr 2000 einen Mord aus niedrigen Beweggründen angenommen, weil der Angeklagte aus Hass gegen die Familie des Geschädigten und Wut wegen der berechtigten Abwehrversuche handelte. Zutreffend hat er festgestellt, es sei in diesem Zusammenhang ohne Bedeutung, ob der Angeklagte aufgrund seiner fremden Wertvorstellungen besonderen Ehrvorstellungen unterliege.[1113]

1112 BGH 2 StR 306/07.
1113 BGH 1 StR 199/00.

3.3 Fallbeispiel des BGH, 1997

Im vorliegenden Fall verurteilte das Landgericht den Angeklagten wegen heimtückischer Tötung. Der 16-jährige Angeklagte tötete den Inhaftierten S, der ein Jahr zuvor den Bruder des Angeklagten getötet und eine Verwandte schwer verletzt hatte und zu elf Jahren Freiheitsstrafe verurteilt wurde. Der Angeklagte hatte sich vorgenommen, seinen Bruder zu rächen, als er von der Behandlung des Inhaftierten in einem Krankenhaus erfuhr. Am Tattag wartete der Angeklagte vor dem Krankenhaus, bis S in dem Gefangenentransportwagen saß und feuerte durch ein Außenfenster in das Fahrzeug. S verstarb an den acht Schüssen, die ihn getroffen hatten. Obwohl sich zunächst eine Blutrache aufzudrängen versucht, lehnte der BGH das Vorliegen niedriger Beweggründe ab und stellte fest, eine Veranlassung durch die Familie läge nicht vor. Der Angeklagte sei von deutschen Wertmaßstäben geprägt und habe aus persönlichen Motiven gehandelt.[1114] Hier geht der BGH zutreffend nicht davon aus, der Angeklagte habe sich in seiner Ehre verletzt gefühlt und habe deswegen seinen Bruder gerächt. Die durch die Tötung eines Familienangehörigen ausgelöste Tötung einer anderen Person, insbesondere des Täters der Vortat, darf nicht ohne Einzelfallprüfung der Blutrache zugeordnet werden, da die Blutrache vielen ethnischen Gruppen in der Türkei fremd ist.

4. Literatur

Die Literatur kritisiert, dass die Rechtsprechung für „Ehrenmorde" bislang keine systematische Lösung gefunden hat.[1115] Ob und wann sie die Strafe mildert, könne nicht einheitlich beantwortet werden.

In der Literatur selbst gehen die Meinungen auseinander, inwieweit in der Gesamtwürdigung der Tat besondere heimatliche Wertvorstellungen Berücksichtigung finden sollen.[1116] Hinsichtlich der Frage nach einer Strafmilderung ist die Tendenz deutlich, der aktuellen Rechtsprechung zuzustimmen.

1114 BGH 5 StR 548/97, StV 1998, 130 f.

1115 Valerius, 2008, S. 915; Küper, 2006, S. 608 ff.; Saliger, 2003, S. 22.

1116 Befürwortend: Maurach/Schröder/Maiwald, 2003, S. 46; NK-Neumann, 2005, § 211, Rn. 30; Saliger, 2003, S. 23; Wessels/Hettinger, 2007, S. 31; ablehnend: Momsen, 2003, S. 238; Otto, 2003, S. 617; LK-Jähnke, 2005, § 211, Rn. 37; Fischer, 2008, Rn. 29; Krey/Heinrich, 2008, S. 16; Küper, 2006, S. 610; MüKo-Schneider, 2003, § 211, Rn. 94; Trück, 2004, S. 497 ff.; Erbil, 2008, S. 191; Pohlreich, 2009, S. 249; Krais, 2009, S. 71.

4.1 Mindermeinung

Die Mindermeinung vertritt zur Fragestellung, ob bei einem Migranten niedrige Beweggründe vorliegen, die Ansicht, dass die heimatlichen Anschauungen zu berücksichtigen sind.[1117]

Der Täter könne nicht für die Normen seiner heimatlichen Sozialordnung verantwortlich gemacht werden. Wenn der Täter also nach anderen Standards einer ihn prägenden Kultur handle, sei dies zu seinen Gunsten zu berücksichtigen. Andernfalls würde er für eine fehlerhafte Sozialisation zur Verantwortung gezogen, was mit dem strafrechtlichen Schuldprinzip nicht vereinbar sei. In dieser Ansicht läge nicht die Relativierung der deutschen Rechtsordnung. Welche Erwartungen an den seit längerer Zeit in Deutschland lebenden Täter zu stellen sei, könne nicht einheitlich beantwortet werden.[1118]

In der Gesamtwürdigung der Tat sei jedenfalls die besondere Wertvorstellung des Täters zu berücksichtigen.[1119] Eine Berücksichtigung kulturell abweichender Moralvorstellungen stelle nicht die oftmals vorgeworfene „typisch deutsche Nachkriegsweichheit“[1120] dar, sondern ergebe sich aus den Lebensverhältnissen und der Persönlichkeit des Täters, die Bestandteil der Gesamtwürdigung seien.[1121]

4.2 Herrschende Meinung

Ein großer Teil der Literatur teilt die Bewertung der „Ehrenmorde“ in zwei Stufen ein: Zunächst sei der Maßstab für die Bewertung der Beweggründe den Vorstellungen der Rechtsgemeinschaft der Bundesrepublik Deutschland zu entnehmen, da sich der Maßstab des Strafrechts an den Wertvorstellungen in Deutschland orientiere.[1122] Denn sonst müsse die Berücksichtigung abweichender fremder Wertvorstellungen einen niedrigen Beweggrund von vornherein

---

1117 Maurach/Schröder/Maiwald, 2003, S. 46.

1118 NK-Neumann, 2005, § 211, Rn. 30.

1119 Wessels/Hettinger, 2007, S. 31 f.

1120 Kohlhaas in seiner Anmerkung zu BGH LM Nt.59 zu § 211, zitiert in Saliger, 2003, S. 23.

1121 Saliger, 2003, S. 23.

1122 Momsen, 2003, S. 238; Otto, 2003, S. 617; LK-Jähnke, 2005, § 211, Rn. 37; Fischer, 2008, Rn. 29; Krey/Heinrich, 2008, S. 16; Küper, 2006, S. 610; MüKo-Schneider, 2003, § 211, Rn. 94. Schneider beschreibt eine klassische Situation des „Ehrenmordes“ als Eifersuchtstötung, in der ein nach europäischen Maßstäben zu beurteilendes harmloses Verhalten eines Mannes gegenüber der Ehefrau des Täters als gravierende Ehestörung begriffen und der Mann getötet wird, vgl. MüKo-Schneider, 2003, § 211, Rn. 92. Diese Fallkonstellation sieht zwar von außen betrachtet nach einem „Ehrenmord“ aus, kann natürlich auch aus Eifersucht begangen werden. Auf einer Werteskala wird das Gefühl der Ehrverletzung Vorrang genießen. Festgestellt werden kann die Motivation nur durch Angaben des Täters.

ausschließen.[1123] Weiterhin müsse die Fähigkeit zu dieser Bewertung den subjektiven Gegebenheiten der Person des Täters entnommen werden.[1124] Sei der Täter fremden Vorstellungen und Bräuchen stark verhaftet, könne ihm die deutsche Bewertung im Einzelfall nicht nachvollziehbar sein.[1125] Allein die Berufung auf „exotische Sitten" könne allerdings nicht entlastend sein. Missbillige seine heimatliche Rechtsordnung diese Sitten, könne sich der Täter nicht darauf berufen.[1126] Ähnlich argumentiert auch Fischer: abweichende Wertvorstellungen fremder Kulturen, die für die Motivation des Täters im Einzelfall prägend sind, können die Niedrigkeit des Beweggrundes entfallen lassen. Voraussetzung für eine Entlastung sei, dass die Wertvorstellung in der heimatlichen Kultur prägend ist und dort nicht auch geächtet wird.[1127] Zum Teil wird ein Kulturnormenkonflikt verlangt, der im Grunde genommen zu demselben Ergebnis führt: Das Tötungsmotiv müsse nach der heimatlichen Sozialordnung privilegiert sein. Ein Kulturnormenkonflikt sei dann gegeben, wenn die heimatlichen Sozialnormen Motive wie die verletzte Ehre privilegieren würden und die Rechtsordnung diese Privilegierung aufgegriffen habe oder neutral sei. Außerdem müsse der Täter von seinen Wertevorstellungen geprägt sein.[1128] Insgesamt könne in diesen Fällen nicht abstrakt von einem verminderten Unrechtsbewusstsein ausgegangen werden, vielmehr sei die individuelle Motivation für die Annahme niedriger Beweggründe entscheidend. Sei der Täter seinen Wertvorstellungen stark verhaftet, müsse die Tat schuldmindernd beurteilt werden.[1129] Mit langem Aufenthalt in Deutschland und fortschreitender Integration scheine das Verhaftetsein in fremdkulturelle Wertvorstellungen eher selten zu sein, da langjähriges Zusammenleben die Möglichkeit biete, deutsche Wertvorstellungen zu erkennen und aufzugreifen. Geklärt werden müsse danach der individuelle Sozialisationsprozess, langer Aufenthalt, Teilnahme am Arbeitsleben, Freundes- und Bekanntenkreis, Mitwirkung in Vereinen und politischen Organisationen, Verständigungsprobleme sowie Ess- und Trinkgewohnheiten. Die Klärung dieser Punkte könne Anhaltspunkte für die Überprüfung der Behauptung geben, der Täter sei in fundamental abweichende Wertvorstellungen verhaftet.[1130]

1123 Küper bezeichnet in seiner Anmerkung zum Urteil des BGH 5 StR 341/05, NStZ 2006, 286 ff. den Begriff der „fremdkulturellen Wertvorstellung" als beschönigende Umschreibung für den anstößigen Begriff der „archaisch-antikulturellen Vergeltungstradition", bedingt durch den Gedanken der toleranten Offenheit unserer Rechtsgemeinschaft, vgl. Küper, 2006, S. 610.

1124 Momsen, 2003, S. 238.

1125 MüKo-Schneider, 2003, § 211, Rn. 93 f.

1126 LK-Jähnke, 2005, § 211, Rn. 37.

1127 Ausschlaggebend sei auch, wie lange der Täter in Deutschland gelebt habe und ob er Gelegenheit hatte, sich mit deutschen Wertvorstellungen vertraut zu machen, vgl. Fischer, 2008, Rn. 29.

1128 Saliger, 2003, S. 24.

1129 Momsen, 2003, S. 242.

1130 MüKo-Schneider, 2003, § 211, Rn. 95.

Innerhalb der herrschenden Meinung werden Wege gesucht, wie dieses Ergebnis dogmatisch-systematisch begründet werden kann.

4.2.1 Tatbestandsseite

Wie bereits dargelegt, müsse auf der Tatbestandsseite objektiv der Beurteilungsmaßstab, ob ein Beweggrund niedrig ist, nach deutschen Wertvorstelllungen bemessen werden.[1131] Damit werde allerdings lediglich die „Intentionalität" der Motivation erfasst, die in dem extremen Missverhältnis zwischen Mittel und Zweck als verwerflich bewertet werde, z.B. die Tötung als Mittel zur Rache wegen einer Ehrverletzung. Subjektiv müssten dem Täter die Umstände der Tat, er habe das Opfer wegen der Ehrverletzung getötet, bewusst sein.[1132]

4.2.2 Schuldseite

Die Literatur sieht die Begründung der Rechtsprechung, die Annahme niedriger Beweggründe könne entfallen, wenn der Täter seinen fremdkulturellen Wertvorstellungen stark verhaftet sei, als ein Element der Schuld. Auf der Schuldseite müsse gemäß (in Analogie zu) § 17 StGB festgestellt werden, ob und in welchem Umfang der Täter die deutsche Bewertung nachzuvollziehen fähig sei.[1133] Der Weg der Rechtsprechung sei eine Frage des Unrechtsbewusstseins, also ob die Einsicht des Täters bestand, dass sein Verhalten rechtlich verboten war und im Falle des Fehlens, ob dieser Irrtum vermeidbar war. Indizien wie individuelle Erkenntniskräfte, Dauer des Aufenthaltes in Deutschland, Einreisealter, vorhandene Wertvorstellungen, Maß der sozialen Integration sollen für eine Quasi-Vermeidbarkeit herangezogen werden.[1134] Im Falle des „Ehrenmordes" müsse der Verbotsirrtum bzgl. der niedrigen Beweggründe vorliegen, dem Täter müsse also bewusst sein, dass seine Motivation das Unrecht der Tötung erhöht. Abgestellt werde nicht auf das Bewusstsein hinsichtlich der Tötung, sondern unabhängig davon auf den niedrigen Beweggrund. Voraussetzung dafür sei die Teilbarkeit des Unrechtsbewusstseins, was den unrechtserhöhenden Tatbestand angehe. Obgleich dies von der Rechtsprechung für Grundtatbestand und Qualifikation bestritten werde, sei von einer Teilbarkeit auszugehen, wenn die Verwirklichung der Qualifikation nicht lediglich die quantitativ höhere Rechtsgutsverletzung darstelle. Beim Merkmal der niedrigen Beweggründe werde der Tat ein anderes Gepräge verliehen und dadurch ein Anknüpfungspunkt für das Unrechtsbewusstsein gewährt.[1135]

1131 Saliger, 2003, S. 24.

1132 Küper, 2006, S. 611.

1133 Fabricius, 1996, S. 211; Küper, 2006, S. 611; Trück, 2004, S. 498.

1134 Saliger, StV 2003, S. 25.

1135 Ausführlich Valerius, 2008, S. 918.

In der Einzelfallprüfung käme es darauf an, ob der Täter des „Ehrenmordes" seine Motivation nicht als unrechtserhöhend bewerten konnte. Fehle das Unrechtsbewusstsein, sei ein Verbotsirrtum anzunehmen.[1136] Dann komme es auf die Frage der Vermeidbarkeit an: läge Vermeidbarkeit vor, stehe es dem Gericht frei, ob es die Strafe mildern will. [1137] Sei der Irrtum unvermeidbar, entfalle die Schuld gemäß § 17 S. 1 StGB und eine Strafbarkeit wegen Totschlags gemäß § 212 StGB sei einschlägig.

Nach einer weiteren Ansicht ist der Weg über (in Analogie zu) §§ 20, 21 StGB zu gehen: es müsse die Prüfung erfolgen, ob der Täter wegen der Bindung an heimatliche Wertvorstellungen seine Motivation beherrschen und willensmäßig steuern konnte.[1138] Danach müsse der Täter nicht die rechtliche Bewertung seiner Motivation einschätzen können, allerdings müsse er zu dieser Bewertung fähig sein. So auch der BGH, der das sogenannte Motivationsbeherrschungspotenzial entfallen lässt, wenn der Täter seinen heimatlichen Wertvorstellungen so stark verhaftet ist, dass er die deutsche nicht nachvollziehen kann.[1139]

Das Motivationsbeherrschungsvermögen sei bei der Steuerungsfähigkeit i.S.d. §§ 20, 21 StGB anzusiedeln.[1140]

5. Kritische Würdigung

Die Mindermeinung in der Literatur und die frühere Rechtsprechung führen zu einer Privilegierung jeder andersdenkenden Gruppierung mit unterschiedlichen Wertvorstellungen. Hierzu gehören auch politische Überzeugungstäter und Sektenmitglieder.

Die Ablehnung dieser Meinung stellt keine „Intoleranz gegenüber Fremden" dar, sondern widerspricht dem Grundsatz der Gleichheit vor dem Gesetz.[1141] Wenn ein deutscher Täter einen vermeintlichen „Ehrenmord" begehen würde, würde er wegen Mordes aus niedrigen Beweggründen verurteilt werden, weil die deutschen Wertvorstellungen des Täters eine Verteidigung der Keuschheit seiner weiblichen Familienangehörigen nicht verlangen würden. Die objektive Verwirklichung der Tat würde sich nach den Nationalitäten der Täter richten und zu einer diskriminierenden Ausländerprivilegierung führen.[1142]

1136 Krais, 2009, S. 86.

1137 Fischer, 2008, § 17, Rn. 12.

1138 Küper, 2006, S. 611.

1139 Küper, 2006, S. 611.

1140 Trück, 2004, S. 499.

1141 MüKo-Schneider, 2003, § 211, Rn. 94.

1142 So auch Erbil, 2008, S. 192 f.; MüKo-Schneider, 2003, § 211, Rn. 94; Pohlreich, 2009, S. 273.

Die vorzugswürdige herrschende Meinung schließt sich der aktuellen Rechtsprechung größtenteils an und zieht für die objektive Bewertung der Tat deutsche Wertvorstellungen heran, weil nur diese maßgeblich sein dürfen, um die besondere Verwerflichkeit der Tat festzustellen. Dies hat nicht zur Folge, dass eine Strafmilderung oder eine Bestrafung wegen Mordes bei einem „Ehrenmörder" gänzlich ausgeschlossen ist. Ein Mord aus niedrigen Beweggründen kann verneint werden, wenn der Täter die Umstände der Tat nicht kannte, die die Niedrigkeit seiner Beweggründe ausmachte oder wenn der Täter die gefühlsmäßigen Regungen, die sein Handeln bestimmten, nicht gedanklich beherrschen und willensmäßig steuern konnte.[1143] Das ist der Fall, wenn er von seinen heimatlich traditionellen Moral- und Wertvorstellungen so stark beherrscht war, dass er sich von ihnen aufgrund seiner Persönlichkeit und der gesamten Lebensumstände zur Tatzeit nicht lösen konnte[1144] oder ihnen so stark verhaftet war, dass er die Niedrigkeit des Beweggrundes geistig nicht nachvollziehen konnte.[1145]

Die Kenntnis der Tötung aus niedrigen Beweggründen wird immer zu bejahen sein, wenn der Täter den Sachverhalt kennt und das Bewusstsein über seine Motivation hat. Ausschlaggebend muss m.E. bei der Frage, ob ein niedriger Beweggrund vorliegt oder nicht, die Frage sein, wie der „Ehrenmord" in der heimatlichen Rechtsordnung bewertet wird.[1146] Die Tötung eines Familienmitglieds und die Tötung aus traditionellen Motiven stellen nach türkischem Strafrecht Mordmerkmale dar. Insofern kann sich der Täter auf der subjektiven Ebene auch nicht darauf berufen, er habe die Niedrigkeit der Tat nicht erkennen können (Ob in der türkischen Rechtsprechung eine Privilegierung nach Art. 29 tStGB erfolgen wird, kann zu diesem Zeitpunkt nicht beantwortet werden).

Eine Differenzierung der Literatur, ob Sozialnormen und bzw. oder die Rechtsordnung die Wertvorstellung der Ehre privilegiert, ist problematisch, denn es gibt auf Grund der inhomogenen Bevölkerungsstruktur der Türkei keine einheitliche heimatliche Sozialordnung. Abzustellen ist daher auf die Rechtsordnung. Jähnke hält ebenfalls zu Recht die heimatliche Rechtsordnung für maßgeblich: Stellt die Rechtsordnung die Tat unter Strafe, kann sich der Täter nicht auf mildernde Umstände wegen abweichender Wertvorstellungen berufen, da ihm die Fähigkeit zur Bewertung der Tat auch durch seine heimatliche Rechtsordnung vermittelt wird.[1147] Ohne diesen Rückgriff auf die heimatliche Rechtsordnung besteht die Gefahr der Berücksichtigung subkultureller Wertvorstellungen. Sowohl der „Traditionsmord" als auch die Tötung eines Famili-

1143 Wessels/Hettinger, 2007, S. 31 f.

1144 BGH 2 StR 319/94, NJW 95, 602.

1145 BGH NJW 2006, 1012.

1146 Anders Krais, die für die Frage des Bedeutungswissens nicht die Rechtsordnung, sondern die heimatliche Werteordnung für entscheidungserheblich hält, vgl. Krais, 2009, S. 74 ff.

1147 LK-Jähnke, 2005, § 211, Rn. 37.

enmitglieds stellen in der türkischen Rechtsordnung Mordmerkmale dar, daher ist es verfehlt, diese Delikte in Deutschland im Tatbestand milder zu bewerten. Ob der Täter die rechtliche Bewertung seiner Tat als niedrig vornimmt, ist dabei irrelevant.

Entgegen der Vorgehensweise der Rechtsprechung, die fremden Wertvorstellungen auf der subjektiven Ebene zu berücksichtigen, ist die normative Bewertung der Motivation zur Tötung eine Frage des Unrechtsbewusstseins und so der Schuld.[1148]

Der BGH schließt das Vorliegen niedriger Beweggründe aus, wenn der Täter seine Motivation geistig nicht nachvollziehen kann oder wenn er die gefühlsmäßigen Regungen, die sein Handeln bestimmten, nicht gedanklich beherrschen und willensmäßig steuern konnte. Dogmatisch geht es also nicht mehr um den subjektiven Tatbestand des Mordes, sondern um die Fragen der Schuld.[1149]

Ohne dies ausdrücklich so zu bezeichnen, greift der BGH bei der Feststellung der Einsichts- und Steuerungsfähigkeit auf die Frage der Schuldfähigkeit gemäß §§ 20, 21 StGB zurück. Die Herleitung des BGH und eines Teils der Literatur über die Einsichts- und Steuerungsfähigkeit ist nicht unbedenklich, da sie kulturelle Wertvorstellungen mit einer krankhaften seelischen Störung, tiefgreifenden Bewusstseinsstörungen, Schwachsinn oder einer schweren anderen seelischen Abartigkeit gleichsetzt. Gleich, wie wenig nachvollziehbar die Motivation des Täters ist, ist diese Herleitung wegen ihrer diffamierenden und diskriminierenden Wirkung abzulehnen.[1150] Obgleich vermindert schuldfähige und schuldunfähige Täter allgemein betrachtet nicht diskriminiert werden, wirkt allein die Bewertung von kulturellen Wertvorstellungen als krankhafte seelische Störung, tiefgreifende Bewusstseinsstörung, Schwachsinn oder als seelische Abartigkeit im Sinne von § 20 StGB demütigend und erniedrigend.

Die Aktenanalyse der Fälle aus Diyarbakır zeigt, dass Täter von Ehrenmorden ausnahmslos von ihren Moral- und Wertvorstellungen beherrscht und durchdrungen sind und sich von diesen zum Tatzeitpunkt nicht lösen können.[1151] Die Täter haben die Tat in der Regel begangen, gerade weil sie sich von diesen zwanghaften Vorstellungen nicht lösen konnten, obwohl sie wussten,

---

1148 So auch Valerius, 2008, S. 15 und Erbil, 2008, S. 194 f.

1149 Trück, 2004, S. 499.

1150 So auch Valerius, 2008, S. 918, Fabricius, 1996, S. 211; Krais, 2009, S. 96 und Erbil, 2008, S. 195. Die frühere Rechtsprechung ging auch von der Pathologisierung des Täters aus, in dem sie ausdrücklich die Begründung vornahm, „dass Persönlichkeitsmängel bei der sittlichen Bewertung einer Tat unter Umständen zu berücksichtigen sind. Gilt das in gewissem Umfange schon für „psychopathologische Persönlichkeiten", so ist dieser Grundsatz erst recht dann anzuwenden, wenn Ausländer in Anschauung und Vorstellungen ihrer Heimat befangen sind, von denen sie sich zur Tatzeit noch nicht lösen konnten.", vgl. BGH 5 StR 122/66, GA 1967, 244.

1151 Siehe unter A.III.6.

dass diese extremste Form der Moral- und Wertvorstellungen in der Mehrheitsgesellschaft nicht zur Tötung des Opfers führte. Auch der Täter von „Traditionsmorden" wird die Niedrigkeit seines Beweggrundes in der Regel nicht nachvollziehen können, weil die Traditionen der Tötung für ihn Gesetz sind, seine Regeln, nach denen er zu leben hat. Die Sozialisation in seiner Sippe, d.h. in seinem sozialen Umfeld, erlaubt ihm durch die Erziehung keine andere Betrachtungsweise. Bei Tätern von „Ehrenmorden" oder „Traditionsmorden" sprechen wir gerade von den Tätern, die diese Persönlichkeitsstruktur und Psychologie haben, bei denen nach der deutschen Rechtsprechung der niedrige Beweggrund verneint werden soll.

Ausgehend von der Definition des BGH vom Ausschluss der niedrigen Beweggründe, stellt sich die Frage, wie weit und wie genau und vor allem wie nachvollziehbar die Überprüfung der Einsichts- und Steuerungsfähigkeit durch die Rechtsprechung in der Hauptverhandlung erfolgt. Die Auswertung der Urteile aus der Türkei ermöglicht diese Feststellungen zur Motivation und zur Schuld, weil über die Lebensumstände, die Erziehung, das soziale Umfeld und der Person des Täters Erläuterungen erfolgen, die auf das „Verhaftetsein" in die maßgeblichen Wertvorstellungen Schlussfolgerungen zulassen. In den BGH-Urteilen erfolgen in den Urteilsbegründungen Hinweise auf die besonderen Ehrvorstellungen, die z.B. aus der Aussage des Täters entnommen werden, es würde sich um eine Sache der Ehre handeln. In Anbetracht der Wertvorstellung der Ehre, die nicht in der Migration entsteht, sondern aus der heimatlichen Werteordnung entstammt, ist von derselben Persönlichkeitsstruktur der Täter auszugehen. Danach müsste die Rechtsprechung den niedrigen Beweggrund ausschließen und eine Strafbarkeit wegen Totschlags überprüfen. Die Analyse der BGH-Urteile zeigt allerdings, dass die Rechtsprechung ihren Ausschlussgrund auf subjektiver Ebene nicht in dieser Form auslegt und darauf abstellt, wie lange der Täter bereits in Deutschland lebt. Ob die Frage der Steuerungsfähigkeit mit der Dauer des Aufenthaltes im Bundesgebiet beantwortet werden kann, ist fraglich.

Vielmehr ist der Weg daher wie oben dargelegt,[1152] über das Unrechtsbewusstsein gemäß § 17 StGB zu gehen. War dem Täter nicht bewusst, dass seine Tötung, die er begangen hat, um seine verletzte Ehre wiederherzustellen, das Unrecht der Tat erhöht, unterlag er einem Verbotsirrtum. Dann muss überprüft werden, ob dieser Irrtum vermeidbar war.[1153] Die Unvermeidbarkeit des Irrtums

---

1152 Siehe ausführlich unter C.II.4.2.2.

1153 Die Literatur zieht unterschiedliche Aspekte heran, um festzustellen, ob der Täter stark in seine fremdkulturellen Wertvorstellungen verhaftet ist und die deutsche Bewertung nicht nachvollziehen kann. Zu diesen unterschiedlichen Aspekten zählen auch Ess- und Trinkgewohnheiten. Wie Ess- und Trinkgewohnheiten Anhaltspunkte für die Überprüfung der Behauptung sein können, der Täter könne in fundamental abweichende Wertvorstellungen verhaftet sein, ist allerdings nicht nachvollziehbar und abzulehnen. Ess- und Trinkgewohnheiten entstehen bei türkeistämmigen Migranten überwiegend aus dem

ist nach strengen Anforderungen und nur ausnahmsweise anzunehmen. Bei Zweifeln sollte ein Sachverständigengutachten eingeholt werden, um die Frage des Unrechtsbewusstseins zweifelsfrei klären zu können. Nur dann sollte die schuldhafte Begehung des Mordes ausgeschlossen sein und eine Bestrafung wegen Totschlags erfolgen.

Glauben heraus. Daher läuft diese Überprüfung Gefahr, allein wegen des islamischen Glaubens in fremdkulturelle Wertvorstellungen verhaftet zu sein. Die Ablehnung bestimmter Fleischarten (wie Schweinefleich) kann aber auch unbedeutende Gewohnheit sein, die von Generation zu Generation weitergegeben wird. Daraus kann daher keine Schlussfolgerung gezogen werden.

D. Zusammenfassung

Wenn wir über „Ehrenmorde" sprechen, dann sprechen wir über die Geschlechtsehre (*Namus),* die eine von mehreren Ehrbegriffen in der türkeistämmigen Bevölkerung darstellt. Sie steht für die sexuelle Zurückhaltung der Frau, die die Trägerin der Ehre ist und definiert gleichzeitig die Ehre des Mannes. Sie ist im Rahmen einer kollektiven Familienordnung zu verstehen. Der Verlust führt gebietsweise zu einem schlechten Ruf, zum Ausschluss der Ehe oder im Extremfall zum Suizid oder Mord.

Vor der Strafrechtsreform in der Türkei im Jahr 2005 war die Ehre ein gängiger Begriff im Strafgesetzbuch, ohne dass es eine allgemeingültige Definition für juristische Fälle gab. Die Rechtsprechung nahm ebenfalls keine eigene Definition des Ehrbegriffs vor, sondern hielt die Erziehung und das soziale Umfeld des Angeklagten vor Augen, um den differenzierten Völkern und den vielschichtigen Wertvorstellungen in der Türkei gerecht zu werden. Das Bundeskriminalamt definiert die „Ehrenmorde" in Anlehnung an die Phänomenbeschreibung in der Literatur als Tötungsdelikte, die aus vermeintlich kultureller Verpflichtung heraus innerhalb des eigenen Familienverbandes verübt werden, um der Familienehre gerecht zu werden. In der deutschen Rechtsprechung wurde bisher keine genaue Definition vorgenommen. Für die Strafverfolgungsbehörden und für die Wissenschaft ist neben einer konkreten Definition eine Abgrenzung zwischen dem „Ehrenmord" und dem „Traditionsmord" notwendig. Denn „Traditionsmorde" werden durch einen bestehenden Mechanismus ausgelöst, der durch das Stammes- und Verwandtschaftssystem in Gang gebracht wird. „Ehrenmorde" aber können vereinzelt oder in feudalen Gesellschaften auftreten, sie sind also individueller als die „Traditionsmorde". Ein Beispiel für einen „Traditionsmord" ist die Blutrache, die vorliegt, wenn ein Täter den Schuldigen oder ein Mitglied seiner Gruppe tötet, um aus Pflichtgefühl Rache für den zuvor Getöteten zu nehmen. Ursachen für die Blutrache sind meist wirtschaftliche Konflikte, feudale Systeme und nicht zuletzt auch die Verletzung der Geschlechtsehre. Die Unterscheidung zwischen einem „Traditionsmord" und einem „Ehrenmord" ist im Hinblick auf die Eingrenzung oder Ausweitung des Täterkreises von großer Bedeutung. In Deutschland ist die Unterscheidung, ob es sich bei der Tat um einen individuellen „Ehrenmord" handelt oder einen kollektiven „Traditionsmord", schwieriger als in der Türkei und ohne Kenntnis kultureller Hintergründe unmöglich.

„Ehrenmorde" und „Traditionsmorde" werden weder in Deutschland, noch in der Türkei in einer laufend geführten Statistik erfasst. Eine Vorstellung, wie viele „Ehrenmorde" in der Türkei geschehen, ermöglichte erstmals eine gesondert zur Bekämpfung der Ehren-Kriminalität und Gewalt an Frauen gegründete Kommission des türkischen Parlaments. Nach Einholung von Berichten, Belegen und einer viermonatigen Recherche in allen 81 Städten der Türkei erfasste die Kommission 1499 „Ehrenmorde" bzw. „Traditionsmorde". In Deutschland führte das Bundeskriminalamt für den Zeitraum vom 01.01.1996 bis 18.07.2005 eine Bund-Länderabfrage zu den „Ehrenmorden" durch. Für diesen Zeitraum wurden 55 Fälle als „Ehrenmorde" eingestuft. Das sind für den genannten Zeitraum 1,4 % der gesamten Tötungsdelikte. Das Dunkelfeld im Bereich der Gewalthandlungen im Namen der Ehre ist allerdings in beiden Ländern nicht zu unterschätzen. Da es sich um Gewalthandlungen innerhalb der Familie handelt, wird von einer erheblich größeren Gefahr für Frauen ausgegangen, als die statistischen Zahlen belegen. Eine Untersuchung in der Türkei über die steigende Anzahl der Suizide nach der Strafrechtsreform hat dies bestätigt. Eine geographische oder ethnische Eingrenzung hinsichtlich der Täter kann nicht vorgenommen werden. Selbst wenn das extreme Stadt-Land-Gefälle und die inhomogene Bevölkerungsstruktur, welches sich nicht nur wirtschaftlich, sondern auch auf das kulturelle Erleben der Menschen stark auswirkt, eine einheitliche Bewertung und Eingrenzung unmöglich machen, zeichnet sich das strengere Verständnis von Ehre aus, je östlicher sich die Lage in der Türkei befindet.

Die Untersuchung von Andrews auf die Ethnie der Türkei zeigt 47 ethnische Gruppen in der Türkei auf. Viele der Gruppen weisen sich durch Endogamie und strenge Heiratsregeln aus, die innerhalb der Familie befolgt werden, selbst wenn sie für falsch erachtet werden. Im Vergleich zu Deutschland hat die Familie in der Türkei eine größere und kollektivistische Bedeutung. Daher wird die eigene Ehre nicht nur als sich aus dem eigenen Charakter und den eigenen Handlungen ergebend begriffen, sondern erlebt auch Einflüsse aus dem Verhalten der anderen Familienmitglieder. Durch die Bedeutung und den Stellenwert der Geschlechtsehre treten Unterschiede bei der Erziehung der weiblichen und männlichen Kinder auf. Die Töchter werden zu der Verpflichtung erzogen, die Ehre der Familie nicht zu beschädigen, die Söhne zu der Verpflichtung, diese Ehre zu kontrollieren und zu verteidigen. Die Verhaltensregeln werden für beide Kinder mit der Selbstverständlichkeit eines Naturgesetzes eingeübt, jedoch in jeder Familie mit eigenen Schwerpunktsetzungen. Dies resultiert auch daraus, dass sowohl in der Türkei als auch in Deutschland die türkeistämmige Frau eine bestimmte Rolle in der Gesellschaft hat. Ihre Stellung ist durch den sozialen Status, die ethnische und die Religionszugehörigkeit gekennzeichnet. Selbst wenn man die Frauen in der Türkei in unterschiedliche Gruppen aufteilt und sie nach wirtschaftlichen, geographischen oder Glaubensaspekten einstuft, bleibt ihnen gemeinsam, dass von ihnen die Ehe mit einem Mann erwartet wird. Ein sozial anerkanntes Leben als alleinstehende Frau ist nur in Ausnahmefällen möglich. Traditionell ist die Struktur der türkeistämmigen Familie durch die Dominanz des Alters über die Jugend und des Mannes über die Frau geprägt.

Im Hinblick auf die Opferstruktur der „Ehrenmorde“ hat das Bundeskriminalamt in seiner Bund-Länderabfrage herausgefunden, dass die meisten Opfer in Deutschland weiblich waren und eine Verwandtschaftsbeziehung zwischen den weiblichen Opfern und den Tätern gegeben war. Die männlichen Opfer standen in der Regel mit dem weiblichen Opfer in einer Liebesbeziehung oder waren Opfer einer Blutrache. Als Ursache für die Ehrverletzung wurde die beabsichtigte oder tatsächliche Trennung vom Partner, eine außereheliche Beziehung, der westliche Lebensstil oder eine nicht geduldete Beziehung angegeben. In der Türkei stellt sich das Verhältnis zwischen weiblichen und männlichen Opfern gegensätzlich zu Deutschland dar, denn die meisten Opfer waren in der Untersuchung der Kommission des Parlaments mit einer nicht unerheblichen Differenz männlich (480 der Opfer waren weiblich, 710 der Opfer waren männlich).

Alle bisher durchgeführten Untersuchungen in der Türkei zeigen als Grund für Ehrverbrechen bei den weiblichen Opfern ebenfalls die Versagung des Selbstbestimmungsrechts, insbesondere des sexuellen Selbstbestimmungsrechts. Alle Frauen, die von einem „Ehrenmord“ bedroht waren, hatten vorher Gewalt in der Familie erlebt. Beachtlich ist auch die Bedeutung der Bildung der Frauen. Die Untersuchung des Frauenvereins KA-MER hat ergeben, dass je höher die Schulbildung, desto geringer die Gefahr war, Opfer eines „Ehrenmordes“ zu werden. Die meisten Täter in Deutschland und in der Türkei waren erwachsen und männlich. Als Motivation zur Tat gaben die Täter immer Verhaltensweisen der Opfer an, die ihr Selbstbestimmungsrecht, insbesondere das sexuelle Selbstbestimmungsrecht betrafen. Anlass konnte aber auch eine Vergewaltigung der Opfer sein.

Fast die Hälfte der Tötungsentschlüsse in der Türkei wurden nach der Untersuchung von KA-MER durch die Familie gefasst, in den meisten Fällen sogar durch die Familie der Frau. Danach sind „Traditionsmorde“, in Form der Verletzung der Geschlechtsehre, im östlichen Gebiet, wo die Untersuchung von KA-MER stattfand, genauso vertreten wie individuelle „Ehrenmorde“. Der Bildungsstand der Täter lässt die Schlussfolgerung zu, dass der Entschluss zur Tötung mit höherem Bildungsniveau abnimmt.

Die Kontrolle und die Aufrechterhaltung dieser Werte werden durch das türkische Bezugssystem, welches aus Verwandten, Bekannten und Nachbarn besteht, bestärkt. Dieses Bezugssystem übt eine soziale Kontrolle über die Lebensführung des Einzelnen aus. Gesellschaftlich nicht anerkannte Lebensformen werden daher versteckt ausgeführt. In Deutschland verhält sich die soziale Kontrolle z.T. strenger als in der Türkei, weil die sexuelle Zurückhaltung der Frau zu den deutschen Wertvorstellungen gegensätzlich ist.

Ein Blick in die Vergangenheit erklärt historische Zusammenhänge der Wertvorstellung der Ehre: Nach matriarchalischen Strukturen bis zum 9. Jahrhundert vor der Annahme des Islams folgten patriarchalische Strukturen, u.a. bei den Hethitern, die auch Brautpreis und Aussteuer bei der Heirat der Töchter verlangten. Der außereheliche Geschlechtsverkehr wurde im alten Rechtssystem bei den Hunnen, den Göktürken und den Mongolen mit dem Tode bestraft. Insgesamt verlor die Frau nach der Annahme des Islam in den Jahren 800-900 n. Chr. viele ihrer Rechte. Mit dem osmanischen Reich und der Angleichung byzantinischer und persischer Bräuche verstärkte sich der Verlust der Rechte der „türkischen" Frau und die soziale Stellung in der Gesellschaft verschlechterte sich. Mit dem Zerfall des byzantinischen Reichs und der Eroberung Istanbuls, wandelte sich die religiös geprägte und feudal strukturierte Gesellschaftsform stark patriarchalisch. Arrangierte Ehen und der Brautpreis gehörten zum Alltag der für die Gesellschaft heiratsfähigen Frauen. Jungfräulichkeit und Treue in der Ehe zur Wahrung der Ehre hatten eine große Bedeutung. Eine Tötung im Falle des außerehelichen Geschlechtsverkehrs auf frischer Tat blieb im Osmanischen Strafrecht straffrei. Nach der Gründung der türkischen Republik wurde der islamische Einfluss im öffentlichen Leben zurückgedrängt. Nicht nur im gesellschaftlichen Leben, sondern auch durch juristische Reformen bemühte sich die türkische Republik um die Besserstellung der Frau. So gut die Reformen gemeint waren, waren sie allein durch Gesetzgebung nicht umsetzbar, da weder eine Anpassung an gesellschaftliche und soziokulturelle Strukturen vorgenommen wurde, noch eine Aufklärung des Volkes stattgefunden hatte.

Auch das Strafgesetzbuch, das aus dem Jahr 1926 stammte und 2005 reformiert wurde, legitimierte das in der Gesellschaft gültige Verständnis von Ehre und normierte Tatbestände zum Schutz der Geschlechtsehre, umgekehrt aber auch den Schutz des Täters, der zur Verteidigung seiner Ehre Selbstjustiz übte. Besonderen Schutz genoss auch die Jungfräulichkeit und die Ehe. So sehr, dass die Vollstreckung der Strafe eines Vergewaltigers ausgesetzt wurde, wenn er sein Opfer heiratete. Geschützt wurde also nicht die sexuelle Integrität, sondern die Geschlechtsehre, die wiederhergestellt wurde, wenn das Opfer den Täter heiratete. Das Schutzgut dieser und ähnlicher Normen wurde insbesondere durch die Platzierung der Gesetze deutlich: sexuelle Nötigung und Vergewaltigung waren Delikte gegen die Sittlichkeit und die Familienordnung und nicht gegen die sexuelle Integrität. Den Ehrenschutz verdiente auch nur diejenige, die sich ehrenhaft verhielt. Handelte es sich bei dem Opfer um eine Prostituierte, wurde die Strafe auf bis zu 2/3 herabgesetzt.

Die umstrittene Bestrafung des Ehebruchs wurde für den Mann 1996 und für die Frau 1998 abgeschafft. Eine unterschiedliche Normierung resultierte aus dem unterschiedlichen Verständnis des Ehebruchs. Die Frau verwirklichte einen Ehebruch, wenn sie außerehelichen Geschlechtsverkehr hatte, der Mann dagegen, wenn er eine nach außen erkennbare sexuelle Beziehung zu einer Frau in der ehelichen Wohnung oder in einer anderen Wohnung hatte, also eine eheähnliche Gemeinschaft gründete. Strafmilderung gab es bis 2003 für den „Ehrenmörder", der seinen Ehepartner, seine Schwester oder einen Abkömmling auf frischer Tat beim Ehebruch oder unerlaubten Geschlechtsverkehr ertappte. Praktisch relevant war der allgemeine Strafmilderungsgrund der ungerechtfertigten Provokation, der immer bei „Ehrenmorden" zur Anwendung kam. Danach stellte das Vorverhalten wie z.B. die voreheliche Beziehung eine Provokation dar, das zu blinder Wut führte. Bedingt durch einen daraus bedingten seelischen Zwang tötete der Täter das Opfer und bekam aufgrund der empfundenen Ehrverletzung Strafmilderung.

Auf der Suche nach dem Ursprung und der Ursache der „Ehrenmorde“ ist neben der Geschichte und der Rechtsgeschichte der Blick auf den Islam nicht nur aus politischen Aspekten wichtig. Bei der Untersuchung, ob der Islam als Erklärungsansatz für „Ehrenmorde“ herangezogen werden kann, ist die Scharia, die die Gesamtheit der islamischen Gesetze darstellt, relevant. Die Scharia hat eine ganz konkrete Vorstellung von der Funktion und der Rolle der Frau. Theoretisch muss sie gehorsam und fügig sein, gegebenenfalls weitere Ehefrauen für den eigenen Ehemann akzeptieren, kein eigenes Scheidungsrecht haben, das Sorgerecht in der Regel dem Mann überlassen und sich gegebenenfalls körperlich züchtigen lassen. Nur die Eheschließung selbst berechtigt zum Geschlechtsverkehr. Ein Verstoß wird als Straftat geahndet. So ist nach islamischem Strafrecht der Geschlechtsverkehr nur unter Ehegatten erlaubt und wird in allen anderen Fällen als Unzucht begriffen und bestraft. Für Unverheiratete sieht der Koran die Auspeitschung und die Überlieferung die Todesstrafe für Verheiratete als Bestrafung vor.

Die Scharia nennt an keiner Stelle die Ehre oder fordert den „Ehrenmord“. Die Keuschheit der Frau wird allerdings an vielen Stellen des Islam gefordert oder vorausgesetzt, vergleichbar mit den Erwartungen an den Frauen, die heute potenziell Opfer von „Ehrenmorden“ sind. Die islamischen Gesetze bestimmen öffentliche und private Moral und setzen Wertvorstellungen fest. Ein direkter ursächlicher Zusammenhang zwischen dem Islam und den „Ehrenmorden“ besteht nicht, die Rollenverteilung wirkt allerdings legitimierend und bestärkend. Die historische Untersuchung und ein internationaler Vergleich haben ergeben, dass der „Ehrenmord“ kein islamisches Phänomen ist, weil er in seiner klassischen Erscheinungsform bereits bei vorislamischen Volksstämmen auftrat. Zwar kommt der „Ehrenmord“ überwiegend in islamischen Ländern vor (Türkei, Albanien, Marokko, Syrien, Ägypten, Irak, Iran, Saudi Arabien, Jordanien, Jemen, Libanon, den palästinensischen Autonomiegebieten, Afghanistan, Pakistan, Bangladesch, Uganda, Nigeria, Sudan), allerdings sind auch Fälle aus dem hinduistischen Indien und den katholischen Ländern Ecuador, Brasilien, Italien und Spanien bekannt. Nahezu alle islamischen Länder gewähren dem Täter im Falle einer Verurteilung Strafmilderung, wenn er als Motiv eine verletzte Ehre angibt, vereinzelt wird heute noch Straffreiheit gewährt.

Mit der Säkularisierung ist der Türkei ein radikaler Schnitt von den islamischen Gesetzen gelungen. Islamische Gesetze haben in der Rechtspraxis keine Bedeutung mehr.

Die Zivilrechtsreform im Jahr 2002 verwirklichte als Reformziel die Gleichberechtigung von Frauen und die Anpassung an europäische Standards und führte zivilrechtlich zum Abschied vom Patriarchat. Studien zeigen allerdings die Diskrepanz zwischen Theorie und Wirklichkeit. Trotz der Strafbarkeit werden noch immer polygame Ehen geschlossen, ist die Freiwilligkeit der Eheschließung nicht immer gewährleistet, wird die Ehe in einigen Fällen nur vor dem Imam getraut und eine standesamtliche Eheschließung nicht nachgeholt. In der praktischen Erbverteilung, in der Bildung und der Ausübung einer Tätigkeit zeigen sich im Alltag enorme Unterschiede zwischen Geschlechtern. Die Bemühungen der Türkei, durch Reformen die Gleichstellung der Frau zu erreichen, sind unzureichend.

Im materiellen Strafrecht hat die Reform beinahe alle Delikte gestrichen, die sich auf das ehrvolle oder ehrenrührige Verhalten der Frau bezogen. Die sexuellen Angriffe auf die Frau sind nicht mehr unter der Überschrift der Straftaten gegen die Allgemeinheit, sondern unter der sexuellen Integrität des Individuums zu finden. Als Qualifikationstatbestand zum Totschlag wurde nach Forderungen von Frauenvereinen und den Diskussionen in der Politik als wichtige Neuerung der „Traditionsmord" eingefügt, ohne festzulegen, welche Merkmale der Tatbestand haben soll. Der klassische „Ehrenmord" wird von dieser Norm nicht erfasst, wenn für die Verwirklichung des Tatbestandes ein Beschluss des Familienrats gefordert wird. Der allgemeine Rechtfertigungs- oder Entschuldigungsgrund der unrechtmäßigen Provokation (§ 29 tStGB) erlangt im Hinblick auf die „Ehrenmorde" besondere Bedeutung: Danach wird dem Täter ein Strafmilderungsgrund zuerkannt, wenn er aufgrund einer unerlaubten Handlung unter Wut oder heftigem Schmerz eine Straftat begangen hat. Nach ehemaliger Rechtslage wurde diese Norm in der Regel herangezogen, um dem Täter Strafmilderung zu gewähren, wenn er unter heftigem Zorn ein weibliches Familienmitglied tötete, weil diese sich unehrenhaft verhalten hatte. Das stark umstrittene Gesetz sorgte zwar während der Reform für lange Diskussionen, in denen z.T. eine Abschaffung der Strafmilderung für diese Fälle gefordert wurde. Gestaltet wurde sie im Ergebnis jedoch in der Form, dass nicht mehr jedes Verhalten willkürlich als unrechtmäßige Provokation gewertet werden sollte, sondern nur eine unerlaubte Handlung. Die psychische Zwangslage des Täters muss nun also aufgrund einer unerlaubten Handlung entstanden sein. Fraglich ist, wann eine unerlaubte Handlung durch das Opfer begangen wird. Der Gesetzgeber kommentierte in der Gesetzesbegründung, eine unerlaubte Handlung läge vor, wenn sie von der Rechtsordnung nicht gebilligt oder toleriert wird. Unstrittig ausgeschlossen von einer Strafmilderung sind nun die Fälle, in denen das Opfer vergewaltigt wurde, das vergewaltigte Opfer als unehrenhaft bewertet wurde und darauf die Tötung der Frau erfolgte. Eine unerlaubte Handlung ist in der Vergewaltigung nicht gegeben, weil das Opfer durch die Vergewaltigung schon gar keine Handlung vornimmt. Theoretisch gesehen stellt die außereheliche Beziehung einer verheirateten Frau einen verschuldeten Scheidungsgrund dar und somit ein Verhalten der Frau, das von der Rechtsordnung nicht gebilligt wird, also liegt sowohl zivilrechtlich, als auch nach der Werteordnung der Gesellschaft eine unerlaubte Handlung vor. Würde der Ehemann nun (ohne Familienrat) seine Frau töten, käme für ihn theoretisch eine Strafmilderung aus Art. 29 tStGB in Betracht. In der Praxis ist noch kein vergleichbarer Fall bekannt.

In Deutschland erinnern in abgeschwächter Form nicht nur einige Ausführungen des Reichsgerichts an die in der Türkei heute herrschende Auffassung über das ehrvolle Verhalten einer Frau. Bis in die siebziger Jahre wurde z.T. eine Strafmilderung wegen schwerer Kränkung für den Täter vorgesehen, wenn er seine Frau tötete, die Ehebruch beging. Im Laufe der Jahre hat die Ehre ihren absoluten, über dem Leben stehenden Charakter in Deutschland verloren. Gegenwärtig wird eine Familienehre nach herrschender Meinung nicht durch die Beleidigungsdelikte geschützt. Die Ehre ist ein Teil des allgemeinen Persönlichkeitsrechts und wird aus dem Grundgesetz abgeleitet. Die enge persönliche Lebenssphäre wird durch die Menschenwürde gesichert. Daraus leitet sich das Recht auf individuelle Selbstbestimmung ab, die bei „Ehrenmorden" versagt und missachtet wird. Die Geschlechtsehre steht also im Widerspruch zur Menschenwürde.

Die Rechtsprechung ist mit dem für sie fremden Ehrbegriff und dem der Menschenwürde widersprechenden „Ehrenmord" uneinheitlich umgegangen:

Früher verneinte der BGH bereits einen niedrigen Beweggrund und lehnte einen Mord ab, weil es die heimatlichen Wertvorstellungen des Täters bei der Frage, ob der Beweggrund niedrig ist, einbezog. Die heutige Rechtsprechung hat von dieser Beurteilung Abstand genommen und stellt zunächst fest, dass die objektive Bewertung des Beweggrundes der Tat den Vorstellungen der deutschen Rechtsgemeinschaft zu entnehmen ist. Die Tötung eines Menschen, um die Geschlechtsehre zu verteidigen, ist danach ein niedriger Beweggrund im Sinne des § 211 StGB. Auf subjektiver Ebene kommt es für die Rechtsprechung dann auf die Frage an, ob der nichtdeutsche Täter die Umstände verstehen konnte, weswegen die Beweggründe als niedrig zu bewerten waren oder er den heimatlichen Wertvorstellungen so sehr verhaftet war, dass er die Bewertung als niedrig nicht nachvollziehen konnte. Auf subjektiver Ebene beantwortet die Rechtsprechung hier Fragen zur Einsichts- und Steuerungsfähigkeit, die dogmatisch zur Klärung der Schuld gehören. Die Einordnung der Problematik im Unrechtsbewusstsein würde zu dogmatisch sauberen Lösungen führen und der allgemeinen Leitlinie zur Bewertung der niedrigen Beweggründe nicht widersprechen, da die Tötung eines Familienmitglieds, das sich kollektiven Strukturen widersetzt hat, von rücksichtslosem Egoismus gekennzeichnet ist.

Literaturverzeichnis

Abadan-Unat, Nermin: Der soziale Wandel und die türkische Frau. In: Abadan-Unat, Nermin (Hrsg.): Die Frau in der türkischen Gesellschaft, 1. Auflage, Frankfurt; Dağyeli 1985, S. 13-55.

Abadan-Unat, Nermin: Die Auswirkungen der internationalen Arbeitsemigration auf die Rolle der Frau am Beispiel der Türkei. In: Abadan-Unat, Nermin (Hrsg.): Die Frau in der türkischen Gesellschaft, 1. Auflage, Frankfurt; Dağyeli 1985, S. 201-240.

Adanır, Fikret: Geschichte der Republik Türkei, Mannheim 1995.

Akıntürk, Turgut: Türk Medeni Hukuku, Aile Hukuku (Türkisches Zivilrecht, Familienrecht), Band 2, 10. Auflage, Istanbul 2006.

Al-Khayyat, Sana: Ehre und Schande, Frauen im Irak, München 1991.

Altındal, Aytunç: Türkiye`de Kadın (Die Frau in der Türkei), Istanbul 1975.

Andaç, Muzaffer: Der Islam und türkisch-islamische Erziehungsmethoden, Münster 1995.

Andrews, Peter Alford: Türkiye`de Etnik Gruplar (Ethnische Gruppen in der Türkei), 1. Auflage, Istanbul 1992.

Antes, Peter: Verbrechen im Namen der Ehre-ein religiöses Phänomen? In: Terre des Femmes e.V., Myria Böhmecke (Hrsg.), Tatmotiv Ehre, Tübingen 2004, S. 16-22.

Arsel, Ilhan: Şeriat ve Kadın (Die Scharia und die Frau), 13. Auflage, Istanbul 1995.

Artuk, Emin / Gökcen, Ahmet / Yenidünya, Caner: Ceza Hukuku Özel Hükümler (Strafrecht Besonderer Teil), 5. Auflage, Ankara 2004.

Avcı, Mustafa: Türk Hukuk Tarihinde Hukuk Sisteminin Namus Cinayetlerine Yaklaşımı (Der Ansatz des Rechtssystems bei Ehrenmorden in der türkischen Rechtsgeschichte), In: Sosyolojik ve Hukuksal Boyutlarıyla Töre ve Namus Cinayetleri Uluslararası Sempozyumu, 26-27 Eylül 2003 (Internationales Symposium über soziologische und juristische Dimensionen der Traditions- und „Ehrenmorde“, 26.-27. September 2003, Diyarbakır 2003), S. 16-42.

Aydın, Erdoğan: İslamiyette Ahlak ve Kadın (Die Frau und die Moral im Islam), 7. Auflage, Istanbul 2006.

Aydın, Hayrettin / Goldberg, Andreas / Öksüz, Nilgün / Özbek, Yasemin: Zur türkischen Gesellschaft, Kultur und Identität: Ein Literaturbericht zum Thema „Soziologische Länderkunde: Türkei“ des Zentrums für Türkeistudien, Frankfurt am Main 2000.

Baumeister, Werner: Ehrenmorde, Blutrache und ähnliche Delinquenz in der Praxis bundesdeutscher Strafjustiz, Münster 2007.

Becker, Anne-Cecile: Mitgiftmorde in Indien. In: Terre des Femmes e.V., Myria Böhmecke (Hrsg.), Tatmotiv Ehre, Tübingen 2004, S. 51-54.

Böhmecke, Myria: Im Namen der Ehre: Misshandelt, verstoßen, ermordet. In: Terre de Femme e.V., Myria Böhmecke (Hrsg.), Tatmotiv Ehre, Tübingen 2004, S. 10-15.

Böhmecke, Myria: Studie: Ehrenmord, Terre de Femme e.V., Tübingen 2005.

Boos-Nünning, Ursula / Duymaz, İsmail / Kadıoğlu, Süheyla / Kağıtcıbaşı, Çiğdem / Kappert, Petra / Özbay, Ferhunde / Şen, Faruk: Türkei – Sozialkunde, Wirtschaft, Beruf, Bildung, Religion, Familie, Erziehung, Zentrum für Türkeistudien (Hrsg.), Opladen 1991.

Boos-Nünning, Ursula / Karakaşoğlu, Yasemin: Viele Welten leben. Zur Lebenssituation von Mädchen und jungen Frauen mit Migrationshintergrund, 2. Auflage, Münster 2006.

Bundeskriminalamt: Presseinformation zu den Ergebnissen einer Bund-Länderabfrage zum Phänomenbereich „Ehrenmorde in Deutschland", Wiesbaden 2005.

Bundesministerium des Innern (Hrsg.), Polizeiliche Kriminalstatistik 2007, Berlin 2008.

Bundesministerium des Innern (Hrsg.), Polizeiliche Kriminalstatistik 2008, Berlin 2009.

Çalışlar, Oral: İslamda Kadın ve Cinsellik (Die Frau und die Sexualität im Islam), 8. Auflage, Istanbul 2005.

Centel, Nur / Zafer, Hamide / Çakmut, Özlem: Kişilere Karşı İşlenen Suçlar, Cilt I (Straftaten gegen die Person, Band I), 1. Auflage, Istanbul 2007.

Centel, Nur / Zafer, Hamide / Çakmut, Özlem: Türk Ceza Hukukuna Giriş (Einführung in das türkische Strafrecht), 3. Auflage, Istanbul 2005.

Centel, Nur: Kritische Betrachtung zum Neuen Türkischen Strafgesetz, Freiburg, 2005. www.humboldt-foundation.de/de/netzwerk/veranstalt/hoersaal/2006_istanbul/centel.pdf.

Coester, Anna Caroline: Ehrenmord in Deutschland, Marburg 2009.

Crespo, Eduardo Demetrio: Der Gattenmord wegen Ehebruch im spanischen Strafrecht vor Einführung der Demokratie. In: Sosyolojik ve Hukuksal Boyutlarıyla Töre ve Namus Cinayetleri Uluslararası Sempozyumu, 26-27 Eylül 2003 (Internationales Symposium über soziologische und juristische Dimensionen der Traditions- und „Ehrenmorde", 26.-27. September 2003, Diyarbakır 2003, S. 214-219.

Demirbaş, Timur / Özbek, Özer Veli / Eker, Behiye: En Son Değişiklerle İçtihatlı Ceza Kanunları (Strafgesetze mit der neuen Rechtsprechung), 2. Auflage, Ankara 2002.

Demirbaş, Timur: Ceza Hukuku Genel Hükümler (Strafrecht Allgemeiner Teil), Ankara 2002.

Demirbaş, Timur: Kriminoloji (Kriminologie), 1. Auflage, Ankara 2001.

Demirbaş, Timur: Yeni Doğmuş Çocuğu Öldürme Suçu (Die Straftat, ein neugeborenes Kind zu töten), Ankara 1992.

Der Brockhaus, In einem Band, 10. Auflage, Leipzig 2003.

Dilger, Konrad: Das islamische Strafrecht in der modernen Welt. Ein Beitrag zur Rechtskonzeption im Islam, Zeitschrift für die gesamte Strafrechtswissenschaft 1981, S. 1310-1332.

Direktor der Menschenrechtsinstitution, Ministerpräsidium der Türkischen Republik (Hrsg.): Bericht der Menschenrechtsinstitution für 2007, Ankara 2008.

Donini, Massimo: Tötungsdelikte honoris causa in Italien, vom Zanardelli bis zum Rocco Gesetz, In: Sosyolojik ve Hukuksal Boyutlarıyla Töre ve Namus Cinayetleri Uluslararası Sempozyumu, 26-27 Eylül 2003 (Internationales Symposium über soziologische und juristische Dimensionen der Traditions- und „Ehrenmorde", 26.-27. September 2003), Diyarbakır 2003, S. 259-273.

Dönmezer, Sulhi / Erman, Sahir: Nazari ve Tatbiki Ceza Hukuku, Genel Kısım, (Theoretisches und Praktisches Strafrecht, Allgemeiner Teil) Band II, 12. Auflage, Istanbul 1999.

Dönmezer, Sulhi / Erman, Sahir: Nazari ve Tatbiki Ceza Hukuku, Genel Kısım, (Theoretisches und Praktisches Strafrecht, Allgemeiner Teil) Band I, 13. Auflage, Istanbul 1997.

Dönmezer, Sulhi: Kriminoloji (Kriminologie), 8. Auflage, Istanbul 1994.

Düchting, Johannes: Religionszugehörigkeit und religiöses Leben der KurdInnen. In: KurdInnen in der Bundesrepublik Deutschland. Ein Handbuch, 1. Auflage, Bonn 1999, S. 399-418.

Eggeling, Willi J.: Türkei. Land, Volk, Wirtschaft in Stichworten, Wien 1978.

Ehmann, Horst: Ehre und Recht, Festvortrag vom 22.11.2000 zum 25-jährigen Bestehen der Juristischen Fakultät der Universität Trier. *www.unitrier.de/fileadmin/fb5/prof/eme001/*ehre.pdf (25.09.08).

El Baradie, Adel: Gottes-Recht und Menschen-Recht, Grundlagenprobleme der islamischen Strafrechtspflege, 1. Auflage, Baden-Baden 1983.

Epping, Volker: Grundrechte, 3. Auflage, Berlin, Heidelberg 2007.

Erbil, Bahar: Toleranz für Ehrenmörder? Soziokulturelle Motive im Strafrecht unter besonderer Berücksichtigung des türkischen Ehrbegriffs, Berlin 2008.

Erem, Faruk / Toroslu, Nevzat: Türk Ceza Hukuku Özel Hükümler (Türkisches Strafrecht Besonderer Teil), 8. Auflage, Ankara 2000.

Ertürk, Yakın: Report of the Special Rappoteur on violence against woman, its causes and Consequences. Implementation of General Assembly Resolution 60/251, 15.03.2006 Entitled "Human Rights Council". *http://universal-humanrightsindex.org/documents/848/1027/document/en/doc/text.doc.*

Fabricius, Dirk: Anmerkung zum BGH Urteil v. 07.10.1994 – 2 StR 319/94, Strafverteidiger 1996, S. 209-211.

Falthauser, Norbert: Falsche Fremdenfreundlichkeit: Islamisches Frauenbild gefährdet Europäische Lebensart, Tübingen 2006.

Faraç, Mehmet: Doğu Yakasında Yeni Birşey Yok (Es gibt nichts Neues im Osten), 1. Auflage, Istanbul 2006.

Faraç, Mehmet: Töre Kıskacında Kadın (Die Frau in den Fängen der Tradition), 3. Auflage, Istanbul 2004.

Fischer, Thomas: Strafgesetzbuch, 55. Auflage, München 2008.

Fritsche, Michael / Ege Müzeyyen / Tekin Meryem: Das Paradies liegt unter den Füßen der Mütter. In: Hessische Blätter für Volks- und Kulturforschung, Fremde Nachbarn / Aspekte türkischer Kultur in der Türkei und in der BRD, Band 29, Marburg 1992, S. 83-94.

Führing, Bianca: Ehrverbrechen in Jordanien. In: Terre des Femmes e.V., Myria Böhmecke (Hrsg.), Tatmotiv Ehre, Tübingen 2004, S. 30-34.

Geppert, Klaus Jürgen: Zur passiven Beleidigungsfähigkeit von Personengemeinschaften und von Einzelpersonen unter einer Kollektivbezeichnung, Jura 2005, S. 244-247.

Göhler, Gönül: Die Stellung und die Probleme der türkischen Frauen in der Bundesrepublik. In: Özkara, Sami (Hrsg.), Türkische Migranten in der Bundesrepublik Deutschland, Band II, 1. Auflage, Köln 1990, S. 106-138.

Göztepe, Ece: „Namus Cinayetlerinin“ Hukuki Boyutu: Yeni Türk Ceza Kanunu`nun Bir Değerlendirmesi (Die rechtliche Seite der „Ehrenmorde“: Eine Würdigung des neuen tStGB). In: Türkiye Barolar Birliği Dergisi (Zeitschrift des Verbandes der Rechtsanwaltskammern), Jahr 18, Nr. 59, Ankara 2005, S. 29-49.

Gülşen, Recep: Türk Ceza Kanununda Namus ve Töre Cinayetlerinin Cezalandırılabilirliği (Die mögliche Strafbarkeit der „Ehrenmorde“ und Traditionsmorde im Türkischen Strafgesetzbuch). In: Sosyolojik ve Hukuksal Boyutlarıyla Töre ve Namus Cinayetleri Uluslararası Sempozyumu, 26-27 Eylül 2003 (Internationales Symposium über soziologische und juristische Dimensionen der Traditions- und „Ehrenmorde“, 26.-27. September 2003), Diyarbakır 2003. S. 103-126.

Hakeri, Hakan: Ceza Hukuku Temel Bilgiler (Grundwissen im Strafrecht), 1. Auflage, Ankara 2006.

Hakeri, Hakan: Kasten Öldürme Suçları, TCK 81-82-83, (vorsätzliche Tötungsdelikte, Art. 81-82-83 tStGB), Ankara 2006.

Halis, Müjgan: Batman´da Kadınlar Ölüyor (In Batman sterben die Frauen), 2. Auflage, Istanbul 2002.

Hekimoğlu, Mehmet Merdan: Das Geichberechtigungsprinzip im türkischen Recht, Tübingen 2000.

Hennerbichler, Ferdinand: Die Kurden, Mosonmagyarovar 2004.

Hibbeler, Stefan: Die Strafrechtsreform in der Türkei, Türkeibüro der Heinrich-Böll-Stiftung e.V. (Hrsg.), Istanbul 2005.

Hirsch, Hans Joachim: Ehre und Beleidigung, Grundfragen des strafrechtlichen Ehrenschutzes, Karlsruhe 1967.

Hosni, Naguib: Zu den Grundlagen des islamischen Strafrechts, Zeitschrift für die gesamte Strafrechtswissenschaft 1985, S. 609-625.

İlkkaracan, Pınar: Doğu Anadolu'da Kadın ve Aile (Die Frau und die Familie in Ostanatolien). In: Bilanço 98: 75 Yılda Kadınlar ve Erkekler (Bilanz 98: in 75 Jahren Frauen und Männer), Istanbul 1998, S. 173-192.

İlkkaracan, İpek / İlkkaracan, Pınar: Kuldan Yurttaşa: Kadınlar neresinde? (Vom Untertan zum Staatsbürger: Wo stehen die Frauen?). In: Bilanço 98: 75 Yılda Tebaa' dan Yurttaş'a Doğru (Bilanz 98: in 75 Jahren vom Untertan zum Staatsbürger), Istanbul 1998, S. 77-90.

İskender, Salih Zeki: Öğreti ve Yargısal Kararlar Işığında Töre Saikiyle Öldürme Suçunun (Namus Cinayetlerinin) Değerlendirilmesi (Eine Bewertung der Traditionsmorde (Ehrenmorde) im Lichte der Lehre und der Rechtsprechung). In: Yargıtay Dergisi (Zeitschrift des Kassationsgerichtshofes), Band 35, Ankara 2009, S. 5-60.

Jarass, Hans D. / Pieroth, Bodo: Grundgesetz für die Bundesrepublik Deutschland, 9. Auflage, München 2007.

Jashan, Hani: Was sind Verbrechen im Namen der Ehre? In: Friedrich-Ebert-Stiftung (Hrsg.), Verbrechen im Namen der Ehre, Konferenzbericht 9. März 2005 in Berlin, Bonn 2005.

KA-MER (Hrsg.): İstersek Biter, Namus Adına İşlenen Cinayetler 2006 Raporu (Es kann aufhören, wenn wir wollen, Morde, die im Namen der Ehre begangen werden, Report 2006), Diyarbakır 2006.

Kaplan, İsmail: Das Alevitentum, eine Glaubens- und Lebensgemeinschaft in Deutschland, 1. Auflage, Köln 2004.

Karasan-Dirks, Sabine: Die türkische Familie zwischen Gestern und Morgen, Mitteilungen des Deutschen Orient-Institutes, Hamburg 1980.

Karpf, Monika: Geschlechtsrolleneinstellung, Eheorientierung und soziale Kontrolle junger Türkinnen in der Bundesrepublik Deutschland (mit einer empirischen Erhebung im Raume Heidelberg), Heidelberg 1979.

Keinert, Christina: Die Menschenrechte der Frau in der Türkei 2006, Linz 2006.

Kelek, Necla: Die verlorenen Söhne, Plädoyer für die Befreiung des türkisch-muslimischen Mannes, 1. Auflage, Köln 2006.

Kelek, Necla: Reise in die fremde Heimat. In: EMMA März / April 2007, S. 36-47.

Kılıç, Mehmet: Die Reform im türkischen Familienrecht bahnt den Weg zur Gleichberechtigung, Zeitschrift für das gesamte Familienrecht, Heft 11, 1993, S. 1282-1284.

Kindhäuser, Urs: Strafprozessrecht, 1. Auflage, Baden-Baden 2006.

Kindhäuser, Urs: Strafrecht Besonderer Teil I, Straftaten gegen Persönlichkeitsrechte, Staat und Gesellschaft, 4. Auflage, Baden-Baden 2009.

Kirkland, Antonia: Die Paragraphen, die das Töten legitimieren. Zur Gesetzeslage in Jordanien, Türkei und Pakistan. In: Terre des Femmes e.V., Myria Böhmecke (Hrsg.), Tatmotiv Ehre, Tübingen 2004, S. 23-28.

Kıygı, Osman Nazım: Wörterbuch der Rechts- und Wirtschaftssprache, Teil 1, Türkisch-Deutsch, München 1997.

Kızılhan, Ilhan: "Ehrenmorde" Der unmögliche Versuch einer Erklärung, Berlin 2006.

Kızılhan, Ilhan: Die Yeziden: eine anthropologische, sozialpsychologische Studie über die kurdische Gemeinschaft, Frankfurt 1997.

König, Karin: Tschador, Ehre und Kulturkonflikt: Veränderungsprozesse türkischer Frauen und Mädchen durch die Emigration und ihre soziokulturellen Folgen, Frankfurt/Main1989.

Krais, Julia: Blutrache und Strafrecht. Einfluss des Blutrachemotivs auf Unrecht, Schuld und Strafzumessung, Hamburg, 2009.

Krey, Volker / Heinrich, Manfred: Strafrecht Besonderer Teil, Band 1, Besonderer Teil ohne Vermögensdelikte, 14. Auflage, Stuttgart 2008.

Kröhn, Silvana: Der Kampf gegen Steinigung. Steinigung im Iran. In: Terre des Femmes e.V., Myria Böhmecke (Hrsg.), Tatmotiv Ehre, Tübingen 2004, S. 55-58.

Küper, Wilfried: „Blutrache", „Heimtücke" und „Beteiligung am Mord", Juristenzeitung 2006, S. 608 – 613.

Küper-Başgöl, Sabine: Frauen in der Türkei zwischen Feminismus und Reislamisierung, Münster, Hamburg 1992.

Laçiner, Hediye / Laçiner, Vedat: Türkisches Recht in Deutscher Sprache, Frankfurt 2005.

Leipziger Kommentar, Strafgesetzbuch, 11. Auflage, Fünfter Band, §§ 146-222, Berlin 2005.

Malkoç İsmail: Yeni Türk Ceza Kanununda Cinsel Saldırı Suçları (Sexualstraftaten im neuen Türkischen Strafgesetzbuch), Ankara 2005.

Martin Victor, Gomez / Vega Dulce, Maria Santana: Häusliche Gewalt in Spanien, verschiedene psychosoziale, rechtswissenschaftliche und kriminalpolitische Überlegungen. In: Sosyolojik ve Hukuksal Boyutlarıyla Töre ve Namus Cinayetleri Uluslararası Sempozyumu, 26-27 Eylül 2003 (Internationales Symposium über soziologische und juristische Dimensionen der Traditions- und „Ehrenmorde", 26.-27. September 2003, Diyarbakır 2003, S. 224-234.

Maurach, Reinhard / Schröder, Friedrich-Christian / Maiwald, Manfred: Strafrecht Besonderer Teil, Teilband 1, 9. Auflage, Heidelberg 2003.

McRae, Verena: Die Gastarbeiter, Daten, Fakten, Probleme, München 1980.

Meier, Bernd-Dieter: Strafrechtliche Sanktionen, 2. Auflage, Heidelberg 2006.

Meran, Necati: Açıklamalı-İçtihatlı 5237 Sayılı Yeni Türk Ceza Kanunu (Neues türkisches Strafgesetzbuch mit der Nr. 5237, mit Erläuterungen und der Rechtsprechung), 2. Auflage, Ankara 2007.

Meyer-Goßner, Lutz: Strafprozessordnung, 51. Auflage, München 2008.

Meyers Großes Taschenlexikon in 24 Bänden, Band 3, 10. Auflage, Mannheim 2006.

Mir-Hosseini, Ziba: Neue Überlegungen zum Geschlechterverhältnis im Islam. Perspektiven der Gerechtigkeit und Gleichheit für Frauen. In: Rumpf, Mechthild / Gerhard, Ute / Jansen, Mechthild M. (Hrsg.), Facetten Islamischer Welten, Bielefeld 2003, S. 53-81.

Momsen, Carsten: „Der Mordtatbestand im Bewertungswandel? Abweichende soziokulturelle Wertvorstellungen, Handeln auf Befehl und das Mordmerkmal der „niedrigen Beweggründe“ (§ 211 StGB)“, Neue Zeitschrift für Strafrecht 2003, S. 237-242.

Münchener Kommentar zum Strafgesetzbuch, Band 3, §§ 185-262, München 2003.

Nauck, Bernhard: Sozialer Wandel, Migration und Familienbildung bei türkischen Frauen. In: Nauck, Bernhard / Schönpflug, Ute (Hrsg.), Familien in verschiedenen Kulturen, Stuttgart 1997.

Nomos Kommentar, Hömig, Dieter (Hrsg.) / Seifert, Karl-Heinz: Grundgesetz für die Bundesrepublik Deutschland, (mitbegründet), 8. Auflage, Baden-Baden 2007.

Nomos Kommentar, Kindhäuser, Urs / Neumann, Ulrich / Paeffgen, Hans-Ullrich: Strafgesetzbuch, Band 2, §§ 146-358, 2. Auflage, Baden-Baden 2005.

Odendahl, Hanswerner: Die Zerrüttungsscheidung nach Art. 134 des türkischen Zivilgesetzbuches und die deutschen Familiengerichte, Zeitschrift für das gesamte Familienrecht, Heft 8, 2000, S. 462-469.

Önder, Ali Tayyar: Türkiye´nin Etnik Yapısı (Die ethnische Zusammensetzung der Türkei), 17. Auflage, Ankara 2007.

Ostendorf, Heribert (Hrsg.): Jugendstrafvollzugsrecht. Handbuch, Baden – Baden 2009.

Otto, Harro: „Neue Entwicklungen im Bereich der vorsätzlichen Tötungsdelikte“, Jura 2003, S. 612-622.

Özbek, Veli Özer: Ceza Muhakemesi Hukuku (Strafprozessrecht), 1. Auflage, Ankara 2006.

Özgenç, İzzet: Türk Ceza Kanunu Gazi Şerhi, Genel Hükümler (Gazi Kommentar, Türkisches Strafgesetzbuch, Allgemeiner Teil), 2. Auflage, Ankara 2005.

Öztürk, Bahri / Erdem, Mustafa R. / Özbek, Veli Özer: Uygulamalı Ceza Hukuku ve Emniyet Tedbirleri Hukuku (Angewandtes Strafrecht und Recht der Maßregeln der Sicherung), 6. Auflage, Ankara 2002.

Öztürk, Bahri / Erdem, Mustafa R.: Ceza Hukuku, Genel Hükümler ve Özel Hükümler (Strafrecht, Allgemeiner und Besonderer Teil), 4. Auflage, Ankara 2005.

Özyeğin, Gül: Başkalarının Kiri (Der Schmutz der anderen), 1. Auflage, Istanbul 2005.
Papatya, Materialsammlung, Verbrechen im Namen der Ehre in Deutschland, Berlin 2007.
Pasero, Ursula: Familienkonflikte in der Migration, eine rechtssoziologische Studie anhand von Gerichtsakten, Wiesbaden 1990.
Pieroth, Bodo / Schlink, Bernhard: Grundrechte Staatsrecht II, 23. Auflage, Heidelberg 2007.
Pohlreich, Erol Rudolf: „Ehrenmorde" im Wandel des Strafrechts. Eine vergleichende Untersuchung unter Berücksichtigung des römischen, französischen, türkischen und deutschen Rechts, Berlin 2009.
Probst, Regina / Bertschinger, Antonia: Befreiung durch den Krieg? Ehrverbrechen im Irak und in Afghanistan. In: Terre des Femmes e.V., Myria Böhmecke (Hrsg.), Tatmotiv Ehre, Tübingen 2004, S. 47-50.
Pusch, Barbara: Neue Muslimische Frauen in der Türkei. Einblicke in ihre Lebenswelt. In: Rumpf, Mechthild / Gerhard Ute / Jansen, Mechthild M. (Hrsg.), Facetten Islamischer Welten, Bielefeld 2003, S. 242-256.
Raddatz, Hans-Peter: Allahs Schleier, Die Frau im Kampf der Kulturen, München 2004.
Rausch, Hans: Neues Türkisches Familienrecht, Ein Überblick, Forum Familienrecht, Heft 4, 2003, S. 165-170.
Reiner, Hans: Die Ehre, Kritische Sichtung einer abendländischen Lebens- und Sittlichkeitsform, Darmstadt 1956.
Rengier, Rudolf: Strafrecht Besonderer Teil II, Delikte gegen die Person und die Allgemeinheit, 10. Auflage, München 2009.
Riesner, Silke: Junge türkische Frauen der zweiten Generation in der Bundesrepublik Deutschland, Frankfurt/Main 1991.
Rizvi, Majida: Die internationale Rechtslage und ihre Rückwirkungen auf die nationale Diskussion. In: Friedrich-Ebert-Stiftung (Hrsg.), Verbrechen im Namen der Ehre, Konferenzbericht 9. März 2005 in Berlin, Bonn 2005.
Rödig, Silvia: Zur Lebenswelt türkischer Frauen in der Bundesrepublik Deutschland - Fallbeispiel Düsseldorf/Bilk, Giessen 1988.
Rosen, Rita / Stüwe, Gerd: Ausländische Mädchen in der Bundesrepublik, Opladen 1985.
Rumpf, Christian: Die Ehre im türkischen Strafrecht, Stuttgart 1999/2003.
Rumpf, Christian: Ehre und Würde – was die türkische Rechtsordnung davon hält. In: Ehre und Würde = Şeref ve Onur / Deutsch-Türkisches Symposium 1999, Hamburg 2000, S. 161-175.
Rumpf, Christian: Einführung in das türkische Recht, München 2004.
Sachs, Michael: Verfassungsrecht II, Grundrechte, Berlin, Heidelberg, New York, Barcelona, Hongkong, London, Mailand, Paris, Singapur, Tokio 2000.

Şahin, Cumhur / Özgenç, İzzet: Türk Ceza Hukuku Gazi Külliyatı (Türkisches Strafgesetzbuch, Gazi Sammlung), Ankara 2005.

Saliger, Frank: Anmerkung zum BGH Urteil v. 20.02.2002 – 5 StR 538/01, Strafverteidiger 2003, S. 22-25.

Sauer, Martina: Zentrum für Türkeistudien (Hrsg.), Perspektiven des Zusammenlebens: Die Integration türkischstämmiger Migrantinnen und Migranten in Nordrhein-Westfalen, Ergebnisse der achten Mehrthemenbefragung. Eine Analyse im Auftrag des Ministeriums für Generationen, Familie, Frauen und Integration des Landes Nordrhein-Westfalen, Essen, 2007.

Savaş, Vural / Mollamahmutoğlu, Sadık: Türk Ceza Kanunun Yorumu (Kommentar zum türkischen Strafgesetzbuch), 3. Auflage, Ankara 1999.

Schiffauer, Werner: Die Gewalt der Ehre, Erklärungen zu einem türkisch-deutschen Sexualkonflikt, Frankfurt am Main 1983.

Schiffauer, Werner: Migration und kulturelle Differenz, Studie für das Büro der Ausländerbeauftragten des Senats von Berlin, Berlin 2002.

Schirrmacher, Christine / Spuler-Stegemann, Ursula: Frauen und die Scharia, Die Menschenrechte im Islam, München 2004.

Schirrmacher, Christine: Frauen unter der Scharia, Strafrecht und Familienrecht im Islam, igfm dokumente 1, Internationale Gesellschaft für Menschenrechte (Hrsg.), Frankfurt am Main 2005.

Schirrmacher, Christine: Grundzüge des islamischen Strafrechts. In: Menschenrechte 1/2003, Internationale Gesellschaft für Menschenrechte (Hrsg.), S. 21-22.

Schirrmacher, Christine: Mord im Namen der „Ehre" zwischen Migration und Tradition, Institut für Rechtspolitik an der Universität Trier, 2007.

Schmidt, Rolf: Grundrechte sowie Grundzüge der Verfassung, 10. Auflage, Grasberg bei Bremen 2008.

Schmökel, Hartmut: Kulturgeschichte des alten Orient, Mesopotamien, Hethiterreich, Syrien-Palästina, Urartu, Stuttgart 1961.

Schönke, Adolf / Schröder, Horst: Strafgesetzbuch Kommentar, 27. Auflage, München 2006.

Schrader, Achim / Nikles, Bruno W. / Griese, Hartmut M.: Die zweite Generation: Sozialisation und Akkulturation ausländischer Kinder in der BRD, Kronberg: Athenäum 1976.

Seidel, Gerd: Handbuch der Grund- und Menschenrechte auf staatlicher, europäischer und universeller Ebene: Eine vergleichende Darstellung der Grund- und Menschenrechte des deutschen Grundgesetzes, der europäischen Menschenrechtskonvention von 1950 und des Internationalen Pakts über bürgerliche und politische Rechte von 1966 sowie der Entscheidungspraxis des Bundesverfassungsgerichts und der zuständigen Vertragsorgane, 1. Auflage, Baden-Baden 1996.

Şener, Cemal: Türkiye´ de Yaşayan Etnik ve Dinsel Gruplar (Ethnische und Religionsgruppen, die in der Türkei leben), 5. Auflage, Istanbul 2006.

Sır, Aytekin: Empirische Studie über die Ehre, Diyarbakır 2005. *(unveröffentlicht)*

Sonnenhol, Gustav Adolf: Atatürk heute-Kulturrevolution und Entwicklung. In: Die Türkei-Land zwischen zwei Welten, Opladen 1989, S. 105-120.

Soyaslan, Doğan: Ceza Hukuku Genel Hükümler (Strafrecht Allgemeiner Teil), 3. Auflage, Ankara 2005.

Sözüer, Adem: Die Reform des türkischen Strafrechts. In: Zeitschrift für die gesamte Strafrechtswissenschaft, Heft 3, 2007, S. 91-123.

Statistisches Bundesamt (Hrsg.), Strukturdaten zur Migration in Deutschland 2004, Wiesbaden 2006, www-ec.destatis.de.

Statistisches Bundesamt (Hrsg.), in Zusammenarbeit mit dem Wissenschaftszentrum Berlin für Sozialforschung und dem Zentrum für Umfragen, Methoden und Analysen: Datenreport 2006, Zahlen und Fakten über die Bundesrepublik Deutschland, Wiesbaden 2006, *www.destatis.de.*

Steinhaus, Kurt: Soziologie der türkischen Revolution, Frankfurt am Main, 1969.

Stellungnahme zur Situation der Yeziden in der Türkei für das Bundesamt für Migration, Yezidisches Forum e.V. Oldenburg, Oldenburg 04.07.2006 (Berichtsdatum).

Straube, Hanna: Türkisches Leben in der Bundesrepublik, Frankfurt/Main, New York 1987.

T.C. Başbakanlık Kadının Statüsü Genel Müdürlüğü: Töre Ve Namus Cinayetleri ile Kadınlara ve Çocuklara Yönelik Şiddetin Sebeplerinin Araştırılarak Alınması Gereken Önlemlerin Belirlenmesi Amacıyla Kurulan TBMM Araştırma Komisyonu Raporu (Türkische Republik, Generaldirektion für den Status der Frau im Ministerpräsidium (Hrsg.), Bericht der Kommission der Großen Nationalversammlung Türkei, die zur Erforschung der Ursachen der Gewalt an Frauen und Kindern durch „Traditions- und Ehrenmorde" und der Präventionsmaßnahmen gegründet wurde), Ankara 2006.

Tellenbach Silvia: Zum Straf- und Strafprozessrecht in der Republik Türkei 70 Jahre nach der Gründung. In: Scholler, Heinrich / Tellenbach, Silvia (Hrsg.), Westliches Recht in der Republik Türkei 70 Jahre nach der Gründung, 1. Auflage, Baden-Baden 1996.

Tellenbach, Silvia / Yenisey, Feridun: Zur Strafrechtlichen Entwicklung der Türkei, Juristenzeitung 1985, S. 378-380.

Tellenbach, Silvia: Das Türkische Strafgesetzbuch vom 1. März 1926; nach dem Stand vom 31. Januar 2001 = Türk Ceza Kanunu, 2. Auflage, Freiburg im Breisgau 2001.

Tellenbach, Silvia: Die Rolle der Ehre im Strafrecht in der Türkei. In: Tellenbach, Silvia (Hrsg.), Die Rolle der Ehre, Berlin 2007, S. 616-662.

Tellenbach, Silvia: Die Vielfalt der Rechtsmeinungen gilt dem Islam als Gnade, Max-Planck-Forschung 4, Freiburg 2001, S. 92-97.

Tellenbach, Silvia: Ehrenmorde an Frauen in der arabischen Welt. In: Wuquf-Beiträge zur Entwicklung von Staat und Gesellschaft in Nordafrika, Nr. 13, Hamburg 2003, S. 74-89.

Tellenbach, Silvia: Einführung in das türkische Strafrecht, Freiburg 2003.

Tellenbach, Silvia: Rechtsvergleichende Zusammenfassung. In: Tellenbach, Silvia (Hrsg), Die Rolle der Ehre, Berlin 2007, S. 723-808.

Tellenbach, Silvia: Zum neuen türkischen Strafgesetzbuch, in: KAS – Auslandsinformationen, Konrad-Adenauer-Stiftung 2005, Nr. 4, S. 76-94.

Tenckhoff, Jörg: Grundfälle zum Beleidigungsdelikt, Juristische Schulung 1988, S. 457-460.

Ter-Nedden, Corinna: Familiäre Gewalt und Ehrenmorde bei Migrantinnen. In: Jens Hoffmann / Isabel Wondrak (Hrsg.), Häusliche Gewalt und Tötung des Intimpartners, Prävention und Fallmanagement, Frankfurt 2006, S.131-151.

Tettinger, Peter J.: Die Ehre – ein ungeschütztes Verfassungsgut? Köln 1995.

Tezcan, Durmuş / Erdem, Mustafa R. / Önok, Murat: Teorik ve Pratik Ceza Özel Hukuku (Theoretisches und Praktisches Strafrecht Besonderer Teil), 5. Auflage, Ankara 2007.

Tezcan, Mahmut: Kan Davaları (Blutrache), 2. Auflage, Ankara 1981.

Tezcan, Mahmut: Türk Ailesi Antropolojisi (Die Anthropologie der türkischen Familie), 1. Auflage, Ankara 2000.

Tilman, Nagel: Das islamische Recht, Westhofen 2001.

Toroslu, Nevzat / Feyzioğlu, Metin: Türk Ceza Kanunu, Ceza Muhakemesi Kanunu ve ilgili Kanunlar (Türkisches Strafgesetzbuch, Strafprozessrecht und sachdienliche bzw. bezugnehmende Gesetze), Ankara 2006.

Trück, Thomas: Anmerkung zum BGH Beschluss v. 10.09.2003 – 5 StR 373/03, Neue Zeitschrift für Strafrecht 2004, S. 497-499.

Türkdoğan, Erdoğan: Türkiye`de Köy Sosyolojisi (Die Dorf-Soziologie der Türkei), 1. Auflage, Istanbul 2006.

Türkei-Programm der Körber Stiftung (Hrsg.), Ehre und Würde = Şeref ve Onur, Deutsch-Türkisches Symposium 1999, Hamburg 2000.

Türkiye İstatistik Kurumu, Türkiye İstatistik Yıllığı 2007, (Statistisches Institut Türkei) (Hrsg.), Statistisches Jahrbuch der Türkei 2007, Ankara 2008.

Türkiye`deki Namus Cinayetleri Dinamikleri (Die Dynamik der Ehrenmorde in der Türkei), Ankara 2005.

Üçüncü, Sadi: Die Stellung der Frau in der Geschichte der Türkei, Frankfurt 1984.

Ünsal, Artun: Anadolu`da kan davası, Yaşamak İçin Öldürmek, (Blutrache in Anatolien, Töten um zu leben), 2. Auflage, Istanbul 2003.

Ünver, Yener: Özellikle Cinsel Suçlar Alanında Olmak Üzere, Kadınlarla ilgili Ceza Hukuku Normlarındaki Değişim ve Türkiye`deki Durum (Die Veränderung der Delikte bezüglich Frauen, vor allem bei den Sexualdelikten und die Situation der Frauen in der Türkei). In: Adalet Yüksekokulu (Hrsg.),

Adalet Yüksekokulu 20. Yıl armağanı (Festschrift für das 20. Jahr Adalet Yüksekokulu), Istanbul 2001.
Ulusoy, Erol: Rechtswörterbuch, Deutsch-Türkisch, Türkisch-Deutsch, 1. Auflage, Istanbul, Wien, München 1999.
Vogt, Ludgera / Zingerle, Arnold: Ehre: archaische Momente in der Moderne, 1. Auflage, Frankfurt am Main 1994.
Volk, Klaus: Strafprozessrecht, 6. Auflage, München 2008.
Wahl, Adolf: Chronik einer Blutrache, Kriminalistik, Heft 4, 1984, S. 181-183.
Wedel, Heidi: Der türkische Weg zwischen Laizismus und Islam, Opladen 1991.
Wedel, Heidi: Frauen in der Türkei. In: Landeszentrale der politischen Bildung Baden-Württemberg (Hrsg.), Der Bürger im Staat, Die Türkei vor den Toren Europas, 50. Jahrgang, Heft 1, 2000, 37-41.
Wein, Christine: Beziehungen zwischen Erziehung und Bildung und dem sozialen Status der Frauen in der türkischen Gesellschaft, Köln 1988.
Weische-Alexa, Pia: Sozial-kulturelle Probleme junger Türkinnen in der BRD, mit einer Studie zum Freizeitverhalten türkischer Mädchen in Köln, Köln 1977.
Wessels, Johannes / Hettinger, Michael: Strafrecht Besonderer Teil 1, Straftaten gegen Persönlichkeits- und Gemeinschaftswerte, 31. Auflage, Heidelberg, München, Landsberg, Berlin 2007.
Wiethold, Beatrix: Kadınlarımız-Frauen in der Türkei, Hamburg 1981.
Winter, Thomas: Die Rolle der Ehre im Strafrecht in Deutschland. In: Tellenbach, Silvia (Hrsg.), Die Rolle der Ehre, Berlin 2007, S. 95-148.
Wolf-Malik, Dorothee: Anwendung des Jugendbegriffs auf türkische Mädchen in der Bundesrepublik Deutschland. In: Katholische Fachhochschule (Hrsg.), Im Spannungsfeld zweier Kulturen, Dortmund 1983, S. 92-96.
Wolf-Malik, Dorothee: Der Freizeitbereich. In: Katholische Fachhochschule (Hrsg.), Im Spannungsfeld zweier Kulturen, Dortmund 1983, S. 85-88.
Wolf-Malik, Dorothee: Die Reformbestrebungen M. Kemals. In: Katholische Fachhochschule (Hrsg.), Im Spannungsfeld zweier Kulturen, Dortmund 1983, S.69-71.
Wolf-Malik, Dorothee: Die Stellung der Frau in der islamischen Tradition. In: Katholische Fachhochschule (Hrsg.), Im Spannungsfeld zweier Kulturen, Dortmund 1983, S. 65-69.
Wolf-Malik, Dorothee: Zum Thema Koranschule in der Bundesrepublik. In: Katholische Fachhochschule (Hrsg.), Im Spannungsfeld zweier Kulturen, Dortmund 1983, S. 89-91.
Yalvaç, Gürsel: TCK CMK CGTIK ve İlgili Mevzuat (Türkisches Strafgesetz, Prozessrecht, Gesetz über die Vollstreckung von Strafen und Sicherheitsmaßnahmen und betreffende Bestimmungen), Ankara 2008.
Yıldız, Cengiz: İntihar Bir Töre Cinayeti Mi ? (Ist der Suizid ein Traditionsmord?) In: Sosyolojik ve Hukuksal Boyutlarıyla Töre ve Namus Cinayetleri

Uluslararası Sempozyumu, 26-27 Eylül 2003 (Internationales Symposium über soziologische und juristische Dimensionen der Traditions- und „Ehrenmorde“, 26.-27. September 2003), Diyarbakır 2003, S. 136-162.
Yılmaz, Ejder: Hukuk Sözlüğü (Rechtswörterbuch), 6. Auflage, Ankara 2001.
Yirmibeşoğlu, Vildan: Töre ve Namus Gerekçesiyle İşlenen Cinayetler, Toprağa Düşen Sevdalar (Morde, die mit dem Motiv der Tradition und der Ehre begangen werden, Auf die Erde abstürzende Lieben), Istanbul 2007.
Zevkliler, Aydın / Havutçu, Ayşe: Medeni Hukuk, Temel Bilgiler (Zivilrecht, Grundwissen), 5. Auflage, Ankara 2005.

Internetquellen:

www.turkhukuksitesi.com
www.adli-sicil.gov.tr
www.amnesty-frauen.de
www.jandarma.gov.tr
www.egm.gov.tr
www.kazete.com
www.tscherkessen-koeln.de
www.kafkasya.de
www.arnavutum.com
www.navend.de
www.ethnologue.com
www.aleviten.com
www.tahtacilar.com
www.nusayri.com
www.destatis.de
www-ec.destatis.de
www.tuik.gov.tr
www.papatya.org
www.lexikon.meyers.de
www.boell-tr.org
www.spiegel.de
www.islaminstitut.de
www.naht.info
www.barobirlik.org.tr
www.humboldt-foundation.de
www.uni-trier.de

Grundlagen Gesamte Strafrechtswissenschaft

Herausgegeben von Regina Harzer

Band 1 Thorsten Gerdes: Tierschutz und freiheitliches Rechtsprinzip. Eine strafrechtlich-rechtsphilosophische Untersuchung über Grundlagen und Grenzen modernen Tierschutzrechts. 2007.

Band 2 Tobias Mushoff: Strafe – Maßregel – Sicherungsverwahrung. Eine kritische Untersuchung über das Verhältnis von Schuld und Prävention. 2008.

Band 3 Maria-Rebecca Legat: Ältere Menschen und Sterbenskranke im Strafvollzug. Eine rechtsstaatliche Analyse des Vollzugsalltags von Gefangenen mit besonderem Pflegebedarf. 2009.

Band 4 Alexander Cappel: Grenzen auf dem Weg zu einem europäischen Untreuestrafrecht. Das Mannesmann-Verfahren und § 266 StGB als Beispiele eines expansiven Wirtschaftsstrafrechts. 2009.

Band 5 Nikolaus Wrage: Grenzen der staatlichen Strafgewalt. Überlegungen zu einer Renaissance des materiellen Verbrechensbegriffes. 2009.

Band 6 Tilman Reichling: Der staatliche Zugriff auf Bankkundendaten im Strafverfahren. Die Kontenabfrage als strafprozessuale Ermittlungsmaßnahme, mögliche Folgemaßnahmen und verfassungsrechtliche Legitimationsprobleme. 2010.

Band 7 Esma Çakir-Ceylan: Gewalt im Namen der Ehre. Eine Untersuchung über Gewalttaten in Deutschland und in der Türkei unter besonderer Betrachtung der Rechtsentwicklung in der Türkei. 2011.

www.peterlang.de